Armin Engländer

现代社会中的
法与刑法

Recht und Strafrecht
in der
Modernen Gesellschaft

［德］阿明·英格兰德 / 著　　邓卓行 / 译

Armin Engländer

北京大学出版社
PEKING UNIVERSITY PRESS

图书在版编目(CIP)数据

现代社会中的法与刑法／(德)阿明·英格兰德著；邓卓行译. —北京：北京大学出版社，2023.9
ISBN 978-7-301-34139-1

Ⅰ.①现… Ⅱ.①阿… ②邓… Ⅲ.①法学—文集 ②刑法—文集 Ⅳ.①D90-53②D914.04-53

中国国家版本馆 CIP 数据核字(2023)第 110569 号

书　名	现代社会中的法与刑法
	XIANDAI SHEHUI ZHONG DE FA YU XINGFA
著作责任者	〔德〕阿明·英格兰德（Armin Engländer）著　邓卓行　译
责任编辑	林婉婷　方尔埼
标准书号	ISBN 978-7-301-34139-1
出版发行	北京大学出版社
地　　址	北京市海淀区成府路 205 号　100871
网　　址	http://www.pup.cn　http://www.yandayuanzhao.com
电子邮箱	编辑部 yandayuanzhao@pup.cn　总编室 zpup@pup.cn
新浪微博	@北京大学出版社　@北大出版社燕大元照法律图书
电　　话	邮购部 010-62752015　发行部 010-62750672
	编辑部 010-62117788
印　刷　者	涿州市星河印刷有限公司
经　销　者	新华书店
	880 毫米×1230 毫米　32 开本　17 印张　384 千字
	2023 年 9 月第 1 版　2023 年 12 月第 2 次印刷
定　　价	79.00 元

未经许可，不得以任何方式复制或抄袭本书之部分或全部内容。
版权所有，侵权必究
举报电话：010-62752024　电子邮箱：fd@pup.cn
图书如有印装质量问题，请与出版部联系，电话：010-62756370

"德国刑事法译丛"编委会

主　编：江　溯

副主编：唐志威　王芳凯

编委会：(以姓氏音序排列)

蔡　仙　陈尔彦　陈昊明　陈　璇　程　捷
邓卓行　何庆仁　黄　河　敬力嘉　李　倩
刘　畅　吕翰岳　石家慧　王　钢　王华伟
徐凌波　徐万龙　喻浩东　张正昕　张正宇
张志钢　赵书鸿　赵雪爽　郑　童

"德国刑事法译丛"总序

在过去的二十多年里,随着刑事法治的初步确立和不断完善,我国刑事法学经历了一场深刻的知识转型。毫无疑问,在这场知识转型的过程中,德国刑事法学译著发挥着不可估量的推动作用。据不完全统计,迄今为止,我国已经出版了三十多部德国刑事法学译著(包括教科书、专著和文集),这些译著为我国刑事法学界广泛引用,成为我们学习和借鉴德国刑事法学,并在此基础上建构中国刑事法学体系的重要参考文献。对于那些不计个人得失、辛勤地翻译引介这些德国刑事法学著作的学者,我们在此致以深深的敬意和谢意。

近年来,中德刑事法学交流不断深入,已经有超过一百位中国学者和学生曾经或正在德国留学,他们通过阅读德语原始文献,研习原汁原味的德国刑事法学。在这个大背景之下,德国刑事法学著作的引介是否仍有必要?我认为,在未来相当长的时期内,我们仍然需要翻译大量德国刑事法学著作,这是因为,一方面,现有的德国刑事法学译著在数量上还非常有限,远远无法满足绝大多数尚不具备阅读德语原始文献能力的读者的需求;另一方面,我国刑事法学界和司法实务界对德国刑事法学的需求已经不再局限于掌握其基本理论学说,而是开始朝专题化、纵深化和精细化的方向发展。有鉴于此,我们联合了一批曾留学德国的志同道合的刑事法学人,共同设立"德国刑事法译丛",希望通过长期翻译出版德国刑事法学著作,为推动我国刑事法学的发展尽一点微薄之力。

这套"德国刑事法译丛"的编选,我们希望遵循以下原则:

第一,兼顾基础理论与前沿话题的引介。从目前国内引介的德国刑事法学著作来看,大多属于基础理论类的著作,这些著作对于我们把握德国刑事法学的总体状况大有裨益。当然,在坚持引介德国刑事法学基础理论著作的同时,我们希望能挑选一些与前沿主题例如网络犯罪、人工智能犯罪、医疗刑法等相关的著作。

第二,贯彻整体刑法学的思想。由于种种复杂的原因,目前国内引介的德国刑事法学著作大多局限于刑法教义学,德国刑事程序法、刑事制裁法、少年刑法等相关的著作仍非常稀少。我们希望通过这套译丛,破除刑事法学界内部的藩篱,实现真正的刑事一体化。

第三,兼顾教科书与专著的引介。在德语法学界,顶尖学者往往会出版高水平的教科书,一部高水平的教科书往往是一位学者毕生研究成果的集大成之作。对于我国来说,引介高水平的教科书是学习德国刑事法学的一条捷径。但是,我们还不能止步于此。随着我国刑事法学研究水平的不断提升,高水平专著的引介必然会成为一个趋势。

第四,平衡总论与分论的引介。刑法教义学是德国刑事法学的核心,过去我们比较注重对德国刑法总论著作的引介,而没有翻译过德国刑法分论的著作。随着我国学界对分论具体罪名研究的深入，我们对德国刑法分论著作的需求甚至超过了刑法总论著作，因此我们希望今后能更多引介德国刑法分论的著作，以便保持"营养均衡"。

  本套译丛的出版得到了北京大学出版社副总编蒋浩先生和北京大学出版社第五图书事业部副主任杨玉洁老师的大力支持，在图书出版市场竞争日益激烈的今天，没有他们的慷慨应允，这套译丛是不可能问世的，在此我代表编委会全体成员向两位老师致以最诚挚的谢意！

江　溯

2021 年 8 月 18 日

中文版序

摆在您面前的这本文集包含了我最近20年的主要论文,我挑选其中29篇,以展现我所重点关注的问题,希望这些问题也是您所感兴趣的。这些论文共分四个专题:(1)法哲学与法理论,尤其是20世纪的法哲学与法理论;(2)刑法基础与刑法总论,并在一定程度上重点关注正当化事由;(3)刑法分论的一些重大课题;(4)刑事诉讼法的一些热点问题。这些论文辑录成书,所贯穿的是汉斯·阿尔伯特和卡尔·波普尔的哲学,力求体现其中的批判理性主义的科学理论精神。

本书第一编是7篇法哲学与法理论的论文。作为序幕,第一篇论文概述了法实证主义的核心命题,介绍了法实证主义思想的四种版本。第二篇和第三篇论文以社会契约的各种理论为主题,不仅讨论了霍布斯、洛克、卢梭和康德等古典社会契约论者,还探讨了罗尔斯、诺齐克和布坎南等现代社会契约论者,希望表达的是,法治国必须以公民的启蒙利己主义为前提。接下来,第四篇论文从认识论上反对自然法命题,该命题认为,一个规范体系只有在至少"不是不可忍受的非正义"的情况下,才能有效。第五篇论文批评了规范论中的各种路径,这些路径试图以自然主义的方式将规范归因于制裁。第六篇论文处理的是批判理性主义对法学基本争论的影响。本编最后一篇论文提到的问题涉及德国《基本法》是否以及在多大程度上以启蒙哲学为基础。

本书第二编是关于刑法基础与刑法总论的15篇论文。首先,有些学者认为法益理论是德国刑法学最重要的成就之一,我在第一篇短文中对该理论做了批判性检视。随后的两篇论文则是对这一批判的深化。第四篇和第五篇论文概述了古斯塔夫·拉德布鲁赫的刑法中的行为理论,处理了规范性在法律解释中发挥作用的不同层面。在随后的第六篇论文中,我以个人的主观权利为基础,主张一种纯粹个人主义的紧急防卫权根据。为了深化这一主题,第七篇和第八篇论文研究的是,为了救助遭到侵害的被害人,可否使用暴力或者以暴力相威胁强迫侵害人说出相关信息;阐明第三人在哪些条件下有义务向被害人提供紧急救援,以防止他受到进一步侵害。第九篇论文将要说明如何证立正当化的紧急避险制度,根据此一制度,为避免危险而侵害无辜第三人的法益是正当的,并且在第十篇论文中解释了为什么这一正当化事由不能适用于同一法益主体内部的利益冲突。第十一篇论文致力于研究假想防卫过当免除责任的可能性。第十二篇至第十四篇论文讨论的是,当行为人想引诱被害人落入陷阱,让他实施自我损害行为时,未遂从何时开始。重点在于,行为人在哪些条件下可以从既了未遂中不受处罚地退出。我将表明,与广受支持的观点相反,在不作为犯的未遂中,行为人同样可以通过保持单纯的无所作为成立不可罚的中止。本编最后一篇论文讨论的是判例中自始至终都未能得到统一回答的问题,即在不作为犯的因果关系方面,应当对故意提出哪些要求?

本书的第三编以刑法分论中一些重大课题为研究对象。首先阐明的是,通过间接正犯的方式实施自杀,同样是可能的,其后果是,行为中介人不具有刑事可罚性。有两篇论文重点讨论身体伤害致人死亡中的各种问题。另有两篇论文涉及自杀问题,德国联邦最高法院对受嘱托杀人作出的刑法评价导致了诸多歧义和矛盾,饱受诟病,但在事关死亡协助的判例中却表述了极有价值的观点,我亦表示支持。

本书以两篇刑事诉讼法论文结尾,主要是为了跟进欧洲人权法院和德国联邦最高法院彼时的重要判例。追问的是,不自证己罪原则会对卧底侦查产生哪些限制,以及根据德国《基本法》和《欧洲人权公约》,判决协议的条件和限制为何?

本书结集出版的倡议者,是我在慕尼黑大学的中国学生邓卓行博士,他承担了本书的迻译工作,一定非常辛苦。我向他表示诚挚的谢意,也希望本书能让读者喜欢,并且为中国的法学事业作出些许贡献。

阿明·英格兰德
2022年9月于德国慕尼黑

译者序

德国慕尼黑大学法学院阿明·英格兰德教授的论文在当今法哲学、刑法学和刑事诉讼法学界颇具影响力,但从未结集出版。可以说是在我的建议下,英格兰德教授才将29篇论文辑录成书,交与我译成中文。付梓之兴奋冲淡了译事之艰辛。

英格兰德教授目前执掌的慕尼黑大学刑法学、刑事诉讼法学、法哲学和法社会学教席,可谓大有来历。教席上一任是伯恩德·许乃曼,再向上追怀,是一连串响亮的名字:阿图尔·考夫曼、卡尔·恩吉施、埃德蒙德·迈茨格。正如教席所覆盖的学科,本书主题丰富,且见解独到,成一家之言。全书贯穿着一条哲学主线,那就是作者极力倡导的批判理性主义。

批判理性主义源自卡尔·波普尔的科学哲学,锋芒直指科学中的所谓"正确",揭示出科学的正确本质上是一种不彻底的正确,科学理论的正确性并不取决于它能否被证验,而是取决于它能否被证伪。背后蕴含的精神是,任何理论,即使现在看来颠扑不破,也不意味着正确,至多可谓尚未被证伪。这种理性批判精神,正是本书力求展现的。同自然科学一样,如果法学想成为真正的"科学理论",就必须接受质疑,具有可证伪性。任何权威、专家、共识的背书,都不足以让某一法学理论成为真理,一切理论均可受到质疑,接受来自批判理性主义的荡涤。

几乎每位德国教授都跻身于数个法学领域,比如拉德布鲁赫在国人的印象中一直是法哲学家,其实他还是一位刑法学家,他的导师是冯·李斯特和冯·利林塔尔。英格兰德教授也不只是刑法学家,他的博士论文《商谈何以作为法源——法商谈理论批判》,属法哲学领域,而他的教授资格论文《紧急救援的根据与界限》,属刑法学领域。

我们似有必要反思,为何要在学习和研究中自我框定于某一狭窄领域?年轻学者,精力旺盛,应该打破藩篱,广泛涉猎。本书中有数篇论文是作者35岁之前完成的,虽说每篇论题都并非开创之作,但前辈学者永远不至于把话说尽,后辈学者永远有机会"叙述其源流,发挥其微义,补充其未周未备"。

本书不乏法哲学之崇论闳议,更充畅着精耕细作的刑法教义阐释。哲学是人类关于自身乃至万物至高至深的思考,法哲学作为哲学的一部分,即是对法本身的反思与对何谓"正确法"的探求。由于刑法学与实践的联系紧密,研究者难免目光过分聚焦于细枝末节。然而,"精神太忙碌于现实……坚强的人才都转向实践方面,而浅薄空疏就支配了哲学"[1]。刑法学若缺少法哲学的滋养,必将失去价值引导。一切妙不可言的技法,都不免为德不卒,甚至为恶所用。正所谓"少林七十二绝技"每一项都凌厉无比,招招夺人性

---

[1] 〔德〕黑格尔:《哲学史讲演录》(第一卷),贺麟、王太庆译,商务印书馆1997年版,"开讲辞"第1—2页。

命,但若无高深佛法化去戾气,久之便积成内伤,甚至走火入魔。

当然,沉溺于宏大叙事亦不可取。好比只钻研高深佛法,却疏于"绝技"训练,贼人来时,便无力反击,总不能指望贼人诵经,立地成佛。法教义学之深入,亦使法哲学不断充实。正如黑格尔所言,以为哲学好像与感官经验知识、与法律的合理的现实性皆处于对立的地位,这乃是一种很坏的成见。心灵深入于这些内容,借它们而得到教训,增进力量。这些丰富的内容,只要为思想所把握,便是思辨理念的自身。① 由此便可理解,为何德国绝大多数的法哲学家,早年间均是优秀的法教义学家。只有精通部门法教义学,才能关注实践,理解现实,进而发展出有内容、有干货的法哲学和法理论。可谓"剖一微尘,出大千经卷,非闻道者不能焉"。

这种上至法律起源,下至案例分析的治学理念,在英格兰德教授书中体现得淋漓尽致。宏观层面,关注法实证主义、社会契约论、规范与制裁等基本问题;中观层面,将目光投射于法益功能、紧急防卫与紧急避险的正当性根据、量刑协商与德国司法制度的协调等课题;微观层面,从实务案例出发,聚焦于因果关系、未遂、中止、间接正犯、竞合等最精微的刑法教义学难题。层层下沉,直至现实个人的一举一动;步步提升,及至人类社会的应有样态。此等研究,非真学者不可完具。

本书译事之艰,缘于各篇文章风格有异、内容广博、援引渊深。文字方面,以"信"为本,尽量"对译"原文,又力求"达",使德语中的每个语素都得以通晓迻译,至于"雅",不敢过分奢求,唯恐以词害

---

① 参见〔德〕黑格尔:《小逻辑》,贺麟译,商务印书馆1997年版,"第二版序言"第5页。

义。译作之品相如何,最终的评判来自读者。

初译完成后,家父曾通读全稿,提出多处修改意见,使本书增益颇丰。然译者终归学力有限,舛误在所难免。纸上得来终觉浅,绝知此事要躬行。译事艰辛,非亲历者不可知,全然是一种痛苦的坚守。最后,从硕士到博士再到博士后,一路走来,感谢林维老师、车浩老师与周光权老师的指导与支持!感谢江溯老师惠助!感谢杨玉洁老师属望!

邓卓行

2022 年 10 月 15 日,午后北京

目 录

第一编　法哲学与法理论

第一章　现代法实证主义的基本特征 …………………… 003
第二章　社会契约论诸说 ………………………………… 022
第三章　通过启蒙利己主义的法律证立 ………………… 041
第四章　道德正确作为法效力的条件
　　　　——一个认识论上的批评 ……………………… 057
第五章　规范与制裁
　　　　——规范制裁模式批判 ………………………… 075
第六章　批判理性主义与法学
　　　　——对复杂关系的思考 ………………………… 094
第七章　启蒙哲学之于宪法的意义：基础抑或潢饰 …… 114

第二编　刑法基础与刑法总论

第一章　德国刑法学中的法益论
　　　　——一次批判性纵览 ………………………… 135
第二章　宪法何以能够振兴实质的法益理论 ………… 149
第三章　人格法益理论与规范的个人主义 …………… 169
第四章　拉德布鲁赫的刑法中的行为概念 …………… 189
第五章　作为法律明确性问题的构成要件要素规范化 ……… 204
第六章　德国刑法中的紧急防卫之证立：超个人主义、二元
　　　　主义抑或个人主义 ……………………………… 218
第七章　营救酷刑能否作为紧急防卫被正当化 ……… 236
第八章　救助型紧急防卫的义务 ……………………… 260
第九章　攻击性紧急避险的正当性根据 ……………… 279
第十章　德国《刑法》第 34 条对个人内部利益冲突的适用
　　　　可能性 …………………………………………… 299
第十一章　根据德国《刑法》第 33 条免除假想防卫和假想
　　　　　防卫过当的责任 ……………………………… 316
第十二章　电击陷阱案中的未遂起点 ………………… 330
第十三章　成功防止犯罪既遂 ………………………… 348
第十四章　不作为犯通过保持无所作为成立中止未遂 ……… 362
第十五章　不真正不作为犯的因果关系问题 ………… 374

第三编　刑法分论

第一章　通过间接正犯的方式实施自杀 …………… 391
第二章　身体伤害致人死亡中的危险关联 …………… 405
第三章　不作为身体伤害致人死亡中的危险关联 …………… 429
第四章　参与受嘱托杀人
　　　　——判例中的杀人犯罪体系批评 …………… 446
第五章　从消极死亡协助到中断治疗
　　　　——论德国联邦最高法院第二刑事审判庭对死亡协助
　　　　教义学的修正 …………… 458

第四编　刑事诉讼法

第一章　不自证己罪原则作为对卧底侦查的限制 …………… 483
第二章　从德国宪法和人权看刑事诉讼中的协商 …………… 495

译后记 …………… 509

第一编

法哲学与法理论

第一章
现代法实证主义的基本特征[*]

一、法实证主义的基本设想

法实证主义是对实证法某些结构理论的统称,就这些理论的基本特征而言,虽然法实证主义理论的具体形态不尽相同,[1]但却存在一些本质上为所有这些理论所共享的基本设想。它主要涉及这样一些命题,即法学的对象是描述具有事实效力的法律,强调法律与道德的区分,拒绝客观主义规范证立的尝试。

(一)作为研究对象的有实际效力的法律

法实证主义的目标是获得有关法律的科学认知。根据法实证主义所依据的认识论观点,科学认知始终只能涉及"给定者"或"现存者",也就是事实。[2] 它用关于现实的真实陈述来进行表达,通过

---

* Grundzüge des modernen Rechtspositivismus. *Jura* 2000, 113-118.
① 全面介绍参见 Ott, Der Rechtspositivismus, 2. Aufl., 1992.
② 法实证主义尤其可以追溯到哲学实证主义,其主要代表是奥古斯特·孔德(1798—1875)和约翰·斯图尔特·穆勒(1806—1873)。哲学实证主义其实只是经验主义的一种特殊变体。古典经验主义最重要的代表是约翰·洛克(1632—1704)、(转下页)

实证观察去验证假设,是获得这些真实陈述的基本方法。① 因此,认知的来源乃是人类的经验。

根据这一认知目标,实证主义严格区分了两种陈述:一种是描述性的——某些情况是什么;另一种是规范性的——某些情况应当是什么。② 其中,只有描述性陈述才拥有科学的品质,因为只有这种陈述才能通过观察得到验证,并且具有真实性。

如果应当存在一门关于法律的科学,那么根据实证主义,这门科学的对象就必须是经验可以达到的事实。它将社会中有实际效力的强制秩序视为具有社会性质的事实。这样的强制秩序(只要它显露出一定的特征)被称为法律。③ 也就是说,我们不会评价性地将法律理解为关于正确和错误的客观有效标准,而是将其理解为实际存在的规范体系,它在事实上规制着社会中的共同生活。与之相应,法律科学要做的就是对有实际效力的法律进行描述。作为科学的法律理论,法实证主义只能对其研究对象作描述性陈述,它"试图

(接上页)格奥尔格·贝克莱(1685—1753)和大卫·休谟(1711—1776)。经验主义的研究范式,参见 Gawlick(Hrsg.), Geschichte der Philosophie in Text und Darstellung Bd. 4: Empirismus, 1980. 一些法实证主义的路径,比如纯粹法学说,也可追溯到伊曼努尔·康德(1724—1804)的先验哲学。系统论这种极端的构建主义则以完全不同的认知理论模式为基础。

① 根据古典经验主义,观察作为认知的坚实基础乃是一种纯消极的感官数据记录。该观点并不可靠,因为观察总是已经有了理论的浸渍,也就是受理论思考的指引。不过,重新制定经验主义的方案,即通过经验法则将理论的批判性检验放在核心位置,却是能够做到的。Albert, Traktat über kritische Vernunft, 5. Aufl., 1991, S. 24ff, S. 35ff.

② 实然和应然被绝对区分,以至于实然无法追溯到应然,应然也无法追溯到实然。这种实然与应然的二元主义归功于休谟。Hume, Traktat über die menschliche Natur Bd. 2, 1978, Buch 3, Teil 1, Abschn. 1, S. 211.

③ 关于法律秩序与道德秩序、伦理秩序的区分,参见 Hoerster, JuS 1987, 184.

去回答'法是什么以及如何'的问题,而不去回答'法应当如何或如何被塑造'的问题"①。

那么,在确定有实际效力的法律时,在细节上应当以哪些事实为准,对于这个问题,不同的实证主义理论给出了不同的答案。主要可以区分为三种方案:以立法为导向的方案完全以权威机构准确制定的法规范为依归。相反,以有效性为导向的方案则主要以规范的社会有效性为准,也就是以公民对规范的实际遵守和/或国家机关对规范的贯彻为准。在规范接收者接受法规范的过程中,以承认为导向的方案看到了法律的实证性。还有一些方案是将这三个用以确定法实证性的要素整合在一起。②

(二)法律与道德的区分

法实证主义和自然法学说的争论所围绕的问题是,用以确定法律概念的形式标准是否足够?核心问题在于,是否还要根据实质标准去确定什么应该被称为法律?换言之,法律是否必须在道德上是正确的,并因此存在一种法律与道德之间的必要关联?

根据所有的自然法理论,这个所谓的关联命题都是有效的。该命题认为,法律概念具有价值或者规范的属性,有必要包含正确性这一上位标准。③除了立法和社会有效性两个组成部分之外,正确或者正义乃是法律概念的第三个组成部分。这意味着,实证法与道

---

① Kelsen, Reine Rechtslehre, 2. Aufl., 1960, S. 1. 同样的观点, Hart, Der Positivismus und die Trenung von Recht und Moral, in: Ders., Recht und Moral, 1971, S. 15.

② Koller, Theorie des Rechts, 1992, S. 25ff.; Ott, Der Rechtspositivismus, 2. Aufl., 1992. S. 24ff.

③ Alexy, Begriff und Geltung des Rechts, 1992, S. 17.

德上的正确性标准必须协调一致,或者至少不能太过偏离。

相反,法实证主义支持的却是区分命题或者中立命题。据此,应当严格区分法律与道德,也就是道德中立地确定法律概念。① 法实证主义主张区分法效力的归属和道德上的评价。② 根据区分命题,法律概念是价值无涉的,只能通过描述性的方法才能确定,以至于道德正确性不可能是定义法律的要素。当汉斯·凯尔森断言"任何内容都能因此成为法律"③的时候,就尤为清楚地表达了这一点。

在法实证主义看来,其合目的性为区分命题提供了支持。④ 如上所述,法实证主义涉及的是对实证法的科学观察和描述,这里的实证法是特定社会规范的有效体系。对此,该体系是否符合道德原则无关紧要,因为与道德原则可能发生的矛盾无法改变强制秩序的实际效力:"道德上可能遭到谴责的法律(在这一点上)也依然是法律。"⑤因

---

① Hoerster, JuS 1987, 184; Kelsen, JZ 1965, 468; Thienel, Der Rechtsbegriff der Reinen Rechtslehre-Eine Standortbestimmung, in: Koja-FS, 1998, S. 182.

② Hoerster, Verteidigung des Rechtspositivismus, 1989, S. 11. 从中也可看出,经常有人向法实证主义提出反对意见,认为法实证主义倾向于单方面强调法安定性的价值,即实证法在任何情况下都具有约束力并值得遵守。这是完全错误的。这样的观点,例如 Hruschka, JZ 1992, 667. 根据所有现代权威法实证主义者的观点,作为法规范的分类无法证立道德意义上的遵守要求。Hart, Der Positivismus und die Trenung von Recht und Moral, in: Ders., Recht und Moral, 1971, S. 42; Hoerster, JuS 1987, 185; Hoerster, Verteidigung des Rechtspositivismus, 1989, S. 16f; Kelsen, Reine Rechtslehre, 2. Aufl., S. 70.

③ Kelsen, Reine Rechtslehre, 2. Aufl., S. 201.

④ Hoerster, Verteidigung des Rechtspositivismus, 1989, S. 21ff. 因此,从法实证主义视角看,法律概念的确定既不是真实性的问题,也不是对语言使用的描述性、经验性论断,而是一种合目的性或者规范性、语义学的设定,一种有关定义的建议。Hart, The Concept of Law, 1961, S. 42; Hoerster, NJW 1986, 2481.

⑤ Hart, Der Positivismus und die Trenung von Recht und Moral, in: Ders., Recht und Moral, 1971, S. 53.

此,为了能够妥当地描述这种强制体系,从纯形式上把握法律概念,似乎就具有合目的性。① 此外,法实证主义还主张,考虑到对有实际效力的法律所进行的道德批判,在概念上区分法律与道德刚好有助于问题的澄清。② 也就是说,进行这种批判并从中得出结论的首要前提是,能将批判的对象确认为有效力的法律。③

(三)拒绝客观主义的规范证立

在大多数法实证主义者看来,还有另一个理由能支持法律与道德的区分。根据道德正确性的标准来定义法律概念的主张,必须以这个标准具有充分的可确定性为前提。换言之,必须能够看出一项准确制定的、有效的规范在道德上是正确的还是错误的。因此,自然法学者都是客观主义道德方案的支持者。④ 按照客观主义的见解,至少存在一些基础性的道德原则在客观上是预先为人类设定好的,不以个人利益、目标和愿望为转移。所以,这些原则的效力也不存在可能因情况变化而失效的偶然决定的问题。更确切地说,识别那些客观预设的规则和原则才是关键。

---

① Hoerster, ARSP 1993, 417; Thienel, Der Rechtsbegriff der Reinen Rechtslehre-Eine Standortbestimmung, in: Koja-FS, 1998, S. 189f.

② Hart, Der Positivismus und die Trenung von Recht und Moral, in: Ders., Recht und Moral, 1971, S. 45f; Hoerster, JuS 1987, 187. 批评观点参见 Alexy, Begriff und Geltung des Rechts, 1992, S. 75ff.

③ 法实证主义并不否认实证法与社会主流道德经常在内容上相一致,但是,从经验上可确认的关系中却推导不出规范上的法效力标准,根据该标准,准确制定且有效的强制秩序会由于违反道德评价标准而被否定其法律性质。Hart, The Concept of Law, 1961, S. 199; Hart, Der Positivismus und die Trenung von Recht und Moral, in: Ders., Recht und Moral, 1971, S. 19f; Hoerster, ARSP-Beiheft 37, 28.

④ Alexy, Begriff und Geltung des Rechts, 1992, S. 93.

但是，人们却在伦理学上提出了很多反对客观主义的理由。① 对此，有以下三个核心的批评要点：

1. 不存在逻辑上必然的规范，即一个应当否认逻辑矛盾的规范。就算是基础规范，也无法仅通过逻辑得到证立。

2. 实证经验只能达到事实，也就是实然，但从实然中却推导不出规范上的结论，也就是推导不出应然。所以，在客观有效的原则和规则那里，涉及的本应是一种外在于主观的真实，但是这种真实却不属于事实的世界，而是属于独立的规范世界。这个模式因而承受着由规范现实概念和规范认知概念所带来的负担，二者在认识论的视角下都极有问题。②

3. 现代的程序正当化理论认为，特定的程序就像正在进行的遵循客观论证规则的讨论那样，应当实现对正确规范的认知，在这方面，该理论也同样取决于客观上没有证立可能性的规范基本设想。③

从这些理由出发，大多数法实证主义者都支持伦理学上的不可知论。④ 根据不可知论的观点，规范效力并不以认知为根据，而是

---

① 详细论述参见 Mackie, Ethik, 1981；简要说明参见 Hoerster, JZ 1982, 265ff.
② Albert, Kritik der reinen Heumeneutik, 1994, S. 172.
③ Alexy, Theorie der juristischen Argumentation, 2. Aufl., 1991; Habermas, Moralbewußtsein und kommunikatives Handeln, 1983, S. 53ff. 详细批评参见 Engländer, Rechtstheorie 1997, 446ff.; Grill, Die Möglichkeit praktischer Erkenntnis aus Sicht der Diskurstheorie, 1998; Keuth, Erkenntnis oder Entscheidung, 1993.
④ Kelsen, Reine Rechtslehre, 2. Aufl., S. 65ff.; Ders., JZ 1965, 468; Thienel, Der Rechtsbegriff der Reinen Rechtslehre-Eine Standortbestimmung, in: Koja-FS, 1998, S. 184ff. 约翰·奥斯丁(1790-1859)是一个例外，他认为道德原则的客观证立是可能的。不过，奥斯丁将客观原则视为"法律应当如何"的法伦理学的一部分，应当严格（转下页）

要求一种评价性的决定。这些评价性的决定取决于个人偏好,也就是以偶然情况为基础。按照这一理解,我们无法在客观上证立道德规范的效力,只能永远相对地涉及基本的评价性观点、态度和利益。① 据此,并不存在客观的标准,可以用来评判某一规范在道德上是正确的还是错误的。职是之故,将内容正确的标准纳入法律定义的主张,似乎也不具有合目的性。

二、对法实证主义的反驳

人们对法实证主义提出了各种各样的质疑。有两个核心的反对意见应当简要介绍一下,并给予其批判性的评价,我们可以将这两个反对意见称为不法的论证和原则的论证。②

(一)不法的论证

不法的论证认为,如果制定法逾越了特定的非正义门槛,就一定会丧失其法律品质。在德国法哲学家古斯塔夫·拉德布鲁赫(1878—1949)的著作中,这一论证尤为著名。根据拉德布鲁赫公式,倘若"制定法与正义的矛盾达到如此不堪忍受的地步,以至于作

(接上页)区别于"法律实际是什么"的法律科学。Austin, The Provinvce of Jurisprudence Determined, 1954. 因此,伦理学上的不可知论就不是法实证主义立场的必要条件。Hoerster, Verteidigung des Rechtspositivismus, 1989, S. 14f.

① 但是,从对客观主义的拒绝中却看不出理性的规范证立是完全不可能的。所谓的以利益为基础的路径就拿出了一个解决办法,即基本的道德、法规范与制度可以从人类的理性利己主义中得到解释和承认。Engländer, Rechtsbegründung durch aufgeklärtes Eigeninteresse, JuS 2002, 535ff.; Hoerster, JZ 1982, 265ff.

② R. Dreier, NJW 1986, 891ff.

为'不正确法律'的制定法必须向正义让步"①,就不应再视其为法律。

作为不法论证的最重要理由,自然法学者认为,在不法的国家崩溃后,尤其能够更好地处理国家之不法。② 在处罚所谓政府犯罪时,特别能够彰显拉德布鲁赫公式的效用。法实证主义者一定会承认,以极端非正义制定法为根据的政府犯罪人的行为是合法的,而拉德布鲁赫公式的适用却会溯及既往地否认这些制定法的法律品质,并由此给行为人定罪。③

法实证主义是这样提出反对意见的,即不法的论证破坏了刑法禁止溯及既往原则。④ 依哈特之见,在处理国家不法时,其实只有两个方案可供选择:要么不处罚,要么在知道随后势必付出代价的情况下,通过有意为之的制定法,溯及既往地引起刑事可罚性。⑤ 根据法实证主义,这个决定应当由立法者作出,不得通过引

---

① Radbruch, Gesetzliches Unrecht und übergesetzliches Recht, in: A. Kaufmann (Hrsg.), Gustav Radbruch Gesamtausgabe 3, 1990, S. 89. 拉德布鲁赫还支持这样一个命题,即法实证主义让德国法律界无力抵御国家社会主义制定法的不法。Radbruch, Gesetzliches Unrecht und übergesetzliches Recht, in: A. Kaufmann (Hrsg.), Gustav Radbruch Gesamtausgabe 3, 1990, S. 90. 这个经验性的论断如今已被证伪。Füsser, ARSP 1992, 301ff.; Ott, Der Rechtspositivismus, 2. Aufl., 1992, S. 206ff.; Rottleuthner, Demokratie und Recht 1987, 373ff.; Walther, KJ 1988, 263ff. 拉德布鲁赫公式概念和内容。Saliger, Radbruchsche Formel und Rechtsstaat, 1995, S. 4ff.

② Alexy, Begriff und Geltung des Rechts, 1992, S. 88ff, 98ff.; R. Dreier, NJW 1986, 891.

③ 判例关于纳粹问题的解决和对于民主德国过往的处理,都可追溯到拉德布鲁赫公式。zum NS-Kontext z.B. BGHSt. 2, 173 (177); 3, 357 (362ff); zur DDR BGHSt. 39, 1 (15f); LG Berlin JZ 1992, 692f,

④ 从实证主义视角对不法的论证。Engländer, Rechtstheorie 1997, 455ff.

⑤ Hart, Der Positivismus und die Trenung von Recht und Moral, in: Ders., Recht und Moral, 1971, S. 44; Ders., The Concept of Law, 1961, S. 207.

入非实证主义的法律概念撤销该决定。①

(二)原则的论证

原则的论证希望从判决理由的方法论出发反驳法实证主义。其出发点在于制定法文本不会在逻辑推导上确定法官的判决,而总是可以想到不同的解释。② 得到承认的解释规则同样无法解决不清晰的案件,对于这些案件,法实证主义提出一个命题,即在缺少法律标准的情况下,法官有权根据法律之外的标准比如道德标准,去判决案件。

批评者反驳道,恰恰是在这些案件中,法官才应在法律上受到约束。③ 该反对意见的基础是罗纳德·德沃金(1931—2013)对规则和原则的区分,二者分属不同的规范种类。④ 根据原则理论,法律体系不仅包括严格的规则,还包括一般的原则比如德国《基本法》中的民主原则、法治国原则和福利国家原则,它们都是需要权衡

---

① 对禁止溯及既往原则的司法限制。Alexy, Begriff und Geltung des Rechts, 1992, S. 105f; Ders., Der Beschluß des Bundesverfassungsgerichts zu den Tötungen an der innerdeutschen Grenze vom 24. Oktober 1996, 1997; R. Dreier, NJW 1986, 891; Saliger, Radbruchsche Formel und Rechtsstaat, 1995, S. 38ff. 反对意见参见 H. Dreier, JZ 1997, 431ff.; Renzikowski, ARSP 1995, 343ff.; Schlink, NJ 1994, 433ff.; Schulz, ARSP-Beiheft 65, 173ff.; Thienel, Der Rechtsbegriff der Reinen Rechtslehre-Eine Standortbestimmung, in: Koja-FS, 1998, S. 192ff.

② Kelsen, Reine Rechtslehre, 2. Aufl., 1960, S. 242ff, 346ff. 哈特认为,每一条制定法都有一个开放结构。Hart, The Concept of Law, 1961, S. 124. 不能混淆现代法实证主义与老旧的制定法实证主义,后者将法官误认为单纯的"自动涵射装置"。Hoerster, Verteidigung des Rechtspositivismus, 1989, S. 12ff.

③ Alexy, Begriff und Geltung des Rechts, 1992, S. 119; R. Dreier, NJW 1986, 892.

④ Dworkin, Bürgerechte ernstgenommen, 1984, S. 54ff.; Sieckmann, Regelmodelle und Prinzipienmodelle des Rechtssystems, 1990.

的最优化诫命,①在开始进行解释时,就应当考虑这些原则。这些原则的特殊之处在于其具有双重特性,即它们必然同时属于法律和道德。如果法官按照原则去判决某个案件,那么他就是同时从法律和道德的理由出发作出判决。法律与道德的必要关联由此得以确立,实证主义的法律概念因而被炸得支离破碎。②

法实证主义并不否认实证法除规则之外还包含大量原则,③但它反驳原则论证的理由是必须区分两类原则。一方面,某些原则是实证法的组成部分,它们是否符合内容相同的道德原则,对法效力而言并不重要,唯一重要的是它们归属于实证法体系;另一方面,某些原则并不是实证法的组成部分,所涉及的便是法律之外的标准。对于法律判决而言,这些标准可能被适用到所谓疑难案件中,但是,只有通过法官在具体案件中的判决,这些标准才能成为法律原则。与原则理论相反,在判决作出之前,它们还不是法律体系的组成部分。虽然法律能够从道德或其他社会来源中吸纳原则,但是这些原则只有通过详尽的转化才能获得法效力。④ 一项原则如今属于两种类型中的哪一种,是不是法律体系的组成部分,就只应再次从实证法的立场出发加以回答。⑤ 因此,原

---

① Alexy, Theorie der Grundrechte, 1985, S. 75f.
② Alexy, Begriff und Geltung des Rechts, 1992, S. 119ff.; Ders., ARSP-Beiheft 37, 21ff.; R. Dreier, NJW 1986, 892f.
③ Baurmann/Kliemt, ÖZS 1985, 133f; Koch, ARSP-Beiheft 37, 154ff.
④ Luhmann, Das Recht der Gesellschaft, 1993, S. 85. 与没有司法判决就已是法律体系组成部分的原则不同,这些法律之外的原则在未经转化的情况下与法律无关,除非实证法包括相应的转介条款,例如德国《民法典》第 242 条中的诚信原则。不过,这些转介无非就是实证法上关于法律之外原则的结合规范。Hoerster, JuS 1987, 186.
⑤ Hoerster, NJW 1986, 2481; Luhmann, Das Recht der Gesellschaft, 1993, S. 78ff.

则的论证无法反驳法实证主义。①

三、法实证主义的流派

实证法理论除了在原则上具有共同性之外,具体形态并不相同。因此,应当简要总结一下法实证主义的四个流派:法现实主义、纯粹法学说、分析法学和系统论。

(一)法现实主义

在所谓斯堪的纳维亚法现实主义和美国法现实主义中,现实主义的法学说有其特别含义。② 斯堪的纳维亚法现实主义最著名的代表是丹麦法理学家阿尔弗·罗斯(1899-1979)。按照罗斯的观点,作为经验科学的法学必须涉及经验上可证明的事实。因此,主张一项规范有效,指的并不是规范,而是事实。这种事实应当是特定的人类行为,该行为由身体和心理两方面构成。身体方面从适用规则的外部可观察行为中显现出来,心理方面存在于适用规则者对规则的情感态度中。在罗斯看来,法规范效力意味着法官感受到了规范的约束力,从而在事实上适用该规范。③ 所以,从法现实主义意义上说,法效力指的应当是"心理—身体"的现实性。④

依罗斯之见,法学关于法规范效力的主张可通过法院的行动加

---

① 批评意见参见 Baurmann/Kliemt, ÖZS 1985, 131ff.; Engländer, Rechtstheorie 1997, 472ff.; Koch, ARSP-Beiheft 37; Ott, Der Rechtspositivismus, 2. Aufl., 1992, S. 178ff.
② Ott, Der Rechtspositivismus, 2. Aufl., 1992, S. 70ff, S. 87ff.
③ Ross, On Law and Justice, 1958, S. 34ff.
④ Ott, Der Rechtspositivismus, 2. Aufl., 1992, S. 73.

以验证。按照这一理解,法学中的观点便是对法官未来判决的预测,人们可以借助法官后续的实际行动来确认或者反驳这些预测。[①] 根据法现实主义,法律就是法院将要实际去做的事。

反对观点认为,法现实主义忽略了单纯符合规则的行为与受规则引导的行为之间的核心区别。对前者而言,特定行为只是不断重复实施;对后者而言,还有一个内在方面,存在于对作为规范标准的规则的承认之中。但是,我们无法通过纯粹的经验观察认识到这个内在方面,因为符合规则的行为与受规则引导的行为在外观上并无不同。同样,依靠心理感受到的约束力也不足以表征它。只有对观察到的行为作社会意义的阐释,也就是通过诠释学方法才能把握。[②]

(二) 纯粹法学说

汉斯·凯尔森(1881-1973)的纯粹法学说可谓最著名的法实证主义理论。[③] 纯粹法学说主张,实证法的结构理论是绝对的。对凯尔森而言,法律是人类制定的、由规范构成的强制秩序,该秩序广泛有效。纯粹法学说将规范概念确定为人类意志行为的意义,有意地指向他人行为并表达出一种"应当",也就是允许、禁止或者命令他人去做某事。依凯尔森之见,基本意志行为是一种"存在",而规

[①] Ross, On Law and Justice, 1958, S. 40ff. 这符合美国大法官奥利弗·温德尔·霍姆斯(1841—1935)那个著名的预测定义。Holmes, Harvard Law Review 1897, 460f.

[②] Hart, The Concept of Law, 1961, S. 54ff.; Ders., Essays in Jurisprudence and Philosophy, 1983, S. 12ff, S. 161ff.; Kelsen ÖZÖR 1959, 1ff.; Ott, Der Rechtspositivismus, 2. Aufl., 1992, S. 251ff.

[③] H. Dreier, Rechtslehre, Staatssoziologie und Demokratietheorie bei Hans Kelsen, 2. Aufl., 1990; Thienel, Der Rechtsbegriff der Reinen Rechtslehre-Eine Standortbestimmung, in: Koja-FS, 1998, S. 161ff.

范涉及的却是"应当"。①

凯尔森将规范的特殊存在称为规范的效力,不过,由于"存在"和"应当"之间有着绝对区别,因此效力和规范的有效性并不具有相同含义。虽然规范的有效性是其效力的条件,但有效性却是一种存在事实,它不同于法现实主义的设想,无法成为"应当"的效力根据。这一根据只能永远处在更上位的规范之中,是上位规范调整着下位规范的产生。②

对纯粹法学说而言,法规范与其他规范的区别在于,法规范始终是强制规范,它将制裁与特定行为联结在一起。这些强制规范在法秩序中形成一套统一体系,其特点在于以位阶构造的方式加以整合。由于规范效力只能通过更上位规范的效力获得根据,这个更上位规范又进一步以比它更高的规范为基础,故而产生了不同规范层级之间的等级秩序。如此一来,以德国法秩序为例,负担行政行为就需要制定法的授权基础,该基础必须被宪法的权能规范所涵盖。因此,法秩序的最高层级便是宪法,因为它所包含的规范调整着所有其他法秩序规范的产生。③

但是,宪法的效力根据又如何获得呢?按照凯尔森的观点,宪法的效力根据也必须处在更上位的规范之中,这一所谓基础规范的

---

① Kelsen, Reine Rechtslehre, 2. Aufl., 1960, S. 1ff. 凯尔森认为,规范作为一种意义形象,无法通过经验观察获取。感官上可感知的,永远只是意志行为,虽然它是规范的基础,但却需要与规范区分开来。只有通过特殊的规范观察方式,意志行为才能获得客观意义,以及由此带来的规范品质。这一方案是实证性的,因为它与真实的、有实际效果的意志行为相连,并试图从法律上阐明意志行为。
② Kelsen, Reine Rechtslehre, 2. Aufl., 1960, S. 9ff.
③ Kelsen, Reine Rechtslehre, 2. Aufl., 1960, S. 228ff.

规范可能并不是实证法规范,而是单纯想象出来的规范,也就是某种假设的前提。据此,基础规范涉及一种纯粹的思想架构,它应当让实证宪法被理解为已定应然。基础规范只用作说明图式,为了不把特定的人类行为方式理解为单纯的权力关系,而是将其意义领会为"应当",也就是法律。这是必要的。基础规范也不会为服从法律的道德义务提供根据;它没有伦理功能,只有认识论功能。[1]

批评意见最初针对的是凯尔森所谓"法规范始终是强制规范",因为这种定位无法把握所谓授权规范,也就是给予特定许可或权限的规范。但在现代宪法中,对规范作这种分类却具有核心意义。[2] 此外,将规范概念定义为人类意志行为的意义也很成问题,因为该定义无法包括习惯法,即便是明确的规范制定行为,主要是集体机关,其"真实"意志也不可捉摸。[3] 最后,似乎值得讨论的是,是否真的需要这个存在问题的基础规范设计来证立法效力?[4]

---

[1] Kelsen, Reine Rechtslehre, 2. Aufl., 1960, S. 196ff. 凯尔森逝世后出版的关于规范理论的著作,将基础规范最终把握为虚构的规范,也就是理解为拟制。Kelsen, Allgemeine Theorie der Normen, 1979, S. 206f.

[2] Hart, The Concept of Law, 1961, S. 35ff.; Koller, Theorie des Rechts, 1992, S. 142ff.

[3] Potacs, Rechtstheorie 1994, 75f; Thienel, Der Rechtsbegriff der Reinen Rechtslehre-Eine Standortbestimmung, in: Koja-FS, 1998, S. 177ff.

[4] Alexy, Begriff und Geltung des Rechts, 1992, S. 154ff.; H. Dreier, Rechtslehre, Staatssoziologie und Demokratietheorie bei Hans Kelsen, 2. Aufl., 1990, S. 42ff.; H. Dreier, Bemerkungen zur Theorie der Grundnorm, in: Die Reine Rechtslehre in wissenschaftlicher Diskussion, 1982, S. 38ff.; Hoerster, Kritischer Vergleich der Theorien der Rechtsgeltung von Hans Kelsen und H.L.A. Hart, in: Paulson/Walter (Hrsg.), Untersuchungen zur Reinen Rechtslehre, 1986, S. 1ff.; Walter, Die Grundnorm im System der Reinen Rechtslehre, in: Krawietz-FS, 1993, S. 85ff.

（三）分析法学

分析法学可以追溯到英国哲学家杰里米·边沁（1748－1832）和英国法学家约翰·奥斯丁（1790－1859）。上世纪最著名的分析法学家是英国人哈特（1907－1992）。[①] 在哈特看来，现代法律体系由两种不同规则组成。一种是向人们施加特定义务的初级规则；另一种是赋予人们公共或私人权力的次级规则。次级规则涉及授权规范，其接收者会通过这些规范获得创制、废除或修改初级规则的许可。据此，法律体系乃是初级规则与次级规则的统一。[②]

对哈特而言，与单纯的行为习惯相反，除了外部方面即实际行为之外，规则还通过内部方面显现出来，即存在于对规则内容即行为标准的接受中。群体成员之所以会按特定方式行为，是因为他们预设了与该行为相称的规范标准。[③]

哈特认为，可以从两个不同的视角出发重新审视规则。当人们承认这些规则时，采取的就是内部视角。相反，当人们审视这些规则而自己却不承认时，采取的就是外部视角。对哈特而言，妥当的法学视角是从外部视角描述规则，就像法权共同体是从内部视角理解规则一样。[④]

对哈特而言，现在的问题是，如何确定规则是归属于法律体系的？次级规则应当在此发挥作用，它被称为认识规则。认识规则包

[①] Eckmann, Rechtsposivismus und sprachanalytische Philosophie, 1969; Hoerster, Jahrbuch für Rechtstheorie und Rechtssoziologie 1972, 115ff.
[②] Hart, The Concept of Law, 1961, S. 77ff.
[③] Hart, The Concept of Law, 1961, S. 55.
[④] Hart, The Concept of Law, 1961, S. 86ff.

含了效力标准,为了归属于法律体系,规则必须满足这些标准。因此,认识规则乃是法秩序最上位的效力根据。① 然而,不同于凯尔森的基础规范,哈特的认识规则应当是真实存在的规则。在识别内部接受、外部有效的法律规则时,规则的存在会从与法权共同体协调一致的实践中显现出来。与凯尔森相反,哈特并不追问认识规则的规范效力,而是以毫无意义为由拒绝回答。效力永远只是在内部视角的框架下,参照规范标准来言说的。考虑到这一规范标准本身,即认识规则,这一视角是不可能的,因为不存在更上位的规范标准。在哈特看来,关于认识规则,只能从外部视角出发,在经验上宣称它实际有效且被公职人员所接受。②

哈特法理论的批评者指责他的规则模式没有妥当顾及法秩序的原则和目标设定,也就是所谓实证法的深层次结构。不仅如此,批评者还怀疑哈特法效力方案的正确性,认为用于确定规则法效力的认识规则复杂度不足,这些认识规则只是一种简单的"血统检测"标准,无法把握法律的复杂性,不适合作为识别标准。③

(四)系统论

法系统论是近来讨论颇多的路径。社会学家尼克拉斯·卢曼(1927-1998)的社会学作品使其尤为出名。④ 该理论的出发点是系

---

① Hart, The Concept of Law, 1961, S. 92f, S. 103f.

② Hart, The Concept of Law, 1961, S. 97ff. 哈特的这个效力方案受到维特根斯坦后期哲学的强烈影响。Herbert, Rechtstheorie als Sprachkritik, 1995, S. 127ff.

③ Dworkin, Bürgerechte ernstgenommen, 1984, S. 81ff, S. 94ff.; Sieckmann, Regelmodelle und Prinzipienmodelle des Rechtssystems, 1990, S. 174ff.; Koller, Theorie des Rechts, 1992, S. 153ff. 反对意见参见 Baurmann/Kliemt, ÖZS 1985, 127ff.; Koch, ARSP-Beiheft 37, 156f; Ott, Der Rechtspositivismus, 2. Aufl., 1992, S. 178ff.

④ Kneer/Nassehi, Niklas Luhmanns Theorie sozialer Systeme, 1993.

统和环境的区分。系统概念被定义为要素集合的总体及其彼此关系。从各自系统的视角看,环境被确定为不属于系统组成部分的所有东西。①

社会学系统论认为,应当将社会理解为一个系统。② 在现代社会,社会整体系统划分为不同的社会子系统,比如经济系统、政治系统、科学系统、法律系统、道德系统和宗教系统等。

在卢曼看来,这些系统的特殊之处就在于它们是自生且封闭的。自生思想首先在细胞生物学中发展起来,意思是系统凭借其自身组成部分进行自我生产。③ 卢曼将这一模式转用到社会系统。据此,每一个社会系统都会从其自身的组成部分中复制出来,在这些组成部分中需要处理的是特殊的沟通。这同时意味着,每一个系统都是封闭操作的,无法从外部即它所处的环境决定其操作。④

对于法律体系而言,应当将其理解为自治的系统。法律体系之于系统论也是一种自生系统,因而同样是封闭操作的。⑤ 它的可以自我复制的组成部分,乃是关于法律的沟通。更确切地说,根据卢曼的观点,它所处理的是以特定主导区别为导向的沟通:"法和/或不法"的区别。据此,有些沟通涉及将正价值的"法"或负价值的"不法"归属于某一特定事实,所有这样的沟通都是法律系统的沟

---

① Luhmann, Soziale Systeme, 1984, S. 249ff.
② Luhmann, Soziale Systeme, 1984, S. 555ff.
③ Maturana/Varela, Autopoietische Systeme: eine Bestimmung der lebendigen Organisation, in: Maturana, Erkennen, 1982, S. 170ff.
④ Luhmann, Das Recht der Gesellschaft, 1993, S. 30ff.
⑤ Teubner, Recht als autopoietisches System, 1989; Luhmann, Das Recht der Gesellschaft, 1993.

通;①相反,以其他主导区别为导向的沟通就不属于法律系统的沟通。

法律系统因其主导区别而区别于其他系统,卢曼将这种主导区别称为二元符码。其他自生系统运用的是比如用"好坏"符码指称道德系统,用"真假"符码指称科学系统。卢曼从系统的符码化中得出结论,认为只有在相应的系统内部,才能决定对各自符码价值的承认。只有在法律系统内部,才能决定对"法和/或不法"价值的承认,比如在道德系统中就不行,因为它使用的"好坏"完全是另一组主导区别。然而,不同于自然法学者的设想,在卢曼看来,这意味着法律系统中的道德不能直接起作用。只有在法律系统中,才能决定应当被视为"法和/或不法"的事情。不可以在道德上确定法效力:"法律,是将法律确定为法律的东西。"②

反对意见首先针对的是系统论描述的原则性效用。令人怀疑的是,除了抽象的概念演练之外,系统论是否还有实际的知识收益?之所以有疑问,是因为人们不可以停留在系统层面去描述社会现象,而是要与具体事务的处理接轨。社会学不是从个人,而是从集体出发来运行的,这注定无功而返。③ 此外,还有批评意见认为,卢曼的二元符码方案,即通过主导区别将价值严格一分为二,并不妥当,因为有些事实在法律上要么无关紧要,要么中立,二分法无力把

---

① Luhmann, Das Recht der Gesellschaft, 1993, S. 66ff.; S. 165ff.
② Luhmann, Das Recht der Gesellschaft, 1993, S. 143f.
③ Bohnen, Zeitschrift für Soziologie 1994, 292ff.; Coleman, Foundations of Social Theory, 1990, S. 1ff.; Esser, Zeitschrift für Soziologie 1991, 153ff.; Vanberg, Die zwei Soziologien, 1975, S. 161ff.

握这些事实。①

四、结论

现代法实证主义包括各式各样的理论路径,目的都是描述并解释实证法。这些路径在细节上绝对还有讨论和澄清的必要。不过,没有理由像一些自然法学者所要求的那样,将法实证主义置于意识形态的怀疑之下。②

---

① 关于这一批评,以"好坏"道德符码为例,参见 Weinberger, Rechtstheorie 1993, 261ff.
② 比如赫鲁什卡就持这样的观点,认为前后一贯的法实证主义是为独裁统治体系辩护的玩世不恭的意识形态。鉴于目前法实证主义与自然法之争的讨论现状,这种定性颇为荒谬。Hruschka, JZ 1992, 667.

第二章
社会契约论诸说[*]

一、社会契约论的基本思想

能否以及如何使国家秩序具有正当性，是法哲学的核心问题。[①] 国家秩序需要正当化，因为作为强制规范体系的国家秩序不仅划定了公民的自由界限，还给公民施加了大量义务。社会契约论试图解决这个正当性问题，相关讨论既举世闻名又始终活跃。其最杰出的支持者是英国哲学家托马斯·霍布斯(1588—1679)、约翰·洛克(1632—1704)和法国国家理论家让-雅克·卢梭(1712—1788)，以及德国哲学家伊曼努尔·康德(1724—1804)。

社会契约论的基本理念是人类通过社会契约使自己服从国家秩序，向社会全体成员传达一种思想，每个缔约方通过与各自的相

---

[*] Die Lehren vom Gesellschaftsvertrag. Jura 2002, 381–386.

[①] 在法哲学中，这是一个法伦理学问题，处理的是法秩序在规范上的正当性。与之相对，一般法理论作为法哲学的另一个子领域，其课题是对具有实证效力的法秩序的基本结构要素做价值中立的描述。关于法哲学主题领域的区分，参见 Hoerster, JuS 1987, 181f.

第二章　社会契约论诸说

对方自愿订立契约，约定他们必须接受的权利和义务。根据这一理解，当国家秩序是公民在契约上达成协议的结果或者至少可以这样认为时，该秩序就具有正当性。因此，个人的自我约束便成了国家的正当性来源。

人类为什么要订立这样一份社会契约？可以将社会契约论对这一问题的证立分为三个步骤。[①] 起点是前社会或至少是前政治存在的初始状态，也就是所谓自然状态或原始状态。对此，人们假定了一种国家秩序尚未存在的处境，但这种自然状态在实现人类利益方面却不尽如人意，比如生存、安康、自由、财产或者争端的和平解决以及利益的分配等。有些冲突在自然状态的条件下无法自行解决。

因此，在下一个步骤中，生活在自然状态中的人类，应称其为"自然状态的行动者"，就会出于理性利己主义的考虑联合在一起，并通过达成契约的方式组成一个政治共同体。自然状态行动者的自愿联合会创造一种状态，以解决自然状态中的问题，从而为每一社会个体带来更好的境况。

通过订立契约建立国家秩序乃是社会契约论的结论。这种秩序被认为具有正当性，是因为它将为了所有人的利益而消除自然状态的缺陷，并以公民自愿的自我约束为根据。[②] 在此过程中，国家秩序的正当性问题可以得到解决。

---

　① 所有社会契约论的论证结构基本一致，参见 Kersting, Die politische Philosophie des Gesellschaftsvertrags, 1994, S. 19ff.
　② 在一些契约论者看来，同意的动机并不重要，例如按照霍布斯的观点，恐惧作为订立契约的动机不妨碍契约的效力。Hobbes, Vom Menschen. Vom Bürger, 3. Aufl., 1994, S. 93f.

二、社会契约论的古典学者

通过社会契约使国家秩序合法化的理念,在西方政治思想中有着悠久传统。在古希腊哲学中,就能发现这个正当性方案的根源。[1] 社会契约论在启蒙运动时期达到顶峰,其间对于欧美的国家理论而言乃是一种具有影响力的思想模式。有四位顶级的社会契约论古典学者,分别是霍布斯、洛克、卢梭和康德。

(一)托马斯·霍布斯的社会契约论

霍布斯的功绩在于率先在体系上开创了社会契约论,[2]设想了一种没有法律与秩序的自然状态。作为设想的出发点,霍布斯认为应当将这种自然状态描述为"一切人对一切人的战争"[3]。个中理由存在于霍布斯的"人的形象"中:人是一种目的理性思考的存在,这一存在只想满足自己的需求、愿望和目标,人们可以用"利益"这一上位概念来概括人的需求、愿望和目标。按照这种理解,人的行为无比自私利己。[4]

在自然状态下,人类共同生活不受国家秩序规制。其中,自然

---

[1] Kersting, Vertrag-Gesellschaftsvertrag-Herrschaftsvertrag, in: Brunner u.a. (Hrsg.), Geschichtliche Grundbegriffe, 1990, S. 903ff.

[2] Gauthier, The Logic of Leviathan, 1969; Kersting, Die politische Philosophie des Gesellschaftsvertrags, 1994, S. 59ff.; Watkins, Hobbes, System of Ideas, 2. Aufl., 1973; Willms, Die Antwort des Leviathan, 1970.

[3] Hobbes, Leviathan, 1970, S. 115.

[4] 因此,也可将霍布斯视为现代经济学的鼻祖。经济学行为模式的基本假设是,个人在决策情景中会选择某种行为方案,就其偏好而言,期待该方案能使效益最大化。这个在理性上追求效益最大化的人也被称为"经济人"。Becker, Der ökonomische Ansatz zur Erklärung menschlichen Verhaltens, 1982; Kirchgässner, Homo oeconomicus, 1991.

状态行动者的这种利己主义行为必将导致不可调和的冲突。人类为满足自身需求而逐取的物资不可能无限使用,他们的利益也经常无法同时实现,甚至还彼此对立,因此每个自然状态行动者都会在不得已的情况下试图通过暴力来贯彻自己的利益。使用暴力不仅是满足需求所必需的理性手段,还是抢在其他行动者发动袭击之前采取行动的理性预防策略。但从效益最大化的视角看,自然状态行动者的冲突策略必将导致无法令人满意的局面。更确切地说,自然状态条件下的人类生存乃是"成百上千次的不幸;恐惧、被杀、孤独、贫困、残酷、时刻的危险和短命的生活"①。

因此,出于利己主义的原因,自然状态行动者就有必要去消除他们之间的冲突,并就某些规则达成共识,比如相互放弃暴力、彼此限制行动自由、遵守协议等,霍布斯将这些规则称为自然律。② 不过,在自然状态中,没什么能确保这些规则得到遵守。申言之,从个人视角出发,单方面违反规则反而要比遵守规范更有利。对个人而言,违反规则才是明智的,自己只是假装愿意遵守规则,然后从别人对规则的遵守中获取更多利益,而自己在不受相关限制的同时,还要想到其他自然状态行动者也会出于同一原因而不按自然律行事。因此,为了不受他人剥削,就不能在自然状态中遵守这些规则。③

---

① Hobbes, Leviathan, 1970, S. 115f.

② Hobbes, Leviathan, 1970, S. 118ff. 将这些规则称为自然律,不可让人误以为它们在传统自然法意义上具有客观约束力,它们只涉及利己主义的假言命令。Kersting, Vertrag – Gesellschaftsvertrag – Herrschaftsvertrag, in: Brunner u. a. (Hrsg.), Geschichtliche Grundbegriffe, 1990, S. 73ff.

③ Hobbes, Vom Menschen. Vom Bürger, 3. Aufl., 1994, S. 110f. 在经济学理论中,这个问题以"囚徒困境"而得名。Davis, Spieltheorie für Nichtmathematiker, 2. Aufl., 1993, S. 104ff.

也因此，建立国家统治秩序，通过其强制力克服自然状态下的冲突，是确保人类遵守自然律的唯一出路。自然状态行动者相互订立社会契约，将他们的自决权让渡给特定个人或某个人类群体，①通过彼此间的"主权放弃"，联合成一个人格体并建立国家，这个国家凭借人们让渡给它的制裁权力，确保那些符合所有人利益的法律得到遵守。"这就产生一个巨大的利维坦，或者如果愿意，还可称之为非永生的上帝，我们将和平与庇护归功于它。"②

根据霍布斯的观点，拥有绝对权力的统治者能够保证人们遵守国家秩序。统治者不受社会契约的约束，因为他本人不是缔约方。③ 霍布斯坚决反对分权的理念。他认为分权必将挑起权力所有者之间的冲突，从而让社会退回到自然状态。④ 由于自然状态所带来的种种恶果，一定要避免这种倒退。如此一来，霍布斯就成了国家专制主义的首倡者。⑤

---

① Hobbes, Leviathan, 1970, S. 155. 虽然霍布斯认为授权某个人类群体也是可能的，但他的观点却是授权单一的君主才是可取的。Hobbes, Vom Menschen. Vom Bürger, 3. Aufl., 1994, S. 174ff.

② Hobbes, Leviathan, 1970, S. 155.

③ Hobbes, Leviathan, 1970, S. 158.

④ Hobbes, Vom Menschen. Vom Bürger, 3. Aufl., 1994, S. 196f. 作出这一评价的原因，可能主要是霍布斯对英国内战的印象。

⑤ 不过，不能将霍布斯意义上的专制主义国家与极权主义国家混淆起来，在极权主义国家中，大部分人都受到恣意的统治。申言之，霍布斯所说的国家的目的，是根据普遍的法律保障公民的个人自由。因此，他所说的国家以自由的意图为基础。Habermas, Die klassische Lehre von der Politik in ihrem Verhältnis zur Sozialphilosiphie, in: ders., Theorie und Praxis, 1971, S. 72ff.

(二) 约翰·洛克的社会契约论

与霍布斯不同,洛克的论证过程是社会契约论①从这样一种自然状态出发,即自然状态中的行动者在所有国家秩序产生之前就已经拥有自然权利。这些与生俱来的权利主要包括生命权、身体权、自由权以及对劳动所得的财产权,②与之对应的义务是尊重其他自然状态行动者的同等权利。

倘若有自然状态行动者侵害这些自然权利,就将与被害人以及所有其他自然状态行动者进入战争状态。③ 对洛克而言,这意味着在缺少国家调解机构与制裁机构的情况下,每个自然状态行动者都有权给予破坏权利行为适当的惩罚:"因此,在防止新的侵害行为的必要范围内,每个人都有权处罚违法者。"④

不过,这种前国家状态却存在明显弊端。即使个人已经在自然状态中拥有了不可动摇的权利,也还是缺少一个用来保障这些权利的机构。此外,还存在一种危险,那就是自然状态行动者们很少能就以下问题达成共识,即在何种条件下会出现违法者,又该如何制裁?因此,洛克认为自然状态将导致无穷无尽的冲突、争端和法律的不安定。⑤

---

① Ashcraft, Locke's Two Treatises of Government, 1987; Kersting, Die politische Philosophie des Gesellschaftsvertrags, 1994, S. 109ff.
② Locke, Über die Regierung, 1974, S. 6f.
③ Locke, Über die Regierung, 1974, S. 14ff. 洛克的《政府论》区分了自然状态和战争状态,他所说的战争状态大致符合霍布斯的自然状态,因此应当严格区分霍布斯的自然状态和洛克的自然状态。Locke, Über die Regierung, 1974, S. 16f.
④ Locke, Über die Regierung, 1974, S. 7.
⑤ Locke, Über die Regierung, 1974, S. 95ff.

为了保障他们的权利,使和平与无冲突的共同生活成为可能,自然状态行动者便通过契约联合为政治共同体,建立起国家秩序。① 与霍布斯不同,这样确立起来的国家权力不应是全能的利维坦,而只应行使有限的权力。缔约方并没有通过订立契约完全放弃自己的权利。他们只是在能够有效保护其自然权利的范围内限制了自己的权利。国家的任务因而仅在于,一方面更加清晰准确地把握制定法中的自然权利,另一方面保证制定法的贯彻适用。② 所以,洛克认为应当区分立法权和行政权,二者通常是彼此分离的。③ 相反,倘若国家机关逾越自然权利所划定的界限,它的行为就不再具有正当性,甚至还可能成为公民反抗权的根据。洛克的社会契约论最终支持的是自由的最小政府方案。④

(三)让-雅克·卢梭的社会契约论

"'要找到一种联合的方式,它将以全部的共同力量去捍卫和保护每一位成员的人身和财富,不过却又使每一个与全体联合起来的人只服从自己本身,并且还要像往常一样地自由自在。'这就是根本问题所在,社会契约便是这一问题的解决方案。"⑤与霍布斯或洛克不同,卢梭并没有详细论证,为什么这种联合具有必要性,为什么

---

① Locke, Über die Regierung, 1974, S. 75ff.
② Locke, Über die Regierung, 1974, S. 101ff. 洛克明确批评了利维坦的模式,但未提及霍布斯的名字。Locke, Über die Regierung, 1974, S. 12.
③ Locke, Über die Regierung, 1974, S. 111f.
④ Nozick, Anarchie, Staat, Utopia, o.j., S. 38.
⑤ Rousseau, Gesellschaftsvertrag, 1977, S. 17. 卢梭政治哲学的全面介绍参见 Brandt, Rousseaus Philosophie der Gesellschaft, 2. Aufl., 1977; Fetscher, Rousseaus politische Philosophie, 2. Aufl., 1978; Kersting, Die politische Philosophie des Gesellschaftsvertrags, 1994, S. 140ff.

第二章 社会契约论诸说

应当抛弃自然状态,而只是将二者假定为前提。①

不同于洛克,卢梭认为只要自然状态行动者还在支配不同的物资,人类就不会在契约上达成应当用以克服自然状态的协议。以自然状态中所产生的不平等为根据,建立在其上的联合将使这种包括冲突在内的状态持续下去。因此,卢梭要求自然状态行动者在订立契约时去掉自己所有的财产和诉求,将它们全部让渡给共同体。只有这样创造出来的状态才能确保完全的平等,没有人试图为自己谋求特别的好处;相反,所有人都接受公意的领导。在卢梭看来,这样就产生了一个道义共同体,其中的每一位成员都将获得自己曾经放弃的全部等值利益,并且还会得到比之前更好的保护。②

申言之,同霍布斯一样,自然状态行动者必须完全放弃自己的权利。但与霍布斯不同的是,他们并未将自己的权利让渡给某个外部统治者;相反,在卢梭的社会契约论中,契约订立者的共同体本身就占据着统治者的地位。因此,每个缔约方都既是权利平等的统治参与者,又是责任相同的被统治者。但是,统治权力却不可分割——这是卢梭与霍布斯的相似之处。由于卢梭认为统治者仅由公民个人组成,统治者在自己的统治中表达着公意,也就是所有人的共同利益,因此,无法想象统治者的利益会与公民的个人利益背道而驰。所以,并不需要用分权来保护公民。在卢梭看来,虽然可以想到,某人作为人类拥有特殊的意愿,可能会与他作为公民所具有的公意相抵触,但在这种情况下,必须以强制的方式督促他服从

---

① Rousseau, Gesellschaftsvertrag, 1977, S. 16.
② Rousseau, Gesellschaftsvertrag, 1977, S. 18.

公意,"不是别的,无非是强迫他自由而已"①。据此,卢梭社会契约论中的社会形态乃是极端的民主制。

(四)伊曼努尔·康德的社会契约论

康德希望赋予社会契约模式新的根据。到目前为止,上述社会契约论都在用某些关于自然状态和人类本质的经验主义假设来论证国家秩序的必要性,而康德却在寻求一种与经验无涉的、只从纯粹理性法则中推导出来的正当性根据。②

康德法哲学要说明一个问题,即在什么条件下,人类在先于所有经验的外在自由③中共同生活是可能的。那些既能普遍严格适用,又不能在无矛盾的情况下被反驳的条件,就是不以经验为转移的。但是,个人拥有无限自由的假设必将导致一种理性的矛盾,因为这个假设同时意味着压制所有其他人的自由。因此,出于理性的原因,就需要法权,即"这样一些条件的总和,在其之下,一个人的任性能够按照一条普遍的自由法则与另一个人的任性保持一致"④。在康德看来,这个可以与所有其他人的自由保持一致的自由尺度,同时也是每个人与生俱来的基本法权。⑤

---

① Rousseau, Gesellschaftsvertrag, 1977, S. 21.
② 康德法权哲学和国家哲学的详细介绍参见 Höffe, Immanuel Kant, 2. Aufl., 1988, S. 208.; Kersting, Wohlgeordnete Freiheit, 1993; Ders., Die politische Philosophie des Gesellschaftsvertrags, 1994, S. 180ff.
③ 康德将外在自由确定为任意的自由,也就是不受外界影响的自由。在康德这里,应当区别外在自由和内在自由或曰道德自由,后者是指以定言命令为根据,自主自我立法意义上的理性意志自由。细节阐释参见 Kersting, Wohlgeordnete Freiheit, 1993, S. 97ff.
④ Kant, Die Metaphysik der Sitten, in: ders., Die Metaphysik der Sitten, 1977, AB33.
⑤ Kant, Die Metaphysik der Sitten, in: ders., Die Metaphysik der Sitten, 1977, AB45.

第二章 社会契约论诸说

康德认为,法权的存在和国家法秩序的存在总体而言在理性上都是必要的。为了证立这一点,他开始研究自然状态的形态,并清除了所有经验上和人类学上的假设,使自然状态呈现为一种纯理论构想。因此,抛弃自然状态的必要性,并不在自然状态行动者的暴力行为或者恶意行为之中,而是早就存在于这种状态的理念之内。换言之,与思考人类多么热爱和平无关,自然状态所存在的问题是,在出现法权争议的情况下,对于相互冲突的平等法权主张而言,没有权威机构能够作出具有法律约束力的裁决。但是,倘若个人不能通过法律途径去贯彻自己的法权,那么一切法权的法律品质都会遭到废除。自然状态因而是一种"无法则的外部自由"①状态,其中虽然没有不正义,但却不存在法权。②

在康德看来,倘若现在法权是人类理性必需的往来形式,但自然状态却又是一种不存在法权的状态,那么对它的克服就不仅要在经验上是必需的,还应当在理性上是必要的。人类必须出于理性原因联合成一个国家。这种联合不是事实上的结果,而是一种单纯的理性理念,康德称之为原初契约。③ 这一契约克服了自然状态,以便确立国家状态,其中占统治地位的则是全体公民的普遍意志。④ 对康德而

---

① Kant, Die Metaphysik der Sitten, in: ders., Die Metaphysik der Sitten, 1977, A158, B157.

② Kant, Die Metaphysik der Sitten, in: ders., Die Metaphysik der Sitten, 1977, A162ff, B192ff.

③ Kant, Über den Gemeinspruch: Das mag in der Theorie richtig sein, taugt aber nicht für die Praxis, in: ders., Schriften zur Anthropologie, Geschichtsphilosophie, Politik und Pädagogik, A250.

④ Kant, Die Metaphysik der Sitten, in: ders., Die Metaphysik der Sitten, 1977, A165ff, B195ff.

言,国家状态就是共和国,在正义的制定法的统治下,立法机关、行政机关和司法机关都有条不紊地共同发挥作用。若想用一个概念来把握康德的社会契约论,可以称之为理性法权的契约主义。

三、社会契约论的现代版本

古典社会契约论在康德这里画上了句号。在之后的岁月里,人们越来越怀疑社会契约论是否真能赋予国家秩序正当性。最晚至19世纪中叶,社会契约论只剩下学术史的意义。走上前台的则是功利主义、黑格尔主义、社会达尔文主义、社会主义和共产主义等观点。20世纪70年代初,随着美国哲学家约翰·罗尔斯的《正义论》一书问世,社会契约论思想经历了一次复兴。[①] 短期内,又有一系列关于社会契约论的思想著述涌现出来,其中特别著名的是美国学者罗伯特·诺齐克的《无政府主义、国家和乌托邦》、美国经济学家及诺贝尔奖获得者詹姆斯·布坎南的《自由的限度》。[②] 在此,应当简要介绍一下这三种现代的社会契约论。[③]

[①] 不过,社会契约论思想已经在此前的一些作品中得到采纳,这预示了社会契约论向政治哲学讨论的回归。Buchanan/Tullock, The Calculus of Consent, 1962; Harsanyi, Journal of Political Economy 1955, 309ff.; Rawls, The Philosophical Review 1958, 164ff.

[②] 此外还应提及的著作:Ackerman, Social Justice in the Liberal State, 1980; Gauthier, Morals by Agreement, 1986; Philipps, Equality, Justice and Rectification, 1979.

[③] 详解参见 Kersting, Die politische Philosophie des Gesellschaftsvertrags, 1994.; Koller, Neue Theorien des Sozialkontrakts, 1987. 简介参见 Koller, Die neuen Vertragstheorien, in: Ballestrem/Ottmann (Hrsg.), Politische Philosophie des 20. Jahrhunderts, 1990, S. 281ff.

第二章　社会契约论诸说

可以将罗尔斯的正义论理解为康德和卢梭社会契约论的现代版。其目标是让民主宪法国家中最重要的权利与制度具有正当性。在罗尔斯看来,有两个正义原则是这些权利与制度的合法性标准:根据第一个原则,每个人都有权获得最大程度的同等自由,这项权利与所有其他人的同等自由保持一致。第二个原则要求,与严格的平等对待相比,只有当不平等对每个人都有利时,才能在社会和经济上作出不平等的安排。① 罗尔斯选择用假设的原始状态来作为这两个正义原则的论证起点,其中,所有的原始状态行动者都处在无知之幕背后。这个无知之幕令他们无法知晓自己的个人天赋、社会地位或经济关系。② 如此一来,就可以保障这两个为原始状态行动者所同意的正义原则的公平性,换言之,由于所有的原始状态行动者都是平等的,因此这就符合所有人的同等利益,没有人会享受不公正的优待。③

诺齐克则明显承袭了洛克的社会契约论。对此,他追求两个证立目标:一方面,他想指出自由的最小政府相比于无政府主义思潮而言是必要的;另一方面,他想说明每一种超越了自由最小政府的国家秩序比如具有社会福利国家要素的秩序都是非法的。诺齐克以洛克的自然状态为出发点,认为由于自然状态中存在种种冲突,自然状态行动者会首先联合成一个简单的防卫共同体,以保卫

---

① Rawls, Eine Theorie der Gerechtigkeit, 1975, S. 81ff.
② Rawls, Eine Theorie der Gerechtigkeit, 1975, S. 159ff.
③ 在后来的作品中,罗尔斯越来越关注这一目标,即论证他的政治正义论是对民主社会内在承认之正义想象的体系化和精细化。在此,原始状态的虚构应当用作辅助的分析工具。Rawls, Gerechtigkeit als Farness: politisch und nicht metaphysisch, in: ders., Die Idee des politischen Liberalismus, 1992, S. 255ff.; Ders., Politischer Liberalismus,(转下页)

他们的自然权利,随后,当某个占据特定领土的防卫组织得到认同时,自由的最小政府就仿佛从中自发产生了。① 因此,在诺齐克看来,国家的形成并不是有计划订立契约的结果,而是组建防卫联合体的意外后果,也就是"看不见的手"的现象。② 所以,可以将诺齐克的社会契约论称为接续的契约主义。③

布坎南支持的却是霍布斯社会契约论的修正版。与霍布斯一样,布坎南也从一种根本不存在规则与法律的自然状态出发,认为每个自然状态行动者都只追求其自身利益,因而自然状态中的人会为了匮乏的物资而产生无休无止的冲突。每个自然状态行动者都试图为自己搞到尽可能多的物资份额,这种努力的后果是一种"自然分配的平衡状态"。在这一状态下,每个自然状态行动者为获取物资所花费的精力与为保卫物资所花费的精力是相同的,以至于每一次进一步努力的收益与成本都会相互抵消。④ 但是,因为与维持这种平衡有关的是攻击和防卫活动所带来的巨大非生产性成

(接上页) 1998. 对罗尔斯证立方案的批评,参见 Engländer, ARSP 2000, 15ff.; Fehige, Rawls und Präferenzen, in: Philosophische Gesellschaft Bad Homburg und Winfried Hinsch (Hrsg.), Zur Idee des politischen Liberalismus, 1997, S. 304ff.; Hoerster, John Rawls, Kohärenztheorie der Normenbegründung, in: Höffe (Hrsg.), Über John Rawls, Theorie der Gerechtigkeit, 1977, S. 57ff.; Kliemt, ARSP-Beiheft 74 (2000), 217ff.

① Nozick, Anarchie, Staat, Utopia, o.J., S. 38.
② 亚当·斯密(1723-1790)之后,我们将通过人类行为,即人类只追求其自身利益的行为,无目的且必然产生的体系、秩序或制度描述为"看不见的手"的现象。这一现象最著名的表现就是经济市场中的自发秩序。Smith, Der Wohlstand der Nationen, 1978, S. 16ff.
③ 对诺齐克社会契约论的批评,参见 Kliemt, Zustimmungstheorien der Staatsrechtfertigung, 1980; Koller, Neue Theorien des Sozialkontrakts, 1987, S. 157ff.; Lübbe, Rechtstheorie, 1978, 217ff.
④ Buchanan, Die Grenzen der Freiheit, 1984, S. 33ff.

本,所以,倘若每个自然状态行动者都将自己手中的资源直接投入到物资生产中,他们就会有更好的处境。因此,自然状态行动者在实现自然分配之后,便会订立一项契约,内容是相互解除武装、保障财产权,以及创设国家强制力来保障这些权利和义务。① 随着该观点的提出,社会契约论形成了闭环,重新回到其开路人霍布斯那里。②

四、社会契约论的问题

社会契约论的目标是解决国家秩序的正当性问题,但它是否真能满足这一要求却无定论。对社会契约论思想最著名的批评来自苏格兰哲学家大卫·休谟(1711—1776)的《论原始契约》一文。

(一)大卫·休谟的批评

休谟拒绝社会契约论的原因主要有两个:一是认为以社会契约论为正当性方案并不现实;二是认为这样的正当性方案颇为多余。在休谟看来,社会契约论之所以不现实,是因为在最古老、最原始的人类共同生活方式中,无法将部落头领的选定解释为有意订立契约的结果。按照该观点,根本就没有哪个独特国家的建立能够事实上回溯到公民所订立的契约。③ 即使认为存在过某些与订立原始契

---

① Buchanan, Die Grenzen der Freiheit, 1984, S. 84ff.
② 区别在于布坎南建议的不是专制国家,而是宪治自由民主国家。批评参见Engländer, ARSP 2000, 20ff,; Gauthier, Morals by Agreement, 1986, S. 190ff.; Koller, Neue Theorien des Sozialkontrakts, 1987, S. 219ff.; Zintl, Individualistische Theorien und die Ordnung der Gesellschaft, 1983, S. 90ff.
③ Hume, Über den ursprünglichen Vertrag, in: Ders., Politische und ökonomische Essays, 1988, S. 304ff.

约相似的事,也不可能在数代人之后还将统治秩序回溯到这一契约,而不将其归因于当下的权力结构。此外,还必须设定一个可疑的前提,即订立契约的那一代人的同意,也能约束之后的每一代人。①

在休谟看来,默示契约的构想,即假设生活在国家联合体中的人会通过协商对原始契约表示同意,同样于事无补。只有当人们自愿停留在国家中的时候,才能假定默示契约的存在。但这种自愿性不可能存在,因为相关者通常都在现实中别无选择。大多数人一出生就步入现存的社会体系中,成长于这些结构内,并承担着国家施加的义务,对他们而言,移民从来都不是一个真正的选择。② 出于这些原因,将国家秩序的约束力归因于社会契约的想法完全是不切实际的。

此外,休谟还认为社会契约论是多余的。申言之,即使以公民契约为基础的国家是妥当的,这样订立的契约也不是遵守制定法的独立根据。社会契约论所要解决的正当性问题只会转移到另一个层面上去。契约的约束特征与国家规范的效力具有相同的基础:"如果有人问为什么要服从政府,我会立即回答:不这样的话,社会就无法存在下去……你们的答案也许是:人应当遵守自己的诺言。"但如果进一步追问,人为什么要遵守自己的诺言,答案就可能"迅

---

① Hume, Über den ursprünglichen Vertrag, in: Ders., Politische und ökonomische Essays, 1988, S. 306.
② Hume, Über den ursprünglichen Vertrag, in: Ders., Politische und ökonomische Essays, 1988, S. 311f.

速、不拐弯抹角地为我们的效忠义务提供根据"①。这意味着,用于解释承诺的约束力并由此促成契约订立的个人利己主义,同样能直接赋予国家及其制度以正当性。无需绕道社会契约;对于国家秩序的正当性而言,社会契约绝非必要。

(二) 可否通过默示行为证立社会契约

休谟曾对原始的、历史的契约这一设想提出了很多反对意见,但是并没有现代的契约论者去质疑这些反对意见的合理性。不过,在当下的社会契约论中,有一些方案又重新研究默示社会契约理念。② 默示社会契约的支持者希望通过一系列的制度安排来回应休谟的批评,所以对个人而言,表达分歧意见与提出抗议、从事在野党工作或者移民,就都应当是没有危险的。对此,不仅要在法律上保障这些基本自由,还要为这些自由的实际行使创造条件。但是,如果这些广泛的权利存在于一个公民既不抗议也不移民的国家中,就可以反过来将公民的行为视为默示同意。③

不过,人们却对默示社会契约的观点提出了很多反对意见。④ 一方面,通过默示行为作出的、经验上可确定的同意,总是与社会秩序

---

① Hume, Über den ursprünglichen Vertrag, in: Ders., Politische und ökonomische Essays, 1988, S. 317f.

② Ballestrem, Die Idee des impliziten Gesellschaftsvertrages, in: Kern/Müller (Hrsg.), Gerechtigkeit, Diskurs oder Markt?, S. 35ff.; Cornides, ARSP-Beiheft 13 (1980), 36ff.; Eschenburg, Die Legitimation von Ordnungen, in: Dettling (Hrsg.), Die Zähmung des Leviathan, 1980, S. 21ff.

③ Ballestrem, Die Idee des impliziten Gesellschaftsvertrages, in: Kern/Müller (Hrsg.), Gerechtigkeit, Diskurs oder Markt?, S. 39ff.; Eschenburg, Die Legitimation von Ordnungen, in: Dettling (Hrsg.), Die Zähmung des Leviathan, 1980, S. 34ff.

④ Engländer, ARSP 2000, 6ff.

中的某些特定方面有关,但却无法从这部分的同意中全面推导出对国家秩序的普遍合意。① 同意秩序体系中的某些特定部分,却拒绝整个体系,毫无疑问是可能的。② 另一方面,默示契约论没有认识到,与停留在本国相比,移民的选项总是伴随着各种各样的困难,比如语言障碍、故乡羁绊、与家庭和朋友联系的中断等。出于这些原因,许多人最多只会在迫不得已的情况下才考虑移民。因此,人们在国家中的停留,并不具有默示契约模式支持者赋予的那种说服力。

(三) 社会契约是不是一种假设

另有社会契约论者认为休谟的批评并未切中要害,而是误将社会契约理解为真实的契约。社会契约其实只是一种充当规范标准的假设的思想创造,为的是评价具有实际效力的规范。康德曾写道:"仅仅是这份契约根本不必(亦不可能)以事实为前提,而是一种纯粹的理性理念,但在实践上该理念却无疑具有现实性;因为它是每一项公共立法的合法性试金石。"③ 这是假设性契约主义的支持者对社会契约的看法,而休谟的批评却未及于此。④

不过,这种辩护策略也不是毫无问题的。⑤ 需要注意的是,社会契约论的正当性方案原本就包含这样的内容,即国家秩序的效力来源于公民自愿的自我约束。倘若契约仅仅是一个假想,缔约方也

---

① Ottmann, Zeitschrift für Politik 1986, 26f.
② 正如魏玛共和国中极端主义政党实践所表明的,行使法秩序所保障的权利,旨在攫取权力后彻底消除这一秩序,并不是什么非比寻常的策略。
③ Kant, Die Metaphysik der Sitten, in: ders., Die Metaphysik der Sitten, 1977, A249f.
④ Höffe, Politische Gerechtigkeit, 1987, S. 444f.
⑤ Engländer, ARSP 2000, 9ff.

就不是真正的人类,而只是思想实验虚构出来的形象。接下来的问题是,虚构的自然状态行动者虚构的契约,为什么要对现实中的人有约束力?正如德沃金所言:"假设的契约不光是真实契约的空洞形式;它根本就不是契约。"①

社会契约是一种假想,这种观点事实上改变了契约论的证立能力。通过自然状态行动者的自愿同意订立的契约,无法再提供独立的根据去说明该契约所商定的国家秩序具有约束力。只有在现实的契约那里,才有诉诸自我约束的可能。因此,为了使假想的契约也对现实中的人有约束力,其支持者就必须将这一契约固定在上位的、由哲学或现实科学建立起来的框架中,比如固定在关于人的本质或人的理性的设想中。唯此,对国家秩序的正当性而言,这个框架才是真正的基础。但是,且不论那些与其根据有关的问题,②"国家通过公民的自我约束来获得正当性",这一理念作为社会契约论的真正点睛之笔,其实早已烟消云散了。

五、结论

社会契约论希望用国家公民的自愿同意这一标准来衡量国家

---

① Dworkin, Bürgerrechte ernstgenommen, 1984, S. 253.
② 一些社会契约论者认为,如果能表明,有良好的理由支持自然状态行动者以理性的方式达成这样的协议,就足够了。Koller, Neue Theorien des Sozialkontrakts, 1987, S. 16. 该观点没有看清,即使人类在自然状态中对特定秩序达成共识,也并不足够。假定的契约论还应有能力表明,它所宣称的理由对于处在实际生活情景中的真实人类同样是良好的理由。Gosepath, Aufgeklärtes Eigeninteresse, 1992, S. 236f.; Kliemt, Autonomie als Grundlage kollektiver Beschlüsse, in: Albert-FS, 1991, S. 274f.; Ders., Zustimmung, Reziprozität und Gerechtigkeit, in: Wewel-FS, 1995, S. 523ff.

秩序的合法性,该理论可以追溯至前国家的自然状态理念,其中的自然状态行动者对特定的秩序达成共识,并将这种特定的秩序建立起来,以克服自然状态之不足。但在证立理由上却暴露出一个疑问:契约论能否真的达到所追求的正当性效果?①

---

① 关于将契约论的特定要素用于以个人利己主义为基础建立起来的正当性方案的可能性,参见 Baurmann, Der Markt der Tugend, 1996.

第三章
通过启蒙利己主义的法律证立[*]

一、规范的证立可能性

规范能否在理性上得到正当化?对道德和法律作客观主义理解的学者,赞同规范证立在理性上的可能性。按照客观主义的见解,至少存在一些基础性的规范、原则和制度,它们在客观上预先规定给人类,不以人的利益、愿望和目标为转移。其效力不是原则上可能产生不同结果的偶然决定问题,而是人类的妥当认知问题。然而,如何获取认知,却在各种客观主义路径之间存在争议,进而追溯到不同的源头,比如宗教启示、特殊的"价值展现"、人类历史的目的或者理性的形式法则。时下特别流行的是程序模式,即特定的程序,比如根据客观主义论证规则所进行的讨论,会使对正确规范的

---

[*] Rechtsbegründung durch aufgeklärtes Eigeninteresse. *Juristische Schulung* 2002, 535-540.

认知成为可能。①

针对客观主义的证立方案,人们提出了一系列强烈质疑。主要有以下几个批评要点:①不存在逻辑上必然的规范,即否认逻辑矛盾的规范。就算是基础规范,也无法仅靠逻辑工具来证立。②实证经验只能达到事实,也就是实然,但从实然中却推导不出规范上的结论,也就是推导不出应然。所以,从认知上把握规范,涉及的本应是一种外在于主观的真实,但是这种真实却不属于事实的世界,而是属于独立的规范世界。这个模式因而承受着由规范现实想象和规范认知观念所带来的负担,二者在认识论的视角下会带来很多困难。③现代的程序正当性理论也取决于规范上的基本假设,不过这种基本假设却无法达到客观主义的证立;相反,其可接受性最终要求的是一种决定,也就是偶然性。②

根据相对主义的观点,规范效力的基础并不是认知,而是要求一种价值决定。通过拒绝客观主义,严格的相对主义也完全否认理性上规范证立的可能性。严格的相对主义将客观主义的规范证立和理性上的规范证立看作一回事,并从后者的失败中推论出前者的不可能。按照这一理解,规范乃是人类偶然规定的结果,也可以是任何其他不同的东西。从相对主义立场出发,只能证明价值决定的多样性,无法使这些判断本身在理性上得到正当化。③

---

① Habermas, in: ders., Moralbewusstsein und kommunikatives Handeln, 1983, S. 53ff.

② Mackie, Ethik, 1981, S. 15ff.; Hoerster, JZ 1982, 265ff.

③ Kelsen, Reine Rechtslehre, 2. Aufl., 1960, S. 65ff.; Weber, in:ders., Gesammelte Aufsätze zur Wissenschaftslehre, 3. Aufl., 1968, S. 489ff. 从根本上阐述相对主义,Feyerabend, Irrwege der Vernunft, 1989, S. 35ff.

第三章　通过启蒙利己主义的法律证立

　　道德理论和法律理论中以利益为基础的路径希望提供一个超越客观主义与相对主义的选项。①其目标是从个人理性利己主义出发,解释基本道德和法律上的规范与制度并使之正当化。这个解释模式也被称为经济学的认知方案,简称经济学。②道德秩序和法律秩序被视为人类共同生活的工具,作用是让人类更好地实现其个人利益和愿望,比如生命、身体或繁荣。按照这一理解,规范并不是预先规定给人类的实体,只需要去认识即可,而是——就如相对主义所假设的那样——人类的约定。一些基本约定能够在理性上得到正当化,即它们作为更好实现个人具体目标、偏好或利益的前提,符合每个人平等的自我利益:"相关规范并非在客观上有效,而是在主观上于主体间有效。"③虽然只有在人与人之间实际存在相应利益的情况下该证立的主体间性才是充分的,但是对于法秩序的基本要素而言,以利益为基础的理论却想要表明,它们至少符合绝大多数人的利益。

　　英国哲学家托马斯·霍布斯首次完成了这个经济学的正当性方案。④然而,霍布斯的国家正当性结论却不是民主法治国,而是——可能是由于霍布斯对英国内战的印象——通过普遍法则统治的专制主义君主国。苏格兰道德哲学中的利己主义模式主要是

---

　　① 理性论的视角参见 Gosepath, Aufgeklärtes Eigeninteresse, 1992.概览可参见 Kliemt, in: Hegselmann/Kliemt, Moral und Interesse, 1997, S. 151ff.
　　② Albert, in: Lenk, Handlungstheorien interdisziplinär IV, 1977, S. 177ff.应当区分实证经济学和规范经济学。前者希望以利己主义行为的假设为根据,价值无涉地解释人类行为;后者将个人的利己主义也视为规范评价或者正当化的标准。
　　③ Hoerster, Verteidigung des Rechtspositivismus, 1989, S. 29.
　　④ Hobbes, Leviathan, 1970.

由大卫·休谟和亚当·斯密扩充深化的。① 除了霍布斯认为是第一要务的社会秩序的保护功能之外，还强调了为增加繁荣而合作的效益。而通过理性利己主义的法律证立模式②旨在表明，在放弃客观主义假设后，什么才是民主法治国的主体间正当性根据。

二、效益最大化行为:"经济人"

经济学聚焦特定的人类行为模式。基本的假设是，人会理性实施——经济学称其为偏好——符合其自身愿望、目标和利益的行为。在决策情景下，个人会从可供支配的不同行为选项中选择一些有望最好地实现其偏好的方案。因此，人类行为被认为具有效益最大化的特征，理性的效益最大化者也因此被称为"经济人"。③

"经济人"的偏好所指为何，基本尚无定论。不过，经济理论通常以"利己公理"作为出发点，也就是假设个人利益只与自己有关。故而，嫉妒和怨恨同利他行为一样都很罕见。只有对维护自身利益有意义时，即如果他人行为会影响到自己的行为，才会顾及他人及其利益。约翰·罗尔斯将这一洞见称为互不介入的理性。④

---

① Hume, Ein Traktat über die menschliche Natur, Bd 2, 1978; Smith, Der Wohlstand der Nationen, 1978.

② 法在此处理所谓"法律的经济分析"，即从经济效率的视角研究个别的制定法规则。概览参见 Burow, JuS 1993, 8ff. 详解参见 Assmann/Kirchner/Schanze, Ökonomische Analyse des Rechts, 2. Aufl., 1993; Eidenmüller, Effizienz als Rechtsprinzip, 2. Aufl., 1998.

③ Becker, Der ökonomische Ansatz zur Erklärung menschlichen Verhaltens, 1982; Kirchgässner, Homo oeconomicus, 1991.

④ Rawls, Eine Theorie der Gerechtigkeit, 1975, S. 168.

反对普遍利己主义假设的意见认为,这一前提明显不切实际。其实,存在很多利他行为的事例。① 反对意见可以这样回应:虽然人类肯定会有利他行为,但这种行为却主要发生在亲近关系领域,也就是对亲朋好友实施。亲近关系领域之外,人类大多只在极其有限的范围内实施利他行为。更确切地说,可以假定利己主义动机在此占主导地位。② 由于以利益为基础的法律证立理论不涉及人的亲近关系领域,而是与对整体社会秩序的解释和该秩序的正当性有关,为此,考虑人类同情心的狭隘程度,并从基本的自利行为出发,似乎就是正当的。③

三、"经济人"世界中的法治国

(一)无规范状态下的合作利益

经济学正当性方案的出发点是假设一个完全的自由状态,其中没有规范来调整人类的共同生活。在这样的"自然状态"中,由于可支配物资不可避免的短缺,④不同利益之间相互竞争,就会导致数不胜数的冲突。每个自然状态行动者都试图——以牺牲他人为

---

① Nagel, Die Möglichkeit des Altruismus, 1998. 对利己公理,除人类学批评外还有社会学批评,认为以这种行为模式为基础原则上不可能建立稳定的社会秩序。Durkheim, Über soziale Arbeitsteilung, 1988, S. 256ff.; Parsons, The Structure of Social Action, 3. Aufl., 1968, S. 87ff.; Habermas, Theorie des kommunikativen Handelns, Bd. 2, 3. Aufl., 1985, S. 314ff. 反批评可参见 Vanberg, Die Zwei Soziologien, 1975, S. 134ff.

② Hume, Ein Traktat über die menschliche Natur, 3. Buch, 1978, II.2.; Hoerster, JZ 1982, 265 (271); Mackie, Ethik, 1981, S. 134ff.

③ 尝试将经济学上的行为模式转用到家庭和人类亲近关系领域的做法,参见 Becker, A Treatise on the Family, 1981.

④ Albert, Traktat über rationale Praxis, 1978, S. 87.

代价——获得尽可能多的物资份额,比如土地、食品和工具等。此外,为生产实际需要物资所必需的分工合作也不会实现。自然状态行动者的冲突策略会导致这样一种结果,霍布斯将其生动地描述为"一切人对一切人的战争"①。

个人只能在危险、风险和威胁下艰苦度日,其大部资源都必须用于非生产性的攻击努力和防卫努力。从个人效益最大化的视角看,这样的状态完全无法令人满意,一个"经济人"势必对特定核心规范的效力有所需求,比如禁止杀人、保护身体完整性、信守契约、真实义务和保障私人财产安全。从"经济人"的角度出发,这些规范的好处,比如满足其保护自己物资需要,要大于它们的坏处,比如不允许在未经同意的情况下拿走他人物资,尽管这么做偶尔也会带来利益。②

(二)组织合作行动

每个理性效益最大化者对特定核心规范效力的需求,如何才能在行动中有效,从而结束一切人对一切人的战争?这里对于"经济人"提供了一种人际交往的策略,即用自己遵守规范来换取他人遵守规范。换言之,他已经准备好遵守核心规范,如果其他人也遵守核心规范的话。因此,彼此放弃对某些利益无节制的索取,接受核心规范,符合所有自然状态行动者的利益。

然而,相互自愿自我约束的方案却不无疑问。从理性效益最大化者角度看,比相互遵守规范的合作更有利者,可能是对合作的单

---

① Hobbes, Leviathan, 1970, Kap. 13.
② Hoerster, in: Baurmann/Kliemt (Hrsg.), Glück und Moral, 1987, S. 141ff.

方面违反。真正的效益最大化——反对意见这样认为——或许是,只假装自己准备合作,为的是享受其他人遵守规范所带来的好处,却不必受相应限制。根据这一思考,至少总是会想到潜在的合作者将违反商定好的核心规范,以至于为了自保,也就是为了不被剥削,而不实施合作行为。① 即使理性的效益最大化者渴望特定核心规范的效力,也会由于上述原因不遵守这些规范。

这个问题在经济学理论中以"囚徒困境"而闻名。A 和 B 两名囚犯在诉讼中被指控为重罪,由于检察官掌握的证据相对薄弱,如果没有供词,就只能证明行为人成立明显较轻的犯罪,因此他就力争二人成为关键证人。两个囚犯因而面临如下境况:两人都不说,都成立较轻的犯罪,分别判处 1 年低度自由刑;只有一人说,说者因成为关键证人而无罪,不说者则被判 15 年最高自由刑。两人都说,虽都会减轻处罚,但都被判 10 年自由刑。从观察者视角看,显然相互合作才能使效益最大化,也就是两人都不说,因而都只面临 1 年自由刑。当下的困境在于,就单个囚犯而言,不论另一囚犯怎么做,不合作才永远是效益最大化的。如果 B 不说,对于 A 而言作证就是理性的,因为这样他就会无罪。如果 B 说了,对于 A 而言作证同样是理性的,因为不这样的话,他就要蹲 15 年大牢。从 B 的角度看也是如此。所以,两人都会作证并被判处 10 年自由刑。个人效益最大化在此导致合作失败,并由此不仅得到了集体的,还得到了个人的次优结果。

---

① 关于囚徒困境,参见 Davis, Spieltheorie für Nichtmathematiker, 2. Aufl., 1993, S. 104ff. 事实上霍布斯已经分析过这个问题。Hobbes, Leviathan, 1970, Kap. 17; ders., Vom Menschen. Vom Bürger, 1994, 3. Buch, Kap. 2, Abschn. 11.

不过，这种困境只会出现在个人效益最大化的特殊策略中。如果"经济人"在每一件事上都选择这样的行为方案，即保证他在具体境况中获得最大效益，那么在现实中，他原则上就不可能抗拒破坏规范的诱惑。孤立地看，从个人角度说，背离合作通常才是效益最大化的行为。① 因此，人们实际上渴望的核心规范发挥不了任何作用。

还有第二种可能的个人效益最大化策略。② "经济人"可以放弃个案最大化策略，选择长远最大化策略。该策略在于学会规划处置，即按照规范约束自己的行为，而不管遵守规范在具体情境中会带来什么后果。如果规范约束本身可以实现其他方式无法达成的合作收益，并且这些收益至少长期高于通过个案最大化策略达成的收益，那么相比于个案权衡而言，学会规划处置从长远看才效益最大化。按照这一理解，效益最大化涉及的并不是个别行为的选择，而是一般行为规则的选择。米夏埃尔·鲍尔曼将这种最大化类型称为规划处置的效益最大化。③

电脑怪杰 A 开发了一款革命性的芯片，不过，为了制造和出售这款芯片来盈利，需要一位精通商业的合作伙伴。B 是一名商人，正在求职。于是两人联手建立一家企业，就是有好处的。但由于 A 在商业经营方面一窍不通，他的合作伙伴可能在 A 不注意的

---

① 不过，囚徒困境在有限范围内也是能够克服的。Axelrod, Die Evolution der Kooperation, 2. Aufl., 1991; Baurmann, Der Markt der Tugend, 1996, S. 139ff.; Weede, Mensch und Gesellschaft, 1992, S. 29ff.

② Baurmann, Der Markt der Tugend, 1996, S. 324ff.; Gauthier, Moral by Agreement, 1986, S. 157ff.

③ Baurmann, Der Markt der Tugend, 1996, S. 325.

时候将企业的资金提走。A知道这个风险。如果B现在对自己效益作个案式的考虑,那么在企业建立后就不可能抵抗住诈骗的诱惑,因为这个选项能给他带来最大收益。如此一来,A作为理性的效益最大化者,即使是在企业建立前,也不会考虑让B成为合作伙伴,B因而就完全不会得到任何收益。如果B将公平规范作为衡量其行为的标准,放弃从他的伙伴那里骗取特殊收益,情况就有所不同。如果A知道B的这一规划,他就会接受B作为企业伙伴。因此,与个案效益最大化策略相比,B通过规范约束策略能获得更大的收益。这是因为,他可以通过规范约束这一事实,以对他有利的方式影响其他人的期望和行为。①

与个案效益最大化者不同,规划处置的效益最大化者可以解决规范的自愿遵守这一问题。通过了解特定核心规范效力相比于无规范状态的好处,规划处置的效益最大化者就会按规范行事,能抵抗单方面违反规范可能带来的效益诱惑。这使他有能力与其他规划处置的效益最大化者合作,从而让符合每个人平等利益的核心规范具有实际效力。② 倘若核心规范具有效力,那么以此为基础,就可以为了生产私人和公共物资而实现进一步的互利合作。③ 如此一来,规划处置的效益最大化者就可以组织合作行动,从而更好地满足自己的利益。不过,他们只会接受志同道合者。因此,个案最大化者仍然被排除在这种效益最大化的组织之外,无法以同样成功

---

① 其他事例参见 Frank, Die Strategie der Emotionen, 1992.
② Baumann, Der Markt der Tugend, 1996, S. 365ff.
③ 这就能使信守契约的规范具有效力,即 A 愿意支持 B,是因为相信 B 以后也会保证给 A 提供同样的支持。Hume, Ein Traktat über die menschliche Natur, 3. Buch, 1978, II. 5.

的方式实现其愿望和目标。

然而,此处也可以追问,从"经济人"的角度看,只是假装按规范行事是否更加有利。对装作有美德的人而言,美德的假象可能证明比真正的美德更有用,通过这种假象,同样可以找到通往合作行动的门路,此外,比如通过隐秘的诈骗,还能实现额外的收益。然而,相关的成本与风险却与此等欺骗策略背道而驰。① 其一,如果涉及特定情境中偏离规范行为的机会是有利还是不利这个问题,那么欺骗者在一定程度上就有巨大的信息成本和决定成本。其二,欺骗者将冒着失去名誉的巨大风险,因为一次失误就会暴露自己,未来就无法成为任何人的合作伙伴。这种欺骗者玩的是"要么全有要么全无的游戏",由于行为情境的复杂性,这个游戏很容易让他力所不及。② 因此,对于理性的效益最大化者而言,有良好的理由不选择欺骗策略,放弃用隐秘的规范违反来获取可能的额外收益。

(三)防卫联合体的形成

即便按照上文所述,原则上似乎有可能建立一套以自愿为基础亦即不受统治的社会秩序,也依然存在两个基本问题无法通过这种方式解决。一方面,至少总是有些人认为选择隐秘的欺骗策略是划算的,既然违反有效的规范或协议是有好处的,他们就会去违反。另一方面,缺少一个机构能就争议——比如关于请求的合法性或对规范的违反——作出有约束力的裁决。约翰·洛克已经指出了这

---

① Baurmann, Der Markt der Tugend, 1996, S. 416ff.
② 关于欺骗策略暴露的信号,参见 Frank, Die Strategie der Emotionen, 1992, 101ff.

第三章 通过启蒙利己主义的法律证立

个问题,即在不受统治的状态下缺少解决争议的机构。在洛克看来,个人贯彻自己的权利必将导致持久的争斗与冲突。①

为了克服这些问题,妥当的做法是"自然状态中的居民"组成一个防卫联合体,②其任务是监督大家遵守有效的规范,护卫联合体的成员并解决成员之间的争端。为了能让防卫联合体有效完成任务,并不是每个成员都要负同样的责任,而是要进行角色划分。积极成员即安全保障人员群体可以在专业上操心成员的安全,消极成员即普通公民则通过自己的贡献,比如纳税,供养专业的安全保障人员,并为防卫联合体提供资金支持。与之相伴的是普通公民放弃私设公堂,建立强制垄断。同时,还要对实际的权力工具进行再分配。必须给安全保障人员配备强制手段,使他们有能力保护防卫联合体成员的安全,遵守有效力的规范。

社会契约论选择了类似的正当化策略来证立国家,将国家秩序的合法性追溯到一份契约,即自然状态行动者为了结束自然状态下的冲突而彼此订立契约。据此,这份契约标示出关键的合法性标准。③ 不过,这种正当化模式却存在严重问题。倘若这份契约是真实的,也就是被理解为默示契约,就会遭到这样的反对,即默示行为的法律形象至多只能确定部分同意,而不是整体社会秩序的一般合法性。如果这份契约仅被理解为一种假设,就像大多数现代社会契约论者所做的那样,问题就转化为一份虚构的契约如何对真实的人

---

① Locke, Über die Regierung, 1974, Kap. 9, Abschn. 123 ff.
② 诺齐克发展出的防卫联合体的模型,参见 Nozick, Anarchie, Staat, Utopia, o.J., S. 26 ff.
③ Kersting, Die politische Philosophie des Gesellschaftsvertrags, 1994; Koller, Neue Theorien des Sozialkontrakts, 1987.

有约束力。① 近来,以利益为基础的理论相信可以放弃契约的设计,因为社会契约的约束力最终还是要通过利益论证来获得根据。② 那么,就不用绕道契约,而是径行通过个人利己主义来证立国家秩序的合法性。休谟就是如此。③

(四)从防卫联合体到法治国

出于效率的原因,对防卫联合体中的实际权力工具进行划分和集中极为必要,但其中同时蕴含着对普通公民的新危险。给专业安全保障人员配备强制手段会导致权力失衡,并将决定性地改变防卫联合体中的利益状况。普通公民对安全保障人员提供的保护和安全依然有所需求,而安全保障人员却面临着为自身利益而滥用权力工具的诱惑。

移交给专业安全保障人员用以保护普通公民的权力很可能自成一脉。换言之,倘若安全保障人员也是理性的效益最大化者,就不一定只是为了普通公民的福祉而行使权力。更确切地说,他们会考虑能否利用产生的权力失衡来贯彻自己的利益,即使这与普通公民的利益背道而驰。④ 安全保障人员肯定不会放弃对普通公民可能的剥削和压迫,而是只有当放弃权力滥用符合他们利益时才不会

---

① Engländer, ARSP 2000, 2ff.; Gosepath, Aufgeklärtes Eigeninteresse, 1992, S. 325ff.; Kliemt, Zustimmungstheorien der Staatsrechtfertigung, 1980.

② 不过,有些以利益为基础的正当化模式的支持者同时也是社会契约论者。比如霍布斯不仅是经济学大师,还是现代社会契约论的创建者。Hobbes, Leviathan, 1970, Kap. 17; ders. Vom Menschen. Vom Bürger, 1994, 3. Buch, Kap. 5. 当今支持社会契约论方案的经济学家,比如 Buchanan, Die Grenzen der Freiheit, 1984.

③ Hume, in: ders., The Philosophical Works III, 1964, S. 443ff.

④ 经济学理论称之为"代理问题"。Coleman, Foundation of Social Theory, 1990, S. 145ff.

这么做。①

只要防卫联合体的权力集中在专业安全保障人员手中,滥用权力的危险就不可能消除。② 因此,普通公民就会对保护机制产生需求,该机制主要体现在民主法治国的核心制度中。③ 通过这种方式,人类的利己主义不仅能使初级行为规则的核心要件正当化,而且能够证立主要的次级规则,该规则涉及对初级规则的制定、监督、执行和变更。④

(1)暴力使用的规范化。首先,与普通公民相关的是,只有当规范遭到或者即将遭到违反,并且其效力符合普通公民的利益时,作为行政机关的安全保障人员才有权动用强制力。因此,普通公民对具有条件结构("如果—那么"结构)的规范有所需求,该结构精准确定了使用强制力的前提条件。但他们也会重视一点,即不仅构成要件得到了明确界定,而且法律后果,也就是在符合特定构成要件时所使用的强制手段范围和种类,也是可预见的,行政机关不得随意行事。因此,普通公民就会对动用强制力的特别集约的规范化有所需求,即在法律保留、明确性要求和裁量权约束等意义上,尽可能限制行政机关的自我评价范围。

(2)立法。初级规则和次级规则都应具有充分精准的可确定

---

① Baurmann, Der Markt der Tugend, 1996, S. 584.
② 对于社会秩序问题,霍布斯的解决方案是将最强暴力移交给配备绝对权力的君主。鉴于君主自身的行为模式——假设原则上有利己主义行为——该方案并不具有说服力。于此,就生发了对其他经济学思想大师的批评。Locke, Über die Regierung, 1974, Kap. 7, Abschn. 90ff.
③ Baurmann, Der Markt der Tugend, 1996, S. 229ff.; S. 585f.
④ 关于初级规则与次级规则的区分,参见 Hart, The Concept of Law, 1961, S. 77ff.

性。为了这一目的,就要将制定法文本法典化。对此,在现代庞大的社会中就需要特殊的立法机关。由于这个立法机关要维护普通公民相对于行政机关的利益,因此就必须通过民主选举来确定,通过民主公开来制约。① 必须存在这样一种可能,即能够在一个可控的时间范围内投票淘汰立法机关的成员。② 为了使立法机关和行政机关不联合起来反对普通公民的利益,就必须将分权原则适用于两者之间的关系。③ 此外,两者之间必须要有明确的等级秩序,即行政机关在优先级和法律保留的意义上受立法机关规定的约束。④

(3)基本权利。普通公民不会希望将特定的基本权利交由立法机关处置。这些基本权利分为两部分:一是主观自由权;二是民主参与权。从无法排除多数人压迫少数人的危险的角度看,普通公民需要的是让这些基本权利的效力能够原则上摆脱立法者决定的影响,只有在特殊前提之下(限制性条款、第三人基本权利冲突、宪法上的其他法益或者比例原则)和通过符合条件的多数人,才允许

---

① 联邦德国的制度安排,参见 Böckenförde, in: Isensee/Kirchhof (Hrsg.), HStR I, § 22; H. Dreier, Jura 1997, 249ff.; Stern, Das Staatsrecht der BRep. Dtschld. I, 2. Aufl., 1984, S. 599ff.; Thedieck, JA 1991, 345ff. 经济学民主理论的基础,参见 Downs, Ökonomische Theorie der Demokratie, 1968.

② 有可能以有序的、不流血的方式替换不需要的政府,卡尔·波普尔认为,相比于其他专制形式,这是民主制的关键优势。Popper, Die offene Gesellschaft und ihre Feinde, Bd. 1, 7. Aufl., 1992, S. 144ff.

③ 创立分权原则的国家哲学大师是孟德斯鸠。Montesquieu, Vom Geist der Gesetze, 1965, XI. Buch, 6. Kap. 基本法中的分权制度,参见 Hesse, Grundzüge des Verfassungsrechts der Bundersrepublik Deutschland, 20. Aufl., 1995, Rdnrn. 475ff.; Wank, Jura 1991, S. 622ff.

④ 民主法治国家中的行政等级制度,不是前民主时代的遗留物,而是为民主结构所固有。H. Dreier, Hierarchische Verwaltung im demokratischen Staat, 1991.

限制这些基本权利。①

(4)司法。最后,普通公民需要一个机构,不仅可以解决普通公民之间的纠纷,还要着眼于普通公民和行政机关之间(甚或是特定案件中普通公民与立法机关之间)潜在的利益冲突,这个机构会在具体个案中防止行政机关逾越制定法,保护普通公民的基本权利不受未经允许的干预。因此,对于普通公民而言,建立独立的司法机关就十分重要,该机关具有权威性,可以规范具体案件中的法律状况,并且在此过程中只受制定法的约束。② 此外,在法院裁判实践的框架下,普通公民还会重视他们自身的需求得到充分倾听。普通公民由此就会支持建立法院的程序秩序,该秩序不仅使其成为司法程序的对象,还会给予其充分的参与可能,声请许可、要求依法审判的权利、拒绝陈述证言权,等等。

四、结论

康德作为客观主义者,却在《论永久和平》中凭借"建立国家的问题,虽然听起来很难,但即便是对于魔鬼的人民(如果他们有任何理智的话)也是可以解决的"③公式,给通过个人利己主义的法律证立带来可能。以要言之,其背后的思想是,法律秩序不仅必要,为的

---

① Alexy, Theorie der Grundrechte, 2. Aufl., 1994; Böckenförde, Der Staat 1990, 1ff.; H. Dreier, Dimensionen der Grundrechte, 1993; Krebs, Jura 1988, 617ff.; Pieroth/Schlink, Grundrecht, 16. Aufl., 2000, Rdnrn. 57ff.

② 受制定法约束的范围,参见 Christensen, Was heißt Gesetzesbindung?, 1987.

③ Kant, Zum ewigen Frieden, B61|A 60, in: ders., Schriften zur Anthropologie, Geschichtsphilosophie, Politik und Pädagogik 1, 1977.

是原则上让相互冲突的对个人利益的追求彼此兼容,而且可以从人类利己主义的角度出发证立法律秩序本身。① 为了避开极端相对主义的后果,无需客观主义的证立策略。规范能够得到证立,虽然不是绝对意义上的,但相对于这样的基本利益而言,至少可以为拥有这些利益的绝大多数人所接受。人类在自由中和平共处的密钥,并不在形而上学的实体或者信以为真的自然法则、语言法则或历史法则之中,而是在我们启蒙的利己主义之内。

---

① 在康德看来,诉诸个人利己主义仅足以证立实现和执行法律的可能性。与之相对,康德的规范约束性则锚定在客观的理性原则之中。Kant, Die Metaphysik der Sitten, 1977. 不同于康德的设想,这种有问题的先验正当化策略并不必要,参见 Albert, Traktat über rationale Praxis, 1978, S. 176ff.

第四章
道德正确作为法效力的条件
——一个认识论上的批评*

法律道德主义声称,我们可以获取关于法律在道德上正确或谬误的认识。因此,该观点肯定了道德认知主义。本章从现实主义认识论视角出发,对道德认知主义的核心假设作出批评。认知主义意义上的道德认识,既不可能靠经验观察得到,也不能依纯粹推理获得。道德认知主义涉及神秘的直觉主义,无法用任何理由或论证加以证实。

一、问题的提出

按照普遍的观点,规范的法效力不仅要根据具体的制定法文本及其实证有效性来评价,还要借助道德正确性来评判。[①] 根据古斯

---

* Moralische Richtigkeit als Bedingung der Rechtsgeltung? Eine erkenntnistheoretische Kritik. *Archiv für Rechts-und Sozialphilosophie* 2004, 86-97.

[①] Robert Alexy, Begriff und Geltung des Rechts, 1992; Franz Bydlinski, Juristische Methodenlehre und Rechtsbegriff, 2. Aufl., 1991, 299ff.; Ralf Dreier, Der Begriff des Rechts, NJW 1986, 890; Ronald Dworkin, Law's Empire, 1986, 87ff.; Jürgen Habermas, (转下页)

塔夫·拉德布鲁赫的名言,倘若"实证法对正义的违反是如此不堪忍受,以至于作为'不正确法律'的制定法必须向正义让步"①,就不应再将制定法视为法。据此,实证法必须在内容上满足特定的最低标准,至少不可以明显违反基本的道德原则或价值。有一种被称为法律道德主义的观点主张法律和道德之间要存在必要的连接,②其前提是规范的道德正确性要具有充分的可确定性。职是之故,法律道德主义者都是伦理认知主义的支持者。③ 也就是说,人类可以在道德领域中认识到,哪些行为在道德上是被要求或被禁止的,哪些规范在道德上是有效或无效的。可见,道德认知主义者承认道德认识的可能性。

  这种道德认识能力的假设,不仅对于妥当确定法效力标准的法分析问题有意义,还对于法哲学与法教义学的问题有价值。为了证立制定法的倡议、规范化的建议或者对社会政策有争议领域中立法行为的要求,就会经常参照普遍有效的道德理解。关于堕胎、基因工程或胚胎着床前诊断可允许性的争辩,就是其典型事例。在法教义学中,伦理认知主义在解释规范性概念和评价性概念时发挥着重要作用。例如,在确定德国《基本法》第 1 条第 1 款"人性尊严"内容的问题上,部分文献希望回溯到宣称具有约束力的前实证的人性

(接上页)Faktizität und Geltung, 4. Aufl., 1994, 135ff.; Otfried Höffe, Politische Gerechtigkeit, 1987, 130ff.; Joachim Hruschka, Vorpositives Recht als Gegenstand und Aufgabe der Rechtswissenschaft, JZ 1992, 429; Peter Koller, Theorie des Rechts, 2. Aufl., 1997, 37ff.

 ① Gustav Radbruch, SJZ 1946, 105 (107). 对拉德布鲁赫法效力理论的详细解读,参见 Frank Saliger, Radbruchsche Formel und Rechtsstaat, 1995. 批评意见,参见 Horst Dreier, Die Radbruchsche Formel—Erkenntnis oder Bekenntnis, in: FS für Robert Walter, 1991, 117.

 ② 不是法规范和社会中实际存在的道德想象之间的无争议的经验关联,而是规范上的关系。Dietmar von der Pfordten, Rechtsethik, 2001, 55ff.

 ③ Robert Alexy, Begriff und Geltung des Rechts, 1992, S. 92ff.

第四章　道德正确作为法效力的条件

尊严原则。①

伦理非认知主义者否认道德认识的可能性。为了证立其否认,他们以对规范的确信和态度的特征为参照。与描述性陈述不同,这些确信和态度讲的并非某一特定事实是不是如此,而是该不该如此,因而包含了不可约分的规范性或评价性要素,②在非认知主义者看来,这些要素并不是认识的结果,而是自愿或富有表现力的态度,所以是决断的结果。虽然关于事实的认识是可能的,例如关于手段-目的关系的认识,该关系乃是规范化的事实基础,但此处涉及的是普通的事实认识,其中没有规范上的特征。③ 这同样适用于有

---

① Ernst Benda, in: HdbVerfR, 2. Aufl., 1994, §6 Rn. 3ff.; Christian Starck, in: v. Mangoldt/Klein/Starck, GG, 4. Aufl., 1999, Art. 1 Rn. 4ff.

② R.M.Hare, Die Sprache der Moral, 1972, 19ff.; Georg Henrik v. Wright, Sein und Sollen, in: ders., Normen, Werte und Handlungen, 1994, 19, 26ff. 伦理自然主义表示反对,主张由规范性陈述回溯到描述性陈述。William K. Frankena, Analytische Ethik, 1972, 117ff.; R.M.Hare, Die Sprache der Moral, 1972, 109ff.; George E. Moore, Principia Ehtica, 1903, §§24ff.

③ 这在所谓假言命令的情形下尤需重视。假言命令是手段-目的关系的语言表述,即特定的行为是实现目的必要或者至少是合适的手段。因此,其中包含了通过经验认识所得到的信息,即当追求特定的目标时该做些什么。不过,假言命令却并没有说这个目标应不应该实现。倘若其中不包含对实现目的的要求,涉及的就不是实施实现目的之行为的规范指引。所以,假言命令缺少规范性特征,以至于它不是规范,而是纯粹的事实陈述。假言命令的语言表述,即使用情态词汇(应当、允许、必须),在确定其特征时也会导致错乱。假言命令仅仅是规范的事实基础。根据其中表述的对手段-目的关系的认识,规范建立者会给规范接收者规定一个行为,因为他要追求一个特定的目标,对这一目标的实现而言,该行为是一种适当的手段。对此,自然存在这种可能,即规范建立者为了实现他的计划而对自己发出这样的要求。这种规范制定行为的后果乃是"真正的"规范。其中包含规范性特征,但是,根据非认知主义者的观点,其表达的不是认识,而是规范建立者的意愿。Georg Henrik v. Wright, Sein und Sollen, in: ders., Normen, Werte und Handlungen, 1994, 35ff. 假言命令的经典特征源自康德。Immanuel Kant, Grundlegung zur Metaphysik der Sitten, 2. Aufl., 1786, BA 39f.

关社会中实际存在的规范确信、见解和具有事实效力规范的陈述。① 相反,根据非认知主义,规范上的确信和见解本身由于其规范性或评价性特征,并不是认识。

应当研究的是,道德认知主义的见解从认识论的视角看是否合理,或者是否需要通过伦理非认知主义加以拒绝。② 既然在确定法效力标准、备选法律规则建议和法律解释建议的评价标准方面采纳的是道德认识论所追求的主张,这个问题就不仅具有理论意义,而且还具有实践价值。

二、现实主义认识论的基本设想

人类的认识在哪些领域内是可能的,又是如何获得的？经验认识为我们对世界的认识提供了基础,它涉及自然现实与社会现实中的事实。③ 我们通过建构与批评的方法来获取经验认识。要形成

---

① 虽然这些陈述的对象具有本体论上的主观特性,因为其存在以人的行为和洞见为基础,但无法改变的是,它们在认识论上涉及的是客观事实,在对这些陈述的确定中不包含规范评价。John R. Searle, Die Konstruktion der gesellschaftlichen Wirklichkeit, 1997, 17ff.

② 一些语言分析方案的支持者却认为,道德判断的认知特征问题并不是一个认识论问题,而主要是一个语言学问题,应当通过道德语言研究来解决。比如,可否在惯常语言上将道德表达称为真实的？Eike v. Savigny, Die Philosophie der normalen Sprache, 3. Aufl., 1993, 216ff. 但这个观点却没有看到,语言分析并不能证明特定语言用法的合理性。John L. Mackie, Ethik, 1981, 16ff. 为语言分析主义道德哲学方案辩护的观点参见 R.M. Hare, Sorting Out Ethics, 1997. 批评观点参见 Bernard Williams, Ethik und die Grenzen der Philosophie, 1999, 170ff.

③ "事实"概念在此被用作现实存在的实体及其相互关系的缩写,不应将关于事实状态的特定本体论假设与其绑定在一起。事实本体论的支持者,比如 Ludwig Wittgenstein, Tractatus logico-philosophicus, 1921, 1.1; 反对者,比如 W.V.O.Quine, Wort und Gegenstand, 1980, 425ff.

第四章　道德正确作为法效力的条件　　061

一种理论来解释特定感知的结果与过程,该理论需包含作为核心组成部分的规范论陈述,描述的是假定接受的现实合法则性。根据规范论的陈述,可以形成对未来结果或过程的预测。然后,这些预测应当借助观察来检验。倘若这个预测与为验证它而进行的观察相矛盾,该理论就被证伪,应当得到修正或者用其他理论取而代之;反之,如果预测和观察相符,该理论就可以被暂时接受为真。①

据此,观察乃是我们验证理论的手段。根据现实主义的观点——不同于认识论观念主义或现象主义的主张——观察作为认识行为,涉及的不仅是表象、理念或感官资料,还涉及可感知的对象、性质以及世界的结构和过程。② 观察本身并不具有确认或反驳的力量。更确切地说,观察是否适合作为理论的检验机制,取决于观察的妥当性。当感知到的事实真实存在时,就是这种情况。因此,证伪某一理论的,不是观察,而是世界中的事实。③ 在观察和观察陈述(将前者表达出来)之时,涉及的只是手段,人类希望借助这一手段去把握事实。

---

① 对假定-演绎方法论的详细阐述,参见 Hans Albert, Kritik der reinen Erkenntnislehre, 1987, 70ff.; Karl R. Popper, Logik der Forschung, 10. Aufl., 1994, 31ff.; 在经验上着重强调,参见 W.V. O.Quine, Unterwegs zur Wahrheit, 1995, 12ff. 至少暂时满足于部分的、初步的或者粗略的解释,大概就足够了,甚至是不可避免的。Wolfgang Stegmüller, Probleme und Resultate der Wissenschaftstheorie und Analytischen Philosophie Bd. I, 2. Aufl., 1983, 143ff.
② 对观念论观点的全面分析与批评。Alan Musgrave, Alltagswissen, Wissenschaft und Skeptizismus, 1993, 87ff.
③ 不同观点参见 W.V.O.Quine, Unterwegs zur Wahrheit, 1995, 1ff. 该观点仅以人类感官直接受到的刺激为准。对此的批评参见 Donald Davidson, Bedeutung, Wahrheit und Belege, in: ders., Der Mythos des Subjektiven, 1993, 40ff.

应当注意,这种批评检验程序既不能对理论进行终局性证实,也无法终局性证伪。每次对终局性证实的尝试都会失败,因为无法以逻辑上有效的方式从对单一事件的观察中推导出符合一般法则的东西。① 不可能有终局性证伪,因为观察从不是理论无涉的,而是充满了理论,观察语句也包含着必要的理论概念。② 表面上可以证伪某一理论的观察语句,也可能被证明是错误的。从这个意义上说,人类无法获取关于现实的绝对可靠认识,每种经验认识都具有推测的特征。③

相反,通过纯粹的理性认识,可以获取并拓展我们在逻辑领域或数学方面的认识,通过证明特定公理的可推导性,使需要证立的假设或推测获得正当性。与经验认识的对象不同,这些公理的真实性可以在独立于经验的情况下得到确定。凭借纯粹理性的洞见,获得的认识可以在不借助观察的情况下得到验证;它们无法通过经验证伪。④ 此处包括逻辑法则,以及从其逻辑形式中推导出真值的语句。尚存争议的是,是否还存在其他所谓分析语句,能够只根据出现于其中的表达形式的含义来确定为真。⑤ 这同样适用于以下问

---

① 归纳法问题的经典表述参见 David Hume, Ein Traktat über die menschliche Natur, 1739/40, 1. Buch, III. 6, 12.

② Hans Albert, Kritik der reinen Erkenntnislehre, 1987, 111ff.; Karl R. Popper, Logik der Forschung, 10. Aufl., 1994, 60ff. 观察语句理论内容的区分。W.V.O.Quine, Unterwegs zur Wahrheit, 1995, 8ff.

③ Alan Musgrave, Alltagswissen, Wissenschaft und Skeptizismus, 1993, 280ff.; Karl R. Popper, Objektive Erkenntnis, 2. Aufl., 1994, 1ff.

④ 根据易谬主义,这种划分改变了康德对先天认识和后天认识的区分。Immanuel Kant, Kritik der reinen Vernunft, 2. Aufl., 1787, B 3, 4.

⑤ 批评观点参见 W.V.O.Quine, Zwei Dogmen des Empirismus, in: ders., Von einem logischen Standpunkt, 1979, 27ff.

题,即一些综合语句的真,是否至少可以在独立于经验的情况下具有认识可能性。① 所谓综合语句,是指无法根据其逻辑形式或包含于其中的词汇含义来确定为真。

三、认识论视野下的伦理认知主义

正如伦理认知主义所宣称的,如果应当存在道德上的认识,那么根据粗略的认识论基本设想,道德认识就可以通过经验认识或纯粹的理性认识来获取。

(一)道德认识是经验认识吗

一些伦理认知主义者认为,道德认识的获取方式原则上与其他每一种关于世界的经验认识相同。为了解决道德问题,有必要发展出规范性理论,通过普遍要求的规则,这些理论包含作为核心组成部分的特定原则或目的。借助我们对个案的道德直觉或道德感知,这些理论可以得到检验与批评。倘若从理论中推导出的个案评价不符合与此相关的道德直觉或感知,那么该理论通常就会被后者证伪。②

根据这一见解,倘若道德直觉或道德感知在认识论上应当像经验观察一样来理解,那么根据认识论的现实主义,它们就必须像后者一样来把握特定事实。这迫使我们作出本体论假设,该假设要么

---

① 这在数学领域尤有争议。Alan Musgrave, Alltagswissen, Wissenschaft und Skeptizismus, 1993, 228ff.
② 证伪主义在规范性理论中的应用,参见 Ulrich Steinvorth, Gleiche Freiheit, 1999, 28ff.

暗含着道德现实主义,要么蕴藏着道德柏拉图主义。道德现实主义者宣称,存在属于客体、事件或世界状态的价值属性,它独立于以主观偏好为基础的评价。它们假定客观的价值事实应当是我们自然世界的组成部分。① 相反,柏拉图主义者认为,客观道德价值或规范并不属于我们的自然世界。倒不如说,作为抽象或理念的实体,它们是独立规范世界的组成部分。② 不过,两个方案在下面一点上相互符合,即价值属性或者道德价值或规范都是规范性事实,像其他事实一样,人类认识同样可以获取这些事实。③

然而,无论是本体论视角还是认识论方面,道德现实主义和道德柏拉图主义的设想,可谓疑点重重。在本体论上,客观价值事实是自然世界的组成部分这一命题与如下情况相矛盾,即客观价值事实似乎很难与现实中的合法则性相容。自然世界要素的特点是以自然法则的方式彼此联结,相反,价值品质并不具备这一属性。因此,它们可能是唯一的自然实体,彼此之间不具有自然法则关系,并且与共同世界中的其他客体和事件也不存在自然法则意义上的关联。虽然独立规范世界的设想避免了这一问题,但除了针对柏拉图主义见解的一般疑虑之外,它还面临一个困难,即依然完全不清楚的是,在何种关系之中,这个独立的规范世界会属于自然世界,尤其是规范世界应当如何对自然世界产生影响。

认识论的疑虑同样重要。观察世界之所以可能,是因为其对象

---

① Franz v. Kutschera, Grundlagen der Ethik, 2. Aufl., 1999, 219ff.
② Nicolai Hartmann, Ethik, 3. Aufl., 1949, 148ff.
③ 这取决于道德柏拉图主义者如何想象对客观价值事实的理解,从认识论的角度看,他们也可以通过纯粹的理性认识来成为道德认识的支持者。

第四章 道德正确作为法效力的条件

和过程会因果性地影响人类感官。但是,假设出来的客观价值属性、价值和规范却没有这样的因果影响。在不可能对感官产生因果影响的情况下,无法看出人类应该如何获取对价值事实的认识。与社会性事实不同,比如具有实际效力的规范,在此无法将特定的可言说或不可言说的人类行为作为可感知的事件联系起来,然后再对其作相应解释。①

一般而言,无法将价值概念归类为涉及现实中不可观察的理论概念。申言之,认识过程中的理论假设应当服务于对可感知现象的解释。为了让理论实体的引入获得正当性,还必须能使理论实体与这些现象具有合法则的关联。② 但是,由于在假定客观价值事实之时并不存在这样的关联,它不仅会排除通过人类感官获得的可感知性,还会排除根据效果间接获得认识的可能性。③

某个道德现实主义的流派声称能避开这些困难,方法是将价值属性理解为次级品质或对次级品质的类比。④ 在认识论中,诸如色彩、口味、气味或声音等属性都被称为次级品质。这些属性与诸如形式、大小和重量等初级属性的不同在于,它们的确定不能脱离对

---

① 关于社会性事实的本体论,参见 John R. Searle, Die Konstruktion der gesellschaftlichen Wirklichkeit, 1997.
② 理论构建与观察之间的关联,参见 Hans Albert, Kritik der reinen Erkenntnislehre, 1987, 103ff.
③ 冯·库切拉没有认识到这个问题,他相信可以通过指出观察和观察陈述中所承载的理论,来驳倒对假定客观价值事实的反对意见。Franz v. Kutschera, Grundlagen der Ethik, 2. Aufl., 1999, 240f. 批评意见参见 Uwe Czaniera, Normative Tatsachen oder Tatsachen des Normierens?, Logos N.F. 1994, 259. 对道德现实主义认识论假设的批评还可参见 Gilbert Hartman, Das Wesen der Moral, 1981, 16ff.
④ John Mcdowell, Wert und Sekundäre Qualitäten, in: ders., Wert und Wirklichkeit, 2002, 204ff.

人类感官受体的影响。① 例如，一个物体之所以被赋予甜的属性，是因为它在观察者那里引起了特定的味觉感受。现在的关键是，这种主体相关性不会妨碍次级品质的事实地位。因此，它们就像初级品质一样，同样是人类认识与知识的对象。一些道德现实主义者为了证立价值属性的事实品质，尝试顾及这一情况。虽然这些价值属性只有在依赖于人类价值感受或价值感知的情况下才具有可确定性，但没有改变的是，与其他次级品质一样，此处涉及的也是自然世界实体的属性。

不过，这种伦理认知主义的证立尝试同样不具有说服力。次级品质是被这样确定的，即在观察者那里引起了特定的感知或感受。这是通过对他们感官受体的影响实现的，涉及一种符合自然法则的决定性过程。这样一来，相应的感官或感受就能在规范上得到描述和解释。例如，可以将颜色感知解析为物体表面对特定波长光线的吸收与反射，由于反射光线映在视觉受体上而产生的刺激，以及其他对该刺激的认知处理。相反，在价值感受或价值感知方面，这种解释就无能为力了。不存在这样一些法则，能将客体或过程的自然属性与主体对这些属性的好或坏、可取或不可取的感受联结起来。

唯一的出路是假定一种完全独有的对客观价值事实的认识方

---

① 区分初级品质和次级品质的最著名见解是约翰·洛克的理论。John Locke, Versuch über den menschlichen Verstand, 1690, 2. Buch, VIII; 不完全清楚洛克是否凭借观察者的感受来识别次级品质，也就是在认识论上支持观念主义的立场，或者他是否区分了次级品质与进行认识活动的主体的相应想象。Alan Musgrave, Alltagswissen, Wissenschaft und Skeptizismus, 1993, 114ff.

式,它从根本上区别于通过"普通"感官经验获取的认识。① 不过,这种独特的认识能力却显得颇为神秘。② 人作为认识的主体,乃是自然世界的组成部分。因此,他的能力原则上必须通过特定的法则来解释,比如物理学、生物学或生理学的方式,就像对其他现实中的事实那样。对于以感官感知为基础的认识过程而言,能够存在这种自然主义的解释。③ 相反,对道德正确性具有特殊认识能力的假设,却无法以这种方式得到证立。更确切地说,必须以此为前提,即人可以通过"直接感觉"或"直接观察"直接获取所宣称的价值事实,无需对其感官施加任何能够用自然法则解释的、直接或间接的影响。不过,能够使该命题正当化的理由却不甚明确,也就是根本无法通过经验认识来获取特殊的道德认识。④

(二)道德认识是理性认识吗

作为替代方案,有观点尝试通过纯粹理性认识来获取道德认识。道德认识并不存在于通过观察对价值事实的把握中,而是存在于对规范或行为正确性的思想洞见内。⑤ 根据理性主义的见解,借助特定的最高目的、规则或原则,即它们作为客观有效的标准,应当

---

① 宣扬这种独有的道德认识能力的是所谓直觉主义,该见解著名的支持者是莫尔。George E. Moore, Principia Ethica, 1903.
② Mackie, Ethik, 1981, 43ff.
③ 自然主义认识论的方案参见 Hans Albert, Kritizismus und Naturalismus, in: ders., Konstruktion und Kritik, 2. Aufl., 1975, 13ff.; 特别参见 W.V.O. Quine, Naturalisierte Erkenntnistheorie, in: ders., Ontologische Relativität und andere Schriften, 1975, 97ff.
④ 对这种证立尝试的详细批评参见 Uwe Czaniera, Gibt es moralisches Wissen?, 2001; Mackie, Ethik, 1981, 40ff.
⑤ Jürgen Habermas, Richtigkeit versus Wahrheit, in: ders., Wahrheit und Rechtfertigung, 1999, 271ff.

用于对正确性的评价,可以产生这一洞见。最著名的例子是康德的定言命令:"按照一个同时能够被视为一条普遍法则的准则行动。"①据此,道德认识有两个要素:一则认识到特定的行为或规范符合或不符合该判断标准;二则认识到这一标准本身。②

这需要在认识论的意义上去证立用作评价标准的最高目的、规则或原则本身。对理性主义的证立方法而言,经验认识就会被排除在外,并且不可能考虑经验认识。因此,剩下的就只有先天的认识了,即通过经验无法证明或反驳的纯粹理性认识。③ 但是,这种认识不可能具有分析的属性,因为无法仅从逻辑法则和语义学的语言规则中获得内容上的目的或原则。④ 如此一来,就必然要涉及先天

---

① Immanuel Kant, Grundlegung zur Metaphysik der Sitten, 2. Aufl., 1786, BA 52.

② 经验认识能够在这一点上具有意义:被采纳的判断标准涉及特定的事物、属性、事件或实情,其存在或不存在只在经验上具有确定可能性。

③ 康德是先天伦理学的大师。Immanuel Kant, Grundlegung zur Metaphysik der Sitten, 2. Aufl., 1786. 对康德式论证的详细批评参见 Ernst Tugendhat, Vorlesungen über Ethik, 1993, 98ff. 卡尔—奥托·阿佩尔版本的受康德启发的商谈伦理学支持先天证立模式。Karl-Otto Apel, Sprechakttheorie und transzendentale Sprachpragmatik zur Frage ethischer Normen, in: ders., Auseinandersetzungen in Erprobung des transzendentalpragmatischen Ansatzes, 1998, 281, 354ff. 相反,哈贝马斯版本的商谈伦理学就不很明朗,一方面以先验的洞见为根据,另一方面却具有再建构性,应在经验上得到证立。Jürgen Habermas, Diskursethik-Notizen zu einem Begründungsprogramm, in: ders., Moralbewusstsein und kommunikatives Handeln, 53ff. 对商谈伦理学的批评参见 Armin Engländer, Diskurs als Rechtsquelle?, 2002, 41ff.; Peter Gril, Die Möglichkeit praktischer Erkenntnis aus Sicht der Diskurstheorie, 1998; Herbert Keuth, Erkenntnis oder Entscheidung, 1993; Uwe Steinhoff, Kritik der kommunikativen Rationalität, 2001.

④ 试图证立以规范语句的语义学分析为基础的功利主义伦理学。R.M. Hare, Moralisches Denken, 1992. 对此的批评参见 Anton Leist, Moralisches Zaubern, in: C. Fehige/G. Meggle (Hrsg.), Zum moralischen Denken, Bd. 1, 1995, 77ff.; Ernst Tugendhat, Sprache und Ethik, in: ders., Philosophische Aufsätze, 1992, 275, 292ff.

综合认识，但这种独立于经验的综合认识如何可能？首先，要考虑演绎推导的方法，即从其他理论陈述中得出一个需要证立的陈述。不过，这只是将认识问题转移到另一层面，因为起前提作用的理论陈述本身现在需要作为先天认识的正当性基础。①

由此面临着证立无限后退的危险，为避免这一危险发生，虽可在某一点上简单中断这个证立过程，并将需要证立的目的、规则和原则只作为假说，②但很快就会出现检验可能性的问题。假说的特点在于涉及真值尚未确定的推测，为了查明真值，就必须测试这个假说。在经验认识领域，人们凭借观察做到这一点。其中，观察乃是能够判断理论假设之真相内容的工具，尽管可能出现错误。经由观察的测量，可以知道哪些假说应当暂时被接受，哪些假说不应采纳。这条道路并不对纯粹理性认识开放。纯粹理性认识独立于经验，无法通过观察进行反驳或确证。因此，作为替代手段，就需要特定的综合语句，通过思想上即先天的洞见，这些综合语句可被断定为真。没有这些先天综合语句，就没有可供使用的充分标准。据此，只有假定被采纳的目的、规则或原则才能被判断为正确或错误，比如就有可能接受一个内容为 p 的规则作为假说，其根据与内容相同于非 p 的规则。不过，伦理认知主义的前提却是原则上能够查明这两个规则中的哪一个是

---

① 这个问题也出现在先验的证立方法中，该方法希望从先天综合判断的存在这一假设出发推导出先天判断的可能性条件。Hans Albert, Kritizismus und Naturalismus, in: ders., Konstruktion und Kritik, 2. Aufl., 1975, 18ff.

② 在认识论中，沃尔夫冈·吕德支持一种被称为问题化先验主义的假定性-先天性方案。Wolfgang Röd, Erfahrung und Reflexion, 1991.

正确的。如上所述,考虑到此处必需的判断标准,就又会出现同样的问题,即如何能在独立于经验的情况下正确评估这些标准本身。于是,证立的问题便重新出现了。

为了避免证立无限后退和循环证立,先天伦理学的支持者必须最终宣称,人类知性能够直接看清任何最高目的、规则或原则,尽管在此涉及的并不是分析性认识。道德现实主义者认为,道德直觉乃是认识具体价值事实独有的方式,与那些道德现实主义者一样,先天伦理学的支持者在结论上躲在神秘的特殊认识能力中寻求慰藉,而又无法可信地证立这种能力。① 这充其量只是掩盖了这种情况,即最高道德目的、规则和原则并没有将它们的状况归功于需要进一步证立的理性认识,而是归功于意愿式的设定。就像非认知主义者妥当确定的那样,它们的效力是价值决定的结果。因此,先天证立模式同样会走进死胡同。

四、伦理认知主义失败的后果

行为、价值和规范的道德正确性无法成为认识的对象。既

---

① 目前先验语用学支持者以所谓严格反思来宣传这样一种特殊的理性认识。Karl-Otto Apel, Fallibilismus, Konsenstheorie der Wahrheit und Letztbegründung, in: ders., Auseinandersetzungen in Erprobung des transzendentalpragmatischen Ansatzes, 1998, 81, 178ff.; Wolfgang Kuhlmann, Reflexive Letztbegründung, 1985, 76ff. 批评意见参见 Hans Albert, Die Wissenschaft und die Fehlbarkeit der Vernunft, 1982, 58ff.; Eric Hilgendorf, Argumentation in der Jurisprudenz, 1991, 142ff.; Herbert Keuth, Erkenntnis oder Entscheidung, 1993, 232ff.; Uwe Steinhoff, Kritik der kommunikativen Rationalität, 2001, 159ff.

第四章 道德正确作为法效力的条件

不能通过经验体会,也不能借助思想洞见来获取道德认识。① 伦理认知主义的设想经不起认识论的分析。由此会产生如下后果:

为了澄清法律分析中所追求的目标,即应当通过哪些需定义的要素,将社会现实中特定的表象、事件或过程称为"法",就应当否认法律道德主义的见解和说法。在没有可能从认知上确定一项规范在道德上何时正确或错误的情况下,就法律分析的认识需求而言,将规范的道德正确性作为法效力的条件就显得不甚妥当。因此,作为妥当描述社会中法律现象的起点,就只剩下前后一贯的法实证主义立场了。② 这一立场适用的是分离命题或者中立命题,③要求道德中立地确定法律概念。申言之,在确定实际有效的整体规范体系或单一规范的法效力时,应当将它们与其道德评价严格区开。法律分析"试图去回答'法是什么以及如何'的问题,而不去回答'它应当如何或如何被塑造'的问题"④。

在法政策领域,不能以客观道德的必需性为由,使规范化建议获得正当性。但是,与严格相对主义观点的想法不同,这并不意味着规范的理性证立原则上是不可能的。作为伦理认知主义的备选方案,可以考虑一种以事实偏好为依据、摆脱形而上学的正当性根

---

① 只可能对行为、价值或规范是否符合预设的道德判断标准产生认识,但这个判断标准本身却不是认识的结果,而是决定的结果。

② H.L.A. Hart, The Concept of Law, 2. Aufl., 1994; Hans Kelsen, Reine Rechtslehre, 2. Aufl., 1960; Alf Ross, On Law and Justice, 1958; Armin Engländer, Grundzüge des modernen Rechtspositivismus, Jura 2000, 113; Walter Ott, Der Rechtspositivismus, 2. Aufl., 1992.

③ Norbert Hoerster, Verteidigung des Rechtspositivismus, 1987, 10f.

④ Hans Kelsen, Reine Rechtslehre, 2. Aufl., 1960, S. 1.

据。基于以偏好为导向的方案,可以将规范理解为人类共同生活的工具,其目的是让人类能够更好地实现自己的个人利益或愿望,比如生命、身体完整性或富裕。① 因此,应当这样评价规范化建议,即它们是否以及在何种范围内可以服务于这些利益。② 通过这一方式获得正当性的规范,虽然不能在客观主义的意义上被认为是正确的,但是——主要是在主观的基础上——从主体间性上看却具有合法性。

最后,在解决法教义学问题时,也要排除对想象出来的道德认识的求助。这尤其意味着,不允许诉诸客观有效的"超实证法"理念,比如部分文献和判例为了解释德国《刑法》第 17 条(禁止错误)中的"不法"概念③和德国《刑法》第 339 条(枉法裁判罪)中的

---

① Thomas Hobbes, Leviathan, 1651. 但霍布斯的国家正当性根据的结果却不是民主法治国家,而是专制立宪制。利己主义模式在苏格兰道德哲学中,得到了深化和完善。除了霍布斯重视的社会秩序的保护功能之外,为提高富裕程度而合作的效益也不断被强调。David Hume, Ein Traktat über die menschliche Natur, 3. Buch; Adam Smith, Der Wohlstand der Nationen, 1789. 目前支持以利益为基础的方案的学者,参见 Michael Baurmann, Der Markt der Tugend, 1996; James Buchanan, Die Grenzen der Freiheit, 1984; Armin Engländer, Rechtsbegründung durch aufgeklärtes Eigeninteresse, JuS 2002, 535; David Gauthier, Moral by Agreement, 1986; Norbert Hoerster, Rechtsethik ohne Metaphysik, JZ 1982, 265; Hartmut Kliemt, Interessenbasierte Moralbegründung in Ethik und Ökonomik, in: R. Hegselmann/H. Kliemt (Hrsg.), Moral und Interesse, 1997, 151ff.; Peter Stemmer, Handeln zugunsten anderer, 2000.

② 关于生命政治的问题参见 Dieter Birnbacher, Embryonenforschung-erlauben oder verbieten?, ARSP-Beiheft 74, 157; Norbert Hoerster, Ethik des Embryonenschutzes, 2002; Reinhard Merkel, Früheuthanasie, 2001.

③ LG Berlin, JZ 1992, 692 (694f.)

"法"概念,①或者为了在刑法上应对所谓的政府不法,②就会建议诉诸这一理念。对于法律规定的解释而言,原则上首先应当考虑现行法秩序明显或暗含的价值。倘若实证法没有给出说明,就应当区分:如果实证法本身参照的就是法律之外的标准,比如当下存在的社会道德信念,就应该运用这些标准。在此,对社会道德信念的查明不是道德认识行为,而是一种非规范性的事实认识,其对象是某些实际存在的规范性观点,这些观点本身并不具有认知特征。倘若缺少这样的参照,解释者就必须自己决定,以哪些在认识论上无可争议的理由为根据。在此,也可以提供一种以偏好为导向的视角。

五、结论

有些学者可能会觉得,伦理认知主义认识的失败意味着确定性的丧失。不过,人们也可以从中得出结论,认为关键在于要意识到

---

① Peter Cramer, in: Schönke/Schröder, StGB, 26.Aufl., 2001, § 339 Rn. 5; Tröndle/Fischer, StGB, 51.Aufl., 2003, § 339 Rn. 13; Kristian Kühl, in: Lackner/Kühl, StGB, 24.Aufl., 2001, § 339 Rn. 5; Günter Spendel, in: Leipziger Kommentar, StGB, 11.Aufl., 1999, § 339 Rn. 49ff.; Frank Scholderer, Rechtsbeugung im demokratischen Rechtsstaat, 1993, 429ff.

② 对纳粹过往行为的处理,参见 BGHSt 2, 173 (177); 3, 357 (362ff.);关于民主德国,可参见 BVerfGE 95, 96 (134f.); BGHSt 39, 1 (15f.); 39, 168 (181ff.); LG Berlin JZ 1992, 692f. 文献中支持诉诸超实证法理念的观点,比如 Robert Alexy, Mauerschützen, 1993; Joachim Hruschka, Die Todesschüsse an der Berliner Mauer vor Gricht, JZ 1992, 665; Wolfgang Naucke, Die strafjuristische Privilegierung staatsverstärkender Kriminalität, 1996. 对柏林墙射杀案判例的批评,参见 Horst Dreier, Gustav Radbruch und die Mauerschützen, JZ 1997, 421; Bernhard Schlink, Rechtsstaat und revolutionäre Gerechtigkeit, NJ 1994, 433.

价值和规范的决策特性,并搞清楚这些决策的基础。同时,有这样一个领域,其中缺少对各自见解的论证,人们乐意通过援引想象的更高洞见在修辞上加以补足,上述结论在该领域中就蕴含着获得理性的机会。

第五章
规范与制裁
——规范制裁模式批判*

一、引言

根据传统规范论的理解,制裁的威慑与施加乃是能让规范具有效果的手段。通过对违反规范行为的制裁,遵守规范的动机得以产生,这也让人明白,规范接收者至少不愿意总是按照规范要求行事。有争议的是,这种制裁在何种范围内是规范效果的必要条件。一些学者认为,缺少制裁实践支撑的规范根本无法获得控制行为的力量。托马斯·霍布斯早就认为,缺少刑罚威慑的禁令是徒劳的,因而每一条应当有效果的制定法都必须包含两个方面:一是禁止实施不法行为;二是对仍然要如此行事之人的刑罚威慑。① 在当今的法

---

* Norm und Sanktion–Kritische Anmerkungen zum Sanktionsmodell der Norm. *Rechtswissenschaft* 2013, 192–206.

① T. Hobbes, Vom Bürger, Elemente der Philosophie III, 3. Aufl., 1994, Kap. 14 Abschni. 7; S. Pufendorf, Über die Pflicht des Menschen und des Bürgers nach dem Gesetz der Natur, 1994, Kap. 2 §7.

理论中，约瑟夫·拉兹认为，虽然无制裁的法律体系在逻辑上是可以想象的，但是在人类社会中却无法从经验上实现；为了确保制定法具有最低限度的控制力，就需要制裁的保驾护航。[1] 相反，其他学者则认为，原则上可能的是，即便缺少正式或非正式的制裁实践，规范也能产生效果。比如马克斯·韦伯就在对规范合法性的信仰中——总是以此为根据——看到这样一种情况，即该信仰能促使规范接收者足够频繁地遵守规范。[2] 诺伯特·霍尔斯特在其关于道德哲学的研究中指出，规范的接收至少可以发挥有限的行为激励力量。[3] 但是，且不论对制裁实践必要性的不同评价，达成一致之处在于，制裁是添加到规范中却不构成规范的东西。制裁无法说明禁止某些行为的理由，其前提在于，行为之所以被制裁，是因为它违反了规范。[4]

这种规范与制裁关系的标准模式，与人们可称之为规范制裁模式的方案形成了对比。与标准模式支持者的想法不同，在制裁模式看来，不必将制裁和规范分离开来；更确切地说，按照这一模式，规范和制裁是密不可分的。制裁赋予规范的，不仅是有效性和对遵守规范的保障，还在根本上首先创造了规范。一个行为之所以受到制裁，不是因为该行为被禁止；该行为被禁止，是因为它受到了制

---

[1] J. Raz, Praktische Gründe und Normen, 2006, S. 216.
[2] M. Weber, Soziologische Grundbegriffe, § 5 Abschn. 2, in: ders., Wirtschaft und Gesellschaft, 5. Aufl., 1972.
[3] N. Hoerster, Ethik und Interesse, 2003, S. 50ff.
[4] H.L.A. Hart, The Concept of Law, 2.ed., 1994, S. 27; N. Hoerster, Was ist Recht?, 2006, S. 10ff.; M. Iorio, Regel und Grund, 2011, S. 23ff.; P. Koller, Theorie des Rechts, 2. Aufl., 1997, S. 84ff.

裁。① 换一种表达:没有制裁,就没有规范;制裁实践是构成规范的完整组成部分。②

比如英国法理论家约翰·奥斯丁著名的法命令说,就以这种制裁论的规范理解为基础。③ 据此,实证法由普遍命令组成,这些命令可以追溯到最高政治权威——统治者。在奥斯丁看来,命令无非是对他人行为的愿望,当人们不遵守命令时,就会对其施加恶害。申言之,只有在不遵守命令的情况下施加制裁,才会使愿望成为(法律)命令,并为接收者确立服从义务。

汉斯·凯尔森的纯粹法学说也包含制裁论的要素。根据纯粹法学说,法秩序对公民特定行为方式的要求,仅仅是将相反的行为与制裁联结在一起。因此,作为或不作为之所以成立犯罪,是因为与强制行为相连。④ 不过,凯尔森支持的只是一种限制的规范制裁理论,他没有将构成要件行为与制裁之间的绑定理解为事实的结合,而是理解为规范的结合,即应然的归责本身并不是由制裁构成的。⑤ 向法律机关

---

① P. Stemmer, Handeln zugunsten anderer, 2000, S. 101; ders., Normativität, 2008, S. 175.
② 对规范和制裁必要关联的不同主张并不总是彼此区分得足够清楚。G. Seebaß, Die sanktionistische Theorie des Sollens, in: A. Leist (Hrsg.), Moral als Vertrag?, 2003, S. 155 (161ff.).
③ J. Austin, The Province of Jurisprudence Determined, 1954, S. 9ff.
④ H. Kelsen, Reine Rechtslehre, 2. Aufl., 1960, S. 114ff. 与传统规范论的分类相反,凯尔森将指向法律机关的规范,即制裁特定的行为方式,理解为初级规范,将从中推导出的向公民发出的规范,即放弃那些以刑罚相威胁的行为方式,理解为次级规范。H. Kelsen, Allgemeine Theorie der Normen, 1979, S. 43f.
⑤ H. Kelsen, Reine Rechtslehre, 2. Aufl., 1960, S. 4ff., S. 45f., S. 124. 关于凯尔森的规范方案,参见 H. Dreier, Rechtslehre, Staatssoziologie und Demokratietheorie bei Hans Kelsen, 2. Aufl., 1990, S. 199ff., S. 204ff.; C. Heidemann, Die Norm als Tatsache, 1997, S. 66ff., S. 124ff., S. 186ff.

发出的"应当",即制裁特定的行为方式,无法用制裁论加以说明。①

自从哈特在《法律的概念》一书中对奥斯丁的法命令说进行了基本的、备受瞩目的批判之后,②制裁论的规范理解的支持者便处于退缩状态。但是,在当下的规范论讨论中,学者们力求给全面的规范制裁论方案恢复名誉,并证明它比标准模式更加可取。此处要提及哲学家彼得·施特莫尔和恩斯特·图根哈特,以及刑法学者安德里亚斯·霍耶尔。③ 尤其是施特莫尔,他努力为制裁论方案提供详细的正当性根据。迄今为止,他的著作《规范性》可能包含了对规范制裁模式最透彻详尽的阐述,对于标准模式的支持者而言,其规范制裁模式乃是最大的挑战。

对于规范论、法哲学和道德哲学而言,关于规范和制裁关系的争论极具意义,并且与重要的法教义学含义密切相关。比如,刑法和民法的主流观点认为,无罪责的行为不受制裁,尽管该行为可能因违反法律禁令而具有违法性。④ 倘若制裁论的见解是妥当的,上

---

① 伦茨科沃夫斯基忽略了这一点。J. Renzikowski, Normentheorie als Brücke zwischen Strafrechtsdogmatik und Allgemeiner Rechtslehre, APSP 2001, S. 110 (113).

② H.L.A. Hart, The Concept of Law, 2.ed., 1994, S. 18ff.; S. Shapiro, Legality, 2011, S. 51ff.

③ A. Hoyer, Strafrechtsdogmatik nach Armin Kaufmann, 1997, S. 42ff.; P, Stemmer, Handeln zugunsten anderer, 2000, S. 39ff., S. 73ff.; ders., Normativität, 2008; E. Tugendhat, Vorlesung über Ethik, 1993, S. 39ff.

④ 刑法参见 U. Kindhäuser, Lehr- und Praxiskommentar StGB, 5. Aufl., 2012, Vor §13 R. 5; H. Kudlich, in: H. Satzger/B. Schmitt/G. Widmaier (Hrsg.), StGB-Kommentar, 2009, Vor §13ff. Rn. 4; 民法参见 H. Sprauch, in: Palandt, BGB.Kommentar, 71.Aufl., 2012, einf v §823 Rn. 2ff.

述主流观点至少就不能以这种形式得到维系。① 因此,有足够的理由对规范制裁模式进行更加详细的分析。②

二、规范制裁模式的合理性论证

为了证立制裁论的规范理解,当前的支持者主要给出了两种论证方案。在此,应当将二者称为冗余性论证和优越性论证。按照冗余性论证,完全没必要采纳规范应独立于制裁的观点,因为制裁仅在动机上为规范提供支持。而根据优越性论证,规范制裁模式能对规范的存在和运作方式作出更合乎逻辑的解释,在对世界作自然主义理解的背景下尤其如此。按照这一理解,规范并不存在于可疑的独立规范世界之中,而是必须将其理解为物理世界的组成部分。③ 因此,只有还原论方案,也就是将规

---

① 当然,即便以规范的标准模式为根据,区分违法性和罪责的传统解释似乎也不是毫无疑问的,参见 J. Renzikowski, in: H. Matt/J. Renzikowski, StGB‑Kommentar, 2013, Vor §13 Rn. 39f. 路易斯·葛雷克努力为主流观点辩护。L. Greco, Wider die jüngere Relativierung der Unterscheidung von Unrecht und Schuld, GA 2009, S. 636ff. 重构制裁论的尝试参见 A. Hoyer, Strafrechtsdogmatik nach Armin Kaufmann, 1997, S. 82ff.

② 对此需要部分回溯到对霍耶尔的思考。A. Engländer, Grund und Grenzen der Nothilfe, 2008, S. 63ff. 对霍耶尔方案的批评参见 U. Neumann, Besprechung von Andreas Hoyer, Strafrechtsdogmatik nach Armin Kaufmann, GA 1999, S. 443ff.; J. Renzikowski, Normentheorie als Brücke zwischen Strafrechtsdogmatik und Allgemeiner Rechtslehre, APSP 2001, S. 110ff. 与施特莫尔商榷的文献参见 M. Iorio, Normen, Regeln und praktische Gründe, ARSP 2010, S. 348ff.; M. Esfeld, T. Schmidt, M. Iorio und R. Forst 的简要批评以及施特莫尔的回应参见 DZPhil 2010, S. 145ff.

③ 这是哲学上自然主义的基本立场。A. Beckermann, Naturwissenschaften und manifestes Weltbild, DZPhil 2012, S. 5ff.; G. Vollmer, Was ist Naturalismus?,und (转下页)

范和规范性回溯到非规范要素上去,才能令人信服。凭借这一方案,伦理自然主义设定的将规范陈述还原为描述性陈述的目标,就在本体论的印记之下又一次得以深究。①

霍耶尔至少在刑法规范方面支持冗余性论证,以反驳德国刑法学中广为流传的见解,即法秩序包含两种规范:一种是向个人发出行为诫命的行为规范,使个人以特定的方式实施行为;另一种是在不遵守行为规范的情况下安排的制裁措施。② 在霍耶尔看来,这符合本体论的节俭要求,没有假定任何无用的实体。但是,独立行为诫命的存在,对刑法所要保护的法益而言却不是必要的。将法益侵害行为与发生不利后果联结在一起,也能很好地为法益保护提供直接保障。既然法益侵害行为与特殊的成本即施加不利绑定在一起,放弃法益侵害行为就被证明对个人有利,预期的行为控制就仅靠这样的方式得以实现。③ 假设一个先于制裁实践的行为诫命范畴,这一做法并未发挥有意义的功能,因而可以放弃。④ 霍耶尔从中得出的结论是,规范语句不是应然语句,表达的不是应当,而是日常陈述语句,说的是如果个人希望防止不利后果发生,就有必要放

(接上页) D. Koppelberg, Was ist Naturalismus in der gegenwärtigen Philosophie?, in: G. Keil/H. Schnädelbach (Hrsg.), Naturalismus, 2000, S. 46ff., S. 68ff.

① 对伦理自然主义传统种类的分析和批评,参见 W. Frankena, Analytische Ethik, 1972, S. 117ff.; R.M. Hare, Die Sprache der Moral, 1972, S. 109ff.; G.E. Moore, Principia Ethica, 1996, §§ 24ff.

② J. Renzikowski, Die Unterscheidung von primären Verhaltens-und sekundären Sanktionsnormen in der analytischen Rechtstheorie, in: D. Dölling/V. Erb (Hrsg.), Festschrift für Karl Heinz Gössel zum 70. Geburtstag am 16. Oktober 2002, 2002, S. 3ff. 德国刑法学的基础,参见 K. Binding, Die Normen und ihre Übertretung Bd. 1, 3. Aufl., 1916.

③ A. Hoyer, Strafrechtsdogmatik nach Armin Kaufmann, 1997, S. 267.

④ A. Hoyer, Strafrechtsdogmatik nach Armin Kaufmann, 1997, S. 46ff.

第五章　规范与制裁

弃实施特定行为。①

施特莫尔发展出的优越性论证得出了可资比较的结论。其出发点是对规范性的假设,与广为流传的观点相反,②这个规范性不存在于应当之中,而是存在于一种特殊的必须之内。③ 这种特殊的"必须"源自两个非规范性因素的相遇:(1)人的意志;(2)为实现希望之事所不可或缺的必须采取的实际行动,亦即实施特定行为对实现特定结果是必要的。倘若事件的发生也是某人所希望的,那么他就从必须采取的实际行动中产生一种压力,要求他实施一定的行为,该行为对于预期事件的发生而言是必要的,由此构成了规范上的必须。④ 举例言之:我只有最迟 06:30 离开自己的公寓,才能赶上 06:44 从帕绍开往慕尼黑的火车。如果我想乘坐 06:44 的火车,我就有了要在 06:30 出门的行为压力。虽然当事人也可以不去实施"必须的"行为,但是只能以无法实现其预期为代价。总之,某人必须做某事或不做某事,因为只有这样才能实现他的预期。在施特莫尔看来,规范上的必须就存在其中。

将规范性理解为特殊的必须,意味着施特莫尔否认了标准模式所基于的见解。该见解认为规范是行为的指引,表达的是规范制定

---

① A. Hoyer, Strafrechtsdogmatik nach Armin Kaufmann, 1997, S. 48.
② R. Alexy, Theorie der Grundrechte, 1985, S. 46.; N. Hoerster, Was ist Recht?, 2006, S. 10f., S. 36ff.; H. Kelsen, Allgemeine Theorie der Normen, 1979, S. 76f.; P. Koller, Theorie des Rechts, 2.Aufl., 1997, S. 65ff. A. Marmor, Philosophy of Law, 2011, S. 1ff.; G. H. v. Wright, Sein und Sollen, in: ders., Normen Werte und Handlungen, 1994, S. 19ff.
③ P, Stemmer, Handeln zugunsten anderer, 2000, S. 39ff.; ders., Normativität, 2008, S. 45ff., S. 284ff.
④ P, Stemmer, Handeln zugunsten anderer, 2000, S. 55ff.; ders., Normativität, 2008, S. 35ff.

者的意愿,即规范接收者应当以特定的方式实施行为。① 这是因为,仅仅向他人提出行为要求无法为"必须"提供根据,接收者在此并未处于行为压力之下;在没有任何不利后果的情况下,他可以忽略这一要求,也就是忽略提出要求者的意愿。这意味着,发出"应当"诫命在规范上是软弱无力的。②

为了人为创建规范上的必须——施特莫尔在此看到了规范的功能——就需要将应予禁止的行为与制裁联结起来。它保证,如果规范接收者想避免恶害、制裁,就必须放弃相应的行为,由此便产生了必要的行为压力。故而,施特莫尔认为规范就存在于由制裁构成的必须之中。③

三、规范制裁模式的问题

规范制裁模式要比标准模式更好或至少更简便地解释规范的运作方式,这一要求能否实际兑现,决定了规范制裁模式的说服力。经过仔细观察,这似乎令人怀疑。此处应当对五个"问题"作细致研究:①缺少制裁时的规范存在;②缺少避免制裁意愿时的规范存在;③授权规范在制裁论上的可建构性;④制裁实践的规范化;⑤规

---

① 关于这种规范理解,参见 N. Hoerst, Was ist Recht?, 2006, S. 36ff.; M. Iorio, Regel und Grund, 2011, S. 56ff.; G. Seebaß, Die sanktionistische Theorie des Sollens, in: A. Leist (Hrsg.), Moral als Vertrag?, 2003, S. 190ff.; G.H. v. Wright, Norm and Action, 1963, S. 120f.

② P. Stemmer, Normativität, 2008, S. 46f., S. 165.

③ P. Stemmer, Normativität, 2008, S. 157ff.

第五章　规范与制裁

范约束力的可能性。①

（一）缺少制裁时的规范存在

按照制裁模式，之所以要求放弃实施某一行为，即在规范上必须放弃，仅仅是因为实施该行为会带来制裁，规范接收者希望避免受到制裁。对此，不应在传统道义论的意义上将这种关联理解为应当实现制裁，②而是要从事实的意义出发将其理解为制裁得到实现。问题是，实施了相应的行为，但缺少制裁会对规范的存在造成何种影响？制裁论是否必须作出反直觉的假设，比如不惩罚犯行就不存在盗窃的禁令，因此对于能让人避免制裁的规范上的必须而言，盗窃者就不受其约束？

施特莫尔回应道，虽然缺少制裁总是可能的，但是规范接收者

---

① 另一个经常提出的对规范制裁模式的批评是，在缺少制裁性质的情况下，无法对制裁和不利后果进行区分。比如规范逻辑论者奥塔·温伯格就论证道，无法仅从行为与恶害的联结中推断出是否应当禁止个人实施该行为。从一项恶害本身看不出它是制裁还是其他不利后果比如赋税，与制裁不同，不利后果的目的并不是禁止实施某一行为。在人们必须支付一定数额的金钱这一点上，制裁和不利后果作为恶害可能完全一样。只有当人们知道，恶害是否应当作为对违反行为诫命的反应而施加时，才能确定恶害的性质。这意味着，不能从施加恶害中推导出行为诫命，而是必须在恶害施加之前加以推导。O. Weinberger, Der semantische, der juristische und der soziologische Normbegriff, in: W. Krawietz/J. Wróblewski (Hrsg.), Sprache, Performanz und Ontologie des Rechts, Festgabe für Kazimierz Opalek zum 75. Geburtstag, 1993, S. 435 (445). 但是，倘若人们可以查明规范制定者施加恶害的目的，即规范制定者只想禁止不受欢迎的行为方式（制裁），还是想至少实现国家的收入（赋税），那么就可以完成这种区分。规范制定者通过专业术语的区分，就可以告诉规范接收者恶害的目的，具体方式是使用诸如"刑罚"或"罚款"这些制裁概念。因此，在缺少制裁性质的情况下，从根本上区分制裁和不利后果的问题，对于制裁模式而言就是可以解决的。

② H. Kelsen, Reine Rechtslehre, 2. Aufl., 1960, S. 45ff., S. 79ff., S. 124; P. Koller, Theorie des Rechts, 2. Aufl., 1997, S. 84f.; O. Weinberger, Rechtslogik, 2. Aufl., 1989, S. 264f.

事先并不知道这一点。即使不能保证他会受到处罚,对他而言也至少存在处罚的危险。将自己置于这种危险之中,是规范接收者不希望的。这是一种衍生的制裁,只有当规范接收者放弃实施相应行为时,才能避免该制裁。因此,即使没有施加最初的制裁,也就是没有实际的刑罚,对于规范接收者而言,也存在由衍生的制裁生成的规范上的必须。①

当然,这个解决方案只能消除部分疑难。当行为人几乎可以确定不受处罚,以至于不存在需要避免的处罚危险时,该解决方案就难以为继。在这种情况下,由于缺少制裁构成的必须,施特莫尔必然会进一步得出反直觉的结论,即规范不存在。例如,盗窃者若能确保他不被定罪,他就没有违反任何禁令。

霍耶尔发展出另一种问题解决之道,他希望回溯到规范有效性和效力的区分。如果不对特定行为作出实际制裁,这个规范虽然在此缺乏有效性,但它却依然具有效力。② 效力概念并不是指行为与制裁的规范关联,而是指——比如法秩序——如果存在这种关联的话,它是符合法律的。③ 显然,从法秩序的视角看,应予制裁这一点并没有什么不同。对此,霍耶尔暗中向非制裁论理解的"应当"概念求助,试图像变戏法一样从其规范论中推导出这一概念。在规范制裁模式的框架下,对于缺少制裁时的规范存在,霍耶尔同样没有给出令人满意的解决方案。

---

① P. Stemmer, Normativität, 2008, S. 178f.
② A. Hoyer, Strafrechtsdogmatik nach Armin Kaufmann, 1997, S. 58.
③ A. Hoyer, Strafrechtsdogmatik nach Armin Kaufmann, 1997, S. 58.

(二) 缺少避免制裁意愿时的规范存在

即使在制裁模式的意义上实现了制裁,当事人也不一定会受到"规范上的必须"的约束,从而放弃实施触发制裁的行为。只有当他希望避免制裁时,才存在这种"必须"。相反,如果没有将制裁评价为恶害——比如行为人并不害怕即将到来的自由刑,因为他感觉与自由相比,监狱更适合他——那么根据制裁模式,就不存在任何规范,去禁止他实施触发制裁的行为。施特莫尔明确承认这一点,只是说这种情况在实践中极少发生,因为人类通常无法自由选择他们认为是不利的东西,在任何情况下,绝大多数人都会认为剥夺生命、自由和社会的尊重是不可取的。[①] 这当然没有改变那个令人不满的结论,即按照制裁模式,不禁止缺少避免制裁意愿者去实施触发制裁的行为,换言之,他们在规范上可以自由实施这类行为。倘若刑罚对抢劫者而言不是恶害,就允许他去抢劫。[②]

对于为制裁模式所必要的避免制裁的意愿而言,还存在另外一个问题。倘若绝大多数人原则上都愿意将制裁视为不受欢迎的恶害,那么就会经常出现这样的情况:从这些人的视角看,制裁的坏处(往往是不确定的,只有或多或少的可能)会被另外一种好处所抵消。这种好处是他们通过实施触发制裁行为获得的,并且也只有通过这一方式才能获得。申言之,制裁或者制裁的可能性乃是他们为了实现更重要的目标而愿意付出的代价。[③] 比如为了能尽快走

[①]　P. Stemmer, Normativität, 2008, S. 177f.
[②]　一个真实的但又令人匪夷所思的案例,参见 BGH NStZ 2011, 336.
[③]　对所谓代价论的批评,参见 G. Seebaß, Die sanktionistische Theorie des Sollens, in: A. Leist (Hrsg.), Moral als Vertrag?, 2003, S. 183.

完住处到办公地点的路程,驾车者愿意支付偶尔因超速带来的罚款。如果认为实施触发制裁行为所获得的好处,比可能的制裁带来的坏处更重要,那么根据制裁模式,对驾车者而言,最终就不存在放弃相应行为的"规范上的必须"。这是因为,虽然他希望不受制裁,但他更不希望错过只有实施触发制裁行为才能实现的好处。因此,他会在具体情境中放弃与制裁相关的一般避免意愿。

但在施特莫尔看来,最终不存在"规范上的必须"这一点,并不会对规范的存在造成损害。制裁能产生一定程度的必须就足够了,即行动者在权衡时有必要将其视为反对实施行为的因素。[①] 当然,无法改变的是,行为诫命的定言属性已经丧失于此。不过,尤其是道德规范和法规范,往往具有要求或禁止规范接收者实施特定行为的功能,而不论这些规范接收者的动机如何。相反,按照制裁模式,有些事件只能通过触发制裁的行为来实现,只有当避免制裁比实现这些事件更重要时,规范接收者才必须放弃触发制裁的行为。以要言之,无论是缺少制裁,还是缺少避免制裁的意愿,规范制裁模式都会导致令人难以理解的结果。

(三)授权规范在制裁论上的可建构性

如果将规范理解为制裁建构之必须,问题就在于,如何区分恐吓性的行为要求(比如黑手党恐吓收取保护费)和法律或道德的行为诫命(比如税务官员的缴税命令)。对于规范接收者而言,两种情形中之"必须"最终是一样的。如果他不想被罚款,就必须遵守税务官员的命令;如果他不想被射杀,就必须服从黑手党的支配。

[①] P. Stemmer, Normativität, 2008, S. 183.

第五章 规范与制裁

承袭凯尔森①和哈特②的思考,施特莫尔认为关键的区别在于,税务官员提出的要求得到了授权,而黑手党却没有。③ 据此便引入一种新的规范类型:授权。现在的问题是,如何在制裁论上构建授权,授权的功能在于赋予被授权人规范上的权力地位,但决不会通过命令或施加制裁强迫被授权人使用这项权力。因此,初看上去,授权似乎脱离了对规范制裁论的理解。

施特莫尔给出的问题解决方案是,将授权理解为由制裁构成的诫命规范或禁止规范的非独立组成部分。④ 制裁实践为他人确立了规范上的必须,使其按照被授权人的希望行事,而被授权人由此获得规范上的权力地位。这种制裁实践非常特殊,它并非由被授权人建立;被授权人获得的制裁实践似乎是由授权人提供的。⑤ 例如,法官正式传唤的证人若未到庭,就会被处以秩序罚款。如果证人本可以避免缺席,就会对证人产生一种规范上的必须,要求他遵守法官的传唤令。如此一来,法官就得到了授权,使其有权要求证人出庭。

然而,这种制裁论上的重构却忽视了授权规范的基本范围。⑥ 由于这种重构只能将授权理解为由制裁构成的诫命规范或

---

① H. Kelsen, Reine Rechtslehre, 2. Aufl., 1960, S. 45ff.
② H.L.A. Hart, The Concept of Law, 2.ed., 1994, S. 82ff.
③ P, Stemmer, Handeln zugunsten anderer, 2000, S. 51ff., S. 107ff.; ders., Normativität, 2008, S. 257ff.
④ 将授权重构(但不是从制裁论上理解)为诫命规范或禁止规范的要素。N. Hoerster, Was ist Recht?, 2006, S. 32ff.
⑤ P. Stemmer, Normativität, 2008, S. 244ff.
⑥ H.L.A. Hart, The Concept of Law, 2.ed., 1994, S. 38ff.; S. Shapiro, Legality, 2011, S. 67f.

禁止规范的组成部分,因此它并未将被授权人视为规范接收者,而只是将其视为因使用授权而负有义务的人。比如按照制裁模式,德国《基本法》中的权限规范指向的可能就不是议会、参议院和联邦政府的成员,而只是公民。授权规范的重要功能首先是告知被授权人的权力地位及其边界,这一点并未得以体现。

(四)制裁实践的规范化

通过"制裁构成之必须"来对行为进行控制,以功能性的制裁实践为前提。为了保障这一点,制裁本身也需要一定的规则;制裁的威慑和施加必须被规范化。但规范制裁模式如何可能?唯有让制裁行为成为制裁构成之必须的对象,比如按照制裁论的前提,刑事法官之所以要对有罪被告人判处刑罚,只是因为如果不这样做,刑事法官就会因构成公务员妨碍刑罚罪和枉法裁判罪而受到处罚。当然,该问题随后还会在更高层面上重演。这是因为,为了使制裁行为成为制裁构成之必须的对象,就需要其他涉及第一等级制裁行为的制裁实践。然而,按照制裁模式的前提,第二等级的制裁实践就只有通过其他制裁构成之必须,才能重新被规范化。制裁模式在此就会陷入某种无限后退,只有假设一个不再是规范化,最终不再野蛮生长的制裁实践,才能从这种无限后退中跳脱出来。当然,此处并未充分考虑现代法治国的关键特征——国家使用强制力的高度规范化。

(五)规范约束力

最后,规范制裁模式建立在对控制人类行为的不具有说服力的想象之上。按照制裁论的理解,只要行为人还没有出于与规范无关的原因具有相应的动机,那么,只有避免制裁,才能成为放弃实施触发制裁行为的理由。当然,出于内在动机遵守规范的情形将被排除。所谓内在动机,是指规范接收者按照规范进行自我约束,将规范视为正义,或是承认规范制定者具有制定规范的权威。

当然,施特莫尔反驳道,不得将规范存在的理由和规范接收者的动机混为一谈。虽然规范只是由于制裁实践而存在,但是规范接收者也可能毫不迟疑地遵守规范,因为他认为形成遵守规范的倾向是合理的,或者遵守规范对他而言是理所当然的。① 然而,应当反驳这一观点。根据制裁模式,倘若将规范理解为制裁构成之必须,规范接收者就根本无法调适自己的态度。正如所见,规范在制裁论的意义上并非定言的行为诫命,而只能说,如果规范接收者想避免制裁,就必须放弃实施触发制裁的行为。换言之,对于制裁模式而言,根本不存在既独立于避免制裁意愿,又对规范接收者有约束力的可遵守规范。

就行为论而言,规范制裁模式必须以行动者为出发点,而其行为又只以具体情境下的成本收益计算为导向。在每一个决策情景中,行动者都会计算法益侵害的好处和由此触发的制裁所可能带来的坏处。但是,自由的法秩序却无法长久建立在以此为动机的行为之上。换言之,能够这样做的前提是,国家机关实际上只以符合公民利益的方式行使权力,为的是保护公民法益,而不是为了贯彻自己的利益。应当用什么来促使国家机关这样做?以制裁论为基础的行为假设,不仅适用于公民,还适用于立法、司法和行政的参与

---

① P. Stemmer, Normativität, 2008, S. 192ff.

者。根据该行为假设,只能将对制裁的恐惧考虑在内。不过,握有权力工具的国家机关在面对无权无势的普通公民时,并没有产生恐惧的理由,故而也就不存在充分的动机,不去沉瀣一气,滥用权力,为了自己的好处去侵害普通公民的法益。效益最大化者会按照具体情景作出抉择,一个由效益最大化者组成的世界,最终不是以毁灭性的无政府状态结束,就是以剥削性的专制政体终结。① 从社会学的角度看,自由法治国社会的存在,只能在行为受规范约束的基础上得到解释,②但制裁论的支持者却无法将其整合进规范模式之中。综上,制裁论的规范理解被证明并不具有说服力。

四、制裁论者对规范标准模式的批评

制裁论者对规范标准模式的批评目前尚未被驳倒。施特莫尔反对这样的观点,即规范是对行为的指引,③表达的是规范制定者针对他人行为的意愿。如上所述,仅仅是一个人向另一个人提出行为要求,无法说明后者为什么必须采取特殊行动。这不会给规范接收者造成任何行为压力,他可以在没有任何不利后果的情况下,随意忽视这一行为指引,不在意指引者的意愿。

---

① M. Baurmann, Der Markt der Tugend, 1996, S. 220ff.
② 获得自愿受规范约束的倾向也可根据利己主义行为得到证立。M. Baurmann, Der Markt der Tugend, 1996, S. 324ff.; A. Engländer, Rechtsbegründung durch aufgeklärtes Eigeninteresse, JuS 2002, S. 535 (538f.); D. Gauthier, Morals by Agreement, 1986, S. 157ff.; M. Baurmann, Recht und intrinsische Motivation, in: C. Prittwitz u.a. (Hrsg.), Festschrift für Klaus Lüderssen zum 70. Geburtstag am 2. Mai 2002, 2002, S. 17ff.
③ 应当对行为指引这一概念作宽泛理解,不仅包括诫命和禁令,还包括允许和授权,参见 M. Iorio, Regel und Grund, 2011, S. 93ff.

第五章　规范与制裁

首先要反驳这样的观点,即以行为压力和必须采取特殊的实际行动为由,就可以妥当确定规范性的现象。① 不需要通过还原主义的方式,就可以将规范视为我们现实的组成部分,并且这些组成部分在本体论上是无可置疑的。规范标准模式不一定会像纯粹法学说作出的假设,规范存在于和实然世界分离的独立的"应然王国"②。更何况,它并不意味着一种——在本体论和认识论上存在疑问的——自然法立场,该立场声称一些基本道德规范的客观有效性完全独立于人类制定的法律。③

如果将标准模式下的规范理解为行为指引,那么只要规范制定者④向规范接收者表达意愿,要求后者以特定方式行事,⑤规范就会

---

① 应当区分规范"应当"和实践"必须"。G.H. v. Wright, Sein und Sollen, in: ders., Normen Werte und Handlungen, 1994, S. 36f.
② H. Kelsen, Reine Rechtslehre, 2. Aufl., 1960, S. 4ff. R. Thienel, Der Rechtsbegriff der Reinen Rechtslehre-eine Standortbestimmung, in: H. Schäffer u.a. (Hrsg.), Staat-Verfassung-Verwaltung. Festschrift anlässlich des 65. Geburtstages von Prof. DDr. DDr. h.c. Friedrich Koja, 1998, S. 165ff., 171ff.; R. Walter, Hans Kelsens Rechtslehre, 1999, S. 10f. 批评意见参见 Hoerster, N. Hoerster, Was ist Recht?, 2006, S. 134ff.; A. Marmor, Philosophy of Law, 2011, S. 20ff.
③ 关于是否存在自然法上有效的规范这一问题,标准模式保持中立。在本体论和认识论上,有很多对不同种类自然法的基本设想,对这些基本设想的批评,参见 A. Engländer, Moraliche Richtigkeit als Bedingung der Rechtsgeltung?, ARSP 2004, S. 86ff. 伦理认知主义认为,有可能认识到规范在客观道德上是正确的还是错误的。对该观点的商榷,参见 U. Czaniera, Gibt es moralisches Wissen?, 2001.
④ 规范制定者既可以是个人,也可以是一群人,关于这一群人的集体意愿问题,参见 J. Searle, Wie wir die soziale Welt machen, 2012, S. 75ff.
⑤ M. Baurmann, Der Markt der Tugend, 1996, S. 60ff.; N. Hoerster, Ethik und Interesse, 2003, S. 46ff.; G. Seebaß, Die sanktionistische Theorie des Sollens, in: A. Leist (Hrsg.), Moral als Vertrag?, 2003, S. 186f. 关于不合法的规范也是规范,妥当的评述参见 G. Seebaß, Die sanktionistische Theorie des Sollens, in: A. Leist (Hrsg.), Moral als Vertrag?, 2003, S. 186f.

存在。只要规范制定者愿意维持,规范就会一直存在。① 即使规范接收者决定忽视行为指引,并且知道不会产生不利后果,规范也依然有效。这在本体论上没有任何神秘甚至可疑之处。虽然行为指引所追求的、促使规范接收者实施特定行为的目标没有实现,也就是行为指引没有产生效果,但这并未使得行为指引消失,如果规范制定者坚持,行为指引就会存在下去。② 规范存在,仅凭这一点尚不足以说明,规范接收者是否或在多大范围内有理由遵守规范。③

此外,虽然仅仅发出行为指引(诫命或禁令)还无法产生行为压力,让人必须采取实际的行动,但却可能产生接收者对行为指引的接受。这是因为,倘若发出行为指引就会首先从中产生实践上的必要性,即行为指引的接收者为了遵守这一指引就必须以特定方式行事。不过,如果遵守是接收者想要做的,因为他接收了行为指引(意味着想要受到它的引导),④就会对他产生相应的压力,让他去实施被要求的行为。在施特莫尔看来,构成"规范上的必须"的所有前提均已具备。不过,在人们完全没有制裁和避免制裁意愿的前提下,也会产生实施特定行为的压力,要求他必须采取特殊的实际

---

① 意愿倾向之于规范存在的重要性,参见 M. Baurmann, Der Markt der Tugend, 1996, S. 60f.

② 伊奥里奥认为,行为指引的存在,要求接收者也接受规范制定者的要求。M. Iorio, Regel und Grund, 2011, S. 59ff. 但是,即使同伊奥里奥的观点一样——否则就只能说是对建立行为指引的失败尝试——也无法支持施特莫尔的观点。这是因为,对行为指引的接受来源于自由意志,比如由于对合法性的信念,却不以制裁构成的行为压力为前提。

③ 与流行见解相反,规范本身不是行为的理由。M. Iorio, Regel und Grund, 2011, S. 148ff.; J. Raz, Praktische Gründe und Normen, 2006, S. 66ff.

④ 这自然不是说,在具体的行为情境下,无法证明其他相反的动机更加强烈,遵守规范的意愿因而就会对行为无效。N. Hoerster, Ethik und Interesse, 2003, S. 50ff.

行动。① 同时,它还与接收者愿意作为规范遵守的行为指引有关。如此一来,"以接受为根据之必须"的产生过程就可以在制裁论上得到解释。更确切地说,只根据规范标准模式就能予以妥当的解释。但是,如上所述,倘若自由法治国社会的存在需要其成员有充分的意愿按照规范行事,那么"以接受为根据之必须"就会在社会现实中发挥决定性的作用。仔细观察那些能产生行为压力并让人必须采取特殊实际行动的情形,就会发现这些情形不是在反对,而是在支持规范标准模式。

五、结论

对于规范标准模式而言,虽然规范制裁模式在理论上乃是一个富有挑战性的备选方案,但它并不能满足更好甚或更简便地解释规范运作方式的要求。因此,有更好的理由坚持对规范和制裁的传统理解:制裁不构成规范,而只是赋予规范"额外的"有效性。

---

① 施特莫尔可能反驳道,只有当接收者具有遵守行为指引并避免制裁的意愿时,才会产生"规范上的必须"。而这只是偶然情况,无法有意促成或者强迫为之。不过,这同样适用于施特莫尔所依据的避免制裁的情形,因为在接收者缺少避免制裁的意愿时,就没有"规范上的必须"。

第六章
批判理性主义与法学
——对复杂关系的思考*

一、引言

毋庸置疑,批判理性主义乃是 20 世纪最著名的哲学路径。其认识论、科学论和方法论上的核心观点已经超越专业哲学的边界,被自然科学、经济学和社会学广为接受并产生巨大影响。

这是否也适用于法学?埃里克·希尔根多夫看上去持肯定态度,他在富有启发性的《1965-1985 年法理论的复兴》一书中,肯定了卡尔·波普尔和汉斯·阿尔伯特在法学基本讨论的变革、更迭和创新阶段是具有重要影响力的人物。[①] 然而,仔细观察过后却不免生出疑问:希尔根多夫是否有点高估了批判理性主义对于这场辩论

---

* Kritischer Rationalismus und Jurisprudenz. Überlegungen zu einem komplizierten Verhältnis, in: Eric Hilgendorf (Hrsg.), Kritischer Rationalismus und Einzelwissenschaften. Zum Einfluss des Kritischen Rationalismus auf die Grundlagendebatten, 2017, S. 111-125.

① Hilgendorf, Die Renaissance der Rechtstheorie zwischen 1965 und 1985, 2005, S. 31, 46.

的意义,也许是因为他对波普尔和阿尔伯特的立场抱有好感。当然,我也如此。这是因为,例如与路德维希·维特根斯坦和约翰·奥斯丁之后的普通语言哲学,以及汉斯—格奥尔格·伽达默尔的诠释学或者于尔根·哈贝马斯商谈理论在法学中引起的共鸣相比,批判理性主义甚至没有获得任何可媲美的关注或认可。①

相反,批判理性主义最著名的支持者大多对法律和法学不感兴趣。波普尔在社会哲学方面的代表作《开放社会及其敌人》只包含一些零散的评论。② 阿尔伯特至少还在多篇文章和多场讲座中较为详细地研究过法律和法学,当然,主要是关于法律科学性质和方法的特殊科学论问题。③ 不过,他虽支持对法学作社会技术层面的理解,却在法学中颇遭冷遇和拒绝。④

---

① Damas, Ist die Rechtswissenschaft eine „Wissenschaft"?, ARSP 2003, 186ff.; Fritzsche, Die Reine Rechtslehre im Lichte des Kritischen Rationalismus, 2002; von Mettenheim, Recht und Rationalität, 1984; Potacs, Kritischer Rationalismus und Rechtswissenschaft, S. 109ff.; ders., Rechtstheorie, 2015, S. 88ff.; 143ff.; Schlink, Bemerkungen zum Stand der Methodendiskussion in der Verfassungsrechtswissenschaft, Der Staat 19 (1980), 73 (87ff.); Schwerdtner, Rechtswissenschaft und Kritischer Rationalismus, Rechtstheorie 1971, 67ff.; 224ff.

② Popper, Die offene Gesellschaft und ihre Feinde, Bd. 1, 8. Aufl., 2003, S. 63ff.

③ Albert, Erkenntnis und Recht, Jahrbuch für Rechtstheorie und Rechtssoziologie, Bd. 2, 1972, S. 80ff. (最新收录于 ders., Kritische Vernunft und rationale Praxis, 2010, S. 163ff.); ders., Traktat über rationale Praxis, 1978, 60ff.; ders., Zur Kritik der reinen Jurisprudenz, Internationales Jahrbuch für Rechtsphilosophie und Gesetzgebung 1992, S. 343ff.; ders., Rechtswissenschaft als Realwissenschaft, 1993; ders., Kritik der reinen Hermeneutik, 1994, S. 164ff.; ders., Kritischer Rationalismus, 2000, S. 57ff.

④ 适当的批评参见 Huster, Rechtswissenschaft als Realwissenschaft?, in: Hilgendorf (Hrsg.), Wissenschaft, Religion und Recht, 2006, S. 385ff.; Neumann, Wissenschaftstheorie der Rechtswissenschaft, in: Kaufmann u.a. (Hrsg.), Einführung in die Rechtsphilosophie und Rechtstheorie der Gegenwart, 8. Aufl., 2011, S. 397f.; Thienel, Kritischer Rationalismus und Jurisprudenz, 1991.; ders., Rechtswissenschaft ohne Sollen?, in: Hilgendorf (Hrsg.), (转下页)

申言之，法学和批判理性主义之间的关系似乎不那么简单，有足够的理由仔细探讨二者的关系，并对法学的三个领域进行细致研究：法伦理学、法理论和法教义学。当然，只能将聚光灯投射在一些选定的问题和难题上。

二、法伦理学

一言以蔽之，法伦理学处理的是何为"正确的"法的问题。[①] 它试图回答，法律是否以及何以成为一种不仅实现并扩大个人自由，还会限制个人自由的社会制度，正义的法秩序是何种样貌，现有法律及其规则是否符合特定的道德评价标准。换言之，它涉及的问题是，从道德角度观察，法律应当如何？当然，这里并未提及本体论和认识论的状态，以及此处运用的正义标准的证立可能性。

在法伦理学领域，批判理性主义可能获得了最多的关注和认可。我们经常注意到，放弃绝对性的主张、洞察人类认识和行为的易错性，相信——即使可能是错误的——理性，批判性检验的理念，考虑备选方案，赞同改革的而不是革命的政治路径，拒绝乌托

(接上页)Wissenschaft, Religion und Recht, 2006, S. 415ff.; Walter, Bemerkungen zu Albert, Zur Kritik der Reinen Jurisprudenz, Internationales Jahrbuch für Rechtsphilosophie und Gesetzgebung 1992, S. 359ff. (回应参见 Albert, Zur Frage einer rationalen Dogmatik, ebd., S. 363f.). 其他批评意见参见 Hoerster, Was kann die Rechtswissenschaft?, Rechtstheorie 2010, 13 (20ff.); von Savigny, Die Jurisprudenz im Schatten des Empirismus, Jahrbuch für Rechtstheorie und Rechtssoziologie, Bd. 2, 1972, S. 97ff. (回应参见 Albert, Normativismus oder Sozialtechnologie?, ebd., S. 109ff.). 赞同从社会技术的角度理解法学，参见 Eidenmüller, JZ 1999, 53ff.

① von der Pfordten, Rechtsphilosophie, 2013, S. 14f.

邦、集体主义和极权主义的观念,支持方法论和规范的个人主义,强调自由思想,这些都符合西方自由民主立宪国家的模型,[1]就像德国《基本法》的秩序所体现的那样。因此,批判理性主义偶尔会在法学中被提及,尽管有时是以一种相当笼统的方式,其目的是让《基本法》的自由-福利国的宪法秩序获得正当性。一方面针对的是自由-无政府主义观点,另一方面是相对于社会主义起源的斗争性纲领草案而言的。关于法伦理尤其是宪法伦理的讨论主要从波普尔的社会哲学中获得动力,比如《开放社会中的法与正义》[2]《作为公共程序的宪法:开放社会中宪法理论的实质》[3]和《开放社会中的法》[4]。

三、法理论

法学领域中的法理论现在是什么境况?与法伦理学不同,它并不关心对法律的道德评价,而是要把握法的一般性质,确定其存在方式,查明其组成部分,解释它们如何关联。[5] 如果问及批判理性主义的贡献,首先面对的问题就是,在批判理性主义眼中不存在完备的法理论。不过,阿尔伯特关于法学特征和任务的阐述,毕竟提炼出了一些关于法律性质的基本假设。

---

[1] Albert, Freiheit und Ordnung, 1986; ders., in: Salamun (Hrsg.), Moral und Politik aus der Sicht des kritischen Rationalismus, 1991, S. 13ff.; ders., Das Ideal der Freiheit und das Problem der sozialen Ordnung, 1994.

[2] Zippelius, Recht und Gerechtigkeit in der offenen Gesellschaft, 2. Aufl., 1996.

[3] Häberle, Verfassung als öffentlicher Prozess: Materialien zu einer Verfassungstheorie der offenen Gesellschaft, 1998.

[4] Petev, Das Recht der offenen Gesellschaft, 2001.

[5] Potacs, Kritischer Rationalismus und Rechtswissenschaft, S. 15ff.

阿尔伯特将法律理解为"人类的文化成就"①,并由此将其解读为社会事实。② 阿尔伯特反对自然法的观念,在自然法看来,只有当规范符合客观正义标准或者至少不过于偏离这一标准,也就是最少保持"道德的最低限度"时,才能被视为法律。有关这一自然法观点的最有名的事例是著名的、被判例多次引用的拉德布鲁赫公式,根据该公式,那些与正义抵触到不可容忍程度的制定法,就不再具有法效力。③

阿尔伯特针对自然法的法律理解提出了三点反对意见:④第一,它以绝对根据的理念为基础,而这将无可避免地陷入"明希豪森—三重困境"⑤。第二,它以前现代的宇宙形而上学为基础,其中

---

① Albert, Erkenntnis und Recht, Jahrbuch für Rechtstheorie und Rechtssoziologie, Bd. 2, 1972, S. 87.; ders., Traktat über rationale Praxis, 1978, S. 72.; ders., Zur Kritik der reinen Jurisprudenz, Internationales Jahrbuch für Rechtsphilosophie und Gesetzgebung 1992, S. 345.; ders., Kritik der reinen Hermeneutik, 1994, S. 164.

② Albert, Rechtswissenschaft als Realwissenschaft, 1993, S. 7.

③ Radbruch, Gesetzliches Unrecht und übergesetzliches Recht, SJZ 1946, 105 (107). 详析参见 Bäcker, Gerechtigkeit im Rechtsstaat, 2015, S. 27ff.; Saliger, Radbruchsche Formel und Rechtsstaat, 1995.

④ Albert, Erkenntnis und Recht, Jahrbuch für Rechtstheorie und Rechtssoziologie, Bd. 2, 1972, S. 86.; ders., Traktat über rationale Praxis, 1978, S. 70f.; ders., Kritik der reinen Hermeneutik, 1994, S. 172.

⑤ 关于"明希豪森—三重困境",参见 Albert, Traktat über kritische Vernunft, 5. Aufl., 1991, S. 13ff."在阿尔伯特看来,任何科学的命题都可能遇到'为什么'之无穷追问的挑战。也就是说,人们可能会就任何陈述或命题的理由、基础或根基提出疑问。比如,假如一个人支持自己结论的理由是另外一个或一套命题,那么这个或这套命题就相应地接受人们不断地发问。这个过程将会一直进行下去,直到出现下面三种结果:第一,无穷地递归(无限倒退),以至无法确立任何论证的根基;第二,在相互支持的论点(论据)之间进行循环论证;第三,在某个主观选择的点上断然终止论证过程,例如通过宗教信条、政治意识形态或其他方式的'教义'来结束论证的链条。这三种结果就被阿尔伯特称为'明希豪森—三重困境'。"〔德〕罗伯特·阿列克西:《法律论证理论》,舒国滢译,商务印书馆2020年版,"代译序"第3-4页。——译注

真实被解释为由神力创造的现实关联,而这无法与科学世界观协调一致。第三,它受到本体论和认识论上极有问题的规范现实和规范认识观念的困扰。

在结论上,应当拒绝自然法的法律理解,不过只有阿尔伯特的第三个反对意见才真正具有决定性。有命题认为,存在一个人类认识可以获取的客观正义标准,实证法必须至少与其大致相符。该命题决不意味着进一步假设关于这方面的认识必须是确定的。因此,自然法的支持者也许会毫不迟疑地反对"明希豪森—三重困境",方法是——通过批判理性主义澄清——承认道德认识像其他任何认识一样都具有易错的特征。认为自然法的法律思想锚定在前现代的、与科学世界观无法协调一致的宇宙形而上学中,这一批评虽然打击了以宗教为基础的方案,比如天主教自然法,但康德的理性法版本[1]却很难被驳倒。如今,大多数富有代表性的法伦理认知主义流派,也很少以前现代的宇宙形而上学为依据。就此而言,阿尔伯特的批评有些过于片面地关注自然法的宗教类型。但可以肯定的是,自然法的路径,无论是经验论的变体,还是先天论的版本,都会因与其绑定在一起的真实性主张,而最终不得不遁逃到一种神秘特殊的道德认识能力中,这种能力无法在认识论上得到合理的说明。[2] 这甚至适用于现代的程序正当性理论,根据该理论,某种特定的程序,比如按照表面上客观的论证规则所展开的商谈,应当能使人获得对于正义规范的认识,因为其对认识的要求同

---

[1] Kant, Die Metaphysik der Sitten, Rechtslehre, Werkausgabe Bd. VIII, 1977 (1797/98).

[2] Engländer, Moralische Richtigkeit als Bedingung der Rechtsgeltung?. ARSP 2004, 86ff.

样取决于需要证立的规范基本假设。①

通过拒绝自然法的法律理解,阿尔伯特支持一种法实证主义立场。所有法实证主义者共同的基本信念都存在于这一假设中,即法秩序作为社会事实,其存在不取决于它的道德品质。② 不过,除了这一共同的基本信念之外,就法律和道德的区分而言,不同的法实证主义理论在关于其对象的基本属性方面差异显著。③ 下面只讨论两个核心领域:法规范的性质和法效力概念。

首先谈法规范的本体:近来再次活跃的辩论围绕着这个问题展开,即一般的规范和特殊的法规范究竟是什么?④ 形象地说,规范是由什么质料构成的? 根据规范逻辑学家和法理论学家普遍认同的观点,规范涉及所谓理想实体、抽象客体、意义内容、命题式产物或者弗雷格-波普尔意义上的"思想"。⑤ 其他学者则证明它们具有"更牢固

---

① Engländer, Diskurs als Rechtsquelle?, 2002.

② Hart, Positivism and the Separation of Law and Morals, in: ders., Essays in Jurisprudence and Philosophy, 1983, S. 49ff.; Hoerster, Verteidigung des Rechtspositivismus, 1989, S. 10f. 凯尔森以其著名的格言触及到了法实证主义基本信念的核心:"任何内容都可以成为法律,没有任何人类行为会因其内容而被排除在法规范内容之外。其效力不会由于其内容不符合某些预设的实质价值,比如道德,而受到质疑。" Kelsen, Reine Rechtslehre, 1. Aufl., 1934, S. 63f.

③ 对不同方案的概览,参见 Ott, Der Rechtspositivismus, 2. Aufl.,1992.

④ Brennan/Eriksson/Goodin/Southwood, Explaining Norms, 2013; Iorio, Regel und Grund, 2011; Möllers, Die Möglichkeit der Normen, 2015; Stemmer, Normativität, 2008; Thomson, Normativity, 2008; Wedgwood, The Nature of Normativity, 2007.

⑤ Alexy, Theorie der Grundrechte, 1985, S. 42ff.; Kelsen, Allgemeine Theorie der Normen, 1979, S. 2.; Koller, Theorie des Rechts, 2. Aufl., 1997, S. 65f.; Mahlmann, Rechtsphilosophie und Rechtstheorie, 3. Aufl., 2015, § 23 Rn. 1ff.; Shapiro, Legality, 2011, S. 103; Thienel, Der Rechtsbegriff der reinen Rechtslehre-eine Standortbestimmung, Festschrift für Koja, 1998, S. 161, 171ff.

第六章　批判理性主义与法学

的"性质;他们将规范看作言语行为、心理状态或者行为规则符合性。① 自然主义世界观的支持者(但不只是他们)更偏爱后一种规范理解,因为可以很随意地将规范理解为我们自然世界的组成部分。

　　批判理性主义在这个规范论的基本问题中持何种观点,并不十分清楚。波普尔在《开放社会及其敌人》一书中宣扬事实与规范二元主义;规范不是事实。因此,无法从事实推导出规范,或者无法从描述性陈述推导出规范性陈述。② 波普尔将规范隐含地理解为意义内容,理解为命题式产物。当阿尔伯特将规范称为规范陈述的"意义"③或者将法称为"'客观精神'的组成部分"④时,他的思考表面上也面朝同一方向,而阿尔伯特却否认这一假设,否认这一意义内容乃独立于具体意志行为或意志倾向的存在。⑤ 据此只能认为,阿尔伯特在符合其自然主义基本态度的前提下,⑥支持本体论

---

① Baurmann, Der Markt der Tugend, 1996, S. 53ff.; Hart, The Concept of Law, 3. Aufl., 2012, S. 55ff.; Hoerster, Was ist Recht?, 2006, S. 10f., 36ff.; Iorio, Normen, Regeln und praktische Gründe, ARSP 2010, 348ff.; Luhmann, Das Recht der Gesellschaft, 1993, S. 133ff.; Popitz, Soziale Normen, 2006, S. 86f.
② Popper, Die offene Gesellschaft und ihre Feinde, Bd. 1, 8. Aufl., 2003, S. 74ff.
③ Albert, Traktat über rationale Praxis, 1978, S. 77.; ders., Kritik der reinen Hermeneutik, 1994, S. 183 u.ö.
④ Albert, Erkenntnis und Recht, Jahrbuch für Rechtstheorie und Rechtssoziologie, Bd. 2, 1972, S. 91.
⑤ Albert, , Kritischer Rationalismus, 2000, S. 21ff.; ders., Kritik der reinen Hermeneutik, 1994, S. 183ff.
⑥ 关于阿尔伯特的自然主义版本,参见 Albert, Konstruktion und Kritik, 2. Aufl., 1975, S. 23ff.; ders., Kritik der reinen Hermeneutik, 1994, S. 95ff. 对自然主义基本命题的易理解的总结,参见 Vollmer, Gretchenfragen an den Naturalisten, 2013; Beckermann, Naturwissenschaften und manifestes Weltbild, Deutsche Zeitschrift für Philosophie 2012, 5ff.; Schulte, Plädoyer für einen physikalistischen Naturalismus, Zeitschrift für philosophische Forschung Bd. 64 (2010), 165.

立场,该立场——在批判理性主义内部也存在争议——偏离了波普尔的"三世界理论"①。

与法规范的本体论问题紧密绑定的是对其效力的追问。首要难点在于,法理论中的效力概念乃是多义的、间或模棱两可的,它上升为法理论基本概念的"职业生涯",或许可以归功于19世纪末20世纪初对新康德主义的接受。根据新康德主义的价值哲学,价值并不像自然世界的事实那样,存在于同一现实中或是以相同的方式存在,而是定居在独立的规范世界,即自己的王国中,因特殊的存在方式卓尔不群。为了指明这种本体论上的特殊状态,需要在新康德主义中使用效力概念。② 与之相应,在法规范方面,就应当按照受新康德主义激励的法哲学观点来处理问题。凯尔森解释道:当人们说"一个规范是有效的",他谈的是一个规范是存在的。效力乃是规范特殊的存在,必须将规范与自然事实的存在区分开。③

这个源自新康德主义的本体论公理在当今的法理论中依然受到支持。值得注意的是,一些凯尔森的追随者目前也以波普尔的

---

① Popper, Objektive Erkenntnis, 2. Aufl., 1994, S. 109ff., 158ff., 214ff. 一个批判性分析。Keuth, Die Philosophie Karl Poppers, 2000, S. 352ff.卡尔·波普尔的"三世界理论"是指,"世界至少包括三个本体论上泾渭分明的次世界;或者如我所说,存在着三个世界。第一世界是物理世界或物理状态的世界;第二世界是精神世界或精神状态的世界;第三世界是概念东西的世界,即客观意义上的观念的世界——它是可能的思想客体的世界;自在的理论及其逻辑关系、自在的论据、自在的问题境况等的世界"。〔英〕卡尔·波普尔:《客观知识——一个进化论的研究》,舒炜光等译,上海译文出版社1987年版,第164-165页。——译者注

② Ziemann, Neukantianisches Strafrechtsdenken, 2009, S. 75f.

③ Kelsen, Allgemeine Theorie der Normen, 1979, S. 2. 新康德主义对于凯尔森纯粹法学说的意义,参见 Dreier, Rechtslehre, Staatssoziologie und Demokratietheorie bei Hans Kelsen, 2. Aufl., 1990, S. 70ff.

"三世界理论"为基础。① 相反,阿尔伯特拒绝在反自然主义的意义上理解效力。虽然他也用效力概念来指称法规范的存在,但又只是通过特定的社会事实来确定其存在;如果有人要求对规范予以承认,并且至少在一定的范围内贯彻这一要求,该规范就具有效力。因此,阿尔伯特所言乃实际效力。②

不过,同样有很多针对阿尔伯特自然主义效力方案的反对意见。③ 首先,批评者指责该方案的根据是从实然到应然的错误推论:阿尔伯特试图从特定的事实推导出的规范效力及其规范属性;然而,这一尝试却忽视了休谟提出的洞见,即无法从实然中推导出应然。批评者还反驳道,对于证立法规范的存在而言,阿尔伯特所称的社会因素既不必要也不充分。之所以不必要,是因为尚未得到遵守和贯彻——可能是由于立法者刚刚颁布——的规范,不可能毫无疑问地成为具有效力的法。之所以不充分,是因为有人在主观上要求对规范的承认,并且也有能力贯彻该规范,这一情形尚不足以使相应的规范具有法律约束力。

如何看待这些批评要点?首先要坚持的是,对从实然到应然错误推论的指责并不妥当。阿尔伯特基于的事实是,含有特定内容的规范得到支持和贯彻,并根据他的理解在事实上有效。只有当阿尔伯特可以从这一事实中得出结论,认为规范应当因此被遵守时,这

---

① Thienel, Kritischer Rationalismus und Jurisprudenz, 1991, S. 109ff.; ders., Rechtswissenschaft ohne Sollen?, in: Hilgendorf (Hrsg.), Wissenschaft, Religion und Recht, 2006, S. 421f.

② Albert, Rechtswissenschaft als Realwissenschaft, 1993, S. 19ff.; ders., Kritik der reinen Hermeneutik, 1994, S. 181ff.

③ Thienel, Kritischer Rationalismus und Jurisprudenz, 1991, S. 60ff.

种错误推论才可能存在。倘若以凯尔森的效力概念为基础,就可能产生这种有问题的结论。因为在凯尔森看来,"效力"意味着规范应当得到遵守,①但若同阿尔伯特一样,在纯粹描述性的意义上使用效力概念,不将关于规范值得遵守性的规范性陈述与效力主张联系起来,问题也就消失了。

不过,其他反对意见倒是有一定道理,即对于证立法规范的存在而言,阿尔伯特提及的社会因素既不必要也不充分。简言之,法的核心属性在于法规范不是相互隔绝的,而始终是金字塔式分级的规范体系的组成部分。② 如果某一规范符合其他更高层级规范所设定的条件,该规范就属于这一体系。人们可以将其称为规范的效力或规范的有效性。③ 从中可以得出两点结论:其一,规范是不是法规范取决于其他规范对它的承认,就此而言,这个问题在规范上是有条件的;其二,规范在事实上得到遵守或者贯彻,也就是在阿尔伯特的意义上实际有效,对效力而言并不必要。更确切地说,该规范只要满足更高层级规范的效力条件就足够了。由此,该规范就是具有效力的法规范,亦即是从法体系视角出发应当遵守的规范。只要承认规范可以理所当然将其他规范作为对象,就不存在本体论上的神秘之处。

处于法体系最高层级的是宪法规范,包含了对所有其他法规范

---

① Kelsen, Allgemeine Theorie der Normen, 1979, S. 3.
② 法秩序的基本构造,参见 Merkl, Das doppelte Rechtsantlitz, Juristische Blätter 1918, 425ff., 444ff., 463ff.; ders., Prolegomena einer Theorie des rechtlichen Stufenbaus, in: Verdross (Hrsg.), Gesellschaft, Staat und Recht, 1931, S. 252ff. 还可参见 Kelsen, Reine Rechtslehre, 1. Aufl. 1934, S. 228ff.; Koller, in: Paulson/Stolleis (Hrsg.), Hans Kelsen–Staatsrechtslehrer und Rechtstheoretiker des 20. Jahrhunderts, 2005, S. 106ff.; Walter, Der Aufbau der Rechtsordnung, 2. Aufl. 1974.
③ Hart, The Concept of Law, 3. Aufl., 2012, S. 108f.; Hoerster, Was ist Recht?, 2006, S. 52f.

的基本效力标准,对于宪法规范又该如何处理?为了成为法规范,这些规范是否必须有效,还是在阿尔伯特的意义上具有实际效力就足够了?纯粹法学说的支持者采纳前者。① 如果认为规范的特殊存在恰好处于其"应当被遵守"之中,或许逻辑就是一贯的。为了证立最高层级的宪法规范的效力,凯尔森主义者假定了一个基础规范,不过该规范只能是想象的、虚构的规范。② 但是,基础规范方案却充斥着几乎无法解决的问题,在此无法深入展开讨论。③ 阿尔伯特否认该方案,是妥当的。④

因此,就最高层级的宪法规范而言,最好关注阿尔伯特意义上的仅以社会事实为准的实际效力方案。在哈特的《法律的概念》一书中可以找到对这类方案特别惊喜的解读。在哈特看来,只有在特定的规范体系内讨论效力问题,才有价值。相反,追问该体系中最高层级规范的效力或该体系本身的效力,则毫无意义。在此只能确定哈特称为"承认规则"的最高层级的规范,因为它包含的标准能将规范识别为有效力的法,即是否以社会实践的形式实际存

---

① Thienel, Kritischer Rationalismus und Jurisprudenz, 1991, S. 100ff.
② Kelsen, Reine Rechtslehre, 1. Aufl., 1934, S. 63f.; ders., Allgemeine Theorie der Normen, 1979, S. 203ff.
③ 关于基础规范理论的探讨,参见 Alexy, Begriff und Geltung des Rechts, 3. Aufl., 2011, S. 154ff.; Dreier, Rechtslehre, Staatssoziologie und Demokratietheorie bei Hans Kelsen, 2. Aufl., 1990, S. 42ff.; Heidemann, Die Norm als Tatsache, 1997, S. 144ff., 208ff.; Hoerster, Was ist Recht?, 2006, S. 183ff.; ders., Hans Kelsens Grundnormlehre kritisch betrachtet, JZ 2008, 1023ff. (回应, Walter, JZ 2009, 250. 再回应, Hoerster, JZ 2009, 251); Potacs, Objektive Rechtswissenschaft ohne Grundnorm, Rechtstheorie 2005, 5ff.; Raz, The Authority of Law, 1979, S. 122ff.; Walter, Die Grundnorm im System der Reinen Rechtslehre, in: Aarnio (Hrsg.), Rechtsnorm und Wirklichkeit, 1993, S. 85ff.
④ Albert, Rechtswissenschaft als Realwissenschaft, 1993, S. 23f.; ders., Kritik der reinen Hermeneutik, 1994, S. 185.

在,是否在社会中得到接受和适用。用哈特的话说:我们通常需要用且只能用"效力"一词来回答发生于规则体系内部的一个问题,就是一项规则能否归属于该法体系,取决于其能否符合"承认规则"所提供的判准。这种问题不会发生在提供判准的"承认规则"本身,因为"承认规则"既非有效亦非无效,只是单纯因其妥当而被采用①……"承认规则"的存在是个事实问题。②

总之,凯尔森的方案是想象或虚构一个基础规范,该规范应当在其自身的"应然王国"中确立法的存在。阿尔伯特对这一方案的怀疑值得赞同。但是,就阿尔伯特通常只关注法规范的实际效力而言,似乎太过片面,因为法是一个金字塔式分级的规范体系,对于这样的法而言,效力的基本范畴并没有受到重视。可见,阿尔伯特有关法效力的见解需要修正。哈特的效力方案——与批判理性主义的基本设想协调一致——便适用于此。

四、法教义学

根据压倒性的观点,法教义学是法学的核心学科。它主要致力于具体法秩序中法的解释、体系化和继续发展。③ 法教义学涉及的不只是从纯粹观察者的角度出发去描述和分析立法行为、制定法文

---

① Hart, The Concept of Law, 3. Aufl., 2012, S. 108f.
② Hart, The Concept of Law, 3. Aufl., 2012, S. 110.
③ Rüthers/Fischer/Birk, Rechtstheorie, 7. Aufl., 2013, Rn.321ff.; Bumke, Rechtsdogmatik, JZ 2014, 641ff.; Engel/Schön (Hrsg.), Das Proprium der Rechtswissenschaft, 2007; Jestaedt, Wissenschaft im Recht, JZ 2014, 1ff.; Jestaedt/Lepsius (Hrsg.), Rechtswissenschaftstheorie, 2008; Lepsius, Rechtswissenschaft in der Demokratie, Der Staat 52 (2013), 157ff.

第六章　批判理性主义与法学

本与法院判决,而是要将自己视为具有裁判准备功能的实践学科,这项功能以法律适用为导向,尤其要指导或支持法院的工作,从而为法官裁判实践的一致性作出贡献。[①] 法教义学基本站在参与者的角度看问题,按照主流观点,会为其结论提出规范上的正确性要求。根据其普遍的自我理解,法教义学的核心部分乃是规范——诠释层面上的文本科学。

当然,如果这样理解法教义学,其科学性便不无疑义。有学者从完全不同的科学论和法哲学方向出发提出反对意见,认为以实践为导向的、评价性的法教义学涉及的,并不是方法性——合理性的认识,而只是用某些技巧去对付特定的文本和公告,只是娴熟技艺的发挥。[②] 为反驳这一批评,确保法学的科学性,一些法律学者寻求建立与现代科学理论的联系,将证伪模式移入法教义学。[③] 相反,其他学者则明确彻底地主张放弃规范——诠释的法律适用科学方案,并用社会技术学模式取而代之,让法学作为实用科学,旨在研究法律领域中的相互作用。特别是阿尔伯特,他曾多次详细论证对法

[①] Neumann, Wissenschaftstheorie der Rechtswissenschaft, in: Kaufmann u.a. (Hrsg.), Einführung in die Rechtsphilosophie und Rechtstheorie der Gegenwart, 8. Aufl., 2011, S. 389.

[②] 原则上拒绝将实证法作为可能的科学认识对象。Somek, Der Gegenstand der Rechtserkenntnis, 1996.

[③] Damas, Ist die Rechtswissenschaft eine „Wissenschaft"?, ARSP 2003, 186ff.; Harenburg, Die Rechtsdogmatik zwischen Wissenschaft und Praxis, 1986, S. 280ff.; Schlink, Bemerkungen zum Stand der Methodendiskussion in der Verfassungsrechtswissenschaft, Der Staat 19 (1980), 87ff.; Thienel, Kritischer Rationalismus und Jurisprudenz, 1991.; ders., Rechtswissenschaft ohne Sollen?, in: Hilgendorf (Hrsg.), Wissenschaft, Religion und Recht, 2006, S. 210ff

学作这种社会技术学理解的好处。①

在进一步考察第二个革命性的建议之前,先尝试对第一个建议做一些评论,也就是将证伪模式移入传统的、规范—诠释的法教义学中的建议。这种移入所面临的困难是,证伪模式原本是为经验科学发展起来的,故而问题就在于将其适用于法教义学领域是否有意义。部分学者批评道,证伪思想无法与以法律实践为导向的、唯一正确判决的规则性理念协调一致。② 法院是否要将它的行动对准这一理念,目前已经完全没有争议。可即便如此,证伪方法与对唯一正确判决的追求也决不矛盾,正如它不与经验科学中对真理的追求相矛盾。更确切地说,经验科学中的批判主义者认为,通过严格的证伪尝试对科学假设进行批判性检验,乃是接近真理的最佳方式。③ 为什么要用其他方式来寻求唯一正确的判决呢?

要认真对待的是证伪标准的问题。在验证规范假设和一般司法理论时,应由哪个机构发挥实证理论中的观察功能? 法学方法论

---

① Albert, Erkenntnis und Recht, Jahrbuch für Rechtstheorie und Rechtssoziologie, Bd. 2, 1972, S. 80ff. (最新收录于 ders., Kritische Vernunft und rationale Praxis, 2010, S. 163ff.); ders., Traktat über rationale Praxis, 1978, 60ff.; ders., Zur Kritik der reinen Jurisprudenz, Internationales Jahrbuch für Rechtsphilosophie und Gesetzgebung 1992, S. 343ff.; ders., Rechtswissenschaft als Realwissenschaft, 1993; ders., Kritik der reinen Hermeneutik, 1994, S. 164ff.; ders., Kritischer Rationalismus, 2000, S. 57ff.

② Eidenmüller, JZ S. 58f. 著名的罗纳德·德沃金"唯一正确命题",参见 Dworkin, Bürgerrechte ernstgenommen, 1984, S. 144ff.; ders., Justice in Robes, 2006, S. 41ff.; Heinold, Die Prinzipientheorie bei Ronald Dworkin und Robert Alexy, 2011, S. 143ff.

③ Albert, Die Wissenschaft und die Fehlbarkeit der Vernunft, 1982, S. 12ff.; Popper, Vermutungen und Widerlegungen, 2000, S. 332ff.; ders., Objektive Erkenntnis, 2. Aufl., 1994, S. 47ff. 对波普尔接近真理之理念的批判性分析,参见 Keuth, Die Philosophie Karl Poppers, 2000, S. 179ff.

的代表性观点认为,法感觉可以扮演观察的角色。① 如果在特定案件中得出的结论,与关于个案的正义直觉相矛盾,那么规范假设或者一般司法理论就可能被证伪。

然而,如果仔细研究观察的意义,就会发现将法感觉和观察相等同似乎存在疑问。② 人类的认识如果不只涉及表象、理念或者感官资料,就像观念主义宣称的那样,③还涉及自然真实或社会真实中的事实,那么观察本身就不具有确证或反驳的力量。更确切地说,观察作为理论的检验机制,其适宜性取决于它的真实性。在现实主义看来,只有当所感知的事实实际存在时,观察才是真实的。照此逻辑,理论的证伪因素不是观察,而是世界中的事实。④ 观察和观察陈述只是某种"易错的"手段,人类希望借助这一手段去把握事实。倘若与个案相关的正义直觉应当发挥像观察一样的功能,那么根据认识论的现实主义,正义直觉就必须能像观察一样去把握特定的事实。这就会迫使人们作出本体论的假设,这些假设要

---

① v. Savigny, Die Überprüfbarkeit der Strafrechtssätze, 1967, S. 82f., 91ff.; ders., Übereinstimmende Merkmale in der Struktur strafrechtsdogmatischer und empirischer Argumentation, in: ders., (Hrsg.), Juristische Dogmatik und Wissenschaftstheorie, 1976, S. 120ff. 乌尔里希·施坦因弗特(Ulrich Steinvorth)尝试在伦理学中将道德直觉作为证伪因素,参见 Engländer, Kritischer Rationalismus und ethischer Kognitivismus, Aufklärung und Kritik 2001, 16ff.

② Huster, Rechtswissenschaft als Realwissenschaft?, in: Hilgendorf (Hrsg.), Wissenschaft, Religion und Recht, 2006, S. 388.

③ 从批判理性主义的视角出发,对观念论见解的详细分析和批评,参见 Musgrave, Alltagswissen, Wissenschaft und Skeptizismus, 1993, S. 87ff.

④ 不同的观点参见 Quine, Unterwegs zur Wahrheit, 1995, S. 1ff. 奎因(Quine)希望只以对人类感官受体的直接刺激为准。对此的批评参见 Davidson, Bedeutung, Wahrheit und Belege, in: ders., Der Mythos des Subjektiven, 1993, S. 40ff.

么包括道德现实主义,要么暗含道德柏拉图主义,但实际上二者都遭到了决绝的批判。阿尔伯特也这样认为。①

鉴于这些困难,用社会技术的法学模式来取代传统的、规范—诠释的法律适用学方案,或许是更为可取的选项。据此,就像已经提到的那样,应当认为法学是作为实用科学来追求的,旨在研究法学领域中的相互作用。据此,法学的核心任务在于,查明可想到的规则建议将对社会产生何种效果,并按照特定的、法律给定或假设的功能标准对其进行评价。这些规则建议可以通过解释特定法律文本而获得,或者为了填补制定法漏洞而提出。② 用阿尔伯特的话说,法学的目标是"在可能的目的和价值背景下,分析人类活动的可能性"③。与之相对,关于追求哪些目标和应当适用哪些价值的决定,将不再属于法学的任务范围。④

在阿尔伯特看来,这样理解和推进法学同样有许多好处。⑤ 法学放弃了非认知性,因而是一种非真理性的规范表达,这些表达本就不具有法律上的约束力。同时,法学满足于对规范及其效果的描述性陈述。因此,法学考虑的乃是价值无涉的假设,并且能够毫无疑问地为其知识争取科学上的一席之地。尽管如此,它依然可以帮助法律

---

① Albert, Ethik und Meta-Ethik, Archiv für Philosophie 11 (1961), 28, 34ff.; (最后收录于 ders., Kritische Vernunft und rationale Praxis 2010, S. 130, 136ff.); ders., Kritischer Rationalismus, 2000, S. 76ff. 详析参见 Engländer, Moralische Richtigkeit als Bedingung der Rechtsgeltung?. ARSP 2004, 86ff.

② Albert, Traktat über rationale Praxis, 1978, S. 80.; ders., Kritik der reinen Hermeneutik, 1994, S. 188.

③ Albert, Kritischer Rationalismus, 2000, S. 69.

④ Albert, Traktat über rationale Praxis, 1978, S. 80.

⑤ Albert, Kritik der reinen Hermeneutik, 1994, S. 188ff.; ders., Kritischer Rationalismus, 2000, S. 68ff..

第六章 批判理性主义与法学

实践,方式是告诉法律实践它所具有的可能性,说明必须如何理性地作出判决,才能追求特定的目标。社会技术的法学能为立法机构提供同样的支持,以便有能力构建一套理性的立法理论。立法机构可以自由发挥新规范的功效,并就此"富有创造性"。所有这一切都将成为可能,而不必提出某些在认识论上存在疑问的规范性要求。

在这一背景下,阿尔伯特完全承认,理解和解释法律文本也对社会技术的法学具有重要作用。当然,他显然认为,相关公告的识别和解释范围的查明只是一个没有其他疑问的初步问题,与之相应,他并没有对该问题投入多少关注。不过,阿尔伯特却低估了作为制定法解释者的法律学者所面临的挑战和困难。[1] 为了妥当地向法律实践说明其判决的可能性,就必须充分考虑到,法律实践在适用法律时会受到制定法的约束,尤其是为宪法所规定的制定法对法院的约束力。但是,制定法的约束力所指为何? 是否仅仅意味着法律适用者必须将创造性的法规范构建附着在作为字符串的制定法文本上?[2] 是否有义务接受制定法的语言含义,这一含义是固定的、为适用者的理解预先给定好的,换言之,是否有义务接受特定的制定法内容,这一内容至少形成了进一步创造法律的框架?[3] 如果

---

[1] Huster, Rechtswissenschaft als Realwissenschaft?, in: Hilgendorf (Hrsg.), Wissenschaft, Religion und Recht, 2006, S. 393ff.

[2] 这样的观点,比如 Christensen, Was heißt Gesetzesbindung?, 1987;近来支持这一方向的观点。Kuntz, Die Grenze zwischen Auslegung und Rechtsfortbildung aus sprachphilosophischer Perspektive, Archiv für die civilistische Praxis 215 (2015), 387ff.

[3] 这依然是法学方法论中的主流观点。Klatt, Theorie der Wortlautgrenze, 2004; Potacs, Rechtstheorie, 2015, S. 155ff.; Rüthers/Fischer/Birk, Rechtstheorie, 7. Aufl., 2013, Rn.696ff.; Thienel, Kritischer Rationalismus und Jurisprudenz, 1991, S. 183ff.; Zippelius, Juristische Methodenlehre, 10. Aufl., 2006, S. 42ff.

存在这种预先给定的语言含义,那么这样的含义来自何处,是语言使用的语义学或语用学规则、说话者意图,还是某些所谓"传统做法"?

这些问题将法律学者引向了语言哲学的深处。不过,偏巧就在这个中心点上,批判理性主义只能为其提供相对较少的帮助,尽管阿尔伯特对伽达默尔的普遍诠释学作出了详细的批判,[1]并指出了维特根斯坦后期哲学的各种问题。[2] 首次对卡尔-奥托·阿佩尔的沟通哲学进行全面商榷,也要归功于阿尔伯特。[3] 在波普尔那里,也发现了关于语言角色和功能的透彻思考。[4] 但是,批判理性主义却并未给出任何精心设计的语言哲学方案,能让法律学者在方法论上与之相连。批判理性主义对法学的科学理论依然影响有限,原因之一可能是,相比于与之竞争的那些哲学方案而言,它具有"竞争上的劣势"。

当然另一个原因或许是,很多法律学者都在努力证明,他们的评价和规范性陈述始终是科学认识的结果。不过恰恰在这里,可以看出阿尔伯特的备选方案要优于传统的规范-诠释模式,这迫使我们要干净利落地区分两种情况:一种是非真实性的规范陈述和评价,另一种是真实性的描述性陈述。在这一背景下,阿尔伯特妥当

---

[1] Albert, Kritik der reinen Hermeneutik, 1994, S. 36ff.; ders., Kritischer Rationalismus, 2000, S. 125ff.; Albert, Traktat über kritische Vernunft, 5. Aufl., 1991, S. 166ff.

[2] Albert, Traktat über kritische Vernunft, 5. Aufl., 1991, S. 171ff.

[3] Albert, Transzendentale Träumereien, 1975; ders., Die Wissenschaft und die Fehlbarkeit der Vernunft, 1982, S. 58ff.

[4] Popper, Objektive Erkenntnis, 2. Aufl., S. 244ff.; ders., Vermutungen und Widerlegungen, 2000, S. 425ff.

第六章 批判理性主义与法学

指出,不得将法律学者的角色简单地等同于法官的角色。[①] 因此,在不同类型的陈述和对其认知内容的确定之间作出明确区分,有助于确保法学不会通过"规范性科学"的说法,妄称自己拥有评价和判决上的权威,其实它根本无权拥有。这与有些学者所担心的科学研究范围受限无关。原因在于,法学不仅能够确定法律领域中的规则以哪些评价为基础,以及制定规范的机构追求的是哪些目标,而且能在假设的意义上制定特定的评价标准和目标,然后研究应当如何在这些方面设计法律规则,或者必须如何解释现行的制定法条文。因此,在社会技术法学的框架内,对价值自由原则的尊重,决不以放弃处理规范性问题为条件。反过来说,对这些问题的处理并不以存在问题的规范性法学方案为前提。

综上,阿尔伯特建议把法学理解为社会技术学,这一建议迄今为止还未得到贯彻,仍然处于局外人的地位。尽管如此,该建议的潜力目前尚未受到充分认识和利用,它还是需要将语言理论和符号应用理论结合起来。

[①] Albert, Erkenntnis und Recht, Jahrbuch für Rechtstheorie und Rechtssoziologie, Bd. 2, 1972, S. 88.; ders., Traktat über rationale Praxis, 1978, S. 73.; ders., Kritik der reinen Hermeneutik, 1994, S. 174.

第七章
启蒙哲学之于宪法的意义：
基础抑或潢饰＊

一、引言

启蒙哲学在思想史上是我们宪法的摇篮，这几乎已经成为空洞无物的套话。德国《基本法》第1条第1款保障人性尊严、第1条第2款承认不可侵犯和不可让与的人权、第2条以下是基本权利的目录，这些权利对国家的三种权力具有约束力，第20条规定的共和国、民主和法治国的原则，是德国《基本法》的实质核心要素，这些规定至少表面上涉及启蒙运动核心思想的法典化。①

这一论断有其宪法史的价值和实践中的意义，以之为合法性基

＊ Die Bedeutung der Aufklärungsphilosophie für das Verfassungsrecht: Fundament oder Ornament?, in: Fabian Wittreck (Hrsg.), *Grundlagen des Grundgesetzes*, Festgabe für Horst Dreier aus Anlass seines 60. Geburtstages, 2018, S. 55-74.

① 详论参见 Florian Hofer, Die ideengeschichtlichen Quellen der Grundrechte des Grundgesetzes, 2005. 概览参见 Horst Dreier, in: ders. (Hrsg.), Grundgesetz-Kommentar, Bd. I, 3. Aufl., 2013, Vorb. Vor Art. 1 Rn. 1ff.

第七章 启蒙哲学之于宪法的意义

础,部分法律学者从中推导出影响深远的宪法教义学结论,这些结论的目的是——有时相当随意地——依靠启蒙时代的哲学原理解决当下的宪法问题。首先想到的就是生物技术和人类基因领域。流行的观点论证道,胚胎着床前诊断、胚胎研究和治疗性克隆至少在很大程度上是不被宪法允许的,因为在康德的自我目的公式意义上,这些技术侵犯了人性尊严。① 相同论证模式也可在有关死亡协助的讨论中找到。有的观点主张一律禁止积极死亡协助行为,而不论轻生者是否同意,其理由在于,这是对具有自我决定权主体的物化,因而是对人性尊严的蔑视。即便是"可以例外地允许"的主张,也是应该加以反对的。② 还可举刑法中关于法益的争论为例。人们应当根据实质法益保护原则来确定刑事立法的可允许界限,一个著名观点就认为,可以通过援引启蒙哲学的国家理论观去证立实质法益保护原则的宪法约束力,而启蒙哲学则是德国《基本法》的基础。③

当然,直接把启蒙哲学当作权威,用以回答当下的宪法问题,对

---

① Rainer Beckmann, Rechtsfragen der Präimplantationsdiagnostik, in: MedR 2001, S. 169 (171f.); Ernst Benda, Verständigungsversuche über die Würde des Menschen, in: NJW 2001, S. 2147ff.; Christian Starck, Verfassungsrechtliche Grenzen der Biowissenschaft und Fortpflanzungsmedizin, in: JZ 2002, S. 1065ff.; Horst Dreier, in: ders. (Hrsg.), Grundgesetz-Kommentar, Bd. I, 2. Aufl., 2004, Art. 1 I Rn. 77.

② Asmus Maatsch, Selbstverfügung als intrapersonaler Rechtspflichtverstoß, 2001, S. 193ff.; Heiner Wilms/York Jäger, Menschenwürde und Tötung auf Verlagen, in: ZRP 1988, S. 41ff.

③ Winfried Hassemer, Theorie und Soziologie des Verbrechens, 1973, S. 27ff.; Claus Roxin, Zur neueren Entwicklung der Rechtsgutsdebatte, in: Felix Herzog/Ulfrid Neumann (Hrsg.), Festschrift für Winfried Hassemer, 2010, S. 573 (584f.); Bernd Schünemann, Das Rechtsgüterschutzprinzip als Fluchtpunkt der verfassungsrechtlichen Grenzen der Straftatbestände und ihrer Interpretation, in: Roland Hefendehl u.a. (Hrsg.), Die Rechtsgutstheorie,(转下页)

于这种尝试不无争议。马蒂亚斯·赫德根就批评道,法学方法论在此已被元法学的启示论所取代。① 法比安·维特雷克看到了限制民主自我决定权,以及个人面对特定世界观前提的强制义务的危险。② 因此,启蒙哲学对宪法之重要性,现有的评估颇具争议。对此,应当区分启蒙哲学的思想史意义、效力论意义和适用意义。

二、启蒙哲学的方案

处理这一主题时遇到的第一个困难自然就是不存在"一个"启蒙哲学。更确切地说,人们用启蒙哲学这一概念来描述一系列不尽相同的方案,即使在核心问题上也没有达成一致。③ 这首先涉及认识论的方法,该方法能使人查明宪法秩序的合法性标准。一部分启蒙哲学以实证经验为基础,努力与现代自然科学的研究范式相联系,④最主要的是对人性的观察应当作为证立国家秩序的出发点。

(接上页) 2003, S. 133(143). 批评意见参见 Armin Engländer, Revitalisierung der materiellen Rechtsgutslehre durch das Verfassungsrecht?, ZStW 127 (2015), S. 616 (622ff.). 实质法益论过于笼统地吸纳了启蒙哲学,这方面的批评参见 Luís Greco, Lebendiges und Totes in Feuerbachs Straftheorie, 2009, S. 316ff.

① Matthias Herdegen, in: Theodor Maunz/Günter Dürig (Begr.), Grundgesetz, Art. 1 Abs. 1 (2009), Rn. 19.

② Fabian Wittreck, Jesus Christus oder Immanuel Kant-Auf wessen Schultern ruht das Grundgesetz?, in: ders. (Hrsg.), 60 Jahre Grundgesetz. Verfassung mit Zukunft!?, 2010, S. 9 (27f.).

③ Wolfgang Röd, Der Weg der Philosophie Bd. II, 1996, S. 80ff. 不同流派概览,参见 Werner Schneiders, Das Zeitalter der Aufklärung, 5. Aufl., 2014. 对启蒙时代政治、经济和社会方面的阐明,参见 Barbara Stollberg-Rilinger, Die Aufklärung, 2. Aufl., 2011.

④ 自然科学范式对启蒙哲学的意义,参见 Ernst Cassirer, Die Philosophie der Aufklärung, 1932, S. 48ff.

第七章　启蒙哲学之于宪法的意义

大卫·休谟在《人性论》第三卷中开始讨论法秩序的起源,深入分析了相关的人类情感、需求和倾向。① 孟德斯鸠则努力从对人类的全面研究和事物本质中展现"法的精神",这里的事物本质尤指国家的地理气候条件和国家的传统。② 相反,另一部分启蒙哲学却以来自纯粹理性的洞见,即独立于经验的认识为基础,这种路径最著名的支持者是康德。在康德看来,人类"无法从对自身和自身动物性的观察中、无法从对世界进程的感知中"创造出道德法则,而只能通过先天理性来创造。③ 据此,只有当人们超越实证法,"从那个仅处于理性之内的判断中寻找根源……以便为可能的实证立法建立根据"④,才可能认识到法的一般原则。

就"正确"法的来源而言,也存在根本性的不同意见。约翰·洛克认为自然主观权利锚定在神创秩序中,这些权利早已存在于前国家的自然状态中,并调整着自然状态居民的关系。⑤ 相反,对休谟来说,与托马斯·霍布斯类似,启蒙利己主义乃是确立法与国家的关键所在。⑥ 康德主张,要将与生俱来的自由权、假想的前国家

---

① David Hume, Ein Traktat über die menschliche Natur, 1978[1793/40], 3. Buch, 2. Teil, 2. Abschn. (S. 227ff.).

② Charles Louis de Secondat de Montesquieu, Vom Geist der Gesetze, 1965[1748], 1. Buch, 3. Kap. (S. 102f.).

③ Immanuel Kant, Die Metaphysik der Sitten, Werkausgabe Bd. VIII, 1977[1797/1798], AB 9f. (S. 320f.).

④ Immanuel Kant, Die Metaphysik der Sitten, Werkausgabe Bd. VIII, 1977[1797/1798], AB 32. (S. 336.).

⑤ John Locke, Zwei Abhandlungen über die Regierung, 1977[1689], 2. Abhandlung, 2. Kap., §6 (S. 203).

⑥ David Hume, Ein Traktat über die menschliche Natur, 1978[1793/40], 3. Buch, 2. Teil, 2. Abschn. (S. 236ff.).

私权和国家秩序的核心原则追溯到自我立法的理性。①

最后,内容方面也存在相当大的差异。对于现代西方特色的宪法而言,这涉及特别重要的主观权利地位和统治权界限。比如在洛克看来,个人具有不可被支配的"前国家的权利",国家权力受到这些个人权利的约束。自然法则的义务并未在社会中停止,这是一个"对每个人、对立法者以及对所有其他人永恒的规则"②。据此,与霍布斯有所不同,③洛克的社会契约从一开始构建的就只是有限的统治权,在国家诞生前即已存在的个人权利被视为针对行政机构和立法机构的防御权。④ 相反,卢梭在他的"社会契约"中假设,通过社会契约实现社会化的行为以"每个成员将其所有权利完全让渡给作为整体的共同体"⑤为必要。⑥ 该方案同样没有对君主统治权的限制作出规定,比如建立法律上可诉的或者可通过合法反抗贯彻的防御权来对抗立法机构。⑦ 此外,后者也适用于康德的理性法国家

---

① Immanuel Kant, Die Metaphysik der Sitten, Werkausgabe Bd. VIII, 1977[1797/1798], AB 9f. (S. 320f.).

② John Locke, Zwei Abhandlungen über die Regierung, 1977[1689], 2. Abhandlung, 11. Kap., § 135 (S. 285).

③ Thomas Hobbes, Leviathan, 1996[1651], Kap. 18 (S. 146ff.).

④ 当然,在洛克那里这些权利尚不具有法律上的可诉性,只能在必要时以合法反抗的方式贯彻。John Locke, Zwei Abhandlungen über die Regierung, 1977[1689], 2. Abhandlung, 18. Kap., § 202 (S.327).

⑤ Jean-Jacques Rousseau, Vom Gesellschaftsvertrag, 2011[1762], 1. Buch, 6. Kap. Abs. 5 (S, 17).

⑥ 就政治哲学而言,即使卢梭被列入启蒙哲学家中,也只能将他的思想视为极为有限的启蒙。他的浪漫主义的自然想象、反智主义和对情感的强调,使他更多地属于反启蒙运动的阵营。Wolfgang Röd, Der Weg der Philosophie Bd. II, 1996, S. 120f.

⑦ Jean-Jacques Rousseau, Vom Gesellschaftsvertrag, 2011[1762], 1. Buch, 7. Kap. Abs. 2, 5 (S, 20, 21).

理论。康德采纳了卢梭的人民主权方案,认为公意必然会从民主共识的制定法中体现出来,不需要任何防御权。① 康德首先将与理念国家相关的思考转用到真实国家,而不论该国家是不是以民主的方式组建起来的。每一部制定法都要像来自"完美的最高立法者"一样呈现出来。② 康德从中推导出"国家的统治者在面对臣民时只有法权,没有(强制的)义务"③。

从启蒙哲学各种方案之间的认识论和内容差异中无法得出结论,认为完全不存在统一的纽带,这里的差异只是极其粗略的概括。启蒙哲学家思想中的共同点,或许在于否认无可置疑的权威,提倡批判性的、反教条的和解放的态度,以及相信(当然不是统一理解的)理性。此外,所有的证立方案都以方法论的个人主义与规范的个人主义为出发点。④ 不过,需要坚持的是,鉴于各种方案有时存在相当大的差异,因此禁止将各种启蒙哲学的方案笼统整合,并将其作为我们宪法的基础。卢梭的"社会契约"就很难被视为德国《基本法》的"蓝图"。同样,符合康德的法哲学和国家哲学,也不像一般人所认为的那样意义深远。霍斯特·德莱尔正确指出,这个柯尼斯堡人"从真实历史的角度观察,既不是德国《基本法》的祖

---

① Immanuel Kant, Die Metaphysik der Sitten, Werkausgabe Bd. VIII, 1977[1797/1798], A165f./B195f. (S. 432).

② Immanuel Kant, Die Metaphysik der Sitten, Werkausgabe Bd. VIII, 1977[1797/1798], A174./B204 (S. 438).

③ Immanuel Kant, Die Metaphysik der Sitten, Werkausgabe Bd. VIII, 1977[1797/1798], A174./B204 (S. 438).

④ 方法论的个人主义,参见 Alfred Bohnen, Handlungsprinzipien oder Systemgesetze, 2000, S. 5ff.; James S. Coleman, Grundlagen der Sozialtheorie, Bd. 1, 1991, S. 6ff. 规范的个人主义方案,参见 Dietmar von der Pfordten, Normativer Individualismus und das Recht, JZ 2005, S. 1069ff.

先,也不是宪法之父"①。这当然不能否认康德的法权学说包含了一系列自由宪法理解的出发点,德莱尔同样对此作了精确阐释。②

三、启蒙哲学与宪法的诞生

应当简要说明,不同的启蒙哲学方案在多大程度上——尽管不可能都一样——在思想史上塑造了德国宪法。正如已经注意到的,初看上去情况似乎很明朗:在康德那里发现了对人性尊严原则的详细证立;③在洛克那里找到对前国家主观权利的设想,也就是对抗每一种国家权力的防御权利;④在洛克那里还发现了分权原则,并在孟德斯鸠和康德那里找到了详细的分权形式;⑤在卢梭和康德那里觅得人民主权思想;⑥在洛克和休谟那里寻出反抗权的

---

① Horst Dreier, Kants Republik, JZ 2004, S. 745 (755).
② Horst Dreier, Kants Republik, JZ 2004, S. 753ff.
③ Immanuel Kant, Die Metaphysik der Sitten, Werkausgabe Bd. VIII, 1977[1797/1798], BA76ff. (S. 67ff.).
④ John Locke, Zwei Abhandlungen über die Regierung, 1977[1689], 2. Abhandlung, 9. Kap., §131 (S. 281.); 11. Kap., §§135ff. (S. 284ff.).
⑤ John Locke, Zwei Abhandlungen über die Regierung, 1977[1689], 2. Abhandlung, 9. Kap., §§124ff. (S.278ff.); 12. Kap., §§143ff. (S. 291ff.); 13. Kap. §§149ff. (S. 293ff.); Charles Louis de Secondat de Montesquieu, Vom Geist der Gesetze, 1965[1748], 11. Buch, 6. Kap. (S. 212ff.).; Immanuel Kant, Die Metaphysik der Sitten, Werkausgabe Bd. VIII, 1977[1797/1798], A165ff./B195ff. (S. 431ff.).
⑥ Jean-Jacques Rousseau, Vom Gesellschaftsvertrag, 2011[1762], 1. Buch, 7. Kap. (S, 19ff.), 2. Buch, 1.-4. Kap. (S. 28ff.); 3. Buch, 12.-15. Kap. (S. 100ff.); Immanuel Kant, Die Metaphysik der Sitten, Werkausgabe Bd. VIII, 1977[1797/1798], A165ff./B195ff. (S. 432ff.).

第七章　启蒙哲学之于宪法的意义

合法性。①

当然,对于思想史方面的塑造而言,宪法和启蒙观念之间仅有单纯的巧合是不够的,启蒙哲学必须对德国《基本法》的设计产生关键性的实际影响。仔细观察就会发现,思想史上的论断不那么明朗。在制宪委员会的讨论中,尤其在基本问题委员会中,与西方宪法的联系发挥了重要作用。② 恰恰是在关于保障人性尊严和基本权利的讨论中,自然法的基础才被反复提及。③ 但是,对自然法的提及依然不甚具体,人们也没有深刻理解各种证立方案以及它们之间存在的方法论和内容差异。赫尔曼·冯·曼戈尔德(Hermann von Mangoldt)在基本问题委员会第四次会议上只是语焉不详地解释道,自然法"不是在任何时代都永恒不变的东西,而是某种变动不

---

① John Locke, Zwei Abhandlungen über die Regierung, 1977 [1689], 2. Abhandlung, 18. Kap., §202ff. (S. 327ff..); 19. Kap., §§221ff. (S. 337ff.); David Hume, Ein Traktat über die menschliche Natur, 1978[1793/40], 3. Buch, 2. Teil, 9. Abschn. (S. 301ff.).
② Deutscher Bundestag/Bundesarchiv(Hrsg.), Der Parlamentarische Rat: 1948–1949. Akten und Protokolle, Bd 5/1, Boppard 1993, S. 12, 15, 63.
③ Deutscher Bundestag/Bundesarchiv(Hrsg.), Der Parlamentarische Rat: 1948–1949. Akten und Protokolle, Bd 5/1, Boppard 1993, S. 15, 29, 34, 40, 63, 64, 66, 68; Deutscher Bundestag/Bundesarchiv(Hrsg.), Der Parlamentarische Rat: 1948–1949. Akten und Protokolle, Bd 5/2, Boppard 1993, S. 601, 917; 不过,西奥多·霍伊斯却持部分怀疑态度。Deutscher Bundestag/Bundesarchiv(Hrsg.), Der Parlamentarische Rat: 1948–1949. Akten und Protokolle, Bd 5/1, Boppard 1993, S. 44 ("自然法可能更像是一个道德教育的主题。"), S. 72 ("我愿意……只将自然法看作道德检验的基础和手段。");卡洛·施密特(Carlo Schmid)持类似意见, Deutscher Bundestag/Bundesarchiv(Hrsg.), Der Parlamentarische Rat: 1948–1949. Akten und Protokolle, Bd 5/1, Boppard 1993, S. 64f. ("德国法实证主义对自然法深恶痛绝,对自然法的巨大热情……正是对这种深恶痛绝的反动,人们认为法实证主义要对纳粹政权下放弃法律的做法负主要责任。我在这里想毫不犹豫地指出,纳粹的法理论同样建立在'自然法'之上,不过它并非是以拉美特利(Lamettrie)的人类概念为基础,而是以达尔文为出发点。将自然法绝对化,是一件危险的事情。")

居的存在"①。此外,委员会成员也放弃了将所处理的宪法制度和原则归于特定的思想路径。西奥多·霍伊斯(Theodor Heuss)在同一场委员会会议中表达了对人性尊严的看法,认为人性尊严可以"被一个人从神学上加以理解,另一个人从哲学上加以理解,第三个人从伦理学上加以理解"②。在讨论中,甚至都没有提到过启蒙这一概念。路德维希·贝格施特拉瑟(Ludwig Bergsträsser)在委员会第三次会议上仅对基本权利的发展史作了一番概览,认为前国家权利思想有两个来源:"一个是中世纪的自然法,可追溯至亚里士多德;另一个是启蒙运动的现代自然法。"③但这样具体的论断太过笼统,无法成功,就中世纪的自然法观念而言,也并非不可反驳。无论如何,与会人员在回忆中曾多次提到被洛克思想塑造的弗吉尼亚《权利法案》,以及受北美基本权利目录和卢梭、孟德斯鸠观念影响的法国1789年《人权和公民权宣言》。④ 当然,还是没有进一步将哲学方面作为主题。

---

① Deutscher Bundestag/Bundesarchiv(Hrsg.), Der Parlamentarische Rat: 1948-1949. Akten und Protokolle, Bd 5/1, Boppard 1993, S. 64. 施密特也谈到历史的自然法概念。Deutscher Bundestag/Bundesarchiv(Hrsg.), Der Parlamentarische Rat: 1948-1949. Akten und Protokolle, Bd 5/1, Boppard 1993, S. 67.

② Deutscher Bundestag/Bundesarchiv(Hrsg.), Der Parlamentarische Rat: 1948-1949. Akten und Protokolle, Bd 5/1, Boppard 1993, S. 67. 海伦娜·韦伯(Helene Weber)持类似意见:"对个人而言,无论他从宗教、哲学、伦理还是历史的观点出发,都无关紧要。" Deutscher Bundestag/Bundesarchiv(Hrsg.), Der Parlamentarische Rat: 1948-1949. Akten und Protokolle, Bd 5/1, Boppard 1993, S. 69.

③ Deutscher Bundestag/Bundesarchiv(Hrsg.), Der Parlamentarische Rat: 1948-1949. Akten und Protokolle, Bd 5/1, Boppard 1993, S. 34.

④ Deutscher Bundestag/Bundesarchiv(Hrsg.), Der Parlamentarische Rat: 1948-1949. Akten und Protokolle, Bd 5/1, Boppard 1993, S. 15, 29f, 41, 58, 69.

这意味着，一方面，德国《基本法》的实质核心要素无疑与启蒙哲学的中心思想相吻合。制宪委员会的成员不仅意识到了这一点，还主要关心将正在制定的德国《基本法》扎根于西方宪法传统之中。① 就此而言，宪法与启蒙观念的吻合并不是一种单纯的巧合。另一方面，人性尊严的哲学根基、基本权利、民主原则和法治国原则并未在会议中得到进一步反映，甚至偶或遭到明确的拒绝。在基本权利方面，卡洛·施密特解释道，不可能"从哲学的自然权利思想中"演绎出特定的自然权利。② 总体而言，启蒙哲学对宪法具体设计的影响仍然相当间接。虽然启蒙观念在思想史上共同塑造了德国《基本法》，但其影响的精度却难以确定。偶尔会遇到这样的论断：宪法之父和宪法之母可能在开会时想到了某个特殊方案，③比如康德的方案，但至少在史料中没有发现对这样论断的支持。只要想用这种假设来使特定的宪法解释合法化，从思想史的角度看，就不可能具有说服力。

四、启蒙哲学与宪法的效力

与思想史发展无关，现在要追问的是，启蒙哲学对宪法有何效

---

① Deutscher Bundestag/Bundesarchiv(Hrsg.), Der Parlamentarische Rat: 1948–1949. Akten und Protokolle, Bd 5/1, Boppard 1993, S. 16, 32, 34, 39, 40, 46, 51, 52, 55, 57, 63, 71; Deutscher Bundestag/Bundesarchiv(Hrsg.), Der Parlamentarische Rat: 1948–1949. Akten und Protokolle, Bd 5/2, Boppard 1993, S. 587.

② Deutscher Bundestag/Bundesarchiv(Hrsg.), Der Parlamentarische Rat: 1948–1949. Akten und Protokolle, Bd 5/1, Boppard 1993, S. 67.

③ Karl-Albrecht Schachtschneider, Res publica res populi, 1994. 批评参见 Stefan Huster, Republikanismus als Verfassungsprinzip?, Der Staat 34 (1995), S. 606ff.

力论的意义？德国《基本法》的法律效力，即其作为实证法的效力，是否以符合启蒙哲学的中心思想和原则为前提？

从法实证主义立场看，显然应当给出否定答案，因为宪法的内容品质对其法效力毫无作用。① 汉斯·凯尔森的著名格言说明了这一点："任何内容都可以成为法律，没有任何人类行为会因其内容而被排除在法规范内容之外。其效力不会由于其内容不符合某些预设的实质价值，比如道德，而受到质疑。"②

然而，如果从相反的非实证主义的观点出发，认为规范为了能成为有效力的法还必须满足内容上的特定条件，更具体地说，至少要保持"道德的最低限度"③，情况可能就有所不同。根据拉德布鲁赫公式，以不可忍受的方式违反正义的制定法，并不是有效力的法。④ 如果把人性尊严、基本权利、民主原则和法治国原则等启蒙观念视为政治正义的核心要素，就会制定一个符合拉德布鲁赫公式的标准，宪法必须至少初步满足该标准，才能取得法效力。

---

① John Gardner, Legal Positivism: 5 1/2 Myths, in: ders., Law as a Leap of Faith, 2012, S. 19ff.; Norbert Hoerster, Was ist Recht?, 2006, S. 71.; Joseph Raz, Authority of Law, 1979, S. 39f.; Scott Shapiro, Legality, 2011, S. 119.

② Hans Kelsen, Reine Rechtslehre, 1. Aufl., 1934, S. 63f.

③ Robert Alexy, Begriff und Geltung des Rechts, 1992, S. 71; Ralf Dreier, Der Begriff des Rechts, NJW 1986, S. 890 (896).

④ Gustav Radbruch, Gesetzliches Unrecht und übergesetzliches Recht, SJZ 1946, S. 105 (107). 详析参见 Carsten Bäcker, Gerechtigkeit im Rechtsstaat, 2015, S. 25ff.; Horst Dreier, Die Radbruchsche Formel: Erkenntnis oder Bekenntnis? (1991), in: Martin Borowski/Stanley L. Paulson (Hrsg.), Die Natur des Rechts bei Gustav Radbruch, 2015, S. 1ff.; dens., Gustav Radbruch und die Mauerschützen (1997), in: ders., Idee und Gestalt des freiheitlichen Verfassungsstaates, 2014, S. 359ff.

第七章 启蒙哲学之于宪法的意义

无需再对实证主义与自然法之争进行全面追溯,① 只需提及两个支持法实证主义观点的核心论证即可。第一个是认识论属性:倘若非实证主义者将正义或维持最低限度的道德视为宪法效力的必要条件,就必须假定这个正义与其他法效力要素(准确的制定法、社会效果)一样,可以在客观上得到确定。这意味着,按照非实证主义的理解,宪法规范在道德上是否正确,不是一个单纯的主观评价问题,而是一个理性上可验证的认识。因此,该观点的支持者通常都是伦理认知主义的支持者,② 也就是,人在道德领域中也能获取真正的认识:关于哪些宪法规范在道德上有效力,哪些宪法规范在道德上没有效力的认识。宪法规范的正义性或非正义性能够成为人类认识的对象,这一论断显得十分可疑:其一,不存在逻辑上必然的规范,即它是一个应当否认逻辑矛盾的规范。就算是基础规范,也无法仅通过逻辑得到证立。③ 其二,通过观察的经验认识,只能达到事实,也就是实然,而从实然中不可能推导出应然。④ 因此,客观有效的正义原则涉及的本应是外在于主观的真实,不过这个真实并

---

① 对法实证主义不妥当特征的批评,参见 Horst Dreier, Zerrbild Rechtspositivismus, in: Clemens Jabloner u.a. (Hrsg.), Vom praktischen Wert der Methode, in: Festschrift für Heinz Mayer zum 65. Geburtstag, 2011, S. 61ff. 还可参见 John Gardner, Legal Positivism: 5 1/2 Myths, in: ders., Law as a Leap of Faith, 2012, S. 26ff.; Norbert Hoerster, Was ist Recht?, 2006, S. 67ff.
② Robert Alexy, Begriff und Geltung des Rechts, 1992, S. 92ff.
③ Norbert Hoerster, Verteidigung des Rechtspositivismus, 1989, S. 26.
④ 无法从实然推导出应然这个洞见,通常追溯到休谟。David Hume, Ein Traktat über die menschliche Natur, 1978[1793/40], 3. Buch, 1. Teil, 1. Abschn. (S. 211.). 不过,休谟是否真的主张逻辑上不可能从实然推导出应然,却并不清楚。他只是论证道,将规范性陈述追溯到纯粹的描述性陈述需要给出特殊理由,至于其可能性,并没有明确的答案。

不属于事实的世界,而是属于独立的规范世界。① 可是,这种伦理柏拉图主义却承受着规范现实和神秘的特殊道德认识能力观念所带来的负担,二者在认识论的视野下很成问题。② 其三,现代的程序正当化理论认为,特定的程序,比如按照特定客观论证规则所进行的商谈,③能让人获得对正确规范的认识。该理论本身也取决于规范性的基础假设,而这些假设却存在客观证立可能性的疑问。④

然而,与这些针对伦理认知主义的认识论疑虑无关,第二个支持实证主义的论证是,即使在伦理认知主义的意义上存在真正的道德认识,对于宪法规范的实际存在而言,也无关紧要。虽然在明显违反道德原则的情况下可以证明相应的规范具有难以忍受的非正义性,但是,就像哈特所强调的那样,非正义性并不会改变规范的经验效力。"法律不管在道德上多么不公正,(就这一点而言)也仍然是法律。"⑤如果实际执行的宪法无视人性尊严、基本权利、民主原

---

① Nicolai Hartmann, Ethik, 3. Aufl., 1949, S. 148ff.

② 细致的研究参见 Armin Engländer, Moralische Richtigkeit als Bedingung der Rechtsgeltung?, ARSP 90 (2004), S. 86 (90ff.); Hans Albert, Ethik und Meta-Ethik, Archiv für Philosophie 11 (1961), S. 28 (34ff.). 伦理中对经验认知主义各种变体的全面批评,参见 Uwe Czaniera, Gibt es moralisches Wissen?, 2001.

③ Robert Alexy, Theorie der juristischen Argumentation, 2. Aufl., 1991, S. 221ff.; Karl-Otto Apel, Das Apriori der Kommunikationsgemeinschaft und die Grundlagen der Ethik, in: ders., Transformation der Philosophie, Bd. 2, 1973, S. 358ff.; Jürgen Habermas, Diskursethik-Notizen zu einem Begründungsprogramm, in: ders., Moralbewußtsein und kommunikatives Handeln, 2. Aufl., 1985, S. 53ff.

④ Armin Engländer, Diskurs als Rechtsquelle, 2002, S. 68ff.; Peter Gril, Die Möglichkeit praktischer Erkenntnis aus Sicht der Diskurstheorie, 1998.; Uwe Steinhoff, Kritik der kommunikativen Rationalität, 2006, S. 136ff.

⑤ H.L.A Hart, Positivism and the Separation of Law and Morals [1958], in: ders., Essays in jurisprudence and Philosophy, 1983, S. 49 (84).

则和法治国原则的理念,从法伦理的角度看,它自然需要被批评,但其实际控制力却不受道德缺陷的影响。为清楚起见,不应让被伦理"强化的"效力概念掩盖这一点。①

因此更好的论证是,此处提及的启蒙思想不是宪法效力的必要条件。从效力论角度说,启蒙哲学对德国《基本法》毫无意义。

五、启蒙哲学和宪法解释

尚待澄清的是启蒙哲学在应用上的重要性,即启蒙哲学的各种方案可否用来解释宪法。比如是否允许借助康德的自我目的公式来定义德国《基本法》第1条第1款中的人性尊严概念?这便需要区分规范问题与思想史上的经验问题。这是因为,一方面,尽管启蒙观念在思想史上塑造了德国《基本法》,可能有必要对宪法作独立解释;另一方面,即便与宪法起源无关,启蒙哲学也可能为宪法问题的解决提供宝贵的证立资源。

有学者反对使用各种启蒙哲学方案,理由是随着宪法化的推进,人的尊严、自由、平等、民主和法治国等已然成为实证法的概念,其内容并非从哲学原理中产生,而是完全按照法律解释规则确定下来。② 这个反对意见在以下范围内是合理的,即虽然不能简单

---

① Armin Engländer, Grundzüge des modernen Rechtspositivismus, Jura 2000, S. 113 (114); Norbert Hoerster, Die rechtsphilosophische Lehre vom Rechtsbegriff, JuS 1987, S. 181 (187).

② Matthias Herdegen, in: Theodor Maunz/Günter Dürig (Begr.), Grundgesetz, Art. 1 Abs. 1 (2009), Rn. 20.

援引表面上的客观哲学洞见来掩盖宪法文本和宪法体系学,但也无法从中得出结论说,向启蒙哲学的思考和证立求助通常不被允许。支持者总能提出几个论证,供他们在解释宪法时考虑启蒙哲学。

首先,除语义和体系外,传承和历史方面的考察亦属被承认的解释方法。① 霍斯特·德莱尔正确指出,为了深入理解要解释的宪法规范,有必要追寻并阐明思想史和宪法史的根源。②

其次,制宪委员会已经在其商讨中处理过这一问题,并明确支持将宪法解释与哲学基础联系起来。比如冯·曼戈尔德在基本问题委员会第四次会议中认为,对不可侵犯和不可让与人权的承认"为解释作出了这样的规定……下列基本权利建立在自然法的地基之上,司法判决在进行解释时可以考虑这个自然法的根基"③。委员会的其他成员同样表达过类似看法。④

最后,在罗纳德·德沃金看来——当然不是毫无疑问的——法乃是一种解释性实践。⑤ 承继这一观点,在解释德国《基本法》时向启蒙哲学求助,也可能在解释论上被合法化。一言以蔽之,德沃金认为对现行法的每一种解释,都必然以提供尽可能好的根据为目

---

① Bernd Rüthers/Christian Fischer/Axel Birk, Rechtstheorie, 9. Aufl., 2016, Rn. 778ff.; Friedrich Müller/Ralph Christensen, Juristische Methodik I, 11. Aufl., 2013, Rn. 360ff. 刑法视角参见 Eric Simon, Gesetzesauslegung im Strafrecht, 2005, S. 204ff.

② Horst Dreier, Kants Republik, JZ 2004, S. 755; Matthias Herdegen, in: Theodor Maunz/Günter Dürig (Begr.), Grundgesetz, Art. 1 Abs. 1 (2009), Rn. 20.

③ Deutscher Bundestag/Bundesarchiv(Hrsg.), Der Parlamentarische Rat: 1948–1949. Akten und Protokolle, Bd 5/1, Boppard 1993, S. 64.

④ 卡洛·施密特即持此观点。Deutscher Bundestag/Bundesarchiv(Hrsg.), Der Parlamentarische Rat: 1948–1949. Akten und Protokolle, Bd 5/1, Boppard 1993, S. 64.

⑤ Ronald Dworkin, Law's Empire, 1986. 批评意见参见 Andrei Marmor, Philosophy of Law, 2011, S. 97ff.

标。法律解释意味着以"最佳的光线"展现法律。① 不过,按照德沃金的观点,提供尽可能好的根据这一问题不可避免地具有道德意义,"必然把法学家引向政治和道德理论的深处"②。

从方法论上说,借助启蒙的观念和论证来解释宪法,本身并不令人反感,但这并不意味着其他比如宪法理论和民主理论的考虑就不会与之冲突。在此背景下,使用以特定宗教前提或其他形而上学前提为基础的启蒙哲学理念,就显得很成问题。③ 比如洛克把前国家的个人权利锚定在神创秩序中,或者康德从自我立法的实践理性这一形而上学观念中推导出人性尊严。

在宪法理论上,对于向宗教或者形而上学的求助,可以认定其不符合德国《基本法》的中立性。④ 我们可以在法哲学的层面上再次援引认识论和民主论的理由,来支持这种世界观的中立性。形而上学思考超越了逻辑和数学,成为主体间可验证的人类认识的可能对象,在认识论上,这一观点就至少显得颇有疑问。⑤ 不论怎样,当代认识论的大部分观点都否认先天综合认识的可能性。在此背景下,最好不要用可能无法兑现的证立要求,去装填宪法的解释。

无论是否赞同针对形而上学证立方案的基本怀疑,从民主论上说,至少要认为在多元社会中,即便从长远来看,人们也无法就"终

---

① Ronald Dworkin, Law's Empire, 1986, S. 62.
② Ronald Dworkin, Bürgerrechte ernstgenommen, 1984, S. 122.
③ Josef Franz Lindner, Rechtswissenschaft als Metaphysik, 2017.
④ Matthias Herdegen, in: Theodor Maunz/Günter Dürig (Begr.), Grundgesetz, Art. 1 Abs. 1 (2009), Rn. 19; Stefan Huster, Die ethische Neutralität des Staates, 2002.
⑤ Uwe Czaniera, Gibt es moralisches Wissen?, 2001, S. 19ff.

极问题"达成共识。① 约翰·罗尔斯正确地注意到:"需要在现代民主社会中发现的宗教、哲学和道德学说的多样性,不只是可能很快消失的历史事实,而是民主公共文化的一个持久特征。"②因此,"理性多元主义的事实"③乃是自由社会的本质特征。在罗尔斯看来,为了顾及这一情况,一个自由社会的"基本结构",即宪法规则、原则和制度的整体,就必须独立于宗教、哲学和道德方面的"全球理论",并在此前提之下被思考和正当化,因而有必要发展出一个"独立的方案"。④

这个"独立的方案"何以可能,是一个值得思考的问题。罗尔斯本人在这里支持的是一种具有连贯性的观点,希望让隐含于民主宪法国家政治制度中的思想与公民"深思熟虑的正义判断"达到一种"思考平衡"。⑤ 但是,该方案(可能只是隐约表达出来的)似乎并没有摆脱循环论证的嫌疑。⑥ 有一种方案可为备选:承继霍布斯和休谟的传统,超越宗教、形而上学或伦理的特殊信仰,只与集体利益相关联。⑦ 启蒙理念和论证在以下范围内可以用来解释宪法,即

---

① 凯尔森已将这一洞见作为其民主法治国相对主义正当性的基础根据。Hans Kelsen, Vom Wesen und Wert der Demokratie, 2. Aufl., 1929, S. 98ff.

② John Rawls, Gerechtigkeit als Fairness, 2003, S. 66.

③ John Rawls, Politischer Liberalismus, 1998, S. 106f.

④ John Rawls, Gerechtigkeit als Fairness, 2003, S. 55ff., 63ff., 278ff.; ders., Politischer Liberalismus, 1998, S. 76ff.; 219ff.

⑤ John Rawls, Gerechtigkeit als Fairness, 2003, S. 59ff.; ders., Eine Theorie der Gerechtigkeit, 1975, S. 37f., 67ff.

⑥ Armin Engländer, Die neuen Vertragstheorien im Licht der Kontraktualismuskritik von David Hume, ARSP 86 (2000), S. 2 (15ff.).

⑦ Armin Engländer, Rechtsbegründung durch aufgeklärtes Eigeninteresse, JuS 2002, S. 535ff.

能够在摆脱形而上学束缚的情况下,以启蒙的利己主义为基础来证立这些理念和论证,或者至少是给出相应的理由。[1]

六、结论

总之,启蒙哲学决不只是宪法讨论中的——在节日演讲中使用的——潢饰配件。不过,必须对其意义进行区分。从思想史角度说,人性尊严、基本权利、权力分立、民主原则和法治国原则等启蒙观念共同塑造了德国《基本法》,而它们对宪法具体设计的影响却相当间接。从效力论上说,启蒙哲学则毫无意义。德国《基本法》作为实证法,其效力并不以符合启蒙哲学的核心思想与原则为前提。从应用方面看,启蒙哲学的理念和论证可以用来解释宪法,不过,只有在摆脱形而上学的情况下才可胜任。

---

[1] 与之相对,有的学者坚称"形而上学维度"的不可避免性。Gerhard Luf, Menschenwürde als Rechtsbegriff, in: Rainer Zaczyk/Michael Köhler/Michael Kahlo (Hrsg.), Festschrift für E. A. Wolff zum 70. Geburtstag am 1.10.1998, 1998, S. 307 (321); Christian Starck, Menschenwürde als Verfassungsgarantie im modernen Staat, JZ 1981, S. 457 (462f.).

第二编

刑法基础与刑法总论

第一章
德国刑法学中的法益论
——一次批判性纵览*

一、引言

法益论的发展①乃是德国刑法学最重要的成就之一,②这符合德语文献中仍然流行的观点。然而,批判的声音近来却与日俱增,这些声音希望将法益思想的意义和说服力相对化,甚至完全加以否定。③德国联邦宪法法院在对德国《刑法》第 173 条亲属间性交罪的合宪性判决

---

* Die Rechtsgutslehre in der deutschen Strafrechtswissenschaft-Ein kritischer Überblick, in: Kensuke Ito u.a. (Hrsg.), Deliberative Demokratie,bürgerliche Freiheit und Strafrechtswissenschaft. Festschrift für Yutaka Masuda zum 70. Geburtstag, 2018, S. 1-12.

① 对教义学史的梳理,参见 Amelung, Rechtsgüterschutz und Schutz der Gesellschaft, 1972; Sina, Die Dogmengeschichte des strafrechtlichen Begriffs "Rechtsgut", 1962; Swoboda, ZStW 122 (2010), S. 24, 25ff.

② 杜博提到了"核心成就"。Dubber, ZStW 117 (2005), S. 485.

③ Amelung, Rechtsgüterschutz und Schutz der Gesellschaft, 1972; Appel, Verfassung und Strafe, 1998, S. 336ff.; Engländer, ZStW 127 (2015), S. 616; Jakobs, Festschrift für Amelung, 2009, S. 37, 41ff.; Kubiciel, Die Wissenschaft vom Besonderen Teil des Strafrechts, 2013, S. 51ff.; Lagodny, Strafrecht vor den Schranken des Grundgesetzes, 1996, S. 145ff.; Pawlik, Das Unrecht des Bürgers, 2012, S. 127ff.; Stuckenberg, GA 2011, S. 653.

中,也站在怀疑者一边。① 当然,法益论的支持者至今没有任何理由去修正或放弃他们的观点。相反,他们不厌其烦地为法益思想辩护,反对不断增加的批评者。② 这再次挑起了激烈的论战,其结局尚未可知。③

法益论的核心思想初看上去显得十分简单:刑法的任务在于保护法益,④可以称为法益保护命题。然而仔细观察可以发现,这个命题究竟要表达什么,却一点都不清楚明了。即便在不同的法益论支持者中间,也没有对此达成共识。完全相反,他们甚至会就基本要点产生争议。一方面,争议之处在于,应该如何正确定义法益概念,也就是必须满足哪些要素,才能将某种东西视为法益;另一方面,关于法益保护命题的地位也存在争议。一些学者将其理解为纯粹的方法性原则,只与现行法的解释和体系化有关。而另一些学者则将其视为法伦理的、规范的原则,在对现存或者拟议的刑法构成

---

① BVerfG 120, 224, 241f.

② Hassemer, Grundlinien einer personalen Rechtsgutslehre, in: Philipps/Schmoller (Hrsg.), Jenseits des Funktionalismus, 1989, S. 85; ders., Festschrift für Androulakis, 2002, S. 207; M. Heinrich, Festschrift für Roxin II, 2011, S. 131; Neumann, "Alternativen: keine"–Zur neueren Kritik an der personalen Rechtsgutslehre, in: ders./Prittwitz (Hrsg.), "Personale Rechtsgutslehre" und "Opferorientierung im Strafrecht", 2007, S. 85ff.; Roxin, Festschrift für Hassemer, 2010, S. 573; ders., GA 2013, S. 433; Schünemann, Das Rechtsgüterschutzprinzip als Fluchtpunkt der verfassungsrechtlichen Grenzen der straftatbestände und ihrer Interpretation, in: Hefendehl u.a. (Hrsg.), Die Rechtsgutstheorie, 2003, S. 133.

③ Engländer, ZStW 127 (2015), S. 616 Fn. 3.

④ Jäger, Examens-Repetitorium Strafrecht Allgemeiner Teil, 8. Aufl., 2017, Rn. 4; Kaspar, Strafrecht Allgemeiner Teil, 2015, § 1 Rn. 6; Krey/Esser, Strafrecht Allgemeiner Teil, 6. Aufl., 2016, § 1 Rn. 5; Rengier, Strafrecht Allgemeiner Teil, 8. Aufl., 2016, § 3 Rn. 1; Roxin, Strafrecht Allgemeiner Teil I, 4. Aufl., 2006, § 2 Rn.1; Wessels/Beulke/Satzger, Strafrecht Allgemeiner Teil, 47. Aufl., 2017, Rn. 9.

要件进行批判性评价时,该原则具有重要意义。这两个基本争议点理所当然会以某种特殊方式联系在一起。

二、形式的法益概念和实质的法益概念

大部分观点都在纯概念的层面讨论法益思想。① 在德语文献中,学者目前提出了很多关于如何定义法益的建议,数量多到几乎难以掌握,只能挂一漏万地列举:②"法律保护的利益"③"法律希望保护其免受侵害的理想社会状态"④"位于刑法构成要件背后的精神思想价值"⑤"法所保护的社会秩序抽象价值"⑥"生命利益、社会价值或法所承认的利益,因其对社会尤为重要而享有法律的保护"⑦"有价值的社会功能单元"⑧"值得保护的自由范围"⑨"在法治和社会福利国家的民主社会中,服务于个人自由发展的人、物或制

---

① Hörnle, Grob anstößiges Verhalten, 2005, S. 16ff. 努力在语言分析思考的基础上作概念澄清。Amelung, Der Begriff des Rechtsguts in der Lehre vom strafrechtlichen Rechtsgüterschutz, in: Hefendehl u.a. (Hrsg.), Die Rechtsgutstheorie, 2003, S. 155ff.; Koriath, GA 1999, S. 561, 562ff.

② Roxin, Strafrecht Allgemeiner Teil I, 4. Aufl., 2006, §2 Rn.3.; Stratenwerth, Festschrift für Lenckner, 1998, S. 378.

③ von Liszt, ZStW 6 (1886), S. 672, 673.

④ Welzel, Das Deutsche Strafrecht, 11. Aufl., 1969, S. 4.

⑤ Rengier, Strafrecht Allgemeiner Teil, 8. Aufl., 2016, §3 Rn. 1.

⑥ Jescheck/Weigend, Strafrecht Allgemeiner Teil, 5.Aufl., 1996, S. 257.

⑦ Krey/Esser, Strafrecht Allgemeiner Teil, 6. Aufl., 2016, §1 Rn. 7; Wessels/Beulke/Satzger, Strafrecht Allgemeiner Teil, 47. Aufl., 2017, Rn. 9.

⑧ Rudolphi, Festschrift für Honig, 1970, S. 151, 164.

⑨ Murmann, Grundkurs Strafrecht, 3. Aufl., 2015, §8 Rn. 8.

度属性"①"为个人自由发展、基本权利实现和建立在此目标之上的国家体系运作所必要的条件和目的"②等。

不过,就本章的目的而言,只需区分"形式的与实质的"两个基本的法益概念即可。根据形式的法益概念,立法者认为值得保护的一切东西都是法益,立法者将这些事物作为行为规范的对象,并运用制裁来保障行为规范。③ 相反,实质的法益概念只将这样的事物、能力和状态称为法益,即,它们除了符合形式法益概念的特征之外,至少还要满足一个内容上的条件,比如服务于个人的自由发展。④

与流行观点相反,不能以概念思考的方式来决定两种法益概念的哪一种更为可取。因此,纯概念层面的讨论就显得如此不尽如人意又劳而无功。不存在"真实的"法益概念,相应的观念导致了不可靠的概念现实主义或者概念本质主义。⑤ 更确切地说,概念的形成是一个合目的性问题。⑥ 形式法益概念和实质法益概念的妥当

---

① Kindhäuser, Strafrecht Allgemeiner Teil, 7. Aufl., 2015, §2 Rn. 6.

② Roxin, Strafrecht Allgemeiner Teil I, 4. Aufl., 2006, §2 Rn.7.

③ Binding, Die Norm und ihre Übertretung, Bd. 1, 4. Aufl., 1922, S. 353ff.; Grünhut, Festgabe für Frank, 1930, S. 1, 8; Honig, Die Einwilligung des Verletzten, Teil I, 1919, S. 94.

④ 有观点将法益理解为使个人有能力实现自我的条件。Hassemer/Neumann, in: Kindhäuser u.a. (Hrsg.), Nomos Kommentar, Strafgesetzbuch, 4. Aufl., 2013, Vor §1 Rn. 132ff.; Marx, Zur Definition des Begriffs „Rechtsgut", 1972, S. 62; Roxin, Strafrecht Allgemeiner Teil I, 4. Aufl., 2006, §2 Rn.7; Sternberg-Lieben, Rechtsgut, Verhältnismäßigkeit und die Freiheit des Strafgesetzgebers, in: Hefendehl u.a. (Hrsg.), Die Rechtsgutstheorie, 2003, S. 67.

⑤ Keller, Zeichentheorie, 1995, S. 71ff. 对本质主义的批评,参见 Popper, Die offene Gesellschaft und ihre Feinde, Bd. II, 7. Aufl., 1992, S. 15ff.

⑥ Kuhlen, Rechtsgüter und neuartige Deliktstypen, in: von Hirsch u.a. (Hrsg.), Mediating Principles, 2006, S. 148, 152.

第一章　德国刑法学中的法益论

性,由运用相应概念的目的决定。不过这又产生一个问题:应该如何理解法益保护命题?

三、方法的法益保护命题和批判立法的法益保护命题

法益论的一个流派是从纯方法的意义上来理解法益保护命题的。一方面,法益保护问题对制定法的解释具有重要意义,[1]它提醒法律适用者,对于立法者挑选的保护对象而言,要尽量从多种可供考虑的解释方案中,选择那个能为这些对象提供最佳保护的方案。另一方面,它还能使实证法的刑法构成要件体系化,[2]比如一种形式是将刑法构成要件概括为不同的犯罪类型(如保护生命、身体完整性、所有权或财产等),另一种形式是把刑法构成要件分为侵害犯、具体危险犯和抽象危险犯。形式的法益概念就适合这种纯方法的目标。[3] 所有的对象、状态、能力、价值或精神思想都可归入形式的法益概念,立法者希望以制定刑法构成要件的方式,保护这些对象不受人类行为的损害。人们也将这一方案称为"方法

---

[1] 这个问题在法益论的不同流派间并无争议,分歧在于是将法益保护命题的意义限制在方法层面,还是超越这个层面。法益思想对制定法解释的重要性,参见 Kudlich, ZStW 127 (2015), S. 635, 638f.; Rengier, Strafrecht Allgemeiner Teil, 8. Aufl., 2016, §3 Rn. 4; Wessels/Beulke/Satzger, Strafrecht Allgemeiner Teil, 47. Aufl., 2017, Rn. 7.

[2] Kudlich, ZStW 127 (2015), S. 637f.; Kuhlen, Rechtsgüter und neuartige Deliktstypen, in: von Hirsch u.a. (Hrsg.), Mediating Principles, 2006, S. 148ff.

[3] 对形式法益概念成就的批评参见 Koriath, GA 1999, S. 575f.; Kubiciel, Die Wissenschaft vom Besonderen Teil des Strafrechts, 2013, S. 53ff. 相反,阿梅隆从中看到"天才般的创造"。Amelung, Der Begriff des Rechtsguts in der Lehre vom strafrechtlichen Rechtsgüterschutz, in: Hefendehl u.a. (Hrsg.), Die Rechtsgutstheorie, 2003, S. 158.

的"①法益论或者"体系固有的"②法益论。

而实质的③、批判立法的④或者超越体系的⑤法益论的支持者追求的则是另一种目标。他们希望借助法益保护命题确定刑事立法的可允许界限,为刑事立法者做好法律上或者至少是刑事政策上的预先规定。⑥因此,他们是在法伦理、规范性原则(法益保护原则)的意义上来理解法益保护命题的。申言之,刑事立法者只允许用刑罚保障这样的法律行为规范,即这些行为规范有利于保护法益免遭侵害或危险。显然,受刑罚保障的行为规范会有很多保护对象,并非任何保护对象都能归入法益概念。这是因为,若非如此,法益保护原则就无法用作刑事立法的批判性标准。职是之故,此处仅适用实质的法益概念。

迄今,实质法益论者列举了一系列实际存在或是可想到的刑事立法,这些法律在实质意义上没有保护任何法益,因此并未满足法

---

① Krüger, Die Entmaterialisierungstendenz beim Rechtsgutsbegriff, 2000, S. 106; Roxin, Strafrecht Allgemeiner Teil I, 4. Aufl., 2006, § 2 Rn.4; Sina, Die Dogmengeschichte des strafrechtlichen Begriffs „Rechtsgut", 1962, S. 76; Swoboda, ZStW 122 (2010), S. 28.

② Hassemer, Theorie und Soziologie des Verbrechens, 1973, S. 19; Kudlich, ZStW 127 (2015), S. 642.

③ Kubiciel, Die Wissenschaft vom Besonderen Teil des Strafrechts, 2013, S. 57; Kuhlen, Rechtsgüter und neuartige Deliktstypen, in: von Hirsch u.a. (Hrsg.), Mediating Principles, 2006, S. 152; Marx, Zur Definition des Begriffs „Rechtsgut", 1972, S. 3.

④ Roxin, Festschrift für Hassemer, 2010, S. 573.

⑤ Hassemer, Theorie und Soziologie des Verbrechens, 1973, S. 19; Krüger, Die Entmaterialisierungstendenz beim Rechtsgutsbegriff, 2000, S. 17; Kudlich, ZStW 127 (2015), S. 642.

⑥ Hassemer, Festschrift für Androulakis, 2002, S. 22; Marx, Zur Definition des Begriffs "Rechtsgut", 1972, S. 3; Roxin, Strafrecht Allgemeiner Teil I, 4. Aufl., 2006, § 2 Rn.12.

益保护原则的要求。可以举出的立法例有:处罚单纯打破禁忌的行为,如兄妹乱伦;处罚纯粹违反道德的行为,如通奸;处罚单纯的情感伤害行为,如在公共场所实施性行为或者否认大屠杀;处罚有意识的自我损害和参与他人自我损害行为,如目前在刑事政策上激烈争论的参与自杀行为。① 这些立法例令人印象深刻地证明了,批判立法的法益思想适合对日渐过度的刑事立法作出限制。

不过,实质法益论的支持者却在细节上存在一定争论,即保护对象必须满足哪些条件,才能被视为法益。在这一点上,关于法益保护的争论与基本的法哲学、国家理论、宪法理论和社会理论立场相互关联。根据当下在批判立法的法益思想支持者中间流行的观点,只有能以某种方式服务于个人自由发展的事物、能力或状态,才会被视为法益。②

四、实质法益论的约束力要求

问题在于,实质法益论与哪种约束力要求相关?这是因为,实质法益论希望用法益保护原则为刑事立法者设定界限,这些边界既可以理解为法律上的限制,也可以理解为单纯伦理上或刑事政策上

---

① Hassemer/Neumann, in: Kindhäuser u.a. (Hrsg.), Nomos Kommentar, Strafgesetzbuch, 4. Aufl., 2013, Vor § 1 Rn. 115; Roxin, Festschrift für Hassemer, 2010, S. 579f.; Roxin, Strafrecht Allgemeiner Teil I, 4. Aufl., 2006, § 2 Rn.14ff.

② Hassemer/Neumann, in: Kindhäuser u.a. (Hrsg.), Nomos Kommentar, Strafgesetzbuch, 4. Aufl., 2013, Vor § 1 Rn. 132ff.; Marx, Zur Definition des Begriffs "Rechtsgut", 1972, S. 62; Roxin, Strafrecht Allgemeiner Teil I, 4. Aufl., 2006, § 2 Rn.7; Sternberg-Lieben, Rechtsgut, Verhältnismäßigkeit und die Freiheit des Strafgesetzgebers, in: Hefendehl u.a. (Hrsg.), Die Rechtsgutstheorie, 2003, S. 67.

的限制。遗憾的是,立法批判法益思想的支持者们并未就此达成明确共识。[1] 一方面,法益保护原则仅具有刑事政策意义,只涉及对理性刑事政策的要求。[2] 另一方面,同一批学者也指出,在决定刑事立法合宪性时不能"不借助于"法益思想,[3]法益乃是刑罚威慑"必要的"和"以宪法为支撑的"基础。[4] 因此,他们不只主张刑事政策上的导引功能,而是与德国联邦宪法法院相反[5],要求法益保护原则具有法律约束力。

毫无疑问,对法律约束力的要求是一个应予优先讨论的命题。关于法益保护原则在法律上约束刑事立法者的基础,首先可以想到的是前实证的证立方案。[6] 不过,该方案却暗含着自然法或理性法的视角,无论在本体论上,还是在认识论上,这一视角都遭到彻底反对。[7] 作为替代方案,可以考虑宪法上的证立策略,可以甩掉哲学基本问题的包袱,目前在实质法益论的追随者中广受好评。比如哈

---

[1] 对论证中所出现矛盾的正确指责,参见 Appel, Verfassung und Strafe, 1998, S. 336ff.; Engländer, ZStW 127 (2015), S. 351ff.; Stuckenberg, GA 2011, S. 657.

[2] Hassemer/Neumann, in: Kindhäuser u.a. (Hrsg.), Nomos Kommentar, Strafgesetzbuch, 4. Aufl., 2013, Vor §1 Rn. 119a. 哈塞默尔也谈及"刑事政策的行为指引"。Hassemer, Grundlinien einer personalen Rechtsgutslehre, in: Philipps/Schmoller (Hrsg.), Jenseits des Funktionalismus, 1989, S. 92.

[3] Hassemer/Neumann, in: Kindhäuser u.a. (Hrsg.), Nomos Kommentar, Strafgesetzbuch, 4. Aufl., 2013, Vor §1 Rn. 119d.

[4] Hassemer, Festschrift für Androulakis, 2002, S. 207

[5] BVerfG 120, 224, 241f.

[6] Schünemann, Das Rechtsgüterschutzprinzip als Fluchtpunkt der verfassungsrechtlichen Grenzen der straftatbestände und ihrer Interpretation, in: Hefendehl u.a. (Hrsg.), Die Rechtsgutstheorie, 2003, S. 133.

[7] Engländer, ARSP 2004, S. 86.

第一章 德国刑法学中的法益论

塞默尔就认为,法益保护原则和宪法上的禁止过度原则可以无缝衔接,①若没有后者,就无法对前者做刑法上的重构。②

问题自然在于,如何理解宪法锚定的这一理念。一方面,这意味着应当从宪法中推导出法益保护原则。其功能是用某一概念来指称保护对象,根据德国《基本法》的规定,可以通过受刑罚保障的行为规范来保护这些对象。不过这种理解可能导致的后果是,实质法益论只总结在其他方面确立的宪法思考结论,本身并没有为刑事立法的宪法界限作出任何独立贡献。从这个意义上说,法益保护原则至少对于刑罚界限的确立而言是可放弃的,③它最终只是其背后的宪法思考的一条简单"口号"。④ 对实质法益论的这种"谦逊"理解,几乎无法与其支持者的意图相符,它们对实质法益论还有进一步的明确要求。

另一方面,谈论宪法锚定可能也意味着,法益保护原则本身作为不成文的宪法原则,应当视为刑法必须满足的宪法要求。实质法益论者在此提出了检验技术和思想史两个方面的论证。

先看检验技术的论证。只有当前提是作为基准点的法益时,宪法要求的合比例性检验才是可能的。没有法益,合比例性检验就会

---

① Hassemer, Festschrift für Androulakis, 2002, S. 223.
② Hassemer, Festschrift für Androulakis, 2002, S. 217.
③ Engländer, ZStW 127 (2015), S. 625ff.; Hörnle, Grob anstößiges Verhalten, 2005, S. 19; Kaspar, Verhältnismäßigkeit und Grundrechtsschutz im Präventionsstrafrecht, 2014, S. 242.
④ Hörnle, Grob anstößiges Verhalten, 2005, S. 21.

被架空。① 然而，此一思考却无法证立法益保护原则。这是因为，人们可以就任何立法目的展开合比例性检验。就此而言，唯一的先决条件就是立法者通过其制定的规则去追求任意一个目标。② 这意味着合比例性检验的前提决不是在实质法益概念的意义上，而是要在形式法益概念的意义上确认法益。③

再看思想史方面的论证。哈塞默尔、罗克辛和许乃曼为了说明实质法益论在宪法上的重要性，主张法益保护原则产生于启蒙哲学的国家论观念，启蒙哲学本身就是德国《基本法》的思想史基础。④ 通过启蒙思想在宪法中的法典化，立法批判的法益论已经被纳入该思想之中。然而，这种证立策略却并不具有说服力。⑤ 首先，其拥护者运用完全不同的启蒙哲学去证立法益保护原则，但他

---

① Hassemer, Festschrift für Androulakis, 2002, S. 217; Hassemer/Neumann, in: Kindhäuser u.a. (Hrsg.), Nomos Kommentar, Strafgesetzbuch, 4. Aufl., 2013, Vor §1 Rn. 119d; Hefendehl, GA 2007, S. 1, 2; Martins, Die personale Rechtsgutslehre als demokratische Schranke, in: Asholt u.a. (Hrsg.), Grundlagen und Grenzen des Strafrechts, 2015, S. 79, 84. Rudolphi/Jäger, in: Systematischer Kommentar zum Strafgesetzbuch, 8. Aufl., Stand Dez. 2014, Vor §1 Rn. 11.

② 这自然不是说立法者在选择目标时其他宪法规定无法为其设定界限，而只是说合比例性检验本身并不以限制在某个特定目的上(实质法益)为前提。

③ 因此，当德国联邦宪法法院在"乱伦案"判决中否定实质法益论在宪法上的重要性，但同时又事先谈及刑法"作为法益保护的'最后手段'"时，其中并不存在矛盾。BVerfG 120, 224, 240. 详言之，这里使用的不是实质的法益概念，而是形式的法益概念。

④ Hassemer, Theorie und Soziologie des Verbrechens, 1973, S. 27ff.; Roxin, Festschrift für Hassemer, 2010, S. 578; Schünemann, Das Rechtsgüterschutzprinzip als Fluchtpunkt der verfassungsrechtlichen Grenzen der straftatbestände und ihrer Interpretation, in: Hefendehl u.a. (Hrsg.), Die Rechtsgutstheorie, 2003, S. 143.

⑤ Engländer, ZStW 127 (2015), S. 628ff.

们在论证上却并未超越对启蒙哲学的笼统参照,①至少还没有对推导关联性作出可理解的阐释。其次,想要证明哪些启蒙思想具体塑造了宪法,并不像有时设想的那样轻而易举。总体而言,启蒙哲学对德国《基本法》具体设计的影响更多地是间接性的。因此,能否证明所宣称的思想史根基,就显得不无疑问。最后,国家哲学的观念在很大程度上以宗教或者其他形而上学的前提为根据,②向这种观念求助,不符合德国《基本法》的中立世界观。③

无论如何,都应当否认法益保护原则对立法者的法律约束力。只剩下一种可能,就是将实质法益论理解为理性刑事立法政策的指南。对此,自然需要一个刑事政策或者法伦理的方案,能为具有说服力的实质法益概念的形成提供评价标准。如果缺少这样的基础,法益保护原则就仿佛飘在空中一般。实质法益思想本身并不能为所需要的评价标准提供根据。

五、人格法益理论与规范的个人主义

人格法益理论要求将实质法益思想同当代政治哲学和伦理相结合,宣称人格法益保护原则建立在规范的个人主义④和由此确立的持久基础之上。在人格法益理论看来,法益只是"需要刑法保护

---

① 过于笼统地将启蒙哲学用于实质法益论,批评意见参见 Greco, Lebendiges und Totes in Feuerbachs Straftheorie, 2009, S. 316ff.
② 洛克将前国家想象的个人权利锚定在神创秩序中,或者康德从自我立法的实践理性的形而上学观念中推导出法权原则。
③ Huster, Die ethische Neutralität des Staates, 2002.
④ von Pfordten, Normativer Individualismus und das Recht, JZ 2005, S. 1069.

的人的利益"①。依哈塞默尔和诺伊曼之见,法益概念和人的利益相结合,对合法刑罚的边界具有重大影响,比如涉及对集体法益的承认,②只允许将其理解为中介性和衍生性的利益。只有在如下范围内,才能承认集体法益的存在,即该法益能追溯至个人利益或者对它的保护有利于对个人法益的保护。③ 比如,用刑法保护作为集体法益的环境,理由是集体法益具有"内在价值",就是不被允许的。这里的法益只能是"人类生命条件的集合"④。

然而,人格法益理论的这一证立要求却并不可信。⑤ 这是因为,倘若根据规范个人主义的基本原则,所有的法益都必须追溯至个人利益,那么这意味着,不得以独立于个人愿望、目标和偏好的内在价值为由,使集体法益的值得保护性获得正当性。同样,对独立

---

① Hassemer, Grundlinien einer personalen Rechtsgutslehre, in: Philipps/Schmoller (Hrsg.), Jenseits des Funktionalismus, 1989, S. 91; Hassemer/Neumann, in: Kindhäuser u.a. (Hrsg.), Nomos Kommentar, Strafgesetzbuch, 4. Aufl., 2013, Vor §1 Rn. 144; Neumann, "Alternativen: keine"–Zur neueren Kritik an der personalen Rechtsgutslehre, in: ders./Prittwitz (Hrsg.), "Personale Rechtsgutslehre" und "Opferorientierung im Strafrecht", 2007, S. 85.

② Greco, Festschrift für Roxin II, 2011, S. 199, 203; Hefendehl, Das Rechtsgut als materialer Ausgangspunkt einer Strafnorm, in: ders. u.a. (Hrsg.), Die Rechtsgutstheorie, 2003, S. 119, 126f.; Koriath, GA 1999, S. 561, 564.

③ Hassemer, Theorie und Soziologie des Verbrechens, 1973, S. 233; Hassemer, Grundlinien einer personalen Rechtsgutslehre, in: Philipps/Schmoller (Hrsg.), Jenseits des Funktionalismus, 1989, S. 90ff.; Hassemer/Neumann, in: Kindhäuser u. a. (Hrsg.), Nomos Kommentar, Strafgesetzbuch, 4. Aufl., 2013, Vor §1 Rn. 132ff.; Neumann, "Alternativen: keine"–Zur neueren Kritik an der personalen Rechtsgutslehre, in: ders./Prittwitz (Hrsg.), "Personale Rechtsgutslehre" und "Opferorientierung im Strafrecht", 2007, S. 91.

④ Hassemer, Grundlinien einer personalen Rechtsgutslehre, in: Philipps/Schmoller (Hrsg.), Jenseits des Funktionalismus, 1989, S. 92; Hassemer/Neumann, in: Kindhäuser u.a. (Hrsg.), Nomos Kommentar, Strafgesetzbuch, 4. Aufl., 2013, Vor §1 Rn. 136.

⑤ Engländer, Festschrift für Neumann, 2017, S. 547, 549ff.

于个人利益的集体主体(国家、民族、人民、社会等)的提及也被排除在合法性方案之外。但是,决不能认为只要集体利益是个人追求其目标的手段,个人就总是会对集体利益有需求。举例言之,信念坚定的环保主义者之所以想要维持环境的完整性,不仅是因为他们觉得环境是健康生活的前提,而且因为他们将环境理解为独立于人类存在的自我目的。同样,有信仰的人愿意将对特定宗教价值的尊重评价为具有内在价值,本身就值得保护。此外,在维护特定社会禁忌方面,也可能存在着非工具性的利益。① 一般而言,个人利益原则上可以指向任何事实,②没有任何客体、属性、状态或事件能被排除在个人利益的对象之外。顺便一提,这也适用于对情感的保护,实质法益论经常将其作为违反法益保护原则的示例来引用。③ 因此,不能以原则上不影响个人利益为由来论证情感保护的非法性。

仔细观察就会发现,人格法益保护原则相当于从一开始就排除了某些不值得保护的主观利益。据此,人格法益理论的支持者就私下引入了一条用于评价和筛选个人利益的规范性标准。这条标准当然无法从规范个人主义的基本原则中产生,因而还需要独立的理由。然而,人格法益理论的支持者至今都有责任提供这方面的理由。④

---

① Kubiciel, Die Wissenschaft vom Besonderen Teil des Strafrechts, 2013, S. 70.
② Hoerster, Wie lässt sich Moral begründen?, 2014, S. 95; Koriath, GA 1999, S. 564.
③ Roxin, Strafrecht Allgemeiner Teil I, 4. Aufl., 2006, §2 Rn.26ff. 威胁感是一个例外。
④ Engländer, Festschrift für Neumann, 2017, S. 552ff.

六、结论

虽然在对刑法构成要件进行解释和体系化之时,关于保护法益的追问具有重要功能,因而方法的法益保护命题基本是妥当的,但是,立法批判的法益思想却并不具有说服力。实质的法益保护原则在宪法上无关紧要。就其作为刑事政策方针的作用而言,无法从自身之中确立所需要的评价标准。然而,实质法益论者至今都没有将其与详细的刑事立法政治哲学联系起来。合法刑法的边界在哪里,至少目前还没有人给出过硬的答案。

第二章
宪法何以能够振兴实质的法益理论 *

一、刑法中关于法益保护原则的讨论

"批判立法的法益思想,这一理念仍然鲜活!"①大约 2010 年,罗克辛在给哈塞默尔的祝寿论文《法益讨论的新发展》中,起首就是这句富有战斗性的论断。

罗克辛从自己的角度出发,为刑法中关于法益的讨论制作了一份"年中报表"②。而在德国,关于法益的讨论③已经激烈进行了

---

* Revitalisierung der materiellen Rechtsgutslehre durch das Verfassungsrecht?, *Zeitschrift für die gesamte Strafrechtswissenschaft*, 127(3), 2015, S. 616-634.

① Roxin, Festschrift für Hassemer, 2010, S. 573.
② Roxin, Festschrift für Hassemer, 2010, S. 597.
③ 在汗牛充栋的文献中,仅参见 Appel, Verfassung und Strafe, 1998, S. 336ff.; Bottke, Festschrift für Volk, 2009, S. 93; Dubber, ZStW 117 (2005), S. 485; Gimbernat Ordeig, GA 2011, 284; Greco, Lebendiges und Totes in Feuerbachs Straftheorie, 2009, S. 303ff.; ders., Festschrift für Roxin II, 2011, S. 199; Haas, Kausalität und Rechtsverletzung, 2002, S. 58ff.; Hassemer, Festschrift für Androulakis, 2002, S. 207; Hefendehl/von Hirsch/Wohlers (Hrsg.), Die Rechtsgutstheorie, 2003; Hefendehl, GA 2007, 1; Heinrich, Festschrift(转下页)

将近二十年之久。① 批判立法的,或者换种说法"超越体系的"②、"批判体系的"③或者"实质的"④法益思想的目标在于,确定刑事立法的可允许界限,从而为刑事立法者提供法律上或者至少是刑事政

(接上页) für Roxin II, 2011, S. 131; Hörnle, Grob anstößiges Verhalten, 2005, S. 11ff.; Jakobs, Festschrift für Amelung, 2009, S. 37; Festschrift für Frisch, 2013, S. 81; Kaspar, Verhältnismäßigkeit und Grundrechtsschutz im Präventionsstrafrecht, 2014, S. 193ff.; Kindhäuser, Festschrift für Krey, 2010, S. 249; Krüger, Die Entmaterialisierungstendenz beim Rechtsgutsbegriff, 2000; Kubiciel, Die Wissenschaft vom Besonderen Teil des Strafrechts, 2013, S. 51ff.; Lagodny, Strafrecht vor den Schranken des Grundgesetzes, 1996, S. 145ff.; Manes, ZStW 114 (2002), S. 720; Martins, ZStW 125 (2013), S. 234; Navarrete, Festschrift für Roxin II, S. 169; Paeffgen, Festschrift für Wolter, 2013, S. 125; Pawlik, Das Unrecht des Bürgers, 2012, S. 127ff.; Renzikowski, in: Alexy (Hrsg.), Juristische Grundlagenforschung, 2005, S. 115, 125ff.; Romario, Festschrift für Roxin II, S. 155; Roxin, GA 2013, 433; Scheinfeld, Festschrift für Roxin II, S. 183; Stächelin, Strafgesetzgebung im Verfassungsstaat, 1998, S. 30ff.; Steinberg, Festschrift für Rüping, 2008, S. 91; Stratenwerth, Festschrift für Lenckner, 1998, S. 377; Stuckenberg, GA 2011, 653; Swoboda, ZStW 122 (2010), S. 24; Volk, Festschrift für Roxin II, S. 215; Wohlers, Deliktstypen des Präventionsstrafrechts-zur Dogmatik "moderner" Gefährdungsdelikte, 2000, S. 213ff.; ders., GA 2012, 600.

① 关于法益的教义学史,参见 Amelung, Rechtsgüterschutz und Schutz der Gesellschaft, 1972; Sina, Die Dogmengeschichte des strafrechtlichen Begriffs "Rechtsgut", 1962; 简短的总结,参见 Swoboda, ZStW 122 (2010), S. 24, 25ff.

② Hassemer, Theorie und Soziologie des Verbrechens, 1973, S. 19; ders./Neumann, in: Nomos Kommentar zum StGB, 4. Aufl., 2013, Vor § 1 Rn. 113; Krüger, Die Entmaterialisierungstendenz beim Rechtsgutsbegriff, 2000, S. 17; Kudlich, in: Satzger/Schluckebier/Widmaier, StGB, 2. Aufl., 2014, Vor § § 13ff. Rn. 5.

③ Appel, Verfassung und Strafe, 1998, S. 342; Hörnle, Grob anstößiges Verhalten, 2005, S. 11; Sternberg-Lieben, in: Hefendehl/von Hirsch/Wohlers (Hrsg.), Die Rechtsgutstheorie, 2003, S. 65; Wohlers, Deliktstypen des Präventionsstrafrechts-zur Dogmatik "moderner" Gefährdungsdelikte, 2000, S. 218.

④ Kubiciel, Die Wissenschaft vom Besonderen Teil des Strafrechts, 2013, S. 57; Kuhlen, in: von Hirsch/Seelmann/Wohlers, Mediating Principles, 2006, S. 148, S. 152; Marx, Zur Definition des Begriffs "Rechtsgut", 1972, S. 3.

第二章　宪法何以能够振兴实质的法益理论　　151

策上的规制。① 可以将该思想的核心总结为一个规范原则和一个概念前提。规范原则(以下称为法益保护原则)要求,为了能使受刑罚保障的行为规范具有合法性,这些规范必须至少保护一种法益不遭受侵害或危险。概念前提指的是,并非任意一个受刑罚保障的行为规范的保护对象都属于法益概念。换言之,至少在概念上,可能有一个受刑罚保障的行为规范,这一规范不保护任何法益。这是因为,若非如此,法益保护原则的立法批判功能将是空洞无物的。

现如今,批判立法的法益理论方案的支持者列举了一系列实际存在或者至少可以想象的刑事立法。在他们看来,这些刑事立法不保护任何法益,因而也就没有满足法益保护原则的要求。属于此种情况的刑事立法有,处罚单纯打破禁忌的行为,如兄妹乱伦;处罚单纯违反道德的行为,如通奸;处罚单纯伤害情感的行为,如在公共场合实施的性行为或者否认大屠杀;处罚有意识的自我损害行为与对此等行为的参与,比如目前刑事政策上激烈讨论的参与自杀。② 这些立法例令人印象深刻地揭示出,批判立法的法益思想,适合用来限制日趋臃肿的刑事立法。

对这一方案的批评来自两个方面:一方面是质疑批判能力,即法益保护原则的功效。对于每一个刑法规定,最终都可以确定一种

---

① Hassemer, Theorie und Soziologie des Verbrechens, 1973, S. 22; Hörnle, Grob anstößiges Verhalten, 2005, S. 11; Marx, Zur Definition des Begriffs "Rechtsgut", 1972, S. 3; Roxin, Strafrecht Allgemeiner Teil, Band I, 4. Aufl., 2006, §2 Rn. 12.

② Hassemer/Neumann, in: Nomos Kommentar zum StGB, 4. Aufl., 2013, Vor § 1 Rn. 115; Roxin, Festschrift für Hassemer, S. 579f.; ders. Strafrecht Allgemeiner Teil, Band I, 4. Aufl., 2006, §2 Rn. 14ff.

另可参见本书第141页正文及注①。——译注

被其保护的法益。① 此外,保护思想在逻辑上指向的决不是对刑事可罚性的限制,而是扩大。因为处罚越早、越全面,法益就越能更好地得到保护。② 另一方面是否定法益保护原则的规范约束力。德国联邦宪法法院在"乱伦案判决"中认为,法律上对刑事立法的规制仅来自宪法,而非来自刑法中的法益理论。也就是说,在宪法的范围内,由民主立法机构决定刑法应当保护什么。③ 在这一背景下,一些批评者,比如施图肯贝格甚至宣称,批判立法的法益思想"与民主相去甚远,着实令人不安"④。

一些支持批判立法的法益思想的学者试图从表面上避开第

---

① Frisch, Festschrift für Stree und Wessels, 1993, S. 69, 72; Pawlik, Das Unrecht des Bürgers, 2012, S. 137f.; Stuckenberg, GA 2011, 653, 656f.

② Kubiciel, Die Wissenschaft vom Besonderen Teil des Strafrechts, 2013, S. 53f.; Pawlik, Das Unrecht des Bürgers, 2012, S. 139; Stuckenberg, GA 2011, 653, 658; Vogel, StV 1996, 110, 114. 法益保护原则无论如何都没有说明的是,法益在什么条件下以及在何种范围内需要刑法的保护。Weigend, in: Leipziger Kommentar, Band 1, 12. Aufl., 2007, Einl. Rn. 7.; 在哈斯看来,法益思想以反自由的、集体的、国家主义的社会理解和法权理解为基础。Haas, Kausalität und Rechtsverletzung, 2002, S. 61ff.

③ BVerfGE 120, 224, 241f. 阿佩尔还对批判立法的法益理论和宪法的联结可能性进行了批评。Appel, Verfassung und Strafe, 1998, S. 340ff.; Lagodny, Strafrecht vor den Schranken der Grundrechte, 1996, S. 145ff.; 424ff.; Walter, in: Leipziger Kommentar, Band 1, 12. Aufl., 2007, Vor § § 13ff. Rn. 9.; 魏根特对此也表示怀疑。Weigend, in: Leipziger Kommentar, Band 1, 12. Aufl., 2007, Einl. Rn. 7. 对德国联邦宪法法院拒绝实质法益概念的批评,以及由此带来的对德国《刑法》第 173 条合宪性的影响,参见 Heinrich, Festschrift für Roxin II, 2011, S. 140ff.; Paeffgen, Festschrift für Wolter, S. 152ff.; Roxin, StV 2009, 544; Steinberg, Festschrift für Rüping, S. 101ff.

④ Stuckenberg, GA 2011, 653, 658.; Appel, Verfassung und Strafe, 1998, S. 387ff.; Gärditz, Der Staat 49 (2010), S. 331, mit Replik Zaczyk, Der Staat 50 (2011), S. 295. 从批判立法的法益理论角度的回应,参见 Hassemer/Neumann, in: Nomos Kommentar zum StGB, 4. Aufl., 2013, Vor § 1 Rn. 119a.; Martins, ZStW 2013, S. 234.其观点以商谈理论的民主理解和法权理解为基础。对法商谈理论的批评,参见 Engländer, Diskurs als Rechtsquelle?, 2002); Roxin, GA 2013, 433, 449ff.

二种反对意见,途径是只赋予法益保护原则刑事政策方面的意义:法益保护原则仅涉及理性刑事政策的要求,①或者像黑芬代尔一样假定,对于没有保护法益的刑法规定而言,仅须提高证立程度即可。② 不过,同一批学者在有些情况下也表示,关于刑法合宪性的判决不能不依靠法益理论。③ 法益是刑罚威慑必要的和受宪法支持的基础,④是"刑法构成要件之宪法边界的尽头"⑤。然而,从结论上说,人们宣称法益保护原则具有法律约束力,而不是仅仅具有刑事政策的指引功能。⑥

　　探讨批判立法的法益理论,必须考虑两点:一是对批判能力的追问;二是对规范约束力的诘难。而这两点却又是紧密相关的。

---

① Hassemer/Neumann, in: Nomos Kommentar zum StGB, 4. Aufl., 2013, Vor § 1 Rn. 119a.; Sternberg-Lieben, in: Hefendehl/von Hirsch/Wohlers (Hrsg.), Die Rechtsgutstheorie, 2003, S. 78ff. 更为谨慎的观点参见 Roxin, Festschrift für Hassemer, S. 584f.:法益保护原则主要指向立法者并搭建刑事政策方面的先决条件,但却不能主张从这一先决条件推导出的结论对所有情况都具有宪法约束力。当然,在什么情况下不尊重法益保护原则会导致相应的刑法规定违宪,这一点还不清楚。罗克辛也承认,这一点为批判立法的法益思想所缺失。Roxin, GA 2013, 433, 451.

② Hefendehl, GA 2007, 1, 5.

③ Hassemer/Neumann, in: Nomos Kommentar zum StGB, 4. Aufl., 2013, Vor § 1 Rn. 119d.

④ Hassemer, Festschrift für Androulakis, S. 223;不用于保护法益的刑法规定是"国家恐怖主义"。

⑤ Schünemann, in: Hefendehl/von Hirsch/Wohlers (Hrsg.), Die Rechtsgutstheorie, 2003, S. 133.

⑥ 阿佩尔正确地批评道,一些批判立法的法益理论支持者的论证存在矛盾之处。Appel, Verfassung und Strafe, 1998, S. 351ff.; Stuckenberg, GA 2011, 653, 657.

二、概念层面

关于法益保护原则的大部分讨论都是在纯概念层面上进行的。其间,文献中对法益概念如何定义的建议可谓数不胜数,只能挂一漏万地列举:"法律保护的利益""法律希望保护其免受侵害的理想社会状态""位于刑法构成要件背后的精神思想价值""法所保护的社会秩序抽象价值""生命利益、社会价值或法所承认的利益,因其对社会尤为重要而享有法律的保护""有价值的社会功能单元""值得保护的自由范围""在法治和社会福利国家的民主社会中,服务于个人自由发展的人、物或制度属性""为个人自由发展、基本权利实现和建立在此目标之上的国家体系运作所必要的条件和目的"。

不过,就本章的目的而言,只需区分"形式的与实质的"两个基本的法益概念即可。根据形式的法益概念,立法者认为值得保护的,并将其作为行为规范保护对象的一切东西,都是法益[1]。实质的法益概念只将这样的事物、能力和状态称为法益,即,它们除了符合形式法益概念的特征之外,至少还要满足一个内容上的条件,比

---

[1] Binding, Die Norm und ihre Übertretung, Band I, 4. Aufl., 1922, S. 353ff.:"在立法者眼中作为对法共同体有价值的健康生活条件,对不被变更、不受干扰地维持此一健康生活有利益,立法者因此努力通过规范保护该生活免受不被欢迎的侵害或危险"的一切东西,都属于法益。此外,还参见 Grünhut, Festgabe für Frank, 1930, S. 1, 8:法益是"目的思想的缩写"。Honig, Die Einwilligung des Verletzten, Teil I, 1919, S. 94:法益是"立法者在单个刑法语句中以最简短形式承认的目的"。

第二章 宪法何以能够振兴实质的法益理论

如服务于个人的自由发展。① 批判立法的法益思想的支持者一定会宣扬实质的法益概念,否则就会使法益保护原则空洞无物。只有以实质的法益概念为根据,法益保护原则才具有预期的功效。

两种法益概念中的哪一种更为可取,无法通过概念思考来决定。不存在"真实的"法益概念,相应的观念导致了不可靠的概念现实主义或者概念本质主义。② 有人用这样一个理由来反驳批判立法的法益思想,即法益保护原则没有任何批判能力,因为就其概念而言,法益是立法者希望用受刑罚保障的行为规范来保护的一切。不过这个反驳理由并不成立。这是因为,从概念上说,总是有可能通过吸收额外的概念要素来形成某种更狭义的法益概念,这个法益概念并不包含刑法规定的任何保护对象,所以不能说法益就是立法者希望用刑法规范来保护的一切。

概念的形成是一个合目的性问题。③ 形式的法益概念是服务于法定构成要件体系化和解释的手段,④而实质的法益概念的目的

---

① 金德霍伊泽尔(Kindhäuser, Strafrecht Allgemeiner Teil, 7. Aufl., 2015, § 2 Rn. 6.)和罗克辛(Roxin, Strafrecht Allgemeiner Teil, Band I, 4. Aufl., 2006, § 2 Rn. 7.)之外,其他学者也赞成将法益理解为能够使个人自我实现的条件。Frister, Strafrecht Allgemeiner Teil, 6. Aufl., 2013, 3/20; Hassemer/Neumann, in: Nomos Kommentar zum StGB, 4. Aufl., 2013, Vor § 1 Rn. 132ff.; Marx, Zur Definition des Begriffs „Rechtsgut", 1972, S. 62; Sternberg‐Lieben, in: Hefendehl/von Hirsch/Wohlers (Hrsg.), Die Rechtsgutstheorie, 2003, S. 67.

② Keller, Zeichentheorie, 1995, S. 71ff. 对本质主义的批评,参见 Popper, Die offene Gesellschaft und ihre Feinde, Band II, 7. Aufl., 1992, S. 15ff.

另可参见本书第137-138页正文及注释。——译注

③ Kuhlen, in: von Hirsch/Seelmann/Wohlers, Mediating Principles, 2006, S. 152.

④ Grünhut, Festgabe für Frank, S. 8. 根据这一功能,人们有时也说"方法的"或者"方法的—目的的"法益概念。Krüger, Die Entmaterialisierungstendenz beim Rechtsgutsbegriff, 2000, S. 106; Roxin, Strafrecht Allgemeiner Teil, Band I, 4. Aufl., 2006, § 2(转下页)

则是在法益保护原则的背景下标记刑事立法的合法性界限。实质的法益概念要做的是区分两种对象:一种是可以合法地被视为受刑罚保障的行为规范保护的对象;另一种是合法性界限之外的对象。因此,如果实质的法益概念正确地满足了这一功能,那么就可以认为这种概念的形成具有说服力。当然,不能用概念本身来说明实质的法益概念这么做的理由。这是因为,某些事项(例如禁忌或者宗教情感)不属于实质的法益概念,本身无法得出结论认为立法者不能将这些事项作为受刑罚保障的行为规范的保护对象。只有当实质的法益概念标记出刑事立法的合法界限时,才可能产生这一禁令。然而,这并不是概念问题,而是规范问题。

三、规范层面

要找到一个理由,说明立法者只需要用刑罚保障这样一些行为规范,即这些行为规范保护的对象都属于实质的法益概念。这一理由可以是什么样子? 批判立法的法益思想的支持者在此既追寻一种前实证的路径,又探求一种宪法的路径。

(接上页) Rn. 4; Sina, Die Dogmengeschichte des strafrechtlichen Begriffs „Rechtsgut", 1962, S. 76; Swoboda, ZStW 122 (2010), S. 24, 28. 对形式的法益概念之功效的批评,参见 Koriath, GA 1999, 561, 575ff.; Kubiciel, Die Wissenschaft vom Besonderen Teil des Strafrechts, 2013, S. 53ff.; Walter, in: Leipziger Kommentar, Band 1, 12. Aufl., 2007, Vor § 13ff. Rn. 12. 相反,阿梅隆认为这是"天才般的发明"。Amelung, in: Hefendehl/von Hirsch/Wohlers (Hrsg.), Die Rechtsgutstheorie, 2003, S. 158.

第二章　宪法何以能够振兴实质的法益理论　　　　　　　　　　157

(一)前实证的证立模式

许乃曼在前实证的意义上诉诸社会契约的理念。① 社会契约是每个宪法国家"预设的构想基础"②,因而"不为立法者所左右"③。在社会契约中,缔约者仅在保护人格自由发展所需利益的必要范围内,才将刑罚权让渡给国家。从这个意义上说,实质的法益概念直接锚定在国家哲学之契约主义的方案中。

然而,这种对社会契约理念的直接援引,从很多角度来看都显得问题重重。首先,对契约主义的援引非常不具体,无法提供所寻求的理由。这是因为,众多截然不同的方案都被总结到社会契约论的标签之下,并非所有的方案都秉持只将有限的刑罚权让渡给国家的观念。④ 其次,在大多数契约论者看来,社会契约并不是一份真实的契约,⑤而只是一项思想实验,用康德的话说,是一种"理性的

---

① Schünemann, in: Hefendehl/von Hirsch/Wohlers (Hrsg.), Die Rechtsgutstheorie, 2003, S. 137ff.
② Schünemann, in: Hefendehl/von Hirsch/Wohlers (Hrsg.), Die Rechtsgutstheorie, 2003, S. 143.
③ Schünemann, in: Hefendehl/von Hirsch/Wohlers (Hrsg.), Die Rechtsgutstheorie, 2003, S. 141.
④ Hobbes, Leviathan, 1996 [1651], Kap. 28 Abs. 2.
⑤ 不同的观点可以参见 Locke, Zwei Abhandlungen über die Regierung, 1977 [1689], 2. Abh. Kap. 8 § 100ff. 另外,新契约主义流派则试图将社会契约解释为真实的协议,其基础是公民默示或暗含的同意这一观念。参见 Ballestrem, in: Kern/Müller (Hrsg.), Gerechtigkeit, Diskurs oder Markt?, S. 35; Cornides, ARSP-Beiheft 13 (1980), S. 36; Eschenburg, in: Dettling (Hrsg.), S. 21. 有一种理念:法秩序的合法性以被理解为真实的社会契约为基础。针对这一理念的核心反驳意见,参见 Hume, Über den ursprünglichen Vertrag [1748], in: ders., Politische und ökonomische Essays, 1988, S. 304. 新社会契约的理念:公民默示缔结社会契约,批评意见参见 Engländer, ARSP 2000, 2, 6ff.

纯粹理念"①。然而,虚构的自然状态行动者或者原始状态参与者所虚构的契约,并不能对真实的人类产生约束力。② 为了进行这种证立,就必须将假设的契约锚定在更上位的框架内,比如关于人性或者人类理性的设想,而这些设想本身自然也需要证立。③ 最后,只要社会契约理念不仅应当作为可想象的界标服务于刑事政策的讨论,还被视为对立法者和立宪者有前实证约束力的法律标准,就意味着一种自然法或理性法的视角。不过,无论是从本体论还是从认识论的角度,这一视角都会遭到彻底的反对。④ 以点带面(Pars pro toto),这同样适用于其他证立尝试,即论证议会立法者受到法益保护原则前实证的约束。⑤

(二) 宪法的证立模式

如果不想诉诸有问题的自然法方案,就只能从实证法的径路出

---

① Kant, Über den Gemeinspruch: Das mag in der Theorie richtig sein, taugt aber nicht für die Praxis [1793], Werkausgabe Band XI, 1977, A250.

② Dworkin, Bürgerrechte ernstgenommen, 1984, S. 253;"假设的契约不光是真实契约的空洞形式,它根本就不是契约。"

③ Engländer, ARSP 2000, 2, 9ff.

④ Engländer, ARSP 2004, 88. 道德哲学最近的研究路径是将道德判断证明为真实的或者客观合理的,对这种路径的批评参见 Czaniera, Gibt es moralisches Wissen?, 2001.

⑤ 有观点将法益保护原则锚定在德国观念主义关于"理性"的纯理论设想中。Kahlo, in: Hefendehl/von Hirsch/Wohlers (Hrsg.), Die Rechtsgutstheorie, 2003, S. 26, 29; Paeffgen, Festschrift für Wolter, S. 131ff. 对这种自然法证立方案的批评,参见 Appel, Verfassung und Strafe, 1998, S. 358ff. 表面上以反形而上学-社会学为导向的路径同样无法避开自然法的证立困难。Hassemer/Neumann, in: Nomos Kommentar zum StGB, 4. Aufl., 2013, Vor § 1 Rn. 140. 根据其中的论述,利益不是简单发现的,而是通过"规范的社会协商,通过社会的价值经验"建构出来的。这是因为,从中无法得出结论认为议会立法者受到这种建构进程结果的前实证约束。

第二章 宪法何以能够振兴实质的法益理论

发来证立实质的法益概念和法益保护原则的法约束力。这里只考虑现行宪法。正如罗克辛所注意到的,批判立法的法益理论若"要超越个人意见的表达"①,就必须回归宪法。实质法益概念的支持者乐观地认为,这种宪法锚定事实上是可能的。比如哈塞默尔就说道,法益保护原则可以与宪法中的禁止过度原则无缝衔接。② 而许乃曼则进一步指责道,德国《基本法》"用银盘子"将刑法中的法益理论递交给德国联邦宪法法院,却无端被拒。③

然而,通过宪法证立法益保护原则和实质的法益概念,究竟所指为何? 无论如何,仅仅认为实质的法益概念和宪法在事实或想象上一致可能并不足够。法益保护原则不会因其偶然与相关宪法规则和原则得出同一结论而具有法律意义。因此,只存在两种可能:一是可以将宪法证立理解为,实质的法益概念是从宪法中推导出来的。其功能在于,用一个概念来指称保护对象,根据宪法要求,可以通过受刑罚保障的行为规范来保护这些对象。霍恩勒正是在这个意义上将实质的法益概念视为支撑宪法思考的"口号"。④ 二是在

---

① Roxin, Festschrift für Hassemer, S. 577; ders., GA 2013, 433, 449ff.
② Hassemer, Festschrift für Androulakis, S. 220.
③ Schünemann, in: Hefendehl/von Hirsch/Wohlers (Hrsg.), Die Rechtsgutstheorie, 2003, S. 144. 关于实质的法益概念与宪法的啮合,参见 Eisele, in: Schönke/Schröder, StGB, 29. Aufl., 2014, Vorbem. §§13ff. Rn. 10a; Stächelin, Strafgesetzgebung im Verfassungsstaat, 1998, S. 80ff.; Steinberg, Festschrift für Rüping, S. 102; Sternberg-Lieben, in: Hefendehl/von Hirsch/Wohlers (Hrsg.), Die Rechtsgutstheorie, 2003, S. 65ff. 相反,对"延伸"到宪法中的法益理论之解决问题能力的质疑,参见 Wohlers, in: Hefendehl/von Hirsch/Wohlers (Hrsg.), Die Rechtsgutstheorie, 2003, S. 281. 区分方案,参见 Jahn, in: Tiedemann/Sieber/Satzger/Burchard/Brodowski (Hrsg.), Die Verfassung moderner Strafrechtspflege, 2015 (im Erscheinen).
④ Hörnle, Grob anstößiges Verhalten, 2005, S. 21.

谈及宪法锚定时可能说的是,实质的法益概念本身作为不成文的宪法原则,是刑法必须遵循的宪法要求。这是罗克辛和许乃曼的观点。①

1. 作为宪法要求之推论的实质法益概念

先来考察第一种备选方案:实质的法益概念是从宪法中推导出来的结论。极具争议的是,德国《基本法》对刑事立法有哪些详细要求? 与刑事诉讼法领域不同,德国联邦宪法法院对此相当谨慎。② 在它看来,任何能在宪法面前存续而未被明确排除的"共同体利益",原则上都可成为保护对象。据此,限制几乎完全来自比例原则,根据这一原则,立法者将被赋予巨大的裁量权。③ 法院也从未以违宪为由否定某个刑法构成要件。④ 相反,霍恩勒则反对片面强调比例原则,她对德国《基本法》第 2 条第 1 款中的三重限制有某种限缩性理解,并希望通过她所理解的三重限制划定保护对象的范围。⑤ 本质上,刑法只允许保护他人的权利不受侵害。对此,她所

---

① Roxin, Festschrift für Hassemer, S. 577f.; Schünemann, in: Hefendehl/von Hirsch/Wohlers (Hrsg.), Die Rechtsgutstheorie, 2003, S. 143. 不过,罗克辛最近对于这方面的分析仍然含糊不清,他肯定性地援引了艾泽勒(Eisele)和施坦贝格(Steinberg)的观点,但只是笼统地谈到批判立法的法益理论和宪法中比例原则的相辅相成,以及在法益保护思想的帮助下使宪法具体化。Roxin, GA 2013, 433, 449ff.

② 德国联邦宪法法院对诉讼法领域的控制密度有所不同,批评意见,参见 Hörnle, NJW 2008, 2085, 2088; Krauß, Festschrift für Hassemer, S. 423, 434.

③ BVerfGE 27, 18, 29f.; 39, 1, 44ff.; 50, 142, 162; 80, 244, 255; 88, 203, 257; 90, 145, 172f.; 92, 277, 326f.; 96, 10, 25f.; 120, 224, 239ff. 批评意见参见 Swoboda, ZStW 122 (2010), S. 24, 46ff.

④ 少量案例参见 BVerfGE 12, 296 (《刑法》第 90a 条第 3 款); 39, 1; 88, 203 (《刑法》第 218a 条); BVerfG NJW 1962, 1339 (《道路交通许可规范》[StVZO] 第 71 条); BVerfG NJW 1962, 1563 (《道路交通法》[StVO] 第 49 条); BVerfG NJW 1989, 1663 (《联邦与各州之间财政平衡法》[FAG] 第 15 条第 2a 款); BVerfG NJW 2004, 597, 603f. (《刑法》第 143 条).

⑤ Hörnle, Grob anstößiges Verhalten, 2005, S. 41ff.

第二章　宪法何以能够振兴实质的法益理论

采取的立场至少接近费尔巴哈的古典权利侵害说。① 虽然卡斯帕同样遵循德国联邦宪法法院的观点，认为关键在于合比例性检验，但他认为此种检验的潜能还没有用尽。② 因此，应当在一般意义上更多地关注个人基本权利立场的特殊分量，在个别意义上更多地顾及私人生活形式的核心领域，并将二者作为入刑的限制。③ 此外，植根于个人基本权利、民主和法治国中的那些原则，比如国家意识形态中立的要求④，还可能更加决然地强调，它们已经为纳入考虑范围的保护对象的选择设定了限制。

不过，无论现在认为哪种观点正确，都不重要。如果只将实质的法益概念理解为从宪法中推导出来的结论，那么就只是总结了宪法考虑的结果。然而，这种理解无法为"刑事立法的宪法边界确立"作出

---

① Feuerbach, Lehrbuch des peinlichen Rechts, 11. Aufl., 1832, S. 20ff. 很多学者支持重启权利侵害的观念。Haas, Kausalität und Rechtsverletzung, 2002, S. 54ff.; Renzikowski, in: Matt/Renzikowski, 2013, Einl. Rn. 10ff. 权利侵害说与法益理论的关系。Amelung, Rechtsgüterschutz und Schutz der Gesellschaft, 1972, S. 38ff.; Greco, Greco, Lebendiges und Totes in Feuerbachs Straftheorie, 2009, S. 312ff.; Kubiciel, Die Wissenschaft vom Besonderen Teil des Strafrechts, 2013, S. 59ff.; Sina, Die Dogmengeschichte des strafrechtlichen Begriffs "Rechtsgut", 1962, S. 24ff. 毕恩鲍姆从思想史的角度介绍了对权利侵害说的背离及被法益侵害说取代的过程。Birnbaum, Neues Archiv des Criminalrechts 15 (1834), S. 172. 毕恩鲍姆的利益保护方案在批判体系中的潜能问题。Amelung, Rechtsgüterschutz und Schutz der Gesellschaft, 1972, S. 35ff. Sina, Die Dogmengeschichte des strafrechtlichen Begriffs "Rechtsgut", 1962, S. 26f.; Steinberg, Festschrift für Rüping, S. 92ff.; Wohlers, GA 2012, 600, 603ff. 宾丁是被广泛忽视的先行者。Stübinger, Festschrift für Paeffgen, 2015, S. 49, 69ff.

② Kaspar, Verhältnismäßigkeit und Grundrechtsschutz im Präventionsstrafrecht, 2014, S. 351ff.

③ 私人生活形式的核心领域作为入罪的边界。Kaspar, Verhältnismäßigkeit und Grundrechtsschutz im Präventionsstrafrecht, 2014, S. 240f., 439, 447, 508ff; Greco, ZIS 2008, 234, 237f.

④ Huster, Die ethische Neutralität des Staates, 2002.

独立贡献。倘若认为已经形成的法益概念不符合宪法要求,比如将法益范围界定得过于狭窄,就必须予以修正。举例言之,如果从实质的法益概念中得出结论认为,尽管德国《刑法》第183a条(引发公众愤怒)、第130条第3款(否认大屠杀)或者德国《动物保护法》第17条(虐待动物)以适当的、必要的和相当的方式服务于"宪法上的合法目的",可它们却并未保护任何法益,那么,这些刑法构成要件并非不合法,而是实质的法益概念形成有误,需要修正。

基于这一理解,霍恩勒认为法益概念的重要性被高估了,德国刑法学对法益概念的关注,只会分散人们对真正重要的规范问题的关注。① 卡斯帕虽然在原则上对批判立法的法益理论抱有同情和理解,但他也承认,从宪法的角度看,法益概念是可放弃的。②

2. 实质的法益概念作为宪法要求的组成部分

然而,如果法益保护原则不只是从宪法中推导出的结论,而是本身就作为不成文的宪法原则,属于宪法对刑事立法要求的一部分,情况就会有所不同。一些批判立法的法益理论的支持者认为,宪法所要求的合比例性检验必须将实质的法益概念预设为参照点,因为如果没有这个参照点,合比例性检验就仿佛飘在空中而无所凭依。不过,该主张却无法证立实质的法益概念是宪法要求的组

---

① Hörnle, Grob anstößiges Verhalten, 2005, S. 19; Frisch, in: Hefendehl/von Hirsch/Wohlers (Hrsg.), Die Rechtsgutstheorie, 2003, S. 215, 222ff.; Kuhlen, in: von Hirsch/Seelmann/Wohlers, Mediating Principles, 2006, S. 155.
② Kaspar, Verhältnismäßigkeit und Grundrechtsschutz im Präventionsstrafrecht, 2014, S. 242.

第二章　宪法何以能够振兴实质的法益理论　　163

成部分这一观点。① 这是因为,人们可以针对任意一个立法目的进行合比例性检验,唯一前提是立法者可以通过自己制定的规则去追求任意一个目标。② 这意味着,虽然合比例性检验的先决条件是在形式法益概念上识别法益,但决不是也要在实质法益概念上识别法益。③

然而,罗克辛和许乃曼还有进一步的思考,旨在证明法益保护原则是宪法对刑事立法要求的组成部分。在他们看来,实质的法益概念产生于启蒙哲学的国家论观念,更确切地说,是社会契约的各种理论,而这些理论又是德国《基本法》的思想史基础。④ 在实质法益概念的推导中,首先符合上文提到的许乃曼的前实证论证。不过,参照宪法的思想史起源,人们不再宣称法益概念具有自然法上的效力,相反,可以"从国家哲学的前实证理念中推导出的"实质法

---

①　Hassemer, Festschrift für Androulakis, S. 217; Hassemer/Neumann, in: Nomos Kommentar zum StGB, 4. Aufl., 2013, Vor § 1 Rn. 119d; Hefendehl, GA 2007, 1, 2; Rudolphi/Jäger, in: Systematischer Kommentar zum StGB, 144. Lfg. 2014, Vor § 1 Rn.11.

②　这并不是说其他宪法规定就不能在立法者选择目标时为其设定界限,而只是说合比例性检验并不需要对特定目的(实质法益)作出限制。

③　就此而言,当德国联邦宪法法院在"乱伦案判决"中否认批判立法的法益理论之于宪法的重要性,但同时又事先提到刑法"作为法益保护的'最后手段'"时,其间并不存在矛盾。BVerfGE 120, 224, 240. 换言之,这里使用的不是实质的法益概念,而是形式的法益概念。不过也有认为其中存在矛盾的观点。Noltenius, ZJS 2009, 15, 17; Roxin, StV 2009, 544, 545; Rudolphi/Jäger, in: Systematischer Kommentar zum StGB,Vor § 1 Rn. 11. 作出这种评价的原因可能是,批判立法的法益理论的支持者在思考时并不总是充分区分形式的法益概念和实质的法益概念。在哈塞默尔的文章(Hassemer, Festschrift für Androulakis)中,这一不足尤为明显。

④　Roxin, Festschrift für Hassemer, S. 578; Schünemann, in: Hefendehl/von Hirsch/Wohlers (Hrsg.), Die Rechtsgutstheorie, 2003, S. 143; Hassemer, Theorie und Soziologie des Verbrechens, 1973, S. 27 ff.; Steinberg, Festschrift für Rüping, S. 108. 有的观点将启蒙哲学过于笼统地纳入实质的法益理论,批评意见参见 Greco, Lebendiges und Totes in Feuerbachs Straftheorie, 2009, S. 316 ff. 罗克辛也承认,决不能将启蒙哲学统一理解为自由的、个人主义的思想径路。Roxin, Festschrift für Hassemer, S. 576.

益概念,已经通过对启蒙思想的法典化纳入了德国《基本法》。因此,实质的法益概念是具有实证效力宪法的不成文原则,在确定宪法对刑事立法的要求时,自然要予以考虑。①

反对批判立法的法益理论的学者至今还没有充分评估过这一思考,②对此该如何看待?仔细观察,有三个与这一思考绑定的难题,可以称为识别问题、根据问题和中立性问题。

(1) 识别问题

如上所述,学者们对国家论中契约主义的援引非常不具体,无法作为推导内容丰富的前宪法法益概念的基础。根据不同情况下所选择的自然状态或原初状态模型,以及它所依据的人的形象,基于契约论的国家秩序方案将会截然不同。③ 从这个意义上说,仅仅抽象地诉诸社会契约理念可能远远不够。因此,批判立法的法益理论的支持者首先要更为细致地识别契约主义或者其他国家哲学的方案,他们所支持的前实证实质法益概念应当能从这些主义和哲学中推导出来,然后再以可理解的方式说明其中的推导关联性。只要这种具体化还没有实现,他们所主张的实质法益概念就仿佛凭空无依。

---

① 关于实证法深层结构中不成文原则的作用,参见 Koch, ARSP - Beiheft 37 (1990), S. 152, 156ff.

② 将法益保护原则锚定于宪法的理解可以避开这样的反对意见,即批判立法的法益理论迄今为止没有成功证明,实质的法益概念可以合乎逻辑地从宪法原则中推导出来。这是因为,如果将法益保护原则本身理解为不成文的宪法原则,那么它就不用先从其他宪法规则和原则中推导出来。如此一来,批判立法的法益理论自然就面临着一项论证任务,即法益保护事实上作为一项不成文原则,已经被纳入宪法之中。批评意见参见 Appel, Verfassung und Strafe, 1998, S. 374ff.; Dubber, ZStW 117 (2005), S. 485, 506f.

③ 对契约主义范围变化的概述,参见 Kersting, Die politische Philosophie des Gesellschaftsvertrags, 1994.

（2）根据问题

启蒙哲学的国家论观念要想证立前实证的法益概念，就必须从思想史的角度也对德国《基本法》的设计产生实际影响。[1] 当然，要证明哪些具体的启蒙思想塑造了宪法，并不像人们认为的那么容易。虽然启蒙思想与西方宪法传统的联系在制宪会议的磋商中扮演着重要角色，[2]尤其在保障人性尊严和基本权利的讨论中，自然法基础在一般意义上被反复提及，但所援引的内容并不具体，未能细致地探讨各种证立方案以及它们之间在方法和内容上的差异。有些情况下，对哲学根源的反思甚至被明确拒绝。[3] 总体而言，启蒙哲学对宪法具体设计的影响更多是间接性的。虽然启蒙观念在思想史上形塑了德国《基本法》，但其确切影响却很难把握。偶尔遇到这样的论断：宪法之父和宪法之母可能在开会时想到了某个特殊方案，比如康德的方案，但至少在史料中没有发现对这样论断的支持。[4]

（3）中立性问题

即使从启蒙国家哲学理念中成功发展出前实证的实质法益概念，并且它对现行宪法的影响可以得到证明，也无法从中得出结论认为，在解释宪法时能够顺理成章地使用这些观念和从中推导出来

---

[1] 详细分析参见 Hofer, Die ideengeschichtlichen Quellen der Grundrechte des Grundgesetzes, 2004. 扼要概述参见 Dreier, in: ders., Grundgesetz-Kommentar, 3. Aufl., 2013, Vorb. Rn. 1ff.

[2] Der Parlamentarische Rat: 1948-1949, Akten und Protokolle, Band 5, 1993, S. 12, 15, 63.

[3] 关于基本权利，施密特这样解释道，无法"从一种哲学自然法思想的角度出发"推导出某些自然权利。Der Parlamentarische Rat: 1948-1949, Akten und Protokolle, Band 5, 1993, S. 67.

[4] 有的学者就宣称，究其本质，基本法是康德主义的。Schachtschneider, Res publica res populi, 1994, S. VIIf. 批评意见参见 Dreier, JZ 2004, 745, 753f.; Gröschner, JZ 1996, 637.

的法益概念。

除文义解释和体系解释外，基于历史的考察也是公认的解释方法，①霍斯特·德莱尔正确指出，为了深入理解要解释的宪法，原则上就必须追寻和阐发思想史与宪法史的根源。② 此外，且不论个别反对声音，制宪委员会已经在其商讨中处理过这一问题，并明确支持将宪法解释与哲学基础联系起来。③

不过，借助启蒙理念和论证来解释宪法，虽说本身在方法上并无异议，但这并不意味着可以排斥对其他宪法和民主理论的考量。这是因为，各种启蒙哲学的国家论观念在很大程度上都是以某些宗教前提或其他形而上学前提为基础的，比如洛克将设想的前国家个人权利锚定在神创秩序中，④或者像康德所认为的，法权原则是从自我立法之实践理性的形而上学观念中推导出来的。⑤

就宪法理论而言，可以用"不符合德国《基本法》的意识形态中立性"这个理由来反对在宪法解释问题上"诉诸以宗教或形而上学为基础"的观念。⑥ 对于意识形态的中立性，可以在法哲学层面再次援引认识论和民主论的理由。从认识论的角度看，至少值得怀疑

---

① Rüthers/Fischer/Birk, Rechtstheorie, 7. Aufl., 2013, Rn. 778ff.; Müller/Christensen, Juristische Methodik I, 11. Aufl., 2013, Rn. 360ff. 从特殊刑法视角的分析，参见 Simon, Gesetzesauslegung im Strafrecht, 2005, S. 204ff.

② Dreier, JZ 2004, 745, 755.

③ 冯·曼戈尔德就在这个意义上说道，对不可侵犯和不可让与人权的承认，"为解释作出了这样的规定……下列基本权利建立在自然法的根基之上，司法判决在进行解释时可以考虑这个自然法的根基"。Der Parlamentarische Rat: 1948-1949, Akten und Protokolle, Band 5, 1993, S. 64.

④ Locke, Zwei Abhandlungen über die Regierung, 1977 [1689], 2. Abh. Kap. 2 § 6.

⑤ Kant, Metaphysische Anfangsgründe der Rechtslehre [1797/98], Werkausgabe Band VIII, 1977, AB 8ff., 32f.

⑥ Huster, Die ethische Neutralität des Staates, 2002.

第二章 宪法何以能够振兴实质的法益理论

的是,超越逻辑和数学的形而上学信念是不是人类认识的合适对象,是否具有主体间的可验证性?① 至少当代认识论的大部分观点都否认先天综合认识的可能。在这一背景下,最好不要用可能被证明为无解的证立主张来填充宪法解释。

从民主论的角度讲,无论是否赞成对形而上学证立方案的基本怀疑,至少可以认为,即便从长远看,人们也不可能在多元社会中就"最终问题"达成共识。② 罗尔斯正确地指出:"在现代民主社会中发现的宗教、哲学和道德理论的多样性,不只是可能转瞬即逝的历史存在,而是公共民主文化的的持久特征。"③从这个意义上说,"理性多元主义这一事实"④乃自由社会的本质特征。在罗尔斯看来,必须反映、解释和证立自由社会的基本结构,即在独立于宗教、哲学和道德方面的"全球理论"的情况下,必须反映、解释和证立宪法规则、宪法原则和宪法制度所组成的整体。为此,有必要发展出一种独立的方案。⑤

在此背景下,德国《基本法》根据思想史将前实证的实质法益概

---

① Czaniera, Gibt es moralisches Wissen?, 2001, S. 19ff.
② 凯尔森对民主法治国进行了相对主义的证立,而这一洞见正是其证立的基础。Kelsen, Vom Wesen und Wert der Demokratie, 2. Aufl., 1929, S. 98ff.
③ Rawls, Gerechtigkeit als Fairness, 2006, S. 66.
④ Rawls, Politischer Liberalismus, 1998, S. 106f.
⑤ Rawls, Gerechtigkeit als Fairness, 2006, S. 55ff., 63ff., 278ff.; Rawls, Politischer Liberalismus, 1998, S. 76ff.; 219ff. 当然,应当通过何种方式实现这一点,则至少是一个独立报告的主题。罗尔斯本人在此支持贯通论的观点,希望让民主宪制国家政治制度所隐含的思想,与公民"经过深思熟虑的正义判断"达成"思考上的平衡"。Rawls, Gerechtigkeit als Fairness, 2006, S. 59ff.; 基本观点参见 ders., Eine Theorie der Gerechtigkeit, 1975, S. 37f., 67ff. 然而,这一方案似乎并未摆脱循环论证的嫌疑。Engländer, ARSP 2000, 2, 15ff. 作为备选,可以考虑一种遵循霍布斯和休谟的传统,与超越特殊宗教、形而上学或伦理信念的集体利益相联系的方案。

念纳入自身这一命题,具有相当大的证立困难,这给批判立法的法益概念的支持者带来了巨大挑战。只有成功解决上述三个问题,才能证明法益保护原则是宪法对刑事立法要求的独立组成部分。

四、结论

总结:(1)关于法益保护原则的讨论不能在纯概念层面上确定,而只能在规范层面上决定。(2)法益保护原则和以之为基础的实质法益概念的法效力,只能在实证法上,也就是宪法上得到证立。(3)倘若在这一背景下,仅将实质的法益概念理解为从宪法中推导出的结论,那么这只是用一个"关键词"来概括宪法思考的结论而已。而根据这种理解,法益概念就不再能对刑事立法的宪法边界的确立作出独立贡献。此外,这样使用法益概念所带来的危险,远比实际看到的危险要大。将法益概念误解为重要的法律标准并聚焦于此,会使刑法学忽视宪法中真正重要的发展。(4)实质的法益概念根据思想史成为宪法对刑事立法要求的独立部分,这一设想具有相当大的证立困难。能否克服其中的困难,值得怀疑。(5)因此,通过宪法振兴批判立法的法益理论这一希望,可说是梦幻泡影。

第三章
人格法益理论与规范的个人主义 *

一、引言

由温弗里德·哈塞默尔创立,①乌尔弗里德·诺伊曼发展并维护②的人格法益理论,是实质法益理论的一个版本。该理论提出一项要求:确定立法的可允许界限,由此为立法者设定法律上或者至少是刑事政策上的预定标准。③ 该理论指向的是立法

---

* Personale Rechtsgutslehre und normativer Individualismus, in: Frank Saliger (Hrsg.), Festschrift für Ulfrid Neumann zum 70. Geburtstag, 2017, S. 547–559.

① Hassemer, Theorie und Soziologie des Verbrechens, 1973. 进一步参见 ders., Grundlinien einer personalen Rechtsgutslehre, in: Philipps/Schmoller (Hrsg.), Jenseits des Funktionalismus, 1989, S. 85ff.; ders., Strafrechtlicher Rechtsgüterschutz unter der Verfassung, in: Karras u.a. (Hrsg.), FS für Androulakis, 2003, S. 207ff.

② Hassemer/Neumann, in: Kindhäuser u.a. (Hrsg.), Nomos Kommentar, Strafgesetzbuch, 4. Aufl., 2013, Vor § 1 Rn. 131 ff.; Neumann, "Alternativen: keine"-Zur neueren Kritik an der personalen Rechtsgutslehre, in: ders./Prittwitz (Hrsg.), "Personale Rechtsgutslehre" und "Opferorientierung im Strafrecht", 2007, S. 85ff.

③ Hassemer, Theorie und Soziologie des Verbrechens, 1973, S. 22; Marx, Zur Definition des Begriffs „Rechtsgut", 1972, S. 3; Roxin, Strafrecht Allgemeiner Teil, Band I, 4. Aufl. 2006, § 2 Rn. 12.

批判。①

所有实质法益理论的规范核心皆源自法益保护原则。因此,只有保护法益免受侵害和免遭危险的法律上的行为规范,才允许用刑罚来加以捍卫。② 然而,各种实质法益理论之间的争议却在于,为了将保护客体视为法益,必须满足哪些条件? 在这一点上,关于法益保护的讨论就与法哲学、国家理论、宪法理论以及社会理论的基本定位联结在一起。

根据人格法益理论,只有"刑法上具有保护需求的个人利益"③才会作为法益予以考虑。这一理论的基础乃是一种个人主义的、基于利益的合法性概念。④ 因此,和刑法联结在一起的对个体自由的侵犯,最终并不是通过像国家、民族、人民、阶级、社会这样的集体意志、利益或客观价值,而是凭借人类个体⑤的主观愿望、目的

---

① 该理论区别于形式的法益理论,后者只涉及法律构成要件的体系化和解释。Engländer, ZStW 127 (2015), 616, 620 f.

② 实质法益理论的支持者们达成的共识是,并非任意一个由刑罚所捍卫的行为规范的保护对象都属于法益概念。这意味着,至少在概念上,可能的是立法者表决通过的刑罚捍卫手段,面向的是没有保护任何法益的行为规范。

③ Hassemer, Grundlinien einer personalen Rechtsgutslehre, in: Philipps/Schmoller (Hrsg.), Jenseits des Funktionalismus, 1989, S. 91; Hassemer/Neumann, in: Kindhäuser u.a. (Hrsg.), Nomos Kommentar, Strafgesetzbuch, 4. Aufl., 2013, Vor § 1 Rn. 144; Neumann, "Alternativen: keine"-Zur neueren Kritik an der personalen Rechtsgutslehre, in: ders./Prittwitz (Hrsg.), "Personale Rechtsgutslehre" und "Opferorientierung im Strafrecht", 2007, S. 85.

④ Neumann, "Alternativen: keine"-Zur neueren Kritik an der personalen Rechtsgutslehre, in: ders./Prittwitz (Hrsg.), "Personale Rechtsgutslehre" und "Opferorientierung im Strafrecht", 2007, S. 86f.

⑤ 在下文中,人类、个体、个人、主体、人格体以及个人的、主体的、人格的利益,这些概念可以互换。在此研究之外,可能需要精确区分。Günther, Die Person der personalen Rechtsgutslehre, in: Neumann/Prittwitz, "Personale Rechtsgutslehre" und "Opferorientierung im Strafrecht", 2007, S. 15ff.

以及偏好来获得正当性。诺伊曼认为,规范的个人主义①不仅使人格法益理论独具魅力,而且赋予它强大的说服力,使人格法益理论不可替代。②

二、人格法益理论的核心命题

只有当行为规范保护法益免受侵害或免遭危险时,人格法益理论才认为捍卫该规范的刑罚具有合法性。③ 同时,这一理论在规范个人主义的基础上,将法益理解为"刑法上具有保护需求的个人利益"。根据哈塞默尔与诺伊曼的观点,这些利益当然不是被简单发现的,而是"通过规范的社会共识与社会的价值经验"产生的。④ 因此,这些利益乃是社会建构过程的结果,具有历史、地理、经济和文化上的相对性。此外,它们需要刑事立法者的进一步组织安排,⑤不过在这一过程中,刑事立法者却始终与前法律的社会共

---

① von der Pfordten, JZ 2005, 1069ff.
② 参见诺伊曼论文标题:"Alternativen: keine"。
③ 当然,涉及的值得动用刑罚的条件应当是"必要的"而非"充分的"。Hassemer, Theorie und Soziologie des Verbrechens, 1973, S. 214ff; ders., Grundlinien einer personalen Rechtsgutslehre, in: Philipps/Schmoller (Hrsg.), Jenseits des Funktionalismus, 1989, S. 88; Neumann, "Alternativen: keine"-Zur neueren Kritik an der personalen Rechtsgutslehre, in: ders./Prittwitz (Hrsg.), "Personale Rechtsgutslehre" und "Opferorientierung im Strafrecht", 2007, S. 85.
④ Hassemer/Neumann, in: Kindhäuser u.a. (Hrsg.), Nomos Kommentar, Strafgesetzbuch, 4. Aufl., 2013, Vor § 1 Rn. 139f.; Hassemer, Theorie und Soziologie des Verbrechens, 1973, S. 100ff.
⑤ Hassemer, Theorie und Soziologie des Verbrechens, 1973, S. 212f.; Hassemer/Neumann, in: Kindhäuser u.a. (Hrsg.), Nomos Kommentar, Strafgesetzbuch, 4. Aufl., 2013, Vor § 1 Rn. 141.

识绑定在一起；刑事立法者从"社会的虚无"中创造不出任何法益。①

在哈塞默尔与诺伊曼看来，个人主义的、基于利益的基础，显著影响着刑罚合法性的边界。这或许与对集体法益的承认有关。② 如果刑法的任务在于保护"刑法上具有保护需求的"个人利益，那么，就必须"从个人，而不是从社会出发"来进行思考。③ 因此，像环境这样的集体法益，就"应当从个体出发来实现功能化"。④ 因此，只可以将这些集体法益理解为中介的和衍生的。只有在整体利益可以回溯到个人利益，或者对整体利益的保护也有助于个人法益的保护时，这些集体法益才应得到承认。⑤ 也因此，比如以环境具有"自身价值"为由而用刑法对其进行保护，就是不能

---

① Hassemer, Theorie und Soziologie des Verbrechens, 1973, S. 213.

② 对集体法益概念的澄清参见 Greco, Gibt es Kriterien zur Postulierung eines kollektiven Rechtsguts?, in: Heinrich u.a. (Hrsg.), Strafrecht als Scientia Universalis Bd. I, 2011, S. 199, 203. 进一步参见 Hefendehl, Das Rechtsgut als materialer Ausgangspunkt einer Strafnorm, in: ders. u.a. (Hrsg.), Die Rechtsgutstheorie, 2003, S. 119, 126f. Koriath, GA 1999, 561, 564.

③ Neumann, "Alternativen: keine"-Zur neueren Kritik an der personalen Rechtsgutslehre, in: ders./Prittwitz (Hrsg.), "Personale Rechtsgutslehre" und "Opferorientierung im Strafrecht", 2007, S. 86. 可以找到的相反看待方式，例如 Binding, Die Norm und ihre Übertretung Bd. I, 4. Aufl. 1922, S. 353ff.

④ Hassemer, Grundlinien einer personalen Rechtsgutslehre, in: Philipps/Schmoller (Hrsg.), Jenseits des Funktionalismus, 1989, S. 90; Hassemer/Neumann, in: Kindhäuser u.a. (Hrsg.), Nomos Kommentar, Strafgesetzbuch, 4. Aufl., 2013, Vor § 1 Rn. 132.

⑤ Hassemer, Theorie und Soziologie des Verbrechens, 1973, S. 233; ders., Grundlinien einer personalen Rechtsgutslehre, in: Philipps/Schmoller (Hrsg.), Jenseits des Funktionalismus, 1989, S. 90ff; Hassemer/Neumann, in: Kindhäuser u.a. (Hrsg.), Nomos Kommentar, Strafgesetzbuch, 4. Aufl., 2013, Vor § 1 Rn. 132ff.; Neumann, "Alternativen: keine"-Zur neueren Kritik an der personalen Rechtsgutslehre, in: ders./Prittwitz (Hrsg.), "Personale Rechtsgutslehre" und "Opferorientierung im Strafrecht", 2007, S. 91.

允许的。法益只能是"人类生存条件的集合"①。

换言之,从人格法益概念出发,就应产生一种法益的价值等级秩序。② 如果只有对个人利益有所助益,旨在保护集体法益的刑法规定才能获得正当性,那么,相应的犯罪行为在合法性理论上就决不会是实害犯,而只能是单纯的危险犯。例如,污染水域的行为引起了环境的损害,符合德国《刑法》第 324 条的规定,虽然这看起来是实害犯,但是在合法性理论上,按照人格法益理论,它却至多是一种抽象的对个体生命与健康的危险。根据哈塞默尔与诺伊曼的观点,这意味着旨在保护集体法益的刑法规定,已经将处在侵害个人法益前阶段的行为犯罪化,就此而言,特别的合法性要求正在左右着这些刑法规定。③

三、人格法益理论的还原论方案

集体法益要"从个体出发来实现功能化",并由此被理解为中介的和衍生的,通过这一要求,人格法益理论代表了一种还原论方案。该理论拒绝接受集体利益,因而采取了一种前后一贯的个人主

---

① Hassemer, Grundlinien einer personalen Rechtsgutslehre, in: Philipps/Schmoller (Hrsg.), Jenseits des Funktionalismus, 1989, S. 92; Hassemer/Neumann, in: Kindhäuser u.a. (Hrsg.), Nomos Kommentar, Strafgesetzbuch, 4. Aufl., 2013, Vor § 1 Rn. 136.

② Hassemer, Grundlinien einer personalen Rechtsgutslehre, in: Philipps/Schmoller (Hrsg.), Jenseits des Funktionalismus, 1989, S. 92; Hassemer/Neumann, in: Kindhäuser u.a. (Hrsg.), Nomos Kommentar, Strafgesetzbuch, 4. Aufl., 2013, Vor § 1 Rn. 137.

③ Hassemer, Grundlinien einer personalen Rechtsgutslehre, in: Philipps/Schmoller (Hrsg.), Jenseits des Funktionalismus, 1989, S. 92; Hassemer/Neumann, in: Kindhäuser u.a. (Hrsg.), Nomos Kommentar, Strafgesetzbuch, 4. Aufl., 2013, Vor § 1 Rn. 137.

义立场。这里的集体利益,是指超越集体成员的利益而存在的、值得用刑法去保护的利益。在更仔细的观察中,人格法益理论的支持者们在此宣扬的是两种不同版本的还原主义:①一种是将集体利益回溯至个人利益;②另一种是集体法益回溯至个人法益。③ 在下文中,应当将第一种版本的还原主义为利益还原主义,将第二种版本的还原主义称为法益还原主义。

哈塞默尔与诺伊曼认为,还原主义的两种版本似乎是相同的。因此,他们时而依据这一种,时而依据那一种。可是,两种版本事实上却截然不同。对于人格法益理论,当人们将其核心原则的可论证性纳入视野范围时,集体利益就不可以根据它的自身价值来获得保护,而是始终只能到这种程度为止:集体利益涉及的是人类自由发展的各种条件,亦称工具主义原则。

按照哈塞默尔与诺伊曼的观点,工具主义原则应当是还原论方案的结果。然而,在更加确切的观察中却可以发现,利益还原主义无论如何也无法独自得出相应的结论。这是因为,倘若所有的利益都必须回溯至个人利益,就意味着集体利益的值得保护性无法凭借其自身价值来获得正当性,这种自身价值应当在无关个人愿望、目

---

① Greco, Gibt es Kriterien zur Postulierung eines kollektiven Rechtsguts?, in: Heinrich u.a. (Hrsg.), Strafrecht als Scientia Universalis Bd. I, 2011, S. 204. 然而,也许是另一种形式的区分。

② Hassemer, Grundlinien einer personalen Rechtsgutslehre, in: Philipps/Schmoller (Hrsg.), Jenseits des Funktionalismus, 1989, S. 90ff; Hassemer/Neumann, in: Kindhäuser u.a. (Hrsg.), Nomos Kommentar, Strafgesetzbuch, 4. Aufl., 2013, Vor § 1 Rn. 132.

③ Hassemer, Grundlinien einer personalen Rechtsgutslehre, in: Philipps/Schmoller (Hrsg.), Jenseits des Funktionalismus, 1989, Vor § 1 Rn. 132; Neumann, "Alternativen: keine"-Zur neueren Kritik an der personalen Rechtsgutslehre, in: ders./Prittwitz (Hrsg.), "Personale Rechtsgutslehre" und "Opferorientierung im Strafrecht", 2007, S. 91.

第三章　人格法益理论与规范的个人主义

的以及偏好的情况下与集体利益相适应。同时,援引与个人利益相分离的集体(国家、民族、人民、社会等)利益,也不能作为合法性的论证方案,但也不能得出结论认为,只要集体利益是个人追求目的的手段,个人就始终对这一利益有需求。比如,坚定的环境保护者之所以想保持环境的完好无损,不仅因为他们认为健康是生存的前提,而且因为他们将其理解为脱离于人类存在的目的本身。同样,虔诚的信徒也愿意认为,对宗教价值的坚定尊重本身就具有价值,并且值得保护。不仅如此,人们还可能对社会禁忌的坚决维护产生一种非工具性的需求。① 原则上,个人利益能够指向任何一种事实;②没有客体、身份、状况或者事件可被排除个人利益的范畴。③ 此外,这也适用于情感的保护,实质法益理论经常以此为例,认为它违反了法益保护原则。④ 因此,不能以基本不影响个人利益为由来论证情感保护的非法性。

如果从利益还原主义推导不出工具主义原则,那就意味着被人格法益理论所采纳的法益价值等级秩序,也同样无法独自通过工具主义来获得正当性。只要个体对某种集体利益具有直接的、非工具性的需求,就不能用其中的个人利益价值来衡量集体利益价值,甚

---

① Kubiciel, Die Wissenschaft vom Besonderen Teil des Strafrechts, 2013, S. 70.
② Hoerster, Wie lässt sich Moral begründen?, 2014, S. 95; Koriath, GA 1999, 564.
③ 可以想见,某一特定社会中的成员只在集体利益服务于个人发展的范围内,才会事实上对集体利益有需求。工具主义原则由此获得正当性。当然,相应的利益境况可能具有纯粹的个别性,不足以论证工具主义原则的普遍性,但普遍性却是人格法益理论所倡导的。倘若以规范的个人主义为根据,那么工具主义原则就应完全脱离具体的利益境况,从而无例外地有效。
④ Roxin, Strafrecht Allgemeiner Teil, Band I, 4. Aufl. 2006, § 2 Rn. 26 ff. 包括一种对于威胁感的例外。

至可以说二者毫无关联。在这种情况下,无法确定集体利益的分量从属于个人利益。① 申言之,集体利益的损害决不是一种对个人利益的危险,因此也就不是一种处在"实际"利益侵害前阶段的犯罪,倒不如说是对非工具性利益的直接侵害。例如,有一个环境保护者的法律共同体,希望为了环境本身而去保护环境,在该共同体中,水污染在合法性理论上是一种实害犯,并且应当认为,这种实害犯完全不取决于是否损害个体生命和健康。

只要这些集体利益不是个人追求利益的手段,人格法益理论的支持者们就可能以基本上不合法为由,理所当然地拒绝集体利益的刑法保护需求,并由此坚持工具主义原则。而且,他们也可能将一些主观需求,比如情感的保护,认定为基本上不值得保护。当然,这种观点以一种用于评价的规范性标准及其对个人利益的筛选为前提,因而无法从利益还原主义中产生出来,可能还需要独立的根据。② 就算人们自始就这样定义"个人利益",即"并不是每一种主观需求都是个人利益",也不会产生任何改变,因为在这种情况中无疑还需要单独的论证,为什么只有在这种狭义概念中理解个人利益,个人利益才值得用刑法去保护?

如果人们支持法益还原主义而不是利益还原主义,那将展现另一种局面。倘若集体法益必须回溯至个人法益,而不是某种纯粹的个人利益,那么,只有在刑法能够同时通过某种方式保护个人法益

---

① 个体对集体利益的需求当然可以是纯工具性的,也可能经常如此。在这些情况下,被人格法益理论所采纳的价值等级秩序就被证明是有根据的。但再次有效的是,相应的利益境况具有纯粹的个别性,因此不能获得普遍化。

② Kubiciel, Die Wissenschaft vom Besonderen Teil des Strafrechts, 2013, S. 70.

的情况下,其保护才在事实上具有合法性。就此而言,工具主义原则和由此联结在一起的法益价值等级秩序,实际上都是从还原论方案中推导出来的。然而,对于如何论证这种法益还原主义而言,规范个人主义的基本原则并不充分,因为个体完全可以对某些集体利益的保护有需求,而这些集体利益却又根本不取决于它们的工具价值,此处的工具价值,是指对集体利益的保护有利于维护该集体中的个人利益或者周边的个人利益。如果不考虑这些需求,就意味着法益还原主义隐含地以规范性的评价标准为基础,该标准会筛选个人利益,并将人们对集体利益的非工具性需求认定为不具有合法性上的重要性,从而不予考虑。这又一次引起了关于这种标准的可证立性疑问。

目前为止,作为思考的阶段性结论,无论如何都应该坚持的是,虽然利益还原主义是从规范个人主义的基本原则中推导出来的,亦即只有凭借人类的个人利益,限制自由的诫命和禁令才能获得正当性,但是,利益还原主义却并不足以论证人格法益理论的工具主义原则。相反,虽然法益还原主义可以赋予工具主义原则正当性,但这一原则却并不是从规范个人主义的基本原则中产生的,还需要某种独立的根据。

四、人格法益理论的利益论基础

如果主观利益基本上能够指向任何一种世界状态,那么根据规范个人主义的基本原则,每一种世界状态都会被首先视为值得保护的法益,至少在人类行为可以影响法益的存在或者不存在的范围内。问题只在于,原则上可能成为法益的情况数不胜数,要由谁来决定,其中的哪些情况应被实际提升到受法规范保护的状态,也就是必要时通过刑罚来捍卫的对象?对该问题而言,一个初看上去十分明了的答案是,在民主国家,议会制的或者直接民主制的立法者会挑选值得保护的利益。① 对此,倘若这个民主国家同时是一个自由的宪法国家,那么通过个体的基本权利和其他宪法原则,立法者就会受到一定条件的制约。②

当前,人格法益理论极力主张,要为立法者设定规范性的预定标准。根据这一理论设想,立法者的选择权能是有限的,也就是说,不取决于实证法上存在的宪法限制。立法者不能随意地将任何一种个人利益创制为法益。尤其是立法者只可在借助刑法规定的范围内保护普遍法益,就像对这一法益的保护同时有利于个人法益的保护那样。当然,这里的前提是,人格法益理论能够在规范个人主义的基本原则之外提出有理有据的评价标准,这一标准会为刑事立法者的利益筛选设定合适的界限。因此,可以提出三个问题:(1)应当是哪些标准?(2)这些标准能否在事实上论证人格法益理论的观点?(3)这些标准自身能否被论证?

---

① BVerfGE 120, 224, 241f.; Gärditz, Strafbegründung und Demokratieprinzip, Der Staat 49 (2010), 331ff.; ders., Staat und Strafrechtspflege, 2015, S. 39ff.; Pawlik, Das Unrecht des Bürgers, 2012, S. 102ff.; Stuckenberg, GA 2011, 653, 658ff. 将实质法益理论归属于前民主思想。Hassemer/Neumann, in: Kindhäuser u.a. (Hrsg.), Nomos Kommentar, Strafgesetzbuch, 4. Aufl., 2013, Vor § Rn. 119a.; Martins, ZStW 125 (2013), 234ff.; Roxin, GA 2013, 443, 449ff.

② 卢梭的传统民主理论揭示出,民主国家和自由的宪法国家并非必然相伴,该理论拒绝个体对民主共同体的防卫权。Engländer, Diskurs als Rechtsquelle, 2002, S. 112ff.

第三章 人格法益理论与规范的个人主义

首先思考基本的理性标准,即"每个希望理性追求自己利益的人都必须予以重视的"一些条件。而所有不符合这些标准、条件的利益,都不值得保护。这或许会涉及一些利益,它们与更高层级的或者通常更重要的利益相冲突。也就是说,对这些利益的追求可能会妨碍更高层级、更重要利益的实现。此外,可能还有一些利益隐含地以对现实的虚伪接受为基础,比如魔法力量的作用等。虽然可以认为,这种追求利益的基本理性标准具有良好的理由,对它们的无视是有代价的,但是,为了使本质上广泛的、被人格法益理论所宣扬的刑事立法界限获得正当性,这些标准自然是不充分的。所以,比如环境保护者的非工具性利益,即为了环境自身而去保护环境,就不是理所当然的非理性;①倘若这对于环境保护者们是一种特别重要的目的,那对他们而言,投票支持刑法的保护便是完全理性的。

因此,为了论证人格法益理论,就需要其他筛选标准。倘若人们不想回溯至有疑问的自然法构想即"客观上"值得保护的利益,那又应当是哪些标准,以及这些标准应当源于哪里?哈塞默尔使"规范的社会共识"这一思想在此发挥作用。② 与之相应,"社会的价值经验"③和通过"历史性、连续性的结构"④来识别的、自我变

---

① 倘若利益以一种经验上对自然的不恰当理解为根据,那么对它的追求当然就是非理性的。这决不是必然的情况。
② Hassemer, Theorie und Soziologie des Verbrechens, 1973, S. 221ff.
③ Hassemer, Theorie und Soziologie des Verbrechens, 1973, S. 226; ders., Grundlinien einer personalen Rechtsgutslehre, in: Philipps/Schmoller (Hrsg.), Jenseits des Funktionalismus, 1989, S. 92f.
④ Hassemer, Theorie und Soziologie des Verbrechens, 1973, S. 230.

化的"文化史语境",①就应是法益构造的框架。本质上,哈塞默尔的论据有两个:其一,立法不可能采取超越语境的立场,必然在这种语境中活动;②其二,无视社会价值经验的法益政策会制造或者加剧冲突,而不会解决冲突。③

然而,"规范的社会共识"这一混乱的、摇摆于事实与规范之间的概念,却并不适合提供哈塞默尔所宣称的证立功能。④ 首先,每种规范产生的过程,以及由此而来的每一种法益构造,都是在一个特定的文化史语境下产生的,该情形只是一种社会事实,从中推导不出规范的预定标准。⑤ 这一情形根本没有说明,在创制法益时,立法者应当在何种程度上"尽其所能地"反映、证实、改变或者完全超越"社会的价值经验"和"历史性、连续性的结构"。其次,认为与"社会价值经验"相去甚远的刑法规定具有潜在的冲突,这一观点也不再是对立法者的建议,无法使立法者在规则贯彻方面注意规范接收者的可接受性。特别是哈塞默尔根本就没有说明"规范的社会共识"的实际状况到底在多大程度上包含着人格法益理论,从现有理由中也不能充分地看出当下的"社会价值经验"与规范个人主义的基本原则相适应。⑥

---

① Hassemer, Theorie und Soziologie des Verbrechens, 1973, S. 227ff..
② Hassemer, Theorie und Soziologie des Verbrechens, 1973, S. 239f.
③ Hassemer, Theorie und Soziologie des Verbrechens, 1973, S. 241.
④ Koriath, GA 1999, 581ff.
⑤ 哈塞默尔可能有不同的看法,原因也许是他想放弃实然与应然的区分。Hassemer, Theorie und Soziologie des Verbrechens, 1973, S. 103ff. 因此,尤其在诠释哲学和所谓的批判理论的背景下,他继承了一种广为流行的观点。批评意见参见 Keuth, Wissenschaft und Werturteil, 1989, S. 69ff.
⑥ Hassemer, Theorie und Soziologie des Verbrechens, 1973, S. 231f.

第三章 人格法益理论与规范的个人主义

马丁斯进一步论证建议,①将法益理论和法的商谈理论②联结在一起。据此,利益的筛选应当在法律制定的民主商谈中实现。③ 当然,不可在相对主义的意义上将这一观点理解为,在放弃提出某些真理性、正确性要求的情况下,人们通过议会多数表决的方式,于不同观点中形成妥协的机械过程。④ 倒不如说,在制定法律的商谈中,涉及一种根据特定商谈规则的沟通,⑤这种沟通具有社会广泛性,包括所有可能的相关人员在内。⑥ 在这一沟通中,人们会对实质正确性的要求进行磋商,同时在刑法问题方面,人格法益理论还是一种"反馈机制"。⑦ 个人法益的思想展现了一种"证立模式",⑧这种证立模式为"刑法规范的论证商谈理性化"作出了贡献。⑨

可是,这还没有回答那个问题,即在制定法律的民主商谈中,应当根据什么标准来确定值得保护的利益?在此,马丁斯称之为利益的普遍化能力,只有拥有"一定程度普遍性"的利益才可能进入考

---

① Martins, ZStW 125 (2013), 234ff.; ders., Die personale Rechtsgutslehre als demokratische Schranke, in: Asholt u.a. (Hrsg.), Grundlagen und Grenzen des Strafrechts, 2015, S. 79ff.

② Habermas, Faktizität und Geltung, 4. Aufl. 1994.

③ Martins, ZStW 125 (2013), 253.

④ Martins, ZStW 125 (2013), 241f.

⑤ Martins, ZStW 125 (2013), 245ff.

⑥ Martins, ZStW 125 (2013), 242.

⑦ Martins, ZStW 125 (2013), 249.

⑧ Martins, Die personale Rechtsgutslehre als demokratische Schranke, in: Asholt u.a. (Hrsg.), Grundlagen und Grenzen des Strafrechts, 2015, S. 88.

⑨ Martins, Die personale Rechtsgutslehre als demokratische Schranke, in: Asholt u.a. (Hrsg.), Grundlagen und Grenzen des Strafrechts, 2015, S. 83.

虑范围。① 当然,属于这一范围的不应只是那些在高标准道德意义上具有普遍可能性的利益,那些仅在某种生活形式,比如在某种经济类型的背景下才会产生的利益,也可能具有足够的普遍性,只不过情感保护的利益、贯彻某种伦理生活方式的利益或者保卫某种宗教观的利益,都可能被排除在外。②

然而,这种论证方法却同样不具有说服力。首先,它将法的商谈理论建立在社会哲学和法哲学的构想之上,这一构想在原则上遭到彻底反对。③ 此外,可普遍性要求也存在很多显著困难。一方面,什么时候认为某种利益能够普遍化?④ 如果从每一个人的视角出发,多数个体都拥有相同的利益,在马丁斯看来,这并不足够。因为容易想到的是,多数人会对某些情感的保护、一定的宗教价值或者通常的文化价值的尊重有需求,上述偏好应当恰好就是一些无法通过可普遍性测试的利益。在核心立场上,马丁斯并不清楚,倘若在商谈伦理学的道德原则⑤的意义上不能要求一种高标准的可普遍性,那它们又必须满足哪些进一步的前提? 另一方面,这些困难还会涉及可普遍性要求的根据。可普遍性要求究竟应该从哪里产

---

① Martins, Die personale Rechtsgutslehre als demokratische Schranke, in: Asholt u.a. (Hrsg.), Grundlagen und Grenzen des Strafrechts, 2015, S. 94.

② Martins, Die personale Rechtsgutslehre als demokratische Schranke, in: Asholt u.a. (Hrsg.), Grundlagen und Grenzen des Strafrechts, 2015, S. 94f.

③ Engländer, Diskurs als Rechtsquelle, 2002; Gril, Die Möglichkeit praktischer Erkenntnis aus Sicht der Diskurstheorie, 1998; Steinhoff, Kritik der kommunikativen Rationalität, 2006.

④ 基础是可普遍性的原则及其始终在道德领域内的意义类型。Mackie, Ethies, 1977, S. 83ff.

⑤ Habermas, Diskursethik-Notizen zu einem Begründungsprogramm, in: ders., Moralbewusstsein und kommunikatives Handeln, 4. Aufl. 1991, S. 53, 73 ff.

第三章 人格法益理论与规范的个人主义

生,是从一般的商谈原则中、①从政治论证的"不具有欺骗性的前提"中、②从商谈理论的民主原则中产生,③还是从其他前提中产生?④ 对此,马丁斯什么也没说,他的普遍化要求在论理上就如同悬浮在空中一般。最后,同样不清楚的是,为什么对集体利益的非工具性需求理应不具有可普遍性? 对于人格法益理论的工具性原则和由此与之联结在一起的法益价值等级秩序,马丁斯也没能给出坚实的理由。

因此,人格法益理论的支持者们现在无法提供一个有理有据的利益筛选标准,在他们具有代表性的理解中,人格法益保护原则是建立在这种标准之上的。显然,这并没有最终反驳人格法益理论。在此,从所提出的反对这一理论的意见中,推导不出这样的结论,即根据规范个人主义,对人格法益理论的证立原则上是不可能的。不过,这些反对意见却揭示出当前存在的证立漏洞。如果人格法益理论的支持者们依然想坚持他们的立场,那么他们就必须说明这些漏洞能够填补以及如何填补。

---

① Habermas, Faktizität und Geltung, 4. Aufl. 1994, S. 138.
② Alexy, Theorie der juristischen Argumentation, 2. Aufl. 1991, S. 233ff.; Habermas, Diskursethik-Notizen zu einem Begründungsprogramm, in: ders., Moralbewusstsein und kommunikatives Handeln, 4. Aufl. 1991, S. 97ff.
③ Habermas, Faktizität und Geltung, 4. Aufl. 1994, S. 141.
④ 在商谈伦理的道德原则那里,会产生相应的论证困难。自第一份论证文献开始,人们就在不同的文本中发现,伦理学的商谈者采纳了完全不同的前提,这些前提应当能够实现他们的推导。当然,在结果上,没有一种证立努力有说服力。Engländer, Diskurs als Rechtsquelle, 2002, S. 70ff.; ders., Diskursethik-Auflösung eines Begründungsprogramms, in: Hilgendorf (Hrsg.), Wissenschaft, Religion und Recht, 2006, S. 273, 279ff.

五、人格法益理论的约束力要求

最后提出的问题是,哪种约束力要求是与人格法益理论联结在一起的?这是因为,若想通过人格法益理论来为立法者设定界限,该界限可能一方面需要理解为法律的限制,另一方面仅需要理解为伦理的或者刑事政策的限制。遗憾的是,对人格法益理论的拥护者们而言,在这一点上的看法相当不明确。[①] 一方面,法益保护原则仅具有刑事政策的意义:在法益保护原则那里,涉及的只是一种理性刑事政策的要求。[②] 另一方面,哈塞默尔与诺伊曼解释道,不能"不借用"法益理论来作出关于刑法合宪性的决定;[③]法益乃刑罚威慑必要的、宪法上坚实的基础。[④] 因此,他们主张的并不只是一种刑事政策上的指引功能,而是与联邦宪法法院相反[⑤]的一种法益保护原则的法律约束力。哈塞默尔甚至进一步宣称,不保

[①] 有学者在法律上指责人格法益理论的支持者们在其论据中存在矛盾心理,他们也批评其他实质法益思想的类型。Appel, Verfassung und Strafe, 1998, S. 351; Stuckenberg, GA 2011, 653, 657. 近似的论证也始终不清不楚。Roxin, Zur neueren Entwicklung der Rechtsgutsdebatte, in: FS Hassemer, 2010, S. 573, 584f. 法益保护原则指向的"首先"是立法者,同时也会提出一项刑事政策的要求,从中推导出的结果并不能"在所有情况下"都主张宪法的约束力。

[②] Hassemer/Neumann, in: Kindhäuser u.a. (Hrsg.), Nomos Kommentar, Strafgesetzbuch, 4. Aufl., 2013, Vor § 1 Rn. 119a; Hassemer, Grundlinien einer personalen Rechtsgutslehre, in: Philipps/Schmoller (Hrsg.), Jenseits des Funktionalismus, 1989, S. 92.

[③] Hassemer/Neumann, in: Kindhäuser u.a. (Hrsg.), Nomos Kommentar, Strafgesetzbuch, 4. Aufl., 2013, Vor § 1 Rn. 119d.

[④] Hassemer, Strafrechtlicher Rechtsgüterschutz unter der Verfassung, in: Karras u.a. (Hrsg.), FS für Androulakis, 2003, S. 223.

[⑤] BVerfG 120, 224, 241f.

护法益的刑法规定就是"国家恐怖主义"。① 当然，如果人们以一种形式的法益概念为基础，也就是有这样一些存在问题的刑法规定，刑事立法者根本不用这种法益概念去追求保护目的，就此而言，这些规定完全是恣意的，那么哈塞默尔的这一观点或许就是正确的。可这又会使人产生一种极为夸张的感觉，好像人格法益理论的要求极高，一切没有满足该要求的刑法规定都会被立即打上"国家恐怖主义"的烙印。②

更强力的论点无疑是对法律约束力要求的主张，应当先对它进行研究。然而问题在于，刑事立法者与人格法益保护原则在法律上的绑定是以什么为基础的？首先可以想到的也许是一种前实证的论证方法，③不过该方法却暗含着自然法或者理性法的观察方式。在存在论和认识论方面，这种观察方式遭到彻底的反对。④ 作为没有这种哲学基本问题负担的替代方案，可以考虑一种宪法上的证立技巧。在人的法益理论及其他实质法益理论的追随者那里，这一证立技巧享有极大声誉。比如哈塞默尔就认为，法益保护原则可以与宪法上的禁止过度原则无缝衔接：⑤如果没有法益保护原则，禁止

---

① Hassemer, Strafrechtlicher Rechtsgüterschutz unter der Verfassung, in: Karras u.a. (Hrsg.), FS für Androulakis, 2003, S. 223.
② 哈塞默尔在多大程度上想事实上提出这种主张，并不清楚，因为他没有充分区分形式的法益概念和实质的法益概念。
③ 关于实质法益论与人格法益理论的"约束力要求"作者采用了某些相同的论证。参见本书第 142—144 页。——译注
④ Engländer, ARSP 2004, 86ff.
⑤ Hassemer, Strafrechtlicher Rechtsgüterschutz unter der Verfassung, in: Karras u.a. (Hrsg.), FS für Androulakis, 2003, S. 223.

过度原则在刑法上的重建就不可能。①

问题自然在于如何理解宪法锚定的这一理念。一方面,人格法益保护原则应当从宪法中推导出来,其功能是用一个概念去说明一种保护客体,根据基本法的预定标准,可以通过由刑罚所捍卫的行为规范来对这种客体进行保护。然而,这一理解可能导致的结论是,人格法益理论只概括出了其他有根据的宪法思考结果,却没有为刑事立法的宪法界限作出独立贡献。因此,对刑罚界限的根据而言,人格法益保护原则至少是可以放弃的;最终涉及的只不过是一种关于处在其背后的宪法思考的"口号"而已。这种对人格法益理论的"谦逊"理解,难以符合其支持者们的意图,他们将一项清晰广泛的宪法要求与自己的意图结合在一起。

另一方面,宪法锚定的理念可能意味着,人格法益保护原则作为一项不成文的宪法基本原则,应当属于刑法必须满足的宪法要求。在此,人格法益理论的支持者们提出了检验技术和思想史两方面的论证。

先看检验技术方面的论证。根据哈塞默尔与诺伊曼的观点,只有当前提是作为基准点的法益时,宪法所要求的合比例性检验才是可能的;如果没有法益,合比例性检验就会被架空。② 不过人们却

---

① Hassemer, Strafrechtlicher Rechtsgüterschutz unter der Verfassung, in: Karras u.a. (Hrsg.), FS für Androulakis, 2003, S. 217.

② Hassemer, Strafrechtlicher Rechtsgüterschutz unter der Verfassung, in: Karras u.a. (Hrsg.), FS für Androulakis, 2003, S. 217; Hassemer/Neumann, in: Kindhäuser u.a. (Hrsg.), Nomos Kommentar, Strafgesetzbuch, 4. Aufl., 2013, Vor § 1 Rn. 119d; Martins, Die personale Rechtsgutslehre als demokratische Schranke, in: Asholt u.a. (Hrsg.), Grundlagen und Grenzen des Strafrechts, 2015, S. 84; 实质法益思想的近似版本,参见 Hefendehl, GA 2007, 1, 2; Rudolphi/Jäger, in Systematischer Kommentar zum Strafgesetzbuch, 8. Aufl. Stand Dez. 2014, Vor § 1 Rn. 11.

第三章　人格法益理论与规范的个人主义

无法用这一思考来证立人的法益保护原则。这是因为,考虑到每种立法目的的任意性,合比例性检验不可能被贯彻执行。换言之,立法者完全可以用他们自己的规则去追求任何一种目标。这意味着,虽然在形式法益概念的意义上,合比例性检验取决于法益的识别,但是在人的或者其他实质的法益概念的意义上,却并非如此。

再看思想史方面的论证。为了论证人格法益理论在宪法上的重要性,哈塞默尔进一步提出,人格法益保护原则产生自启蒙哲学中的国家学构想,这些构想也许是基本法的思想史基础。因此,该思想表明,通过启蒙思想在宪法中的法典化,人格法益理论已被并入这些构想之中。不过,这种证立技巧也同样没有说服力。首先,为了证立法益保护原则,人们会概括性地参照完全不统一的启蒙哲学,可在证立方面,上述证立技巧的支持者们却至今都没有超越这种参照,无论如何都还没有作出一种可以理解的推导关系说明。[①] 其次,要证明哪些具体的启蒙思想塑造了宪法,并非易事,因而这种证立方式只是部分地得到认可。总之,对德国《基本法》的具体设计而言,倒不如说启蒙哲学的影响是间接的。因此,人们所宣称的思想史根基能被完全证明,就显得十分可疑。最后,国家哲学的构想在很大程度上以宗教的或者其他形而上学的前提为基础,回溯到这一构想的做法,难以和德国《基本法》的中立世界观协调一致。

立法者与人格法益保护原则在法律上的绑定,终归是应当否定的。因此,只剩下一种可能,那就是应该将人格法益理论理解为理性刑事立法政策的指导思想。不过,它的前提却是要先填补现有的

[①] Schünemann, ZIS 2016, 654, 662. 当然,许乃曼认为"哲学的精致在契约主义的不同类型中"是不重要的,因此,他相信一般性地参照贝卡里亚的和法国革命宪法中的社会损害思想,也就足够了。

证立漏洞。当然,对该方案的支持者们来说,这一前提能否成功实现,目前尚无定论。

六、结论

即使人们要得出一个结论,该结论也是可疑的。人格法益理论的核心命题,至今都没有被有理有据地充分证明过。诺伊曼教授认为,理性的刑事立法政策必须以规范的个人主义的基本原则为出发点,但这种观点恰好是存在疑问的。不过,仍然应当称赞诺伊曼教授令人印象深刻的法学创造力,在此背景下,希望他能够原谅笔者的这些批评意见。当然,将我们联结在一起的是对批判理性主义[1]的基本赞同,尽管评价的具体细节可能不尽相同。批判理性主义无法在"对承认的寻求中",而只是在"批判性检视的原则下",才可以看到科学知识的动力。[2] 只有通过求真务实的批判性讨论,才能更好地理解问题情境,并获得可供考虑的、暂时的答案。也就是说,在一些情况中我们无法达成共识。[3]

---

[1] 对法学中虚伪模型的可适用性的友好质疑,参见 Neumann, Juristische Argumentationslehre, 1986, S. 39ff.; ders., Wissenschaftstheorie der Rechtswissenschaft, in: Hassemer u.a. (Hrsg.), Einführung in die Rechtsphilosophie und Rechtstheorie der Gegenwart, 9. Aufl. 2016, S. 351, 356ff.

[2] Albert, Traktat über kritische Vernunft, 5. Aufl. 1991, S. 35ff.

[3] Popper, Duldsamkeit und intellektuelle Verantwortlichkeit, in: ders., Auf der Suche nach einer besseren Welt, 1987, S. 213, 225.

第四章
拉德布鲁赫的刑法中的行为概念*

一、关于刑法中的行为概念的讨论

古斯塔夫·拉德布鲁赫的教授资格论文以刑法中的行为概念为主题,①这篇论文被认为是古典犯罪论的范本之一,在刑法中具有不同凡响的价值,更确切地说,具有实质性的、塑造性的和经久不衰的地位,也切合"刑法的体系基础与方案"的主题。不过,拉氏之论也不免让我们产生某种程度的疑虑,他所谓自然的或者因果的行为概念(行为是"通过某种……意志活动引起的身体运动"②)不只是没有新意——从他的学术导师弗兰茨·冯·李斯特和恩斯特·

---

* Der strafrechtliche Handlungsbegriff bei Gustav Radbruch, in: Frauke Rostalski (Hrsg.), *Grundlagen und Konzepte des Strafrechts: Zur Leistungsfähigkeit von Straftatsystem*, 2021, S. 153-164.

① Radbruch, Der Handlungsbegriff in seiner Bedeutung für das Strafrechtssystem, 1904.

② Radbruch, Der Handlungsbegriff in seiner Bedeutung für das Strafrechtssystem, 1904, S. 130.

贝林那里继承而来,①而主要是它长久以来都被视为主流观点。最后,目的主义揭示了该观点的严重不足并将其彻底摧毁。② 因为属于自然意义上的还原主义,这一观点并没有切中犯罪表现形式的本质,所以就不可能担当乌尔斯·金德霍伊泽尔所言的"刑法非难的核心,即符合规范的行为中的损害避免可能性"之大任。③ 也就是说,更切近地观察这篇论文,也许它只对那些详细研究犯罪行为概念发展的人有教义学史的益处,却根本没有塑造性的和经久不衰的意义。

在此期间,对行为概念之争是否具有一般重要性的普遍怀疑加剧了人们的疑虑。黑尔穆特·福里斯特在其《刑法总论教科书》中认为,这一学术争论"收效甚微"。④ 罗伯特·艾瑟指责行为概念在德国刑法学中被讨论得"过分啰嗦",像一场教义学的"玻璃球游戏",属于纯学术的、抽象的、不符合实践目的的思想实验。⑤ 汉斯·库德里希认为,这是"刑法教义学中最被高估的问题"之一。⑥ 不仅如此,克里斯蒂安·屈尔也断言,作为刑法的基本范畴,行为概念的意义已经明显降低,不法和责任两个评价阶层在本质上更加重要。"刑法教义学的骰子"不会落入行为论之中,而是会首先落在"由构成要件符合性所确立起来的、不法的第一个评价阶层"之上。⑦

当然,因为对拉德布鲁赫这篇论文的批评,就将其流放到"长眠

---

① Beling, Grundzüge des Strafrechts, 2. Aufl., 1902, § 22; v. Liszt, Lehrbuch des deutschen Strafrechts, 3. Aufl., 1888, § 27 I.; ders. ZStW 8 (1888), 133, 151.
② Welzel, ZStW 58 (1939), 491; ders., Das Deutsche Strafrecht, 11. Aufl., 1969, § 8 II.
③ Kindhäuser, FS für Puppe, 2011, 39, 58.
④ Frister, Strafrecht AT, 8. Aufl., 2018, 8/2.
⑤ Krey/Esser, Strafrecht AT, 6. Aufl., 2016, Rn. 285.
⑥ Kudlich, in: SSW-StGB, 4. Aufl., 2018, Vor § 13 Rn. 11.
⑦ Kühl, Strafrecht AT, 8. Aufl., 2017, § 2 Rn. 1.

第四章 拉德布鲁赫的刑法中的行为概念

书籍"的档案馆中,并让它在那里半睡半醒地等待遗忘,可能还为时尚早。原因在于,虽然对刑法中的正确行为概念的讨论目前已在很大程度上归于失败,也无从获得新的讨论动力,但是毕竟所有的主流观点都还认为,构成要件符合性、违法性和有责性中的犯罪是由"行为"构成的。常用教科书和注释书中的观察证明,这一特征表达出了人们对犯罪性质普遍的基本确信。[1] 因此,人们至少已经隐约承认了行为概念具有区分功能或者排除功能。根据标准定义,那些不是行为的情况,没有成为犯罪的可能。所以结论是,无法实施行为的人或者没有实施行为的人,不可能受到刑事处罚。

根据今天对犯罪的理解,有人将这种消极的区分功能视为行为概念尚且残存的唯一任务。[2] 不过,刑法主流观点会一如既往地认为,行为概念还具有分类功能和结合功能。按照罗克辛的说法,它应当"为全部应受刑事处罚的举止的表现形式提供一个上位概念,一个类(属)概念,它将所有相近内容的规定作为种差联结在一起"[3]。根据这一理解,构成要件符合性、违法性和有责性就具有

---

[1] Eisele, in: Schönke/Schröder, StGB, 30. Aufl., 2019, Vor § 13 Rn. 12; Kaspar, Strafrecht AT, 2. Aufl., 2017, § 4 Rn. 1; Heger, in: Lackner/Kühl, StGB, 29. Aufl., 2018, Vor § 13 Rn. 6; Rengier, Strafrecht AT, 11. Aufl., 2019, § 7 Rn. 1; Roxin, Strafrecht AT I, 4. Aufl., 2006, § 7 Rn. 4; Walter, in: LK-StGB, 12. Aufl., 2007, Vor § 13 Rn. 2; Wessels/Beulke/Satzger, Strafrecht AT, 49. Aufl., 2019, Rn. 133; 批评观点:Freund, Strafrecht AT, 2. Aufl., 2009, § 1 Rn. 56ff.

[2] Eisele, in: Schönke/Schröder, StGB, 30. Aufl., Vor § 13 Rn. 37; Kühl, Strafrecht AT, 8. Aufl., 2017, § 2 Rn. 2; Krey/Esser, Strafrecht AT, 6. Aufl., 2016 Rn. 294; Rengier, Strafrecht AT, 11. Aufl., 2019, § 7 Rn. 7.

[3] Roxin, Strafrecht AT I, 4. Aufl., 2006, § 8 Rn. 1; Jäger, in: SK-StGB, 9. Aufl., 2017, Vor § 1 Rn. 36; Kaspar, Strafrecht AT, 2. Aufl., 2017, § 4 Rn. 1; Kudlich, in: SSW-StGB, 4. Aufl., 2018, Vor § 13 Rn. 12; Wessels/Beulke/Satzger, Strafrecht AT, 49. Aufl., 2019, Rn. 136.

一些额外属性,这些属性将行为更准确地认定为它们的支柱。① 反之,作为这些特质的主体,行为会将犯罪的不同评价阶层结合成一个整体,并由此发挥体系建构的作用。

仍在普遍流行的观点认为,对犯罪概念和刑法体系学而言,行为具有上述分类与结合功能,不论古典犯罪论和当今占主导地位的后目的主义方案在拉德布鲁赫那里有何不同,这种理解都被发展并建立起来了。因此,它们沉睡在表面之下的共同点,也许还多于人们通常认为的。学者们也偶尔坦率地承认这一点,对此,无论是对是错,都是开放的。库德里希这样说道,自然的或者因果的行为论已经准确把握住了行为概念的实质内核。② 托尼奥·瓦尔特在《莱比锡刑法典评注》中主张"使用既在方法上最有利,又以实践为基础的行为概念。这就是自然的行为概念"③。这已经给出了充分的动机,去再次详细研究拉德布鲁赫的这篇论文,挖掘其"古典学者的潜质"。

还有一个原因在于,拉德布鲁赫对行为概念的分析,给作为犯和不作为犯的关系带来了深远影响。在今天的文献中,这种可被称为类型化区分方案的观点,连同其论证理由一起,依然得到很大程度的认可。④ 因此,这种观点至少已经证明了自己塑造性的和经久

---

① 批评观点,比如 Puppe, NK-StGB, 5. Aufl., 2017, Vor § 13 Rn. 31f.; Renzikowski, in: Matt/Renzikowski, StGB, 2013, Vor § 13 Rn. 1.
② Kudlich, in: SSW-StGB, 4. Aufl., 2018, Vor § 13 Rn. 13.
③ Walter, in: LK-StGB, 12. Aufl., 2007, Vor § 13 Rn. 30.
④ Eisele, in: Schönke/Schröder, StGB, 30. Aufl., 2019, Vor § 13 Rn. 139; Renzikowski, in: Matt/Renzikowski (Fn. 13), Vor § 13 Rn. 53; Jäger, in: SK-StGB, 9. Aufl., 2017, Vor § 1 Rn. 30f.

不衰的影响力。在这一背景下,似乎可以明确地研究拉德布鲁赫关于作为犯和不作为犯的立场,是否以及在多大程度上已经同其行为概念与体系理解联结在一起,或者可否在与之分离的情况下观察这一立场。这是因为,对于拉德布鲁赫理论绵延不绝的现实意义而言,根据在此形成的结论,可能得出一些极富价值的见解。

二、拉德布鲁赫论文的核心命题

现在近距离地看一看拉德布鲁赫的这篇论文。引人注目之处是它分为两大部分:第一部分是一般的法体系学,第二部分是行为概念对刑法体系的意义。不过,通过更详细的审视很快发现,虽然第二部分偶尔也涉及第一部分,但就整体而言,两个部分确实是没有过渡地并列在一起的。拉氏运用其行为理论提出了体系的要求。面对这一要求,人们最开始是惊讶的,不过可以通过这篇论文的创作史来予以澄清。最初,拉氏希望在更短的时间内完成这篇教授资格论文,但是,就像他在自传中所写的那样,这篇论文使他感到"痛苦,总是在不好不坏、差强人意、晦暗绝望和快快不乐的心情之间徘徊"①。更糟糕的是,在提交初稿之后,他在海德堡大学的导师卡尔·冯·利林塔尔(Karl von Lilienthal)批评道,这部著作对于教授资格论文来说太短了。因此,他决定在研究刑法中的行为概念之前,先主要从方法论出发论述法学体系的本质。这意味着,论文的第二部分最初是完全独立于第一部分的,因为开始根本没有写方法

---

① Radbruch, Der innere Weg, 1951, S. 80.

论部分的计划,而纯粹是由于这种窘迫的境地才在后来创作了第一部分,以便达到教授资格论文所要求的页数。在今天这个博士论文通常都有三四百页的年代,很多导师可能依然认为,对于教授资格论文而言,这篇最终补充到不足 150 页的论文实在是太短了。随后,拉德布鲁赫在行为概念的章节中,试图通过少量援引前面的思考来建立两部分之间的联系,后来他果然将自己的这部著作称为"一个异样的怪物","一半是刑法教义学,另一半是一般法理论"①。

论文的第一部分是很有意义的,因为拉德布鲁赫在其中清楚地表达了法学的体系要求。他还想完全凭借亚里士多德的传统概念逻辑与古典定义理论去实现这一要求。在今天看来,他的这种方式方法在方法论上确实依然具有学术史上的益处。② 因此,笔者在后面集中讨论第二部分时,只在与行为理论有关的地方才提及那些方法论上的信念。在对这篇论文的简短介绍中,笔者将进一步研究第二部分的第一、第四和第五章。为了防止一些可能令人失望的事情发生,笔者不奢望自己对此有什么新的或者原创性的见解。同样,也不想对行为理论的"生与死"作出自己的评价。倒不如说,以下论述只要有利于开启对这篇论文的共同讨论就可以了。

拉德布鲁赫在第一章解释了为什么行为概念对犯罪论具有核心意义:"一般而言,目前只有具备有责性和违法性的行为才能受到刑事处罚,根据现行法律,只有具备违法性的行为才能具备有责

---

① Radbruch, Der innere Weg, 1951, S. 80.
② Herberger/Simon, Wissenschaftstheorie für Juristen, 1980, S. 303ff.; Puppe, Kleine Schule des juristischen Denkens, 4. Aufl., 2019, S. 68ff.; Rühters/Fischer/Birk, Rechtstheorie, 10. Aufl., 2018, Rn. 196ff.

性,只有行为才能具备违法性。详言之,就像在犯罪分类中行为是其最上位的类概念,是'所有刑法现象的最高统一'那样,在定义时,所有其他的犯罪要素都是行为这个名词的定语,'人们将谓语添加到作为主语的行为上';犯罪论始于行为概念,因为犯罪论要在这方面开启全部的刑法体系,所以行为概念乃是'全部刑法体系的起点'。"①如果不将构成要件符合性作为独立评价阶层,那么,这就是关于行为概念区分功能、分类功能和结合功能的准确设想。今天还可以在众多教科书和注释书中找到这种设想。

因此,对拉德布鲁赫而言,问题就在于应该将行为理解成什么。作为澄清概念的起点,他在缺少法定定义的情况下选择了在语言哲学上绝对现代的普遍用语:"意志、行动以及二者之间的关系都属于行为,这自然是得到普遍承认的。行为一词会首先在这个问题面前分化为不同含义,即意志与行动之间的关系具有何种性质。"②为了能给出有意义的答案,我们还必须根据特定的上下文意思来仔细说明这个问题。如果作为主语的行为要具备刑事可罚性的特征,就应该追问"意志与行动之间的哪种关系是和违法性、有责性以及刑事可罚性协调一致的"。③ 对此,拉氏将"行动"理解为"与结果有因果关联的身体运动"。④

---

① Radbruch, Der Handlungsbegriff in seiner Bedeutung für das Strafrechtssystem, 1904, S. 71f.
② Radbruch, Der Handlungsbegriff in seiner Bedeutung für das Strafrechtssystem, 1904, S. 73.
③ Radbruch, Der Handlungsbegriff in seiner Bedeutung für das Strafrechtssystem, 1904, S. 74.
④ Radbruch, Der Handlungsbegriff in seiner Bedeutung für das Strafrechtssystem, 1904, S. 75.

谁要是现在期待拉德布鲁赫会在说明问题之后，立即从体系上着手研究所提问题并给出解决方案，谁就会感到失望。在接下来的章节中，拉氏首先完成了教义学史方面的广泛论述，内容包括犯罪论发展以及行为概念——从19世纪中期的黑格尔刑法学派开始他的介绍——在其中发挥的作用。① 随后，他自然而然地将体系性权衡嵌入对教义学史的分析中，以此为基础，发展出自己的不考虑意志内容的因果行为概念版本。他对"行为与责任归责相等同"的这一设想进行了批判性的研究，反对从意志的内容出发去确定行为，也就是反对在概念上将行动与意欲关联起来，理由是这种做法难以将过失犯考虑进去，行为概念也因而失去其作为最上位类概念的区分功能与结合功能。② 拉德布鲁赫由此提出了一个使后来的目的行为论者大为头疼的问题，在很多人看来，这个问题从未得到满意的解答。③

因为按照拉德布鲁赫的说法，意志与行动之间的意图关联，在行为概念中是不予考虑的。所以他只将纯粹因果关联这个选项视为有承载力的替代方案。意志与行动之间的因果关联，在行为中必须具备怎样的特质？对于这个问题，他在第四章末尾权衡了两种可能的方案：一种是任意的，也就是有意欲的身体运动所引起的行动；

---

① Radbruch, Der Handlungsbegriff in seiner Bedeutung für das Strafrechtssystem, 1904, S. 76ff.

② Radbruch, Der Handlungsbegriff in seiner Bedeutung für das Strafrechtssystem, 1904, S. 100ff.

③ Bloy, ZStW 90 (1978), 609, 639ff.; Eisele, in: Schönke/Schröder, StGB, 30. Aufl., 2019, Vor § 13 Rn. 37; Hilgendorf/Valerius, Strafrecht AT, 2. Aufl., 2015, § 4 Rn. 14; Kindhäuser/Zimmermann, Strafrecht AT, 9. Aufl., 2020, § 5 Rn. 12; Rengier, Strafrecht AT, 11. Aufl., 2019, § 7 Rn. 4; Roxin, Strafrecht AT I, 4. Aufl., 2006, § 8 Rn. 20ff.

第四章　拉德布鲁赫的刑法中的行为概念

另一种是没有意欲但有意识的身体运动所引起的行动,也就是某种意志活动引起了身体运动。根据拉德布鲁赫的原话,人们可以"要求的,要么是希望发生的事,比如引起结果的条件,至少是积极意志以外的条件或者行为人的身体举止,要么是发生的事不需要被希望,一切情况都应当只通过意志来引起"。① 这种细致的区分非常有意义。第一个选项"将刑法中的行为规定为有意志的身体活动所引起的行动"与在分析性的行为理论中被称为"基础行为的因果性后果"相符合。② 例如,T 有意举起手臂,也就是实施了举起手臂这一基础行为,并由此导致价值连城的花瓶坠地破碎。顺便一提的是,如果将基础行为和后果合在一起,那么这也可被描述为毁坏花瓶的行为。在这件事情上,行为后果突变成了行为事件,并因此在概念上成为所描述行为的组成部分。初看上去,它涉及的是一种前提十分匮乏的行为方案,这种方案是没有任何要求限制的。尽管如此,拉德布鲁赫还是以过于严格为由拒绝了这个方案。"可以这样反驳它,就算没有只被希望的身体运动,人们也可能构成某种过失犯罪。意志冲动可能会因为缺少合适的训练或者因为出现神经传导障碍而引起某种身体运动,其与有意志的身体运动完全不同;我们将这些通过意志引起却不被希望的身体运动称为'不熟练的运动',毫无疑问的是,如果行为人必然预料到这种运动并能够预见到它的违法结果,那么这种不熟练的身体运动就可以为过失提供根

---

① Radbruch, Der Handlungsbegriff in seiner Bedeutung für das Strafrechtssystem, 1904, S. 128.

② Danto, American Philosophical Quarterly 2 (1965), 141; ders., Analytische Handlungsphilosophie, 1979, S. 41 ff.; von Wright, Erklären und Verstehen, 4. Aufl., 2000, S. 67 ff.; Kindhäuser, Intentionale Handlung, 1980, S. 84 ff.

据……但是,对行为概念而言,如果人们现在要求身体运动应具有意欲,那么这些不熟练运动的情况就一定不属于行为概念以及由此而来的犯罪概念,并且必然不受刑事处罚。"①

拉德布鲁赫的结论是只有第二个选项可行,即将刑法中的行为规定为身体运动所引起的行动,只是某种意志活动引起了身体运动。"详言之,应当采纳另一种行为概念,对行动而言,它只要求意志应具有因果性。同时,意志的内容是什么这个问题完全在有责性层面上解决。也就是说,这个行为概念并不是某种方式下的适当的身体运动,而只是某种方式下的通过有意识的意志活动引起的身体运动。"②只有这样,才能将必要的"因果关联与责任关联的区分,以及事实归责与法律归责(imputatio facti von der imputatio juris)的区分"始终如一地贯彻"到身体活动和意志中去"。③虽然应当在如今早已失效的古典犯罪论的信念背景下进行后一种权衡,即在故意和过失那里涉及的并不是不法要素而只是责任要素,但是,拉德布鲁赫对扩大的因果行为概念的核心主张——不然在过失犯那里就会产生处罚漏洞——却完全是在与此脱钩的情况下研讨的。

起初,拉德布鲁赫至少凭借这一主张成功地实现了他的论证目标:行为概念(自然是高度抽象和缺少要素的)的根据能够在分类建构起来的刑法体系中发挥最上位类概念的作用。当然,这个概念

---

① Radbruch, Der Handlungsbegriff in seiner Bedeutung für das Strafrechtssystem, 1904, S. 129.
② Radbruch, Der Handlungsbegriff in seiner Bedeutung für das Strafrechtssystem, 1904, S. 129f.
③ Radbruch, Der Handlungsbegriff in seiner Bedeutung für das Strafrechtssystem, 1904, S. 131.

第四章 拉德布鲁赫的刑法中的行为概念

还具有一个严重问题:将不作为犯整合到体系中。除了作为,如何理解被视为第二种行为样态的不作为?众所周知,另外两位因果行为论的著名代表贝林和李斯特是力图这样解决该问题的:放弃身体运动这一要求,并将行为定义为"有意志的人类举止,它存在于行动或者不行动之中"①,或者将其定义为"任意举止对外部世界的改变,也就是引起或者不阻止结果的改变"②。

  拉德布鲁赫在第五章走上了另一条道路。据他所言,既不能在扩大的行为概念之下理解不作为,也不能在行为和不作为共用的任何其他上位概念之下理解不作为,比如举止;倒不如说,行为和不作为之间并无关联,这也是不可避免的。③ 所有将不作为解释成特殊行为样态的尝试,比如解释成对实施必要行为的冲动进行压制,皆被判定为失败。拉氏进一步解释道,在不作为中既没有意志也没有行动,更没有二者之间的因果关联。④ 更确切地说:"不作为与行为不仅没有共同的意志要素、行动要素以及二者之间的因果关系要素,而且它还在不断地否定这些要素……但是,就像现实中的人们不能将肯定和否定、A 和非 A 归入同一个上位概念中一样,行为和不作为也不能相聚在同一个术语之下,这个术语现在称自己为更广义的行为、人类的举止,习焉不察地一直这么定义下去!"⑤在当前

---

① Beling, Die Lehre vom Verbrechen, 1906, S. 9f.
② v. Liszt, Lehrbuch des deutschen Strafrechts, 21./22. Aufl., 1919, § 28.
③ Radbruch, Der Handlungsbegriff in seiner Bedeutung für das Strafrechtssystem, 1904, S. 142.
④ Radbruch, Der Handlungsbegriff in seiner Bedeutung für das Strafrechtssystem, 1904, S. 132ff.
⑤ Radbruch, Der Handlungsbegriff in seiner Bedeutung für das Strafrechtssystem, 1904, S. 140.

的文献中，这些主张依然得到了很大程度的认可。

然而，拉德布鲁赫为他的类型化区分方案付出了高昂的代价。行为概念本应作为最上位的类概念，为刑法体系的统一性提供根据，可如今却不再可能了。"体系从上到下被撕裂成两个部分，只有犯罪的形式概念还与之联系在一起，比如构成要件的形式概念，法秩序将作为法律后果的刑罚联结其上。同样，人们已经不再能够建立起统一的实质犯罪概念，在内容上，必须将犯罪定义为有责的、违法的、应受刑事处罚的行为或者不作为。这样的分裂会一直延伸到体系分支的最底部、最细节处：没有任何概念是不需要在这种双重关系中考虑的。"①由于拉德布鲁赫还是不想放弃对统一犯罪体系的构想，因此他只能在这一点上手足无措地表达希望，即这种双重体系有一天能"被克服，并通往更高的统一和完整"②。

三、拉德布鲁赫对论文的背弃

在简要介绍拉德布鲁赫这篇教授资格论文的一些中心思想之后，需要对他在法学体系学、犯罪体系和行为概念之外的进一步思考作出简短评论。在完成教授资格论文后不久，担任海德堡大学编外讲师期间，拉德布鲁赫就开始了向新康德主义的转型。与此同

---

① Radbruch, Der Handlungsbegriff in seiner Bedeutung für das Strafrechtssystem, 1904, S. 143.
② Radbruch, Der Handlungsbegriff in seiner Bedeutung für das Strafrechtssystem, 1904, S. 144. 关于"事实"作为被发现的上位概念：Puppe, NK‑StGB, 5. Aufl., 2017, § 13 Rn. 55ff.

第四章 拉德布鲁赫的刑法中的行为概念

时,他也放弃了塑造这篇论文的"实证主义—自然主义范式"。1905年,也就是这篇论文出版1年后,他在一篇简短的评论中就已经自我批评道,论文第一部分发展出来的体系概念过于狭窄。① 随后,在1924年发表的《法律理念与法律质料》(Rechtsidee und Rechtsstoff)文章中,他将自然的行为概念称为"幼稚自然主义"的表达(当然,他没有详细提及那个他曾支持的行为概念)。② 批评十分尖锐:自然的行为概念是"完全不合适的,无法承载构成要件符合性、违法性和可归责性中的其他犯罪要素"③。他举了自然的行为概念的批评者们今天仍然喜欢援用的一个例子:"人们曾经试图将犯罪的构成要件只表达为特定方式的身体运动和对外部世界的改变,比如把侮辱表达为一连串的喉头运动、声波振荡、听觉刺激和脑部过程。最本质的是,侮辱的语言意义和社会含义都完全处在这个被如此建构起来的概念之外!"④

随后,拉德布鲁赫在《犯罪论的体系学》(Zur Systematik der Verbrechenslehre)一文中,即1930年给莱因哈特·冯·弗兰克(Reinhard von Frank)的祝寿论文,重申、深化并扩充了这一批评,认为"不是行为,而是构成要件的实现才是犯罪论的基本概念……所有其他的犯罪要素都必须与之相关",并且应当将"作为结构部件"的行为概念嵌入其中。⑤ 拉氏反对贝林所倡导的构成要件符合性是独立犯罪

---

① Radbruch, ZStW 25 (1905), 256.
② Radbruch, ARWP 17 (1923/24), 343, 347.
③ Radbruch, ARWP 17 (1923/24), 343, 348.
④ Radbruch, ARWP 17 (1923/24), 343, 348.
⑤ Radbruch, FG für Frank Bd. I, 1930, 158, 162.

类型的主张,①也反对贝林所认为的构成要件符合性、违法性和有责性仍然是行为的特征,而不是将行为概念并入构成要件实现的概念中。如此一来,就"完全无法克服这样一种假象,即行为概念作为违法性和可归责性的基础具有所谓独立意义。然而,行为概念只有在解释构成要件的实现时才具有刑法上的重要性"。②虽然这种评价在刑法学领域得到完全认可,③但却没有贯彻下去。就像贝林一样,多数学者还是一如既往地将构成要件符合性看作行为的特征。以点带面,罗克辛主张必须"有一个共同的基底",包括构成要件符合性在内的刑法评价都能够与之挂靠。④

总之,拉德布鲁赫用"构成要件实现"的概念替换了作为刑法基本概念的"行为"概念,通过这种做法,他认为自己"完成了从类型论体系学向目的论体系学的过渡;从此,所有犯罪要素都是从刑罚目的中推导出来的,是刑罚目的建立起了犯罪概念"⑤。在这个命题背后,他的观点发生了进一步的、实质性的转变。在教授资格论文中,他可能只是根据原因和后果或者类型和种类来演绎式、分类式地设想体系图景,并由此分类式地建构起了刑法体系,与之不同的是,他后来想承认一种通过目的和手段发展起来

---

① Beling, Die Lehre vom Verbrechen, 1906, S. 20ff., 110ff.
② Radbruch, FG für Frank Bd. I, 1930, 162 Fn. 2.
③ Bockelmann/Volk, Strafrecht AT, 4. Aufl., 1987, § 11 II.; Eisele, in: Schönke/Schröder, StGB, 30. Aufl., 2019, Vor § 13 Rn. 37; Gallas, ZStW 67 (1955), 1, 14f.; Schmidhäuser, Strafrecht AT, 2. Aufl., 1975, 7/33.
④ Roxin, Strafrecht AT I, 4. Aufl., 2006, § 8 Rn. 43.
⑤ Radbruch, FG für Frank Bd. I, 1930, 162f.

的体系学,既具有处在"物本逻辑自身"①中的"类型性",也具有目的性。② 虽然拉德布鲁赫绝对没有抛弃分类的方法,仍然将其看作十分有用的体系化形式,但是,刑法体系却不应再以之为基础。③ 因此,拉氏不仅放弃了教授资格论文中——作为建构体系的最上位类概念,自然主义的因果概念是必要的——核心体系化思想,还放弃了用以固定这种思想的方法论框架。

---

① 对这个图式的批评,一如既往具有启发性。R. Dreier, Zum Begriff der "Natur der Sache", 1965; 特别提及拉德布鲁赫的地方, S. 67ff.
② Radbruch, FG für Frank Bd. I, 1930, 158f.
③ Radbruch, FG für Frank Bd. I, 1930, 160f.

第五章
作为法律明确性问题的构成要件要素规范化*

一、问题概述

在德国联邦最高法院判例中,作为一种解释实践,所谓"规范导向的解释"①"规范阐释"②或称"构成要件要素的规范评价"③日渐增多。例如"富尔达案"(Fuldaer Fall),第二刑事审判庭借助"中断治疗这一规范性、评价性的上位概念"④,区分了允许的死亡协助行为和禁止的、根据德国《刑法》第211条及以下条款可罚的杀人行为。而在第三刑事审判庭看来,跟踪罪中的"持续性"这一构成要件要素包含"不合理性与法敌对性这种主观的、规范的成分"⑤,因

---

* Die Normativierung von Tatbestandsmerkmalen als Bestimmtheitsproblem, in: Armin Engländer u. a. (Hrsg.). *Strafverteidigung-Grundlagen und Stolpersteine*. Symposion für Werner Beulke, 2012, S. 89-98.

① BGHSt 48, 207, 211. 本案中,不应接受对德国《刑法》第24条犯罪中止规定中的"自愿性"要素作规范解释。
② BGHSt 35, 184, 197.
③ BGHSt 32, 165, 174.
④ BGHSt 55, 191, 203.
⑤ BGHSt 54, 189, 195.

而重复性的行动虽说是必要条件,却不是充分条件。再如"西门子判决"(Siemens-Entscheidung),第二刑事审判庭阐明了背信罪的刑事可罚性,即"在认定损失时,还应作规范性考量"①。在"赌球诈骗案"(Fußballwetten-Urteil)中,就"欺骗"这一构成要件要素,第五刑事审判庭解释道,行为所表达的内容,除了事实方面,"规范视角"即"与案情相关的法律规范"②也起着决定作用。又如第一刑事审判庭在"勒索案判决"(Chantage-Entscheidung)中解释说,"阴险"这个谋杀罪的要素"可用作规范导向的限制解释"③。据此,倘若被害人因其自身前行为——事先直接实施的恐吓威胁行为——原则上必然想到反抗,就不属于"毫无猜疑"的情况。而第五刑事审判庭在第二次"政治局判决"(Politbüro-Urteil)中指出,因为不作为在本体论上不可能是结果的原因,所以不可避免地需要"对因果关系的规范评价"④。对于德国《刑法》第240条强制罪中"可感受的恶害"这一构成要件要素,第一刑事审判庭还提到一个较早的判决认为,将显著的害处公之于众,可能会促使被威胁者满足行为人的要求,这些显著的害处"不仅有事实上的条件,还有规范上的前提"⑤。如果可以期待被威胁者通过谨慎的自我主张抵抗住威胁,就不符合这些前提条件。

---

① BGHSt 52, 323, 337.
② BGHSt 51, 165, 170.
③ BGHSt 48, 207, 211."阴险"是德国《刑法》第211条谋杀罪的构成要件要素,是指行为人出于敌意,利用被害人毫无猜疑、预料、防备的状态实施杀害行为。——译注
④ BGHSt 48, 77, 93.
⑤ BGHSt 31, 195, 201.

当然，还可举出许多案例以说明这种解释实践并未获得一致认同。比如马蒂亚斯·亚恩和施特凡·迈尔就指责法院在"赌球案"中借助"脱离于事实的法律状况的本质直观"使"欺骗概念过度规范化"。① 弗兰克·萨利格则批评"西门子判决"使"'遭受不利'这一要素被'不允许地'规范化"，这种解释"磨平了行为和结果之间的差异"②。在对"勒索案判决"的评论中，维尔弗里德·屈佩尔指摘道，这是"对'猜疑'的规范虚构，与描述性的概念内容相矛盾"③。克劳斯·罗克辛虽然原则上支持以刑事政策评价为指向的刑法教义学④，但他还是质疑在强制情形下期待被害人作出谨慎的抵抗，其规范性标准无法与德国《基本法》第103条第2款的要求协调一致。⑤ 一般而言，人们会从方法论的角度进行批评，认为德国联邦最高法院的"规范性"做法使构成要件要素的"明确性"显著丧失。鉴于规定在德国《基本法》第103条第2款中的明确性要求指向的不仅是立法者，还作为精确化要求指向司法者，⑥这种情况就是一个宪法意义上的反对意见，需要认真对待。

然而，如果想说清这种指责是否正确，以及在必要时有哪些理由可以说明这种不明确性，就会面临很大的困难。换言之，仔细观察可以发现，完全不清楚的是，究竟该如何理解对构成要件要素作

---

① Jahn/Meier, JuS 2007, 2017f.
② Saliger, NJW 2010, 3197.
③ Küper, GA 2006, 312.
④ Roxin, AT I, 4. Aufl., 2006, §7 Rn. 57ff.
⑤ Roxin, JR 1983, 334f.
⑥ BVerfGE 126, 170.

"规范导向的解释""规范阐释"或"规范评价"。毫无疑问,有一种模糊的直觉,认为这样的解释与特定的规范、评价或归属有某种关联。不过,一旦想知道得确切些,就会碰到一系列悬而未决但却亟待澄清的问题,我们理所当然地使用"规范的"这一概念,而问题就隐藏在这个"理所当然"背后。此一难题同时也进入了刑法学视野。弗里德里希-克里斯蒂安·施罗德认为,"规范的"是法律用语中"使用得最模糊的"单词。① 英格伯格·普珀认为这是一个经常令人迷惑的"流行语"。② 埃里克·希尔根多夫断言,这是一种"漫无头绪的语言应用",甚至是某种"概念的混乱"③。由此,明确性问题不会出现在规范解释的结论中,而只是有可能出现于概念中。必须尝试从这里开始澄清。

二、法律解释和法律适用中的规范性

规范性概念有狭义和广义的区分。根据狭义的理解,"规范的"是指引人的行为,也就是规定一些事项,即诫命、禁止或允许,或者出于精确化需求而至少与行为指引相关,比如一个表述了禁令的语句就是规范的。按照广义的理解,"规范的"不只涉及法规条例,还涉及评价和归因。因此,用于评价或归属或者至少与评价、归属相关的存在,也被认为是"规范的"。

在令人感兴趣的构成要件要素解释方面,广义的规范性至少可

---

① Schroeder, JZ 2011, 194.
② Puppe, Kleine Schule des juristischen Denkens, 2008, S. 21.
③ Hilgendorf, in: Mahlmann (Hrsg.), FS Rottleuthner, 2011, S. 47.

以在三个层面发挥作用:(1)通过语言使用规则的含义构造;(2)构成要件要素的语用学功能;(3)构成要件要素描述的事实情状。这几个层面往往无法截然分开,也就造成了模糊和混淆以及问题的表面化。

(一)含义构造层面的规范性

文献中,也在韦塞尔斯和博伊尔克的教科书中经常能读到,所有的构成要件在一定意义上都具有规范的特征,或者至少含有规范的特点。这是因为,如果不进行法律评价,就不仅无法回答一个物品在什么时候是"他人的"(德国《刑法》第242条),还很难说胎儿从什么时点开始变成"人"(德国《刑法》第212条)。① 罗克辛认为,构成要件要素因而就是"规范性要素和描述性要素的混合",只是两者比重因时而异。② 结论是,不可能清晰区分描述性(纯叙述性)的构成要件要素和规范性的构成要件要素。③

这一观点源自上述不同层面的相互混淆,尽管如此,它还是有正确之处。就像所有语言概念一样,构成要件要素只有通过符合规则的使用才能获得其含义,因为我们词句的含义是什么,由我们对

---

① Wessels/Beulke, Strafrecht Allgemeiner Teil, 41. Aufl., 2011, Rn. 132; MüKo-Freund, StGB, 2. Aufl., 2011, Vor § 13ff. Rn. 15f.; Rengier, Strafrecht Allgemeiner Teil, 3. Aufl., 2011, § 8 Rn. 13; Satzger/Schmitt/Widmaier-Kudlich, StGB, 2009, Vor § § 13ff. Rn. 8; Schönke/Schröder-Lenckner/Eisele, StGB, 28. Aufl., 2010, Vorbem. § § 13ff. Rn. 64.

② Roxin, AT I, 4. Aufl., 2006, § 10 Rn. 59.

③ Roxin, AT I, 4. Aufl., 2006, § 10 Rn. 59; Satzger/Schmitt/Widmaier – Kudlich, StGB, 2009, Vor § § 13ff. Rn. 8; Schönke/Schröder – Lenckner/Eisele, StGB, 28. Aufl., 2010, Vorbem. § § 13ff. Rn. 64; Stratenwerth/Kuhlen, Strafrecht Allgemeiner Teil, 6. Aufl., 2011, § 8, Rn. 69.

这些词句的使用所决定。① 对此,语言习俗的形成,即如何使用一个概念是自发实现的,就像口语中的大部分情况一样;②但法律语言却可以通过法学方法论的规范来调整。因此,就含义构造而言,所有的构成要件要素事实上都具有规范的基础。这适用于各个要素的所有适用领域,以德国《刑法》第 212 条中的"人"为例,这一构成要件要素不仅适用于"正在出生"这种疑难情况,而且适用于"已经出生"这种无疑义的情况。③ 既然"人"的概念形成了语言的使用规则,法学方法论也同样以这个使用规则为基础。这似乎如此理所当然,以至于我们在适用法律时没有动力将其作为主题,它仿佛自动就是那个意思。因此,在含义构造层面上,既要规范性地确定构成要件要素的"边缘领域",也要规范性地确定其"核心领域",即通过概念的使用规则来确定。

然而,构成要件要素的含义总是通过概念的使用规则来确定,并不意味着含义本身是规范性的。相反,构成要件要素的功能毫无疑问可以是纯描述性的。也就是说,它可以只用来描述特定的情状。构成要件要素是否具有这样的描述性功能,描述的又是哪种情状,虽然取决于含义的使用规则,比如德国《刑法》第 212 条中"人"的概念所描述的就是被害人特征,即已经出生或正在出生的

---

① Wittgenstein, Philosophische Untersuchungen, 1969, § 43. 对维特根斯坦的"含义使用理论"的进一步研究,参见 Herbert, Rechtstheorie als Sprachkritik, 1995, S. 52ff.; Keller, Zeichentheorie, 1995, S. 58ff.; v. Savigny, Die Philosophie der normalen Sprache, 3. Aufl., 1993, S. 13ff.

② Keller, Sprachwandel, 2. Aufl., 1994, S. 87ff.

③ Rengier, Strafrecht Allgemeiner Teil, 3. Aufl., 2011, § 8 Rn. 13; Satzger/Schmitt/Widmaier-Kudlich, StGB, 2009, Vor § § 13ff. Rn. 8.

人,但这并未改变如下事实,即这个描述本身没有任何规范性。同样,构成要件描述的情状是否实际存在,即被杀害的人是否具有相应的被害人特征,都不是规范性问题。因此,因为每一个构成要件要素都同时包含规范性和描述性的成分,所以不可能清晰区分规范性的构成要件要素和描述性的构成要件要素,就是一个错误的命题。法律概念的含义构造有很多层次,它在事实中总是规范性的,其含义则可能是纯描述性的。正是因为将不同层次混为一谈,才提出了上述错误的命题。

(二) 概念功能层面的规范性

构成要件要素能够满足完全不同的功能。一些要素,比如"人"这一概念,可以用于价值无涉地描述特定情状,①而其他要素则表达评价或归属,为了将其与纯描述功能的构成要件要素相区分,故而称为规范性的构成要件要素。② 换言之,"规范性"这一概念是在评价和归属意义上使用的。比如德国《刑法》第212条中的"卑劣动机",就具有评价性的含义。再如儿童的"无责任能力",就是在归属意义上使用的,因为对于儿童来说,是否在事实上有能力认识到其犯行的不法并根据这一认识去行动,并不重要;根据德国《刑法》第19条的规定,儿童总是在缺少责任能力的情形下行动。

简言之,评价性的构成要件要素可以进一步区分,即为评价奠定基础的情状是否已由立法者确定,或者应否由法官决定。第一种

---

① 描述性构成要件要素是该条款的组成部分,即使该条款具有规范性的含义,并不意味着这句话的个别成分同样具有规范性的含义。在此应当区分一句话中的语句功能和个别概念的功能。

② Roxin, AT I, 4. Aufl., 2006, §7 Rn. 58.

第五章 作为法律明确性问题的构成要件要素规范化

情况是指已经填充好价值的概念,第二种情况是指需要填充价值的概念。① 例如,德国《刑法》第35条中就有已经填充好价值的构成要件要素,它包含立法者的价值决定,即行为人自己招致对生命、身体或自由的现时危险的,必要时可以期待他自行忍受该危险。相反,所谓"卑劣动机"就是一个需要填充价值的构成要件要素,因为法律不可能明确一个动机什么时候应当是卑劣的,因此必须由裁判者来确定这个评价标准。

(三) 事实情状层面的规范性

构成要件要素涉及的事实情状可能具有自然的特性。所有独立于归属、评价和规范化而存在的事物、属性和事件都具有自然的特性,比如人、建筑、交通工具、动产、损害健康的物质或能见度等。不过,构成要件要素的对象也可能是所谓制度性情状,即社会现实的各个方面,只有通过功能指引、目的确定、评价、规范化和规则才能构成,比如货币、文书、财产、名誉或建筑物的教堂功能等。② 法律情状是制度情状的一个子类,其存在归功于法律评价和法律规则,比如所有权、公务员地位、企业负责人职位、禁驾令的存在、属于破产人财产的资产组成部分。德国《刑法》第242条中的"他人"作为构成要件要素指称的就是法律情状,即根据相应的民法条款,被拿走的物既不是行为人单独所有的财产,也不是无主物。

---

① Roxin, AT I, 4. Aufl., 2006, §7 Rn. 58.
② 对自然事实和制度事实的基本区分,参见 Searle, Die Konstruktion der gesellschaftlichen Wirklichkeit, 1997, S. 11ff. 刑法教义学中对这种区分的研究,参见 Kühl, Strafrecht Allgemeiner Teil, 6. Aufl., 2008, §5 Rn. 92; NK-Puppe, StGB, 3. Aufl., 2010, Vor §13ff. Rn. 30.

文献经常把自然情状归于描述性的构成要件要素,将制度情状归于规范性构成要件要素。这种设想的理由是,与自然情状不同,制度情状不可能通过价值无涉的认识行为来把握,而是像韦塞尔斯和博伊尔克所说的,"只能由裁判者通过补充价值判断来确定"①。不过这至少具有误导性,比如德国《刑法》第331条用"公务员"这个要素来指称一种法律地位,某人是否具有这个法律地位是一个事实问题。阐明这一问题需要确切的认识,必要时还需要对相关规范(通过法学方法论的规范予以调整并在这个意义上规范性地)进行解释。不过,在正常情况下,并不需要法律适用者的"评价性观点"。"公务员"作为构成要件要素是在描述特定的法律状态,却不评价此一法律状态。因此,其功能是纯描述性的。即使其对象是某种规范性的东西,描述依然是描述。② 换言之,规范性只是构成要件要素描述的情状,构成要件要素本身并不是规范性的。当然,如果构成要件要素还对法律情状进行了评价,情况就不一样了。

三、构成要件要素的规范化

"规范性"概念有着不同含义,在法律解释中可以发挥不同作用。据此,当德国联邦最高法院谈到对构成要件进行"规范导向的解释""规范性评价"或者"规范性阐释"时,我们就能明确它究竟想

---

① Wessels/Beulke, Strafrecht Allgemeiner Teil, 41. Aufl., 2011, Rn. 132.
② Hart, Der Begriff des Rechts (Postscriptum), 2. Aufl., 2011, S. 322.

说什么：构成要件要素可以有多种含义，不仅描述自然情状（非规范性阐释），而且要么至少涉及制度情状，要么需要对自然情状或制度情状作出评价，要么对自然情状或制度情状进行归属即规范性阐释。

比如在"西门子判决"中就可以找到涉及制度即法律情状的规范解释。第二刑事审判庭隐晦地就财产损失这一构成要件要素指出，在总体结算原则的框架内，现实的利润预期能否超过财产减少这个问题，不仅取决于利润预期的经济价值，而且法律情状也发挥着重要作用，即这种利润预期是否受到法秩序的保护。与之相应，这也适用于死亡协助的判决。其中，中断治疗之所以作为死亡协助而不受处罚，是因为这样一种法律情状，即要求结束医疗的依据是受基本权利保障的病人自主决定权。再如，"强制罪判决"就是在引入评价性要素的意义上被规范化的，据此，只有显著的害处才是"可感受的恶害"，因为只有通过评价才能认为某件事是显著的。属于这一范畴的还有第五刑事审判庭在"西门子判决"中的观点，即总体结算原则要求对财产状况作主观评价，因为必须这样理解本判决，即货币价值通常不是预先确定的，至少在一定范围内是如此。

关于"阴险"的判决和"政治局判决"，在归属的意义上包含规范性阐释。前一判决中，恐吓者会因其针对被恐吓者的现时违法攻击而被认为是可"猜疑"的。后一判决中，第五刑事审判庭因其值得商榷的①确信，即不作为在自然科学的意义上不可能是构成要件

---

① 不作为与结果发生之间的因果关系，参见 Birnbacher, Tun und Unterlassen, 1995, S. 65ff.; Puppe, Rechtswissenschaft 2011, 415f.

结果发生的原因,才努力试图通过"规范评价",也就是通过归属来确定因果关系。

多层次的规范化同样有可能。根据"强制罪判决",将害处评价为"显著"取决于被强制者是否有义务谨慎地抵抗这一制度情状。依照关于"阴险"的判决,"猜疑"的归属取决于这样的制度情状,即恐吓者出于法律的原因必然想到被恐吓者的反击。换言之,在所提到的案例中,评价或归属与制度情状的存在紧密相连。这两个案例揭示出,构成要件要素的规范化可能具有复杂的特征。

总之,不存在"特定的一种"构成要件的规范化。相反,德国联邦最高法院用"规范导向的解释""规范性阐释"或"规范评价"等概念指称法律解释的各种方式,也就是在涉及制度尤其是法律情状时引入评价性要素和进行归属。

四、规范化的明确性问题

在澄清与德国联邦最高法院解释相关的、对刑法规范性概念的使用方式之后,可以致力于下面这个问题,即规范性的解释是否如其宣称,通常与法律巨大的不明确性绑定在一起。可以这样反驳该命题,即德国《刑法》包含不胜枚举的构成要件要素,它们的表述明显具有评价性或归属性的功能,或者与制度情状相关,不会因为规范性就被判定为原则上缺少明确性。然而,不能笼统而鲁莽地否认"规范导向的解释"存在明确性问题。这是因为,从对判例的分析中可以看出三种缺陷,虽不必然但总有可能与构成要件要素的规范化绑定在一起,导致刑法条文在判例中的适用对于公民而言并不具有充分的预见可能性:(1)规范化的内容不具有足够的明确性;(2)规范化的类型含糊不清;(3)规范化的理由不充分。

对于规范化的内容不具有足够的明确性这一点,在"强制罪判决"中,第一刑事审判庭认为德国《刑法》第240条中"可感知恶害"的成立取决于这样的制度情状,即是否可以期待被强制者以谨慎的自我主张抵抗住威胁。但这种情况在什么条件下会出现,第一刑事审判庭却没有更仔细的论述。换言之,在被强制者的义务方面,其前提仍然晦暗不明。①

规范化类型含糊不清这一问题出现在"赌球判决"中。根据该判决,在发出体育投注要约邀请的同时,就默示表达了没有操控投注对象的意思。这个默示表达的意思应该出现于"意思表达接受者的视野",因而也产生于"参与人明显的期待",他们"在很大程度上也受到交易观念和有关的重要法律规范的影响",因此在查明意思表达内容的"同时应当考虑事实和规范两个方面"。一方面,可以将其作为对制度情状的描述,参与人的法律见解决定性地影响着他们的事实期待,并凝结为交易观念。同时,现行有效的法律规则又会反过来影响他们的法律见解。② 另一方面,也可以将其作为期待的归属,根据是相关的法律规范。③ 第五刑事审判庭的这一判决呈现出哪种规范化类型,并非无关紧要,因为按照第一种理解,起决定性作用的是参与人事实上期待什么;相反,根据第二种理解,参与人事实上期待什么原则上不发挥任何作用。

---

① 批评意见参见 Roxin, JR 1983, 334.
② Engländer, JR 2007, 478.
③ Jahn/Meier, JuS 2007, 217.

就规范化证立中的明确性缺失这一点而言,第一刑事审判庭曾对欺诈性风险交易中的财产损失作出决定:如果履行合同的预期利益乃是基于"滚雪球营销模式"中后续实施的诈骗犯行,那么即使被骗的投资者有可能拿回投出去的资金,甚至有可能得到承诺的回报,其请求权也毫无价值。① 换言之,偿还资本和投资回报的事实可能性不应构成总体结算原则框架内需要考虑的、(部分)补偿财产流失的财产价值,因为该可能性不在法秩序的保护范围内,其后果是投资者遭受了相当于整个投资金额的财产损失。不过,第一刑事审判庭并未给出更为详尽的理由,即在善意投资的情况下,不论资金是否来源于犯罪,其财产给付在民法上都是有效的。既然如此,为什么对财产给付的现实预期利益就不应受法律保护,并由此不应具有任何财产价值呢?②

造成明确性缺失的主要原因是规范性这一概念含糊不清。这是因为,此一概念有多种多样的使用可能性,似乎总能以某种方式"恰当地使用"。这可能诱使人们逃避对规范化内容、类型和理由的精准确定,并通过对"规范性"一词笼统地使用来掩盖其残留的不明确性。应当认为,决不能在所有对构成要件要素进行"规范导向解释"的案例中都抱怨存在刚刚提到的那些不足,因此,认为"规范导向的解释"会不可避免地造成法律的不明确,似乎就不具有正当性。尽管如此,上述案例也表明,倘若规范化的内容、类型和理由并不充分精确,就可能导致明确性丧失。

---

① BGHSt 53, 199, 204f.
② 妥当的批评参见 Rübenstahl, NJW 2009, 2392.

五、结论

构成要件要素规范性解释中的明确性问题,首先存在于规范性这一概念的不明确性之中。为了解决这个问题,容易采取的第一步就是不要匆忙地使用"规范性"一词,在必须使用的情况下,要精确说明具体的使用方式,据此可以对抗以下风险:规范化的内容、类型和理由仍旧晦暗不明,因而在了解相关判例时,刑法条款的适用对于公民而言就不再具有充分的预见可能性。当然,与构成要件要素规范化相关的很多问题尚待澄清,这里只提一个特别重要的问题:为了让构成要件要素完全对规范性解释保持开放,必须满足哪些前提条件?

第六章
德国刑法中的紧急防卫之证立：
超个人主义、二元主义抑或个人主义*

一、引言

德国的紧急防卫权（与国际一致）赋予了防卫人极为宽泛的防卫权限。根据德国《刑法》第 32 条，①为了制止侵害人正在实施的违法侵害，对侵害人的任何必要伤害原则上都具有正当性。只有当防卫人还有其他行为选择，既能同样安全抵御侵害，又可对侵害人

---

* Zur Begründung der Notwehr im deutschen Strafrecht: überindividualistisch, dualistisch oder individualistisch？, in: Hilgendorf/Lerman/Córdoba(Hrsg.), Festschrift für Marcelo A. Sancinetti zum 70. Geburtstag, 2020, S. 297-309.

Notwehr 一词在国内多被翻译为"正当防卫"，但从词意本身来讲，Not 指紧急情形，Wehr 指被侵害人的防卫行为，二者合称"紧急防卫"。将 Notwehr 翻译成"紧急防卫"更为妥当。其一，只有通过法秩序的评价，才能断定防卫行为是否具有正当性。如果使用"正当防卫"一词，就存在事先定性的问题。其二，"紧急防卫"具有更强的包容力，防卫过当、事后防卫、假想防卫其实都不是正当防卫，但它们都是紧急情形下的防卫行为。因此，本书将 Notwehr 统译为"紧急防卫"。——译注

① 德国《刑法》第 32 条：(1)基于紧急防卫之许可所为之行为不违法；(2)紧急防卫乃为防御自己或他人现在所受之违法攻击所必要之防卫行为。

造成更小损害时,防卫行为才缺乏必要性。相反,根据主流观点,合比例性方面的其他限制与德国的紧急防卫权基本无法兼容。① 从这个意义上说,通常情况下并不会对系争法益进行权衡。比如珍贵首饰的主人为了保护他的财物所有权,举枪向携带赃物转身逃跑的小偷射击,如果这是阻止小偷的唯一机会,那么就应允许开枪。② 只有当所使用的必要手段本身极其不成比例时,才会出现例外。③ 比如赃物不是珍贵的首饰,而是廉价的物品如便宜的服装饰品。德国法律出于何种理由才赋予防卫情形中的防卫人如此宽泛的权限,仍然是有争议的问题。对此可以区分三个基本立场:(今天几乎不再有人支持的)超个人主义立场、二元主义立场和个人主义立场。下面应当对它们进行更仔细的考察。④

二、超个人主义的证立方案

超个人主义方案认为,紧急防卫只服务于公众利益,也就是确

---

① 文献中一些声音认为宪法上的比例原则是对紧急防卫的一般性限制。Bülte, Der Verhältnismäßigkeitsgrundsatz im deutschen Notwehrrecht aus verfassungs‑rechtlicher und europäischer Perspektive, GA 2011, 145; Kaspar, „Rechtsbewährung" als Grundprinzip der Notwehr?, RW 2013, 56ff.; Koriath, Einige Gedanken zur Notwehr, in: Britz u.a. (Hrsg.), Festschrift für Heinz Müller‑Dietz zum 70. Geburtstag, 2001, 361. 但是这一观点却无法妥当地贯彻下去,参见 Engländer, Die Notwehr, in: Hilgendorf/Valerius (Hrsg.), Handbuch des Strafrechts, Bd. 2, 2020, § 38, Rn. 67ff.

② 根据主流观点,禁止为了保护财产利益而杀死侵害人的结论,同样无法从《欧洲人权公约》第2条中推导出来。Engländer,Matt/Renzikowski: Strafgesetzbuch, 2. Aufl., 2020, § 32 Rn. 56.

③ Engländer,Matt/Renzikowski: Strafgesetzbuch, 2. Aufl., 2020, § 32 Rn. 44.

④ Engländer, Grund und Grenzen der Nothilfe, 2008.

证(捍卫)法秩序。① 侵害人在实施侵害行为时违反了相应的行为规范,通过对侵害行为的防御,防卫行为确证了该行为规范的经验效力,从而维持了法律的控制力。以牺牲侵害人为代价来捍卫法秩序,这一权利因贝尔纳的名言"法无须向不法让步"②而获得合法性。当然,这句名言原本指向的并不是超个人主义,而是个人主义。在紧急防卫的冲突情景中,与侵害人的法益相比,法秩序持续存在的效力总是具有更高价值。

但是,超个人主义的方案却遭到了彻底的反对。简言之,一方面,该方案无法说明为什么德国《刑法》第32条只允许"为自己或他人"防卫,却不许为公众防卫,尽管违反保护公众法益的规范同样能够动摇法秩序的经验效力。另一方面,国家预防危险的法律,尤其是受宪法确立的比例原则严格约束的警察法表明,即使在尖锐的冲突情景中,对法秩序的保护,原则上也决不比所谓扰乱者③的利益更具有优先性。只有为了防止特别严重的危险,预防危险的法律才允许对人使用枪支(以点带面,参照《拜仁州警察职务法》第67条)。因此,毫无疑问,如今几乎不再有超个人主义紧急防卫方案的追随者。

---

① Schmidhäuser, Die Begründung der Notwehr, GA 1991, 116ff.
② Berner, Die Nothwehrtheorie, Archiv des Criminalrechts 1848, 562. 不过,在贝尔纳看来,是个人的主观权利无须向不法让步。Pawlik, Die Notwehr nach Kant und Hegel, ZStW 114 (2002), 292f.
③ 德国警察法所称的扰乱者,是指对公共安全和秩序造成危险的人,他也因此要为避免危险负责。

三、二元主义的证立方案

主流观点目前依然支持的是二元主义方案,人们也可称其为"组合式解决方案"。根据这一方案,紧急防卫的目的既是确证法秩序,也是保护被侵害人的个人法益。① 这不仅符合立法者的意愿,②而且是从正当性理由的体系中产生的结论。③ 首先,由此可以说明,为什么紧急防卫没有赋予阻止公共不法的权限,也就是不得为公众法益实施防卫。其次,由此也可以解释,为什么在个人法益保护的视野下,就算退让或逃跑是更明智的选择,也依然允许进行防卫。④ 最后,只有将个人利益保护和法确证组合在一起,才能产生这样的优势,即原则上说,侵害人对其个人法益完整性方面的利益是次要的。在二元主义方案看来,紧急防卫的正当性前提是两种利益的累积,一种是保护被侵害的个人利益(个人利益保护利

---

① BGHSt 24, 356, 359; 48, 207, 212; BGH NJW 2013, 2133, 2135; Kühl, Strafrecht Allgemeiner Teil, 8. Aufl., 2017, § 7 Rn. 6ff.; Eisele/Perron, in: Schönke/Schröder, § 32 Rn. 1f.; Kaspar, „Rechtsbewährung" als Grundprinzip der Notwehr?, RW 2013, 40; van Rienen, Die „sozialethischen" Einschränkungen des Notwehrrechts, 2009, S. 138ff. 也参见 Roxin, Notwehr und Rechtsbewährung, in: Heger/Kelker/Schramm (Hrsg.), Festschrift für Kristian Kühl zum 70. Geburtstag, 2014, 398ff. 罗克辛不想继续在紧急防卫权的证立方面承认法确证利益的独立价值,而只是想从对紧急防卫权例外进行"社会伦理限制"的角度予以承认。但这却显得非常不匀称。如果法确证利益的存在与锐利的紧急防卫权的证立无关,那么它的减少或缺失又如何能成为限制此项权利的理由?

② Roxin, Strafrecht Allgemeiner Teil 1, 4. Aufl., 2006, § 15 Rn. 2.

③ Lenckner, „Gebotensein" und „Erforderlichkeit" der Notwehr, GA 1968, 3; Eisele/Perron, in: Schönke/Schröder, § 32 Rn. 1a.

④ 不过,罗克辛将这一论证相对化了。Roxin, Notwehr und Rechtsbewährung, in: Heger/Kelker/Schramm (Hrsg.), Festschrift für Kristian Kühl zum 70. Geburtstag, 2014, 393.

益),另一种是捍卫法秩序(法秩序确证利益)。

(一)个人利益保护和法确证的关系

如果从二元主义观点出发,认为对于德国《刑法》第 32 条的正当性根据而言必须存在个人利益保护和法确证两种利益,那么就会得出结论,倘若缺少其中之一,便否认紧急防卫的成立。其后果是,与个人主义方案相比,二元主义紧急防卫模式所谓优势将不复存在。"组合式解决方案"的支持者论证道,只有根据二元主义模式才能解释为什么即使被侵害人退让能更好地维护其个人利益,进而损害侵害人法益的防卫行为并非必要,也依然允许进行紧急防卫。① 假设下面这一主张是妥当的,即在被侵害人具有退让可能性时,便缺少个人利益保护之利益,就可能造成此处仅存在法确证之利益的后果。但是,由于"组合式解决方案"的支持者要求这两个部分必须累积性地存在,因此上面这一假设就不足以为紧急防卫权限提供根据。就此而言,二元主义方案并不比个人主义方案更优越。

为了避免这个问题,二元主义紧急防卫模式的支持者可能考虑放弃这种组合,认为如果对侵害人的伤害有选择地服务于个人利益保护或者捍卫法秩序,就足以为德国《刑法》第 32 条提供正当性根据。这条出路并不通畅。这是因为,倘若仅仅是法确证利益就足以为紧急防卫权限提供根据,就必须允许为了保护公众利益所实施的紧急防卫。这并不妥当。我们在讨论超个人主义证立方案时已经

---

① Kühl, Strafrecht Allgemeiner Teil, 8. Aufl., 2017, § 7 Rn. 11; Eisele/Perron, in: Schönke/Schröder, § 32 Rn. 1a; Roxin, Strafrecht Allgemeiner Teil 1, 4. Aufl., 2006, § 15 Rn. 2.

说出个中原由,并且二元主义模式的支持者同样会理所当然地拒绝这一看法。

(二)利益组合优势论

支持二元主义紧急防卫方案的核心论证是,被侵害人的个人利益保护之利益,不足以在放弃合比例性检验的情况下,使德国《刑法》第32条的宽泛紧急防卫权获得合法性;只有与法确证之利益组合在一起,才能产生这种优势,即从原则上说侵害人对其法益完整性的利益处于次要地位。

即便如此,是否真的可以产生所宣称的利益优势?答案是否定的。理由在于,违法侵害并不会危及整个法秩序的经验效力,而是至多危及特定法律行为规范的实际控制力。[1] 比如拘禁他人可能会削弱德国《刑法》第239条剥夺自由罪所包含的剥夺自由禁令,或者在最糟糕的情况下会削弱所有保护自由的规定;但它并不会动摇整个法秩序。在捍卫法秩序免受违法侵害时,涉及的永远只是相关具体规定的稳定化。法秩序规范本身不具有任何内在价值。[2] 相反,这些规范的价值仅由它们所保护法益的价值来衡量。这并不意味着,除了作为特定对象之属性的被防卫的个人利益价值之外,所讨论的规范效力就不能具有任何额外价值。这是因为,随着规范的稳定化,被保护的不只是一个对象,而是一类对象。比如剥夺自由禁令保护的就是处于法律效力范围内的所有人的行动自由,该禁令

---

[1] Koriath, Einige Gedanken zur Notwehr, in: Britz u.a. (Hrsg.), Festschrift für Heinz Müller-Dietz zum 70. Geburtstag, 2001, S. 372.

[2] Frister, Die Notwehr im System der Notrechte, GA 1988, 295; Renzikowski, Notstand und Notwehr, 1994, S. 85.

的稳定化将使所有人受益。即便如此,也不会产生假设的普遍优势。如果像"组合式解决方案"的支持者一样,认为在剥夺自由的情况下,仅仅依靠被侵害人对其行动自由的利益,并不能使严重伤害侵害人的行为正当化,那么通常而言,鉴于系争利益的排序,行动自由的价值也就无法为任何其他结果提供根据。一个相应的设想是,用于保护一类对象的规范稳定化原则上具有很高的价值,根据德国法律,这一设想难以与现行有效的利益等级相协调。①

(三)紧急防卫规则的产生与体系

正如一些二元主义的支持者所认为的,德国《刑法》第32条的规范产生与法律体系也许能支持二元主义的紧急防卫方案。不过"规范产生"显然是要否定的。无论是在德国《刑法》第32条的立法资料中,②还是在之前基本相同的规范内,都没有任何迹象表明紧急防卫不仅保护个人法益,还确证法秩序。③ 至于法律体系方面的论证,值得更多的注意,它是基于德国《刑法》第32条和第34条正当化紧急避险的比较,后者以利益权衡为前提,要求被保护的利益明显超越被侵害的利益,而前者则放弃了对系争法益的权衡。只有通过法秩序确证这个额外的部分才能说明个中理由。若仅从个人利益保护角度出发,就无法解释为什么与紧急避险相比,紧急防卫要遵循其他评价标准。这是因为,紧急防卫中所涉及的个人法益

---

① 从修正的二元主义出发对该批评意见的回应,参见 Kaspar, „Rechtsbewährung" als Grundprinzip der Notwehr?, RW 2013, 40.

② BT-Drs. V/4095, 14.

③ Engländer, Grund und Grenzen der Nothilfe, 2008, S. 31f.

排序可能与紧急避险不尽相同。①

不过,这一思考同样不具有说服力。从德国《刑法》第32条和第34条的比较中,找不出任何可以支持二元主义紧急防卫方案的体系论证。不允许从功利主义出发,将个人法益保护的目的误解为保障尽可能多的利益总量,即在冲突的情景中,只有维护更高价值的利益才是重要的。② 法秩序不应一视同仁地保护个人利益,让其免受所有可想到的侵害,而是应该主要防止那些属于他人负责领域的危险。如果顾及这一目标,那么合乎逻辑的结论是,系争个人利益的价值权重,会因参与者对紧急情形的负责程度不同而有所不同。比如德国《民法典》第904条攻击性紧急避险和德国《民法典》第228条防御性紧急避险所规定的标准就不尽相同。③ 因此,并不需要诉诸任何公众利益来寻求根据。这同样适用于防御性紧急避险和紧急防卫的不同评价标准。在此,也可以用侵害人负责性的提升来说明这种区分的合理性。④

四、个人主义的证立方案

鉴于"组合式解决方案"的困境和不协调,一段时间以来,对个

---

① Lenckner, „Gebotensein" und „Erforderlichkeit" der Notwehr, GA 1968, 3.
② 有观点从功利主义角度解释正当化紧急避险,批评意见参见 Engländer, Die Rechtfertigung des rechtfertigenden Aggressivnotstands, GA 2017, 244f.
③ Engländer, Die Notwehr, in: Hilgendorf/Valerius (Hrsg.), Handbuch des Strafrechts, Bd. 2, 2020, § 38 Rn. 8f.
④ Engländer, Die Notwehr, in: Hilgendorf/Valerius (Hrsg.), Handbuch des Strafrechts, Bd. 2, 2020, § 38 Rn. 10.

人主义证立方案的认可日渐增多。据此,紧急防卫只是为了保护被侵害行为危及的个人法益,而放弃在被侵害人和侵害人之间做利益权衡,为了证明这种放弃是合理的,提出了许多截然不同的观点。比如个人的自我保全利益;①总是遭受侵害的一般行为自由或人格自由发展,拥有巨大的额外价值;②侵害人缺少值得保护性,因为他本可以放弃或中断侵害,以保护自己免遭损害;③由于侵害人让被侵害人重新陷入类似自然状态的境况,被侵害人不再负有团结义务;④自然法上的自我防卫权,社会契约对其所做的限制不能超出必要性的限度。⑤

不过,也可以对所有这些证立尝试提出严肃认真的反对意见。⑥ 自我保全利益一方面过于宽泛,因为它也可以要求对无辜第三人造成损害,另一方面又过于狭窄,因为它不像紧急救援那样允许对不存在于自身的法益进行防卫。抵御危险时的窘迫和缺乏经验也可能存在于紧急避险中,此处并没有放弃利益权衡。当侵害人的生命遭到威胁时,一般行为自由或人格的自由发展在抽象意义上并不足以证明,它们与被侵害人的任何其他个人法益加在一起要比侵害人的生命更重要。虽然没有实现自我保护可能性通常会降低值得保护性,但不会完全排除值得保护性。陷入类似自然状态这

---

① Klose, Notrecht des Staates aus staatlicher Rechtsnot, ZStW 89 (1977), 86.
② Kroß, Notwehr gegen Schweigegelderpressung, 2004, S. 56ff.
③ Puppe, Strafrecht Allgemeiner Teil, 4. Auflage, 2019, § 12 Rn. 15.
④ von der Pfordten, Zu den Prinzipien der Notwehr, in: Amelung u. a. (Hrsg.): Strafrecht-Biorecht-Rechtsphilosophie: Festschrift für Hans-Ludwig Schreiber zum 70. Geburtstag am 10. Mai 2003, S. 372.
⑤ Rückert, Effektive Selbstverteidigung und Notwehrrecht, 2017, S. 52ff.
⑥ Engländer, Grund und Grenzen der Nothilfe, 2008, S. 39ff.

一设想,意味着紧急防卫限度的消解,这很成问题。求助于前国家的人的"自然"自我防卫权,则充满了自然法观念中的本体论和认识论问题。当然,对不同论证的批评,并不是要反对个人主义紧急防卫方案本身。倘若考察被侵害人的主观权利,从而探究被侵害人和侵害人之间的法权关系,就可以给出令人信服的理由。①

(一) 主观权利的结构和功能

可以在形式上将主观权利描述为三方关系:(1)权利人;(2)权利接收人;(3)权利的内容。② 在主观权利的内容方面应当区分请求权、自由和权能。③ 其中,请求权至关重要,它总是涉及权利接收人的行为。这种行为既可以是不作为,比如不阻止某种行动或不损害权利人的利益,也可以是积极作为。如果权利接收人有义务向权利人实施一定行为,即如果前者被要求向后者实施这一行为,就存在请求权。④

---

① 以权利为基础的紧急防卫方案,细节上自然有所不同。Greco, Notwehr und Proportionalität, GA 2018, 675ff.; Merkel, Folter und Notwehr, in: Pawlik (Hrsg.), Festschrift für Günther Jakobs zum 70. Geburtstag am 26. Juli 2007, 2007, 389f.; Pawlik, Das Unrecht des Bürgers, 2012, S. 237ff.; Renzikowski, Notstand und Notwehr, 1994, S. 231f.; Engländer, Grund und Grenzen der Nothilfe, 2008, S. 67ff.

② Alexy, Theorie der Grundrechte, 1985, S. 171ff. 主观权利中的基本关系,参见 Hohfeld, Fundamental Legal Conceptions as Applied in Judicial Reasoning, 1964, S. 35ff.

③ Alexy, Theorie der Grundrechte, 1985, S. 171; Hart, Essays on Bentham, 1982, S. 164ff. 所谓豁免,是指权利人不受他人权能的约束,被有些学者看作主观权利的第四部分。Hohfeld, Fundamental Legal Conceptions as Applied in Judicial Reasoning, 1964, S. 60ff.

④ 此处的请求和义务在逻辑上是等价的。从权利人的视角看,这一关系被称为请求;从权利接收人的角度描述,这一关系被称为义务。Alexy, Theorie der Grundrechte, 1985, S. 185ff. 由于二者在逻辑上是等价的,有学者将主观权利理解为单纯的义务"反射"。Kelsen, Reine Rechtslehre, 2. Auflage, 1960, S. 132f.

不是所有的请求权都服务于相同的目的。更确切地说,应当区分具有保护功能的权利和具有转让功能的权利。如果权利人向权利接收人发出请求,要求其实施一定行为,是为了保护特定利益的完整性,那么权利就具有保护功能。倘若权利人向权利接收人发出请求,要求其实施一定行为,是为了保障利益顺利转让,那么权利就具有转让功能。比如购买者向出售者发出请求,要求其转让所购买的物品。就紧急防卫的证立而言,只需要考虑具有保护功能的请求权。[①] 因此,在谈及主观权利时,指的永远是具有保护功能的请求权,实例是生命权、身体完整性的权利和所有权。

　　主观权利的独特之处在于,为其享有人的利益提供了特别严格的保护,不只是从针对他人的诫命或禁令中获益的受益者。而且,主观权利人还处于一种地位,可以要求权利接收人实施特定行为,从而避免或防止对其利益的侵害。权利接收人并非相对于任何人都有实施该行为的义务,而是相对于发出请求的人才有这一义务。正因如此,人们不能简单地撤销对权利人的保护——这与单纯获益不同,其中受益人只是通过权利反射获益,可他并没有针对该利益的请求权。[②] 与主观权利绑定在一起的观念是,要保障针对权利接收人的请求权。借用德沃金的名言,主观权利是权利人对抗其他人的王牌。[③]

[①] 这就是为什么在德国法律中,原则上不能因民法上的请求而进行紧急防卫或紧急避险。这些要求调整的是利益的转让,不是对利益的保护。
[②] 主观权利和单纯权利反射的区分。Hart, Essays on Bentham, 1982, S. 175ff.
[③] Dworkin, Bürgerrechte ernstgenommen, 1984, S. 14.

(二)主观权利的贯彻

如果问及主观权利与紧急防卫权的关联,就会想到关联的两种类型。一方面可能存在概念上的关联,据此,紧急防卫权就必然成为主观权利概念的一个必要组成部分。① 另一方面可以想到一种规范上的关联,也就是在主观权利的保护功能方面为紧急防卫权提供根据。

1. 主观权利与防卫权之间是否存在概念上的关联

如果主观权利与紧急防卫权存在概念上的必要关联,那么后者就必然来自前者的存在。换言之,一个人虽然拥有主观权利,但在权利接收人无视这一权利时,却又没有任何紧急防卫权来贯彻该权利。这在逻辑上是不可能的。按照文献中的代表性观点,康德曾在其法权学说中指出,这种概念上的关联是实际存在的。②

在康德看来,法权"是一个人的任性能够在其下按照一个普遍的自由法则与另一方的任性保持一致的那些条件的总和"③。换言之,法权的任务应当是保障行为自由的共存。与之相应,法权原则在主观权利上的表现形式就是:"自由(对另一个人的强制任性的

---

① 需要注意的是,概念上的偶然关联自然是不充分的,比如作为定义确定的结果,仅把防卫权解释为主观权利概念的一个构成要素。否则,人们就可轻易从主观权利概念中推导出自己先前添加到这个概念中的东西。这种"证立"自然毫无价值。

② Höffe, Kategorische Rechtsprinzipien, 1990, S. 143ff.; Hruschka, Die Notwehr im Zusammenhang von Kants Rechtslehre, ZStW 115 (2003), 203f.; Kersting, Wohlgeordnete Freiheit, 1993, Freiheit, S. 105ff.

③ Kant, Die Metaphysik der Sitten, Metaphysische Anfangsgründe der Rechtslehre, 1956 (1797/98), AB 33.

本章中康德《道德形而上学》引文,引自〔德〕康德:《道德形而上学》(注释本),张荣、李秋零译注,中国人民大学出版社2013年版。——译注

独立性),就它能够与另一个人根据一个普遍法则的自由并存而言,就是这种唯一的、原始的、每个人凭借自己的人性应当具有的法权。"①言下之意,康德认为每个人都拥有先天的主观权利,有权要求与所有其他人的自由和睦共处的行为自由。根据这一原则,如果阻碍他人实施法律上允许的行为,就是不正当的,"因为这种障碍(这种阻抗)不能与根据普遍法则的自由共存"②。

以此为根据,在多大程度上可以证立主观权利和防卫权之间的概念关联?对此,康德运用了双重否定规则:"于是,一切不正当的东西,都是根据普遍法则的自由的一种障碍,但是,强制就是自由所遭遇的一种障碍或者阻抗。因此,如果自由的某种应用本身就是根据普遍法则的自由的一个障碍(亦即不正当的),那么,与这种障碍相对立的强制,作为对一个自由障碍的阻碍,就与根据普遍法则的自由相一致,亦即是正当的,所以,按照矛盾律,与法权相联结的同时有一种强制损害法权者的权限。"③"法权和强制的权限是同一个意思。"④这一论证是基于对物理法则的类比,即以"物体在作用力与反作用力相同这个法则下的自由运动之可能性"⑤为基础。正如自然秩序是物理对象相互作用的结果一样,自由秩序也应当通过相

---

① Kant, Die Metaphysik der Sitten, Metaphysische Anfangsgründe der Rechtslehre, 1956 (1797/98), AB 45.

② Kant, Die Metaphysik der Sitten, Metaphysische Anfangsgründe der Rechtslehre, 1956 (1797/98), A 33 B 33f.

③ Kant, Die Metaphysik der Sitten, Metaphysische Anfangsgründe der Rechtslehre, 1956 (1797/98), AB 35.

④ Kant, Die Metaphysik der Sitten, Metaphysische Anfangsgründe der Rechtslehre, 1956 (1797/98), AB 36.

⑤ Kant, Die Metaphysik der Sitten, Metaphysische Anfangsgründe der Rechtslehre, 1956 (1797/98), AB 37.

互强制来维系。诚如沃尔夫冈·凯尔斯汀所言，康德将法秩序设计为"将自己置于相互限制之排斥中的强制机制……排斥和反驳力量作为一种均匀分布的状态，会让个体自由领域彼此隔绝，并维持它们同等的规模"①。

纯防御性的反强制观念认为，②反强制只抵消侵害人的攻击性强制，并通过这一方式重建与所有其他人的自由和睦共处的行为自由。这一观念虽然乍看之下颇具吸引力，但仔细观察就会发现它很具有误导性。在现实中，反强制往往不只意味着，对于每个人享有的受法律保护的自由空间而言，要将侵入他人自由空间的人击退，并让他退回到自己的自由空间中。人们在此最多只能说，反强制是一种纯粹以心理为中介的强制，如威胁，或者是一种不伤害侵害人身体完整性的物理强制，如单纯的推开。但这经常不足以抵抗侵害，以至于有必要伤害侵害者，甚至给予其物理毁灭。然而，这样一来，就不只是侵害人被击退回到他自己的自由空间，防卫人还会不可避免地侵入侵害人本身受法律保护的自由空间。换言之，此处的反强制仿佛包含了一种攻击性的成分。侵害发生前存在的合法状态并未简单恢复；相反，对侵害的抵抗只能以伤害侵害人为代价，而这个伤害行为本身恰恰无法与每个人的自由协调一致。

举例言之，以造成严重身体伤害的方式抵抗剥夺自由行为的被侵害人，不仅恢复了他的个人行动自由，而且伤害了侵害人的身体完整性。强迫侵害人放弃继续实施剥夺自由行为，其实并不会妨害他的受法律保障的行为自由，因为受法律保障的行为自由不包括剥

---

① Kersting, Politik und Recht, 2000, S. 319.
② Höffe, S. 143.

夺自由这一行为选项。相反,与剥夺自由相关的对侵害人身体完整性的伤害,就肯定是这样一种妨害。关于这一点,康德在论证中考虑到了,但他似乎没有看到,为恢复被侵害人自由所必要的强制,也可能同时成为"根据普遍法则的自由的障碍"。因此,这些防卫手段在多大程度上被允许,无法从主观权利所保障的内容中推导出来。① 康德对强制权进行分析性证立的尝试注定会失败,因为不可能从行为自由的分配中合乎逻辑地推导出答案,知道在受到干扰时应如何进行防卫。从这个意义上说,主观权利与防卫权之间并不存在概念上的必然关联。

2. 主观权利与防卫权之间是否存在规范上的关联

不过,主观权利与紧急防卫权之间却存在规范上的关联,因为就前者的保护功能而言,承认后者乃是必要的。要是没有贯彻可能性,主观权利就不会有效果。因此,除了保护特定利益的主观权利之外,还必须在规范层面上拥有行为的权限,为的是保障权利受到尊重,确保相应的义务得到履行。② 由于这里涉及权利接收人不愿履行义务的情况,这些行为权限就必然是强制权。对此,应当按照实施强制的目的区分两种强制权:一种具有防御的性质;另一种具有制裁的性质。不履行义务随后会受到制裁性强制的惩罚。其目标是,通过对这种制裁的了解,促使主观权利接收人在这些情况中履行他们的义务,即使他们出于其他原因并不打算这样做。③ 相

---

① 不授予强制权不意味着剥夺主观权利。相反观点参见 Hruschka, Die Notwehr im Zusammenhang von Kants Rechtslehre, ZStW 115 (2003), 222f.
② 哈特可能会将这些权限称为次级规则。参见 Hart, Concept, S. 79ff.
③ 有观点认为以规则为基础的强制威慑和强制施加具有一般预防的作用。

反,如果强制是为了防止受主观权利保护的利益遭到尚未实现的伤害,那么这种强制就具有防御的性质。至少通常而言,其目的不是影响权利接收人的动机,而是像费尔巴哈正确指出的那样,是"直接消除用于违法现象的侮辱人的体力"①。制裁性强制仅能阻止将来的义务违反,而防御性强制却能实现被侵害人主观权利的目的,即不论权利接收人是否无视被侵害人的权利,防御性强制都能保护特定利益免受权利接收人的妨害。权利人无须忍受其利益遭到损害,他有权强迫权利接收人实施本来就有义务去实施的行为,即放弃损害行为。

当然,这仍旧没有回答为什么对被侵害人主观权利的强制贯彻在任何情况下都优先于侵害人可能与之发生冲突的权利。可以给出这样的理由,每个人都有两种实际利益:一是拥有主观权利;二是在冲突的情况下能够贯彻该权利。作为回报,他在理性考虑过后也愿意承认所有其他人享有同等的权利。② 为了使自己的利益获得尽可能周全的保护,他必须给予其他人相同的保护,每个人都会对此表示同意。这是因为,限制自身行为自由所带来的弊端,已被由此换来的好处即对他人自由的限制所抵消。如果以利益权衡这一要求来限制为防御侵害而行使的强制权,那么与没有这种对等权利义务体系的状态相比,被侵害的权利人的境况不会更好。一旦有必要,他将不得不忍受义务违反行为所造成的利益损害,而且不允

---

① Feuerbach, Lehrbuch des gemeinen in Deutschland gültigen peinlichen Rechts., 11. Aufl., 1832, § 10. 直接消除用于违法现象的侮辱人的体力有一个例外,就是防卫人使用威胁手段强迫侵害人中断侵害。

② Engländer, Grund und Grenzen der Nothilfe, 2008, S. 73ff.

许对其进行防卫。他必将承受放弃自由的代价,却又无法享受由此带来的好处。如此一来,承认主观权利的目的就走向了自身的反面。承担义务的回报本是提高对自身利益的保护,现在却可能减少这种保护。在这种情况下,侵害人主观权利的优先性会让他不受任何实际阻碍地侵害被侵害人的利益。换言之,被侵害人在此没有获得任何保护。从结果上说,这相当于让被侵害人单方面放弃了自由。有的人仅扮演权利接收人的角色,进而处在义务人的位置上,被侵害人此时的境遇其实就与这个人相同。虽然被侵害人对侵害人有一个规范上的请求权,但是在当前冲突的情形下,如果仅有请求权,却没有履行请求的意愿,那么对被侵害人而言就毫无价值。任何理性追求其保护利益的人,都不会愿意单方面承担义务。因此,对强制行为作超出必要性要素的限制,原则上就不具有合理性。① 这与侵害行为具体涉及的利益价值无关。正如霍布斯所看到的,不得要求任何人被他人剥削,从而处于不利地位。②

五、结论

以权利为基础的紧急防卫方案可以令人信服地解释德国锐利的紧急防卫权,并使其合法化。③ 据此可以说明,为什么合比例性

---

① 虽然有的行动者会出于利他动机放弃使用强制,但他并不是必须要有这些偏好,因此他原则上没有放弃使用强制的义务。Engländer, Grund und Grenzen der Nothilfe, 2008, S. 206ff.

② Hobbes, Leviathan, 1996 (1651), Kap. 14, Abs. 5.

③ 在某些例外情形中,有可能为"社会伦理限制"提供根据。Engländer, Matt/Renzikowski: Strafgesetzbuch, 2. Aufl., 2020, § 32 Rn. 42ff.

要求不仅无法限制自我防卫,也不能限制紧急救援权。这种权限是指保护他人免受正在进行的违法侵害:紧急救援人不是出于自己的权利,而是代表被侵害人行使他人的紧急防卫权。[1] 目前仍居主流观点的"组合式方案"颇有问题,最好不要诉诸该方案。

---

[1] Engländer, Nothilfe, S. 90f. 紧急救援具有从属性,原则上不得违背被侵害人的意愿而强行进行救援。Engländer, Grund und Grenzen der Nothilfe, 2008, S. 99ff.; ders., Die Notwehr, in: Hilgendorf/Valerius (Hrsg.), Handbuch des Strafrechts, Bd. 2, 2020, § 38 Rn. 50ff.

第七章
营救酷刑能否作为紧急防卫被正当化[*]

一、问题所在

酷刑是禁忌！酷刑是禁忌？总是如此？即使从致命侵害中拯救一个甚至多个人的生命，酷刑也依然是禁忌？如果酷刑是获取必要信息以抵御这种侵害的唯一途径，如果酷刑不针对侵害人以外的任何人，能否作为紧急防卫而被正当化？为了区别于其他形式的酷刑，将这种特殊的紧急防卫称为营救酷刑。[①] 近年来，德国对营救酷刑问题进行过激烈争论，起因是一宗绑架案。2002年，11岁的雅克布·冯·梅兹勒遭到绑架，法兰克福警察局副局长沃尔夫冈·达施纳(Wolfgang Daschner)确信孩子的生命处在危险之中，其实孩子当时已经被杀。于是就以施加痛苦相威胁，目的是让绑架者说出孩

---

[*] Kann die sog. Rettungsfolter als Notwehr gerechtfertigt sein?, in: Gunnar Duttge/Yener Ünver (Hrsg.). *Aktuelle Grundlagenprobleme des materiellen Strafrechts*. 2012, S. 175-194.Engländer, Grund und Grenzen der Nothilfe, 2008, S. 331ff.

[①] 对该术语的批评，参见 Eser, FS Hassemer, 2010, S. 721; Trapp, Folter oder selbstverschuldete Rettungsbefragung?, 2006, S. 39ff.; Krasmann/Wehrheim, MSchrKrim 2006, 265.

子的藏匿地点。

对于营救酷刑的正当化问题,判例和大部分文献都给出否定答案。主流观点认为,酷刑在任何可想到的情况下都不可能被正当化。从这个意义上说,酷刑是禁忌,而且永远是禁忌。遵循这一思路,美因河畔法兰克福州法院以诱使下属实施职务强制为由认定达施纳有罪。不过,对犯行的惩罚却选择了最温和的制裁方式,仅仅是给予保留刑罚的警告。① 欧洲人权法院最近重申,《欧洲人权公约》第3条所规定的酷刑禁令是绝对的,不允许存在例外、正当化事由和利益权衡,即使是为了拯救生命,也不得使用酷刑。②

然而,在德国进行的讨论重点,始终围绕一个问题展开,即作为公职人员的警察可否实施紧急救援?而在此情境中,私人紧急防卫权在多大程度上存在,却很少被讨论,最多也只是附带论及。与"通常的"紧急方案不同,在实践意义上可以给出很好的理由。从纯事实角度看,营救酷刑之正当化问题,大多涉及公职人员行为,而非私人行为。尽管如此,从紧急防卫教义学的角度讨论,却无异于引足救经。这是因为,紧急防卫权主要是一种私人防卫权,将私人防卫权过度聚焦于公职人员身上,对其行为提出特殊要求,会带来扭曲法律评价的危险。比如一旦涉及相关的国际法规定,人们就会引用这些规定来说明不允许采取任何形式的营救酷刑,③而人们实际上并不清楚这些规

---

① LG Frankfurt NJW 2005, 692.
② EGMR NJW 2010, 3145.
③ Ambos, in: Koriath u.a. (Hrsg.), Grundfragen des Strafrechts, Rechtsphilosophie und die Reform der Juristenausbildung, 2010, S. 5ff.; Beutler, Strafbarkeit der Folter zu Vernehmungszwecken, 2006, 133ff.; Jahn, KritV 2004, 31ff.; Kinzig, ZStW 2003, 798ff.; Selbmann, NJ 2005, 300f.

定是否以及在多大程度上与私人行为有关。《联合国反酷刑公约》第1条的定义只将那些可归责于国家的行为称为酷刑。这也适用于德国《基本法》第1条第1款以"人性尊严不可动摇、尊重及保护此项尊严乃所有国家机关之义务"为基础的论证,即基本法对人性尊严的保障,禁止以任何理由侵犯人性尊严,即使是为了保护其他人的人性尊严,也不被允许。① 尚未解决的问题是,人们宣称禁令优先于可能的保护需求,这种"优先于"在多大程度上可以转用到私人行为上去。因此,为了作出妥当的法律评价,就需要将讨论次序颠倒过来,也就是先考察被侵害人的自我防卫这一基本情形。首先必须说明此处的正当性事由是不是紧急防卫,才能在必要情况下进一步研究,对于私人紧急救援者和公职人员是否存在某种特定区别。

商人 G 的竞争对手 K 不断挫败 G 的事业,G 决定除掉对手,于是给 K 下了毒。如果 K 不及时服用解药,半小时内就会毒发身亡。为了享受报复的快感,G 竟然告诉 K,解药就在近旁,但"你来不及找到"。K 恳求 G 告知解药所在,G 拒绝。K 接下来以暴力相威胁,并凭借优势体力,以令 G 痛苦的方式抓握其手臂,但无济于事。当 K 折断 G 的手臂并威胁继续折断另一只手臂时,G 才说出解药的藏匿处。K 最终获救。

---

① Dölling/Duttge/Rössner-Duttge, HK Gesamtes Strafrecht, 2. Aufl., 2011, § 32 Rn. 32; Ellbogen, Jura 2005, 342; Hong, in: Beestermöller/Brunkhorst (Hrsg.), Rückkehr der Folter, 2006, S. 34; Merten, JR 2003, 407f.; Norouzi, JA 2005, 309; Prittwitz, FS Herzberg, 2008, S. 535ff.; Roxin, FS Eser, 2005, S. 466; ders., FS Nehm, 2006, S. 208f.; Saliger, ZStW 2004, 47f.; Stübinger, in: Institut für Kriminalwissenschaften und Rechtsphilosophie Frankfurt a.M (Hrsg.), Jenseits des rechtsstaatlichen Strafrechts, 2007, S. 303f.; Welsch, BayVBl 2003, 484f.; Ziegler, KritV 2004, 58f.

二、德国《刑法》第 32 条第 2 款的法定成立条件

K 的行为无疑符合德国《刑法》第 223 条普通伤害罪和第 240 条强制罪的构成要件。不过,该行为也可能作为紧急防卫而被正当化。根据德国《刑法》第 32 条第 1 款,"实施为紧急防卫所必要之行为的"不违法;该条第 2 款,紧急防卫是"为防御自己或他人现在所受之违法侵害,所必要的防卫行为"。乍看之下,这些条件已得满足:如果不使用暴力强迫 G 说出解药的藏匿处,K 无法防御其生命正在遭受的违法侵害。

然而,大多数德国刑法学者却得出与刚刚形成的第一印象相反的结论,即德国《刑法》第 32 条第 2 款的条件在营救酷刑的情景中并未得到满足,这与个案完全无关。[①] 根据伯恩哈特·克雷奇莫和沃尔夫冈·希尔德的观点,此处并不存在现时的侵害。克雷奇莫认为,单纯对救命解药的藏匿保持沉默不是侵害,因为缺少紧急防卫和紧急救援所要求的侵略性和侵犯边界的特征。同时,主动的侵害行为则随着下毒的完成而结束,接下来只是这种违法行为持续产生影响。即使行为人死去,被害人的紧急情形也会持续存在。这表明被害人不再受到动态人类行为的严重威胁,而是受到外部情状的静态威胁,这种外部情状是由先前行为所造成的危险境况导致的。被害人是在为自己的生命而战,却不再与行为人搅

[①] K. Günther, in: Beestermöller/Brunkhorst (Hrsg.), Rückkehr der Folter, 2006, S. 102ff. 作者忽视了德国《刑法》第 32 条,只讨论了第 34 条,最终给出了否定答案。

在一起。① 因此，尚且存在的只有德国《刑法》第34条意义上的紧急避险中的危险，却不存在能够对其进行合法紧急防卫的现时侵害。

以要言之，克雷奇莫认为，针对被害人生命的侵害已经随着下毒完成而结束，因为从下毒那一刻起，损害的发生只取决于已经产生的危险情形的进一步发展，行为人的后续行为不起任何作用。所导致的结果是，只有在客观的既了未遂成立之前，才允许实施紧急防卫。因为从既了未遂成立那一刻起，结果的发生就不再取决于侵害人的额外行动，而只取决于特定的外部情状。从这个意义上说，紧急防卫只能针对其侵害努力尚处未了未遂阶段的侵略者，而不能针对虽未实现目标，但已为此遂行所有行为的人。要想得到德国《刑法》第32条的支持，K 就只能在下毒过程中，而不能在下毒之后采取防御措施。然而，这种论证在概念上显得乏力，它只用积极的侵害行为来确定现时侵害，却完全忽视了侵害结果，不当地缩减了被侵害人的主观权利。② 紧急防卫的目的应该是避免权利人受主观权利保护的利益遭到侵害，也就是不能让面临的侵害实现。这一目标不仅可以在未了未遂阶段实现，还能够在既了未遂阶段达成，因而在损害最终发生前原则上都可以实施防卫行为。③ 只要损

---

① Kretschmer, RuP 2003, 112; Schild, in: Nitschke (Hrsg.), Rettungsfolter im modernen Rechtsstaat?, 2005, S. 85f.

② Erb, in: Lenzen (Hrsg.), Ist Folter erlaubt?, 2006, S. 24; R. Merkel, FS Jakobs, 2007, S. 388f.; Perron, FS Weber, 2004, S. 147f.; Wagenländer, Zur strafrechtlichen Beurteilung der Rettungsfolter, 2006, S. 116ff.

③ 剥夺自由罪作为持续犯有其特殊性，其中从实现构成要件既遂开始到剥夺自由状态结束，侵害行为的现时性一直持续。Erb, Jura 2005, 24; Perron, FS Weber, S. 147f.

第七章 营救酷刑能否作为紧急防卫被正当化　　　　　　　　　　241

害没有发生,侵害行为就具有现时性,并由此确立了以违法性为前提的紧急防卫与紧急救援。

以弗兰克·萨利格为代表的学者则循另一条论证路径,从根本上质疑营救酷刑用于防御侵害的适当性。这些学者震惊于竟然有人天真地以为酷刑"毫无疑问是调查真相的合适手段",其实,所有痛苦的历史经验都已证实,与对真相的检验相比,酷刑不过是对耐力的考验。① 但这个反对意见并没有看到,只有当某项措施从一开始就徒劳无功时,才能在德国《刑法》第32条的意义上认为是不适当的。② 根据该观点,就必须绝对排除"使用暴力或者以暴力相威胁来迫使他人说出符合真相的、能够营救被侵害人的信息"的做法。可这种排除并不妥当。虽可想见,即使侵害人受到强制的威胁或者已经受到强制,也不会松口说出强迫者希望得到的信息,但是以暴力相威胁或者使用暴力却给他创造了强烈的动机,能够促使他提供所需要的信息。③ 最终,无论是拒绝提供信息还是提供不准确的信息,他都必须想到,强迫者真的会实施正在威胁他的酷虐行为。若想避免这一点,就只能如实说出。从这个意义上说,虽然以暴力相威胁或者使用暴力不能保证表达的真实性,但是对获取营救信息而

---

① Saliger, ZStW 2004, 46; Jerouschek/Kölbel, JZ 2003, 617f.; LK-Rönnau, StGB, 12. Aufl., 2007, Vor §32 Rn. 258.

② 主流观点是,某种措施只要有模糊的可能阻止、减轻或延迟侵害,就是适当的。Joecks, FS Grünwald, 1999, S. 261ff.; Lackner/Kühl, StGB, 27. Aufl., 2011, §32 Rn. 9; LK-Rönnau/Hohn, §32 Rn. 171; Warda, GA 1996, 406ff.

③ 与萨利格的想法相反,酷刑在世界许多地方仍旧猖獗的一个原因是,它是一种久经考验的手段,可以获取信息占有者本不会说出的信息。

言,这无疑是一项极为有效的措施。①

倘若防卫人没有其他不那么锐利的方式来获取信息,强制获取就是相对来说最为缓和的手段。换言之,强制在德国《刑法》第32条第2款的意义上是必要的。② 不过,约尔格·金兹希却对此提出异议,认为如果能得到警察的救援,就应否定私人紧急防卫的必要性,虽说国家给警察施加了不得实施酷刑的禁令,但由于警察的特殊资质,能够有组织地防御危险,也就总是比私人更容易成功。③ 然而,这一论证同样不甚妥当,因为根本就不存在优先使用国家权力的一般义务。更确切地说,只有当警察在场并准备介入或者可被迅即召唤且不会给被侵害人带来风险时,私人的紧急防卫才具有附属性。④ 一味等待国家救援介入,可能使营救机会恶化,不能期待被侵害人忍受这一危险及其持续存在或对其权利的妨害。就上例而言,警察的任何行动都可能来得太晚。这当然不是说国家救援在任何情况下都不具有优先性,但决不能认为在强取信息的情形中警察对危险的防御总是比私人防卫更为成功。⑤

---

① 营救酷刑与审讯酷刑的区别。Erb, Jura 2005, 25; ders. in: Lenzen (Hrsg.), Ist Folter erlaubt?, 2006, S. 24f.; Perron, FS Weber, S. 148f.; Wagenländer, Zur strafrechtlichen Beurteilung der Rettungsfolter, 2006, S. 118f.; Wittreck, in: Blaschke u.a. (Hrsg.), Sicherheit statt Freiheit?, 2005, S. 184.

② Erb, Jura 2005, 25f.; Fahl, JR 2004, 186; Wagenländer, Zur strafrechtlichen Beurteilung der Rettungsfolter, 2006, S. 120.

③ Kinzig, ZStW 2003, 807.

④ Engländer, Grund und Grenzen der Nothilfe, 2008, S. 174.

⑤ Erb, Jura 2005, 26; Perron, FS Weber, S. 150f.

三、可否以德国《基本法》第1条第1款为根据对紧急防卫权进行社会伦理限制

在营救酷刑的案件中,至少不能笼统否认德国《刑法》第32条第2款所列条件的成立。上述案例中,所有条件均已满足:K的生命遭到现时的违法侵害,亟需解药,而侵害人G又坚决不说出解药藏匿处,只能通过折断G的手臂施加痛苦并以继续折断另一只手臂相威胁来避免死亡。

原则上不支持营救酷刑的学者大多认为关键原因不是缺少德国《刑法》第32条第2款的法定条件,而是缺失德国《基本法》第1条第1款对人性尊严的保障,它要求对紧急防卫条款[①]进行社会伦理限制。在他们看来,营救酷刑之下,侵害人的人性尊严被公然无视,沦为"捆绑于痛苦之上的单纯客体"[②]"被彻底物化,也就是贬低为可被任意使用的物品"[③]"由身体痛苦决定的讯问对象"[④]"受他人支配的剥夺了人格的客体"[⑤]"摧毁了人格存在的核心部分"[⑥]。对德国《基本法》第1条第1款的侵犯,总是不允许的。正如"不可动摇"所表达的那样,作为宪法的最高原则,人性尊严保障不仅未包

[①] 紧急防卫权的社会伦理限制在德国《刑法》第32条措辞方面的一般性问题,本书有进一步的文献。Engländer, Grund und Grenzen der Nothilfe, 2008, S. 296ff.
[②] Roxin, FS Eser, S. 465.
[③] Bielefeldt, in: Nitschke (Hrsg.), Rettungsfolter im modernen Rechtsstaat?, 2005, S. 98.
[④] Saliger, ZStW 2004, 47.
[⑤] Enders, in: Nitschke (Hrsg.), Rettungsfolter im modernen Rechtsstaat?, 2005, S. 142.
[⑥] NK-Herzog, StGB, 3. Aufl., 2010, § 32 Rn. 59.

含明确的限制保留,而且也不受宪法固有的限制条款的制约。德国《基本法》第1条第1款的适用是绝对的。这意味着,营救酷刑在任何情况下都不具有正当性。[1]

相反,有学者认为可以例外允许特殊紧急情况中的营救酷刑,他们试图通过两种方式予以论证。其一,为了营救被害人而对侵害人使用暴力或以暴力相威胁,从而强制获取信息,其实这并未无视人性尊严,比如莱纳·特拉普就认为,由于侵害人一定程度上有选择自由,营救酷刑便既没有让侵害人完全工具化,也与其他具有压制意愿特征的、被允许的强制措施没有本质区别。[2] 其二,有学者如温弗里德·布鲁格和法比安·维特雷克则质疑德国《基本法》第1条第1款之"不可权衡性"这一命题。[3] 申言之,仔细观察可以发现,权衡根本无法避免,因为不仅要考虑侵害人的尊严,还要考虑被侵害人的尊严。维特雷克认为,如果攻击是以特别残忍和不人道的方式实施的,比如把人像动物一样关进埋在地下的木箱里,那么被害人的人性尊严就无论如何都遭到了无视。[4] 进一步

---

[1] Bielefeldt, in: Nitschke (Hrsg.), Rettungsfolter im modernen Rechtsstaat?, 2005, S. 99; Dölling/Duttge/Rössner-Duttge, §32 Rn. 32; Hecker, KJ 2003, 213; Jeßberger, Jura 2003, 713f.; LK-Rönnau, Vor §32 Rn. 262; Merten, JR 2003, 406; Poscher, JZ 2004, 762; Prittwitz, FS Herzberg, S. 536f.; Roxin, FS Eser, S. 465; Saliger, ZStW 2004, 46; Welsch, BayVBl 2003, 483ff.; Ziegler, KritV 2004, 56f. 关于德国《刑法》第1条第1款之绝对效力的一般性讨论。Dreier-Dreier, GG, 2. Aufl., 2004, Art. 1 I Rn. 43; Sachs-Höfling, GG, 5. Aufl., 2009, Art., 1 Rn. 10f. 各文献中都有进一步的论证。

[2] Trapp, Folter oder selbstverschuldete Rettungsbefragung?, 2006, S. 121ff.; Gromes, Prävwentionsfolter-ein rechtsgebietsübergreifendes Problem, 2007, S. 125ff., S. 145ff.

[3] 在具体的尊严保障方面,有观点从规范论、方法论的角度论证权衡的必要性,该论证与强取信息无关。Hain, Der Staat 2006, 199ff.

[4] Wittreck, DÖV 2003, 880; ders., in: Blaschke u.a. (Hrsg.), Sicherheit statt Freiheit?, 2005, S. 178f.

说,根据布鲁格的观点,再结合德国联邦宪法法院"生命乃人性尊严的重要基础"①的名言,每一次针对他人生命的侵害都同时影响其尊严。② 根据德国《基本法》第 1 条第 1 款第 2 句的规定,国家不仅有义务尊重人性尊严,还有义务保护人性尊严。因此,在营救酷刑中不可避免地会产生"尊严对尊严"的情况。国家在此只有一个选择,要么牺牲被侵害人的尊严来保护侵害人的尊严,要么牺牲侵害人的尊严来保护被侵害人的尊严。究竟哪一种选择具有优先性,除权衡探知外,别无他法。结论是,被害人的利益要比侵害人的利益重要得多。③

无例外禁止营救酷刑的支持者再次表示反对,这里假定他们没有简单无视或者忽视"权衡"问题。④ 在此,并非两个可权衡的保护义务相互冲突,而是侵害禁令和保护要求之间的冲突。其中,侵害

---

① BVerGE 39, 1 (42).

② Brugger, in: Nitschke (Hrsg.), Rettungsfolter im modernen Rechtsstaat?, 2005, S. 112; Götz, NJW 2005, 954. 相反,对生命保护与尊严保护结合在一起这一观点的批评,参见 Wagenländer, Zur strafrechtlichen Beurteilung der Rettungsfolter, 2006, S. 152ff.; Wittreck, in: Blaschke u.a. (Hrsg.), Sicherheit statt Freiheit?, 2005, S. 173f.; 对上述批评的回应。Hain, Der Staat 2006, 203.

③ Brugger, Der Staat 1996, 79ff.; ders., JZ 2000, 169; ders., in: Nitschke (Hrsg.), Rettungsfolter im modernen Rechtsstaat?, 2005, S. 112; Götz, NJW 2005, 954ff.; Wagenländer, Zur strafrechtlichen Beurteilung der Rettungsfolter, 2006, S. 155ff.; Wittreck, DÖV 2003, 879ff.; Wittreck, in: Blaschke u.a. (Hrsg.), Sicherheit statt Freiheit?, 2005, S. 176ff. 在权衡结果方面有细微差别。

④ 亚恩认为,受影响的往往不是被害人的尊严,而只是他们的生命。Jahn, KritV 2004, 48. 不过,亚恩却对其他情况缄默不语。克雷奇莫否认存在"尊严对尊严"的可能性,因为国家对酷刑的放弃决不意味着对被害人尊严的无视。然而没人主张这一点。克雷奇莫没有看到的是,就被害人而言,涉及的不是国家尊重人性尊严本身的义务,而是国家保护人性尊严不受他人侵犯的义务。对克雷奇莫的批评还可参见 Wittreck, in: Blaschke u.a. (Hrsg.), Sicherheit statt Freiheit?, 2005, S. 182 Fn. 93. Merten, (转下页)

禁令占据着绝对优先的地位。有利于被侵害人的保护义务结束之处,便是有利于侵害人的尊重义务开始之时。换言之,后者仿佛是前者的边界。例如,史蒂芬·施图宾格就论证道:"之所以认为每个人的尊严都'不可动摇',是因为不能用被维护的整体尊严水平来结算部分损失……在此,国家干预的行为质量乃是解决所声称的义务冲突的决定性标准。对于正在遭受或可能遭受违法侵害的被害人而言,如果对侵害人或'扰乱者'只有采取侵犯尊严的酷刑措施才能在事实上拯救其尊严,那就意味着,从法律上说就不应该再去拯救。倘若只有通过违反酷刑禁令才能实现对被害人的保护,那么针对被害人的保护义务就并没有在法律上得到履行。在此,酷刑无视尊严的特征划定了可做之事的法律边界。"①

且不论"尊重义务绝对优先于保护义务"这一假设是否真的令人信服,②其证立最多只适用于警方对危险的防御,而不能将其转用于私人防卫。在防卫人不具备警察身份的情况下,他对侵害的防御并不是国家的干涉,以至于一开始就与国家尊重侵害人尊严的义

(接上页)JR 2003, 407; Norouzi, JA 2005, 309; Schild, in: Nitschke (Hrsg.), Rettungsfolter im modernen Rechtsstaat?, 2005, S. 82f.; 上列文献向来认为,在强取信息的情形中,影响的只是生命,不是被害人的尊严。

① Stübinger, in: Institut für Kriminalwissenschaften und Rechtsphilosophie Frankfurt a.M (Hrsg.), Jenseits des rechtsstaatlichen Strafrechts, 2007, S. 304; Beutler, Strafbarkeit der Folter zu Vernehmungszwecken, 2006, 123; Bielefeldt, in: Nitschke (Hrsg.), Rettungsfolter im modernen Rechtsstaat?, 2005, S. 102; LK-Rönnau, Vor § 32 Rn. 262; Merten, JR 2003, 407; Norouzi, JA 2005, 309; Roxin, FS Nehm, S. 208f.; Saliger, ZStW 2004, 47f.; Schild, in: Gehl (Hrsg.), Folter-Zulässiges Instrument im Strafrecht?, 2005, S. 72; Welsch, BayVBl, 484; Ziegler, KritV 2004, 58f.

② 批评意见参见 Wagenländer, Zur strafrechtlichen Beurteilung der Rettungsfolter, 2006, S. 155ff.; Wittreck, in: Blaschke u.a. (Hrsg.), Sicherheit statt Freiheit?, 2005, S. 179ff.

务无关。因此,侵害人只有向国家提出保护尊严的要求,才会得到考虑。但是,通过禁止侵犯尊严的防卫措施来履行保护义务,却又反过来为国家的介入提供了根据,而这一介入是对被侵害人权利的干涉。

申言之,与警方防御危险相比,尊重义务的受益者和保护义务的受益者在此是相反的,大多数人可能都忽视了这一点。在国家实施营救酷刑的情形中,对侵害人的尊重要求和对被侵害人的保护要求处于对立状态;相反,现在却是对被侵害人的尊重要求同对侵害人的保护要求相互冲突,但这也并不是说可以干涉被侵害人的权利,这种干涉既无必要,也不被允许。无例外禁止营救酷刑的支持者可能会这样论证:不仅是对侵害人的尊重要求,就连对侵害人的保护要求,都优先于被侵害人。不得干涉被侵害人权利的禁令,相对于保护的要求,处于绝对优先地位,这只涉及德国《基本法》第1条第1款内部可能出现的冲突,而不涉及国家在其他场合对被侵害人一般行为自由的限制。但无论何种情况,由于人性尊严的不可权衡性,尊严保护必然永远优先。

然而,这样的论证并不充分。营救酷刑的绝对禁令不仅会干涉被侵害人的一般行为自由,在其利益遭到侵害人威胁的情况下,①还会间接干涉所有与之相关的被侵害人的基本权利,即尊严、生命、身体完整性或者行动自由。这源自以下思考:如果对 A 利益的妨害必然导致对 B 利益的妨害,那么在对 A 的直接干涉中就总是存在对 B 的间接干涉。也就是说,如果禁止被侵害人以营救酷刑

---

① 类似情境中行为义务的干涉特征,参见 Poscher, Grundrechte als Abwehrrechte, 2003, S. 169ff.

这种唯一"避免被威胁的利益遭受侵害"的方式实施积极防卫,那么对防卫行为自由的缩减就不可避免地导致被侵害利益的损失。对基本权利的间接干涉必须具备合法性,这种合法性程度原则上与直接干涉相同。① 而从目前情况看,这种对基本权利的间接干涉似乎很难获得正当性。在一些案件中,侵害方式本身就带有无视尊严的特征,对基本权利的干涉,于这些案件而言就显得非常不妥。因此,支持尊重义务绝对优先于保护义务的学者必然得出结论说,不得禁止被侵害人实施防卫,因为根据公理,从一开始就必须找到侵害人尊严的保护限度,在此限度内,国家只有通过干涉被侵害人的尊严,才能实现对侵害人尊严的保护。显然,这个保护限度不应扩大。即使否认尊重义务具有绝对优先性这一假设,也无法得出其他结论。这是因为,最迟也应权衡考虑侵害人对于扰乱法律关系的全部责任或者至少是主要责任。因此,没有理由认为对侵害人尊严的保护比对被侵害人尊严的防卫更重要。②

不过,即使侵害不是以侵犯尊严的特殊方式实施的,而是初看之下"只"危及被侵害人的生命,或是只以某种方式危及被侵害人的健康或行动自由,上述结论也同样适用。③ 首先,似乎值得思考

---

① 目前基本权利教义学中的干涉概念,参见 Dreier-Dreier, Vorb. Rn. 123ff; Jarass/Pieroth-Jarass, GG, 11. Aufl., 2011, Vorb. vor Art. 1 Rn. 23ff; Sachs-Sachs, Vor Art. 1 Rn. 78ff.

② 代表性观点是,侵害人威胁的利益牵涉相应的基本权利,在强取信息的禁令中就包含着对这些基本权利的间接干涉。相应的情况是,虽然被侵害人的"尊重要求"没有遭到侵害,但他在任何时候都可以要求得到保护,而只有允许实施紧急防卫,才能满足他的保护要求。出于已经阐述的理由,被侵害人的保护要求应当优先于侵害人的保护要求。

③ Erb, NStZ 2005, 597; 相反观点参见 Wittreck, in: Blaschke u.a. (Hrsg.), Sicherheit statt Freiheit?, 2005, S. 190. 维特雷克认为,紧急救援只能例外适用于以侵犯尊严方式实施侵害的情况。

的是,被侵害人乃是拥有独立权利的人格体,无论侵害方式如何,侵害人都并未实际否定被侵害人的这一地位。如若一意地将被侵害人看作可任意支配的客体,那么在攻击中就总是存在着对其尊严的无视。[1] 其次,人们还可质疑,通过干涉被侵害人的权利来保护侵害人的尊严是否真的必要。[2] 毕竟,即使不妨害被侵害人的利益,也能很容易地保护侵害人的尊严不受侵害,方法是侵害人只须做法律要求他做的事,即至少说出所需要的信息,从而阻止损害结果在自己身上发生,由此,强取信息的必要性就可有可无了。最后,应当考虑的是,国家否定防卫权将摧毁主观权利体系,从而毁掉整个自由法秩序的基础,包括对个人尊严的保护。其背后的基本思想是,与没有任何规范来调整人类共同生活的完全自由状态相比,承认彼此的权利和义务更有利于每个人的基本利益。然而,被侵害人的处境在此非但没有得到改善,反而明显被恶化。这是因为,有时被侵害人只有以有损侵害人的尊严为代价,才能避免生命、健康或行动自由被损害。国家如果在这种情况下要求被侵害人不得进行防卫,让他忍受这一切,就显得极不妥当,因为从结果上说国家将使被侵害人对攻击者毫无招架之力。如果国家一概否定防卫权,攻击者必然这样设计自己的侵害方式,即只要被害人对侵害进行防御,就会无视以致损害攻击者的尊严。然而,为什么要同意这样的权利义务划分?这种做法与每个人的基本利益相矛盾,显非理性。

---

[1] Erb, Jura 2005, 27; Wagenländer, Zur strafrechtlichen Beurteilung der Rettungsfolter, 2006, S. 165f.
[2] 必要性乃是让干涉基本权利正当化的强制性前提。Dreier-Dreier, Vorb, Rn. 148; Jarass/Pieroth-Jarass, Art. 20, Rn. 85; Sachs-Sachs, Art. 20 Rn. 152.

总之,在无视被侵害人核心权利地位的情况下,单方面使侵害人的尊严保护绝对化,将导致对防卫权的剥夺。① 从结果上说,这相当于给被害人施加了一项绝对义务,去维护一条与自由法秩序格格不入的原则。② 与其他关于社会伦理限制的案例不同,许多学者提出的限制建议,不是对所谓过于严格的防卫权的适度修正,而是彻头彻尾地瓦解了从个人主观权利核心部分推导出来的紧急防卫权。③

四、可否以其他理由对紧急防卫权进行社会伦理限制

在对紧急防卫进行社会伦理限制的支持者中,特别受欢迎的意见是溃坝论,即千里之堤,溃于蚁穴,只要撕开一个口子,就会一发不可收拾。该观点主张,允许将营救酷刑作为紧急防卫措施,会在事实上开启一种走向,终将导致对禁止酷刑的完全放弃。一旦走上邪路,就不可能停下来。比如莱因哈特·马克斯认为,一个"严重到无法控制的镇压螺旋"就此开启,为"酷刑的全面统治"打开大门,并"最终瓦解公民社会的结构,带来极权主义的统治形式"④。

---

① 黑克的论证就只考虑侵害人的保护要求和尊重尊严要求,而不考虑被侵害人的相应要求。这种限制性的考察方法必然导致扭曲。Hecker, KJ 2003, 213f.
② Erb, NStZ 2005, 600.
③ Erb, NStZ 2005, 600; Erb, in: Lenzen (Hrsg.), Ist Folter erlaubt?, 2006, S. 29.
④ Marx, in: Gehl (Hrsg.), Folter-Zulässiges Instrument im Strafrecht?, 2005, S. 115. 很多学者在经验性方案中依赖溃坝论。Bielefeldt, in: Nitschke (Hrsg.), Rettungsfolter im modernen Rechtsstaat?, 2005, S. 101f.; K. Günther, in: Beestermöller/Brunkhorst (Hrsg.), Rückkehr der Folter, 2006, S. 106f.; Jerouschek/Kölbel, JZ 2003, 619; Jeßberger, Jura 2003, 714; Roxin, FS Eser, S. 467f., ders., FS Nehm, S. 215f.; Ziegler, KritV 2004, 62.

虽然只是单纯宣称而没有经验上的证明,①但这种担心却是有道理的。只不过,至少在例外允许私人营救酷刑方面,该论证显得十分牵强。私人无法形成有组织的权力机构,不存在权力机构可能产生的"自动编程"危险。由于紧急权相对于国家防御危险而言具有辅助性,以紧急权为根据行使强制力,从一开始就受到严格限制,即对这些限制的遵守要受到国家权力的管控。最终,其他基本禁令的例外情况,比如允许造成死亡的紧急防卫,决不会让杀人行为漫无边际地合法化,而只是受到严格限制的特例。溃坝论的支持者也没有提出任何证据证明强取信息会出现其他情况。②

佩龙和希尔德提出反对意见的依据是责任阻却论,这同样难以令人信服。责任阻却论认为,营救酷刑甚至都不需要正当性根据,因为通过德国《刑法》第 35 条阻却责任的紧急避险,就可以充分顾及被侵害人及其亲属的利益。③ 然而,这并不妥当。单纯的责任阻却并不能改变一个事实,即国家要求被侵害人为了侵害人的利益牺牲自己的尊严、生命、健康或行动自由。对此,实在无法提供合理说明。此外,在适用德国《刑法》第 35 条责任阻却事由而不是第 32 条正当化事由的情况下,强取信息本身就成为现时的违法侵害,可以对侵害人进行紧急防卫与紧急

---

① R.Merkel, FS Jakobs, S. 380 Fn. 15. 默克尔在此批评道,与映射出的越来越可怕的场景相对应,以此为根据的学者"至少试图让这种担忧在经验上是可信的"。

② 对溃坝危险的批评,参见 Erb, NStZ 2005, 601f.; Trapp, Folter oder selbstverschuldete Rettungsbefragung?, 2006, S. 190ff.

③ Perron, FS Weber, S. 152; Schild, in: Nitschke (Hrsg.), Rettungsfolter im modernen Rechtsstaat?, 2005, S. 92.

救援，即使只可能在有限的范围内行使。① 例如，K 被 G 下毒，正面临生命危险。作为最后出路，K 试图通过使用身体暴力强迫 G 说出救命解药的藏匿之处。G 的商业合作伙伴 P 可以合法地打倒 K。其后果是无法再阻止 G 的侵害结果，而 K 则不得不死。因此，只有赋予其干涉权，才能充分顾及被侵害人的利益。相反，单纯的责任阻却并不充分。

接下来是国际法方面的反对意见。这些意见希望根据国际法条款的约束性规定，无例外地禁止强取信息。② 国际法虽承认一系列的酷刑禁令，③但仔细观察可以发现，在讨论私人为防御现时违法侵害而实施营救酷刑时，国际法的有关规定并不适用。④ 比如《联合国反酷刑公约》第 2 条，要求包括德国在内的所有缔约国采取有效措施，在其主权所及的疆域内防止酷刑，其条文语义并不包括私人行动在内，因为根据公约第 1 条的定义，酷刑仅指"在公职人员或以官方身份行使职权的其他人或在其唆使、同意或默许下"给被害人造成的严重身体或精神痛苦或折磨。因此，只有引起痛苦或折磨的措施能归责于国家时，才能将其视为酷刑。由于私人强取信息

---

① Lüderssen, FS Rudolphi, 2004, S. 698f.; Schild, in: Nitschke (Hrsg.), Rettungsfolter im modernen Rechtsstaat?, 2005, S. 92.
② Perron, FS Weber, S. 152f.; Schild, in: Nitschke (Hrsg.), Rettungsfolter im modernen Rechtsstaat?, 2005, S. 88.
③ Beutler, Strafbarkeit der Folter zu Vernehmungszwecken, 2006, S. 334ff.
④ 由于一些规则缺少事实或本土的参考，显然无须讨论。Beutler, Strafbarkeit der Folter zu Vernehmungszwecken, 2006, S. 133ff.

通常不具有这种可归责性,因而不是《联合国反酷刑公约》定义的酷刑。①

与这一定义相比,在《国际刑事法院规约》第 7 条第 2 款第 e 目中可以找到更宽泛的定义。对于酷刑的成立,该规约只要求故意对"受拘押或处在控制之下的被告人"施加严重伤害或折磨,并未将其限制在国家行为或由国家唆使的行为之上。但是,这一关于酷刑的定义却是在特殊背景下确定的,是国际刑事法院处罚危害人类罪的规则。参见《国际刑事法院规约》第 7 条第 1 款,要想将某一措施归类为酷刑,该措施就必须是"广泛或有系统地针对任何平民人口进行攻击"的一部分。出于紧急防卫或紧急救援目的的强取信息显然不属于这种情况,显见规约的规则意图完全不同,与酷刑无关。

还要讨论《欧洲人权公约》第 3 条的规定:"不得对任何人施以酷刑,或者使其受到非人道的、侮辱的待遇或者惩罚。"《欧洲人权公约》的特别之处在于,没有给酷刑、非人道的待遇或者侮辱的待遇等概念下定义。至少从表面上看,《欧洲人权公约》第 3 条可能是以《国际刑事法院规约》对酷刑概念的理解为基础的,不过欧洲人权法院却认为,应当根据《联合国反酷刑公约》第 1 条的定义来确定《欧洲人权公约》第 3 条中的酷刑概念。② 据此,只有国家行为或国

---

① 可能最多只有一个例外,即国家故意把侵害人交给私人看管,也许是因为国家期望他能从侵害人那里打出所需要的信息。因此,如果公民的行为乃是与国家共谋的结果,比如他向国家提供的处理方式可以规避国家对干涉的限制,那么只要国家不被允许采取相应措施,就必须否认其正当性根据。换言之,这个公民此刻不再是以私人身份行事,而是国家延伸出去的"手臂",也就是"准主权者"。

② EGMR NJW 2001, 56; 克雷奇莫忽视了这一点。Kretschmer, RuP 2003, 109.

家唆使的行为才符合酷刑定义,①私人强取信息不成立酷刑。然而,即便使用其他包含私人行为的酷刑概念,②或者选择性地以非人道的或侮辱的待遇这一构成要件要素为准,也不会得出结论认为,不允许出于紧急防卫或紧急救援目的的私人强取信息。需要注意的是,《欧洲人权公约》的规则旨在责令缔约国放弃某些干涉手段,并采取各种保护措施以确保公民利益得到相应保护。但是,当公民的基本利益如尊严、生命、健康或行动自由遭到侵害时,如果这些规定不允许公民使用唯一可行的手段去防卫现时的违法侵害,对侵害人毫无招架之功、还手之力,那么这些规定的保护目的就走向了自身的反面。因此,倘若侵害是不可避免的,就必须允许公民以强取信息的方式进行防卫。不能用《欧洲人权公约》第15条第2款对其第3条规定的"禁止削弱限制"来反驳这一思考,而是应当与该条第1款放在一起解读,也就是当战争或其他公共紧急状态造成基本威胁时,缔约国有权背离《欧洲人权公约》施加的义务。《欧洲人权公约》第2款则使第3条不受该紧急状态规则的制约。③ 换言之,《欧洲人权公约》第3条要求国家不得对任何人施以酷刑,不得

---

① 这也适用于《公民权利与政治权利国际公约》第7条,该条是根据《联合国反酷刑公约》第1条的概念规定来解释的。Beutler, Strafbarkeit der Folter zu Vernehmungszwecken, 2006, S. 54.

② Meyer-Ladewig, EMRK, 3. Aufl., 2011, Art. 3 Rn. 2.

③ 《欧洲人权公约》第15条第1款规定:"战时或者遇有威胁国家生存的公共紧急时期,任何缔约国有权在紧急情况所严格要求的范围内采取有悖于其根据本公约所应当履行的义务的措施,但是,上述措施不得与其根据国际法的规定所应当履行的其他义务相抵触。"《欧洲人权公约》第15条第2款规定:"除了因战争行为引起的死亡之外,不得因上述规定而削弱对本公约第2条所规定的权利保护,或者是对本公约第3条、第4条(第1款)以及第7条所规定的权利保护。"——译注

使任何人受到非人道的或侮辱的待遇,而且应当禁止国家以公共紧急状态为由摆脱该义务的束缚。从这个意义上说,《欧洲人权公约》第15条的目标是规定国家在生死存亡关头的干涉权限,而显然不是将私人之间的冲突情形规范化,不能用它来进行法律评价。

五、私人紧急救援者的营救酷刑

在营救酷刑的情形下,对被侵害人紧急防卫权的限制并不具有合法性,但如果营救酷刑不是由被侵害人亲自实施,而是由其他私人实施,情况是否就有所不同?比如为了得知解药藏匿处,折断G手臂的不是羸弱的K,而是无意间得知此事的K的朋友F。德国《刑法》第32条允许紧急救援,即为第三人实施防卫,其限度与自我防卫相同。这源于紧急救援的从属特征:紧急救援不是为了自己的权利,而是代表被侵害人行使权利。[①] 如果承认这一推导关联,就没有理由对这里的正当化情形作不同评价。与之相应,所有上述考虑因素均适用于此。

六、公职人员的营救酷刑

如果不是私人,而是警察实施营救酷刑,该如何处理?公职人员可否援引德国《刑法》第32条,素来争议不断,目前肯定的观点占

---

① Engländer, Grund und Grenzen der Nothilfe, 2008, S. 81ff.

主流。在主流观点看来,德国《刑法》第 32 条不仅规范私人防卫权,还是国家干涉行为的规范根据。[①] 一方面,该条的表述不限于私人行为,另一方面,赋予主管此事的公职人员权限若少于私人,可谓于理不合。

不过,主流观点并不可取。[②] 首先,这一观点不符合基本法对立法权限的分配。联邦在刑事立法方面的权限,不包括在一般危险防御领域确立干涉行为的根据,依照德国《基本法》第 70 条和第 73 条及以下条款,这一权限仅为各州所有。在此背景下,各州警察法中的紧急权保留条款也没有提供任何解决方案,[③]因为根据这些保留条款,紧急防卫规定或其"民事与刑事效果"只是"不受影响"而已,[④]并没有扩大紧急防卫的权限。其次,宪法要求国家干涉行为的根据具有法律明确性,而德国《刑法》第 32 条并未满足要求,[⑤]对于被允许的干涉行为而言,既没有指定主管机关,也没有精确划定其类型和范围。警察法的一般性条款虽被认为足够确定,[⑥]但也不足以反驳上述观点,因为它不像德国《刑法》第 32 条所允许的那

---

① Bockelmann, FS Dreher, 1977, S. 235ff.; Kühl, AT, 6. Aufl., 2008, §7 Rn. 153; Roxin, AT I, 4. Aufl., 2006, §15 Rn. 108ff.; Schönke/Schröder-Lenckner/Perron, StGB, 28. Aufl., 2010, §32 Rn. 42a ff.; 涉及德国《刑法》第 34 条的判例,参见 BGHSt 27, 260 (262) =NJW 1977, 2172.

② Engländer, Grund und Grenzen der Nothilfe, 2008, S. 185ff.

③ 支持观点参见 Roxin, AT I, §15 Rn. 112; Schönke/Schröder-Lenckner/Perron, §32 Rn. 42b.

④ Art. 60 Abs. 2 bay. PAG; §54 Abs. 2 HSOG; §57 Abs. 2 PolG NRW; §101 Abs. 2 SOG M-V.

⑤ Beaucamp, JA 2003, 404; Fechner, Grenzen polizeilicher Norwehr, 1991, S. 56ff.; Jahn, Das Strafrecht des Staatsnotsrandes, 2004, S. 352ff.

⑥ Schaffstein, GedS Schröder, 1978, S. 114.

样,足以使影响深远的干涉行为合法化。最后,国家行为受比例原则约束,将德国《刑法》第 32 条作为国家干涉行为的根据来适用,并不符合这一要求。

目前的主流观点支持分离式的解决方案。依照该方案,德国《刑法》第 32 条不是国家干涉行为的根据,公职人员的这一行为违反警察法,可对其进行纪律处分。但在刑法评价方面,公职人员却和其他任何人一样,有权获得紧急防卫的正当性根据。倘若满足紧急防卫的前提条件,就应在刑法上正当化。① 然而,这种分离也存在问题,同一行为在规范逻辑上不能既被允许又被禁止;②否则,法秩序就会给出完全相互矛盾的行为指令。比如向逃跑的小偷开枪,警察在逻辑上不可能既遵守法的禁令,又利用紧急防卫权的许可。可见,分离方案不可能在行为规范层面上实现,而是最多只能以排除刑事可罚性的形式出现在制裁规范的层面。当然,该方案也符合警察法中的紧急权保留条款,这些条款只是说紧急防卫规定在刑法上的效果不受影响。③

这便意味着,公职人员的干涉权限只受国家危险防御法规定的制约。如果这些规定没有赋予公职人员采取特定措施的权限,就不能援引德国《刑法》第 32 条作为替代的授权规范。作为公职人员,所承担的义务使他不能代表被侵害人行使防卫权。如果他这样做了,他的行为

---

① Beaucamp, JA 2003, 403ff.; Dölling/Duttge/Rössner-Duttge, Vor § 32 Rn. 10; Kirchhof, NJW 1978, 969ff.; MüKo-Erb, 2. Aufl., Rn. 189ff.; NK-Herzog, § 32 Rn. 58f., 84f.; Renzikowski, Notstand und Notwehr, 1994, S. 298f.; SK-Günther, StGB, § 32 Rn. 16ff.; 有关警察法的文献参见 Gusy, Polizei- und Ordnungsrecht, 7. Aufl., 2009, Rn. 177; Pieroth/Schlink/Kniesel, Polizei- und Ordnungsrecht, 6. Aufl., 2010, § 12 Rn. 24f.; Schenke, Polizei- und Ordnungsrecht, 7. Aufl., 2011, Rn. 562.

② Engländer, Grund und Grenzen der Nothilfe, 2008, S. 220ff.

③ Engländer, Grund und Grenzen der Nothilfe, 2008, S. 228ff.

就是违法的。换言之,假设国家的危险防御法禁止任何使用暴力或以暴力相威胁的强取信息,①那么国家就不得对侵害人使用这些措施,其中没有例外可言,即便这是拯救被侵害人生命的唯一机会。在必要情况下,人们可能从法政策的角度批评危险预防法的相应规则,并认为这些规则需要改变。② 不能在实定法上回避这些规则,③因此公职

---

① 情况是否真的如此,在此无需澄清。可以支持这一点的是,警察法中援引了德国《刑事诉讼法》第 136a 条并排除了直接使用强制来获取供述的方式。此外,宪法第 104 条第 1 款第 2 句和国际法中的各种酷刑禁令也都可以支持这一点。支持无例外禁止酷刑的学者,参见 Ambos, in: Koriath u.a. (Hrsg.), Grundfragen des Strafrechts, Rechtsphilosophie und die Reform der Juristenausbildung, 2010, S. 5ff.; Guckelberger, VBlBW 2004, 121ff.; Hecker, KJ 2003, 212ff.; Jäger, JA 2008, 678ff.; Merten, JR 2003, 405ff.; Saliger, ZStW 2004, 40ff.; Ziegler, KritV 2004, 53ff.; 相反的观点参见 Brugger, Der Staat 1996, 75ff.; ders., JZ 2000, 168ff.; Lemhöfer, RiA, 53ff.

② 埃尔布批评道,禁止国家以个人身份强取信息,会成为国家迫使有拯救意愿的人放弃拯救被害人的理由。如此一来,国家将积极干预相关事件,并由此形同帮助促进侵害人的不法行为。Erb, NStZ 2005, 594; ders., Jura 2005, 27; ders., Jura 2005, 30.

③ 埃尔布试图以如下论证来为援引德国《刑法》第 32 条的可能性提供根据,即刑法针对的不是"公职人员这一角色",而是"其背后的人""与其他公民相比,他不应处于不利地位"。需要反驳的是,在行为规范的层面上严格区分公法的法律关系和刑法的法律关系,乃是以牺牲法秩序统一原则为代价的。一个人的特定行为要么一律允许,要么一律禁止。禁止和允许并存,会造成规范逻辑上的矛盾。埃尔布之所以误判了这个问题,是因为他支持的一般性命题认为,对同一事件必须区分公法上的评价和刑法上的评价。他并没有充分澄清,这种区分可以在哪个规范层面上发挥作用。如上所述,在次级规范的层面上很容易对此作不同处理,即警察法上不允许的行为不一定会受到刑法的制裁。但是埃尔布并不想将德国《刑法》第 32 条仅理解为制裁规范层面上排除刑事不法的根据,而是想在初级规范层面上赋予国家真正的干涉权限。这不可避免地导致刚才提到的规范矛盾。埃尔布的命题是一种独立于法系的存在,对该命题的批评,参见 Engländer, Grund und Grenzen der Nothilfe, 2008, S. 223. 埃尔布进一步声称,对于无法按照法领域划分违法性评价而言,由于紧急防卫具有自然法特征,公法必须退居次要地位。与求助于自然法范畴绑定在一起的证立要求,具有不可兑换性,无法验证。埃尔布的这一主张就存在这个问题。批评意见参见 Engländer, ARSP 2004, 86ff. 埃尔布通过以自然法为导向的论证,对现行警察法和宪法作了过度渲染。(转下页)

人员的营救酷刑不能作为紧急防卫而被正当化。

七、结论

营救酷刑不是绝对禁忌,可以根据德国法作为紧急防卫而被正当化,但也只是在被侵害人亲自实施或者私人第三人代表被侵害人行使权利的情况下才被正当化;公职人员不能援引紧急防卫权作为正当性根据。就防御威胁而言,国家机关在实定法上可以采取哪些措施,在应然法上应当允许采取哪些措施,并不是由紧急防卫权决定的。此处涉及的不再是紧急防卫问题,而是警察法问题。

(接上页)Stübinger, in: Institut für Kriminalwissenschaften und Rechtsphilosophie Frankfurt a.M (Hrsg.), Jenseits des rechtsstaatlichen Strafrechts, 2007, S. 307ff.

第八章
救助型紧急防卫的义务[*]

一、问题概述

倘若有人处在紧急防卫的情形中,即遭到了现时的违法侵害,德国《刑法》第 32 条就会赋予他宽泛的防卫权。为了避免侵害,他可以对侵害人采取任何必要的措施。这意味着,如果被侵害人没有更温和的手段可供使用,那么适合达到防御侵害目的的、损害侵害人利益的手段就被认为是正当的。如果不考虑防卫极端不成比例的例外情形,[①]就不必在乎被损害利益的价值。紧急防卫原则上不要求权衡被侵害人的利益和侵害人的利益,比例性不是允许

---

[*] Die Pflicht zur Notwehrhilfe, in: Manfred Heinrich u.a. (Hrsg.). *Festschrift für Claus Roxin zum 80. Geburtstag*. 2011, S. 657-671.

[①] 由于对紧急防卫权的社会伦理限制,主流观点认为这种情况不被允许。Fischer § 32 Rn. 39; LK-Rönnau/Hohn § 32 Rn. 230f.; Matt/Renzikowski-Engländer § 32 Rn. 43; Roxin AT I § 15 Rn. 83; Schönke/Schröder-Lenckner/Perron § 32 Rn. 50; Lesch FS Dahs, 2005, 107; Renzikowski, Notstand und Notwer, 1994, S. 312, S. 315f; 德国《基本法》第 103 条第 2 款的社会伦理限制,存在法律连接点上的问题。Engländer, Grund und Grenzen der Nothilfe, 2008, S. 296ff.; Erb ZStW 108 (1996) 266ff.

第八章 救助型紧急防卫的义务

实施紧急防卫的条件。① 比如，为了防卫其受威胁的财物利益，只要有必要，被侵害人就可以对侵害人的身体完整性造成严重伤害。

当然，法秩序通过德国《刑法》第32条只赋予了被侵害人防卫权利，却并未向他施加防卫义务。因此，被侵害人可以以必要性为前提采取锐利的防卫措施，但他并不是必须这样做。更确切地说，他可以自由选择对侵害人损害较小的手段，即使该手段显得不那么合适，并且使用这种手段的失败风险较高。他甚至可以关照侵害人，完全放弃防卫。这是因为，个人原则上没有义务去维护自己的利益，被侵害人可以自由决定是否以及在多大程度上使用其紧急防卫权保护自己。被侵害人的自我决定权受基本法保护，而"决定可能性"正是其中要义。②

不过，德国《刑法》第32条不仅将宽泛的防卫权赋予了被侵害人本人，还赋予了帮助被侵害人的任何私人第三人。③ 救助型紧急防卫④的限度原则上与自我防卫⑤相同。因此，救助型紧急防卫人可以采取任何必要措施防御侵害。他是否和被侵害人一样，可以自

---

① Fischer §32 Rn. 31; Matt/Renzikowski-Engländer §32 Rn. 26; Roxin AT I §15 Rn.47.

② 不受刑罚保障的自我防卫义务与康德密切相关。Hruschka ZStW 115 (2003), 208ff.

③ 公职人员在多大程度上可以援引德国《刑法》第32条作为根据，会在本章第四部分中讨论。

④ 对于根据德国《刑法》第32条为他人防御现时违法侵害而言，人们一般简便地称为紧急救援，但在德国《刑法》第323c条用刑罚保障一般救助义务的背景下，紧急救援这个概念却是在更宽泛的意义上使用的。第三人紧急防卫在此只是一种下位情形。为清晰故，下文将这种下位情形称为"救助型紧急防卫"。

⑤ Engländer, Grund und Grenzen der Nothilfe, 2008, S. 67ff.

由行使只能有限使用的紧急防卫救助权,或者完全放弃使用这一权限?他是否有义务实施救助型紧急防卫,使用对他而言最有效的手段?如有必要,他是否必须采取可能产生致死效果的措施?倘若他没有使用赋予他的防卫权,或者至少没有充分行使这项权利,他是否会受到刑事处罚?虽然从德国《刑法》第 32 条中推导不出实施救助型紧急防卫的义务,因为这属于正当化事由,它只是让救助型紧急防卫人从禁令中解放出来,亦即扩展了他的行为空间,但是,一方面这项义务可能产生自德国《刑法》第 323c 条所规定的受刑罚保障的一般救助义务;另一方面如果第三人在法律上有确保被侵害人不受损害的责任,那么这项义务就可能产生自德国《刑法》第 13 条意义上的保证人义务。

二、一般救助义务和保证人义务视野下的必要行为

按照以德国《刑法》第 323c 条为基础的行为规范,每个人在遇到意外事故时,都要提供必要的、视情况可期待的救助。首先,这意味着,倘若意外事故的被害人依赖于他人的援助,那么任何人能够在场提供救助,且提供救助不会对其自身利益造成不可预期之损害,都不能坐视不救。① 其次,救助义务人只是随便实施一些救助行为是远

---

① 如果他人能够自救或第三人已经提供必要救助,这种依赖性就不存在了。Kindhäuser §323c Rn.13; NK-Wohlers §323c Rn.10; Wessels/Hettinger BT I Rn.1046.德国《刑法》第 13 条第 1 款:"行为人依法承担不使结果发生之责任,不排除刑法构成要件结果之发生,且法定构成要件实现之不作为与作为相当,依本法处罚。"德国《刑法》第 323c 条:"(1)于意外事故、公共危险或紧急事故时,依其情况可要求提供对自身无造成重大危险,且不违反其他重要义务之必要救助而不提供者,处 1 年以下自由刑或罚金。(2)阻止他人或试图阻止他人施救,依前款规定处罚。"——译注

第八章　救助型紧急防卫的义务

远不够的,相反,只有当他在能够防御危险的范围内采取最有效①、最佳②或最有可能③的措施时,才算提供必要的救助。因此,只有当救助义务人可以使用多种同样合适的手段时,他才拥有选择权。④

个人专属法益一般包括身体、生命和自由,根据主流观点,还包括财物利益(至少有很大的价值)。⑤ 对被侵害人而言,如果现在将他人针对其个人专属法益实施的现时违法侵害⑥也视为意外事故,那么从上述原则中就可以初步得出结论,认为在具有期待可能性的前提下,任何有干涉能力的第三人都有义务实施救助型紧急防卫,并且充分行使德国《刑法》第 32 条赋予他的救助型紧急防卫权,使用他所掌握的最有效的手段,甚至意味着可以使用致命武力。

这也适用于保证人义务的情形。保证人必须采取必要的行动避免构成要件结果实现,在多个合适的行为方案中,原则上必须选

---

① BGHSt 14, 213 (216); Eisele BT I Rn.966; Lackner/Kühl § 323c Rn.10; LK-Spendel § 323c Rn.82; Rengier BT II § 42 Rn.11; Schönke/Schröder-Sternberg-Lieben/Hecker § 323c Rn.16; Satzger/Schmidt/Widmeier-Schöch § 323c Rn.15; Wessels/Hettinger BT I Rn.1045.

② Arzt/Weber/Hilgendorf BT § 39 Rn.17; MüKo-Freund § 323c Rn.82.

③ BGHSt 21, 50 (54); Dölling/Duttge/Rössner-Verrel § 323c Rn.9; Satzger/Schmidt/Widmeier-Schöch § 323c Rn.15.

④ MüKo-Freund § 323c Rn.80; Satzger/Schmidt/Widmeier-Schöch § 323c Rn.13.

⑤ BGHSt 3, 65 (66); 6, 147 (152); Arzt/Weber/Hilgendorf BT § 39 Rn.3; Eisele BT I Rn.957; Fischer § 323c Rn.3; Gössel/Dölling BT I § 56 Rn.2; Lackner/Kühl § 323c Rn.2; Wessels/Hettiner BT I Rn.1044; 更严格的解释,参见 NK-Wohlers § 323c Rn.6; Schönke/Schröder-Sternberg-Lieben/Hecker § 323c Rn.7; Seelmann JuS 1995, 284; 完全否认财物利益属于个人专属法益, Harzer, Die tatbestandsmäßige Situation der unterlassenen Hilfeleistung gemäß § 323c StGB, 1999, S. 105.

⑥ BGHSt 3, 65 (66); 30, 391 (397); MüKo-Freund § 323c Rn.65; Rengier BT II § 42 Rn.5; Schönke/Schröder-Sternberg-Lieben/Hecker § 323c Rn.7.

择在给定情形下最有把握避免结果发生的方案。① 如果保证人未采取最有效的措施,从而导致结果发生,就会成立相应的不真正不作为犯。倘若某人是被侵害人的保护型保证人或者是侵害人的监督型保证人,②他就不能袖手旁观,或者满足于得过且过的紧急防卫救助措施,而是必须尽一切可能避免侵害。

三、对救助型紧急防卫人有危险的救助型紧急防卫

通常而言,人们当然不必为了拯救他人的利益而将自己暴露在严重的危险之下。只要没有危险或者不会牺牲自己的重要利益,法权共同体的成员就有责任相互团结。在对干涉行为的忍受义务方面,德国《刑法》第 34 条有关紧急避险的规定也考虑到了这一点,即只有当无辜第三人的被侵害利益明显低于被危及者的利益,并且没有超过牺牲的绝对界限③时,干涉无辜第三人利益的救援行为才能被正当化。这一标准同样适用于采取救援行为的义务。④ 对于救

---

① LK-Weigend §13 Rn.63.

② 一直都没有给出满意解释的问题是,某人作为他人的监督型保证人,在什么条件下必须例外地阻止这个人实施犯罪。Jäger AT Rn.373; Roxin AT II §32 Rn.125ff.; Schönke/Schröder.Stree/Bosch §13 Rn.51ff.; SK-Rudolophi/Stein §13 Rn.32ff.; Wessels/Beulke AT Rn.724.

③ 无论与所涉及利益的关系如何,原则上不得要求人作出这样的牺牲,即这种牺牲已经不再只是零星妨害其生活方式。因此,杀人、严重身体伤害、长期剥夺自由和侵害人性尊严等方式都不能通过德国《刑法》第 34 条正当化。Matt/Renzikowski-Engländer §34 Rn.32ff.

④ 出于价值论的原因,采取救援行为的义务除了相应的干涉忍受义务之外,不能要求其接受者再牺牲其他利益。Hruschka JuS 1979, 386.

第八章　救助型紧急防卫的义务

助人而言,如果救援他人利益的必要措施会给其自身利益造成严重危险,并且其自身利益也没有明显更低或者原则上不需要牺牲,就不得要求他进行救助。救援人在这种情况下缺少期待可能性,这是德国《刑法》第 323c 条在构成要件上为救助义务设置的前提。① 相反,潜在的救助人有权采取对他而言不危险的措施,即使这些措施不是同样有效,或者如果没有这样的措施,甚至可以完全不提供救助。道德勇气在此值得期许,但不能在法律上强迫人们这么做。假如路人看到街头抢劫者在用枪威胁他人,由于出手干预的风险极大,就没有义务涉入这场冲突并为被侵害人进行防卫。

如果当事人是保护型保证人,法律情况也无明显不同。虽然所需的团结性程度在此会发生一些变化,因为保护型保证人除了一般团结义务之外,还对他人利益的保护负有特殊义务,与任何第三人相比,他必须牺牲自己更多的利益,承担更高的风险,②但是,他并不需要牺牲同等价值的利益,甚至牺牲比被侵害人更多的利益。③ 如果保护型保证人不采取必要的救援行为保护自身至少是

---

① LG Mannheim NJW 1990, 2212. 不过,在该案件中是否真的存在这种危险,看起来不无疑问。被告人的女邻居与其伴侣晚间产生感情纠纷,其间,女邻居受伤并有生命危险,被告人拒绝向女邻居提供救助,部分原因是害怕她的暴力伴侣。

② 对于干涉忍受义务,主流观点的看法,参见 LK-Zieschang §34 Rn.67; Lugert, Zu den erhöht Gefahrtragungspflichtigen im differenzierten Notstand, 1991, S. 42ff.; MüKo-Erb §34 Rn.144; Roxin AT I §16 Rn.66; Schöke/Schröder-Lenckner/Perron §34 Rn.34; 批评意见参见 Küper, Grund-und Grenzfragen der rechtfertigenden Pflichtenkollision im Strafrecht, 1979, S. 108f; NK-Neumann §34 Rn.105.

③ 不过,在保护型保证人自愿接受特殊危险承担义务的情形中,可能存在更高的风险忍受义务。当然,在阻止即将实施的犯罪行为方面,这些通常是国家主管预防危险部门的工作,其权限来自于危险防御权,而不是德国《刑法》第 32 条。警察相对于公民的保护型保证人地位,参见 Roxin AT II §32 Rn.85ff.

同样有价值的利益,并不会因不作为犯罪而受到处罚。假如丈夫看到街头抢劫者正用枪威胁他的妻子,由于风险极大,就像上例中的路人一样,同样不能要求他出手干预。

不过,在此境况下以何种犯罪论体系上的确切理由否定保护型保证人的刑事可罚性却存在争议。一种观念亦即主流观点认为是合规范行为的不可期待性,①但也有观点认为,与德国《刑法》第323c条规定的情况即提供救助的不可期待性不同,所谓不真正不作为犯,②排除的不是构成要件符合性,而是有责性。③ 然而,在保证人的利益至少与被保护人的利益相等情况下,这一观点似乎不具说服力,因为在冲突情形中履行保护型保证人义务只能以非强制性的特殊牺牲为代价。这不仅意味着不能在主观上指责保证人不遵守行为诫命,还必须取消这种情境中的行为诫命,因为对保护型保证人的要求不得超过所需的团结性程度。因此,不实施非强制性的救援行为,不仅排除有责性,还不具违法性。

另一种观点是希望像德国《刑法》第323c条一样,将合规范行为的不可期待性视为构成要件层面的排除事由。④ 但这种构成要件的解决方案——只要坚持三阶层犯罪构造⑤——对当下情况而言同样不具真正的说服力。根据三阶层的犯罪构造,在作为犯

---

① Momsen, Die Zumutbarkeit als Begrenzung strafrechtlicher Pflichten, 2006.
② Roxin AT II §31 Rn.16.
③ Kühl AT §18 Rn.139ff.; Rengier AT §49 Rn.47ff.; Satzger/Schmidt/Widmeier-Kudlich §13 Rn.31; Wessels/Beulke AT Rn.739.
④ Fischer §13 Rn.44; Heinrich AT, Rn.904; LK-Weigend §13 Rn.68; NK-Wohlers §13 Rn.17; Schönke/Schröder-Stree/Bosch Vorbem. §13ff Rn.155; Stratenwerth/Kuhlen §13 Rn.62f.
⑤ Roxin AT I §10 Rn.16ff.

中,特殊的允许规范可以取消构成要件上的行为禁令,该允许规范位于违法性阶层,它允许行为人在特殊情况下例外实施构成要件行为。与之相同,在不作为犯中,允许规范也可以取消构成要件上的行为禁令,它同样位于违法性阶层,准许行为人例外地不实施构成要件行为。①

总之,此处产生了体系定位问题:合规范行为的不可期待性这一概念从整体上看显得太过模糊,保证人的利益和被保护人的利益在紧急情形下会发生各种冲突,这一概念无法提供法律上令人信服的解决方案。罗克辛恰当地批评道,在不可期待性视角下讨论的很多问题,都可以根据其他教义学标准作更精确的处理。② 采用这种方式处理问题会导致一种危险,即可能以违背事实的方式抹平主要区别。在作为犯中,德国《刑法》第34条和第35条关于紧急避险的规定,正确区分了应当被正当化的救援干涉行为和只能排除有责性的救援干涉行为,以及如果既不成立正当化的紧急避险,也不成立阻却责任的紧急避险,那么紧急情况中的救援干涉行为就最多只影响量刑。然而,在相应利益冲突情形下,没有理由在不真正不作为犯的领域中拒绝适用这些不同规则,而是选择合规范行为的不可期待性这个模糊不清的原则。③ 罗克辛正确地批评道,正当化紧急避险在此被错误地视为不可期待性的情况。④

---

① Gropp AT §11 Rn.54f; Köhler AT Kap.5 IV.4; Küper, Grund- und Grenzfragen der rechtfertigenden Pflichtenkollision im Strafrecht, 1979, S. 98f.
② Roxin AT II §31 Rn.217.
③ 对不真正不作为犯中不可期待性思想含义的详细论述,参见Momsen, Die Zumutbarkeit als Begrenzung strafrechtlicher Pflichten, 2006, S. 386ff.
④ Roxin AT II §31 Rn.219.

因此，保证人为了保护自己的利益免遭危险而不实施必要的救助型紧急防卫，其正当性根据原则上是由正当化紧急避险规则确定的。① 不过，德国《刑法》第34条有两个方面需要修正：一方面，保证人不需要在不实施救援行为的时点尚处在危险境地，只要他实施救援行为会让自己处于这种境地即可。② 另一方面，他的利益不必明显优于被保护人的利益。相反，倘若它们至少价值相同或者原则上不需要牺牲就足够了。这是因为，他在救援义务的框架内为受危险人所做的团结牺牲，不能比干涉忍受义务要求他做的团结牺牲更多。只要牵涉的利益同等重要，就不再需要为了被保护人而忍受他人对其利益的避险干涉行为。③

紧急避险规则的适用也说明了监督型保证人在不作为方面的特殊性。④ 如果监督型保证人对危险源负责，那么为了防御从该危险源产生的危险，根据防御性紧急避险的规则，不需要在受危险人的利益明显优于监督型保证人的利益时才允许干涉后者的利益。相反，倘若由此造成的损害和所避免的危险并非不成比例，即受危险人的利益没有明显更低，就可以干涉监督型保证人的利益。为了不让危险成为现实，任何对危害他人负责的人原则上都可以作为干

---

① Roxin AT II §31 Rn.206.

② Küper, Grund – und Grenzfragen der rechtfertigenden Pflichtenkollision im Strafrecht, 1979, S. 94f.

③ Küper, Grund – und Grenzfragen der rechtfertigenden Pflichtenkollision im Strafrecht, 1979, S. 92ff.

④ 对保护型保证人和监督型保证人的区分，参见 Hruschka JuS 1979, 391f; Jakobs, AT 15/12ff.

第八章　救助型紧急防卫的义务

扰者承担责任。①

现在,应当将这个为了干涉忍受义务发展出来的权衡标准转用到监督型保证人的救援义务上。只有当监督型保证人的利益明显优于需要救助者的利益时,他才能从这项义务中解脱出来。相反,倘若受危险人的利益并不明显低于监督型保证人的利益,那么作为危险源的负责人,他就有义务采取必要的救援措施,即使他必须面临巨大风险,甚至是死亡的危险,②因为监督型保证人的救援义务不是有限的团结义务。所谓有限的团结义务,是指一旦履行义务必然牺牲自身重大利益,该义务就会结束。倒不如说,它涉及本质上更为深远的义务,即不得伤害他人的义务。该义务不仅要求不得实施积极的损害行为,还要求消除从自身组织领域产生的针对他人利益的可归责危险。倘若一个人在紧急情况下牺牲了另一个不对该紧急情况负责的人,那么只有当他的利益明显优于被牺牲者的利益时,才能摆脱不得实施损害行为诫命的约束,才能要求被牺牲者出于团结性的原因忍受对其利益造成的损害。举例言之,如果有人向一位丈夫撒谎说他的妻子与别人偷欢,从而让被激怒的丈夫用

---

① Engländer, Grund und Grenzen der Nothilfe, 2008, S. 96ff.; Hruschka, Strafrecht nach logisch-analytischer Methode, 1988, S. 10f; Renzikowski, Notstand und Notwer, 1994, S. 180ff. 与攻击性紧急避险不同,防御性紧急避险中的团结原则不会为干涉权限提供根据,而是会限制干涉权限。团结义务并不适用于被干涉人,而是适用于受危险人:当被侵害的利益明显优于被保护的利益时,虽然被干涉人对危险负有责任,但团结义务却要求受危险人不能牺牲被干涉人来防御危险。NK-Neumann §34 Rn.86; Pawlik GA 2003, 12f.

② Hruschka, Strafrecht, S. 126; Jakobs, AT, 15/13.

刀攻击妻子。由于撒谎者的先行行为,他就有义务帮助被侵害人,①即使他担心自己成为持刀侵害人的目标。②

四、对救助型紧急防卫人无危险的救助型紧急防卫

作为中间结论可以认为,如果潜在救助人会因干涉行为而使自己遭受严重危险,实施救助型紧急防卫的义务至少在通常情况下就会结束。例外仅存在于监督型保证人,条件是被侵害人的利益没有明显低于他的利益。如果实施救助型紧急防卫不会给救助人带来特殊风险(或救助人必须承受风险),又当如何?在此,他是否始终有义务使用所掌握的最有效手段,来为被侵害人实施防卫?鉴于紧急防卫权的锐利性,需要考虑可能产生的深远后果。只要没有超过极端不成比例这一限度,救助型紧急防卫人有些情况下就有义务给侵害人造成较重损害,即使是为了防卫价值较轻利益。一个较为极端的例子是,如果只有通过射杀或造成重伤才能成功避免针对雇主财产的侵害,私人守卫就必须射杀转身逃跑的小偷或至少使用枪械对其造成

---

① 但有一些前提还未得到充分澄清,比如先行行为产生的保证人义务,要求阻止他人实施自愿负责的违法犯行。德国联邦最高法院在两个案件中认为,积极参与先前对被害人的虐待就足够了,因为这已向施虐行为人发出不会阻止进一步暴行的信号,极大地提高了对被害人的危险。BGH NJW 1992, 1246 mit krit. Anm. Neumann JR 1993, 161 und Seelmann StV 1992, 416; BGH NStZ 2009, 321 mit krit. Bspr. Becker HRRS 2009, 242 und krit. Anm. Bosch JA 2009, 655; Roxin AT II §32 Rn.163.

② 如果监督型保证人出于对其法益的考虑而保持不作为状态,那么即使他的利益没有明显优于被侵害人的利益,也最多只能根据德国《刑法》第35条阻却责任。但在先行行为的情形下,通常会按照德国《刑法》第35条第1款第2句否定责任阻却,因为他要对自己招来的危险负责。

第八章 救助型紧急防卫的义务

重伤。

因此,私人救助型紧急防卫人的义务将大大超出国家机关的义务甚至权限,这些国家机关主要负责防御现时的违法侵害。① 这是因为,即使是在剧烈的冲突情形中,国家机关在干涉扰乱者的权利时也要严格遵守宪法确立的比例原则。② 即使在现时违法侵害的情况下,危险防御措施所造成的不利后果也不能和所避免的危险明显不成比例。③ 例如,只有为了防御特别严重的危险,才允许对人使用枪械。④ 而在有高度致死可能的情形中,所谓的最终救援射击,最多只能为了防御现时生命危险或现时重伤危险使用。⑤ 因此,在上述案例中,警察就没有权力通过使用枪械来拦阻转身逃跑的小偷。虽然根据罗克辛赞同的流行观点,德国《刑法》第32条不仅规范私人防卫权,还规范警察的干涉基础,⑥但这一观点并不可

---

① 关于救助型紧急防卫相对于国家防御危险的附属性,详论参见Engländer, Grund und Grenzen der Nothilfe, 2008, S. 159ff.; Sengbusch, Die Subsidiarität der Notwehr, 2008.

② Dreier-Dreier GG, Vorb. Rn.145.

③ Art. 4 Abs. 2 bay. PAG, §4 Abs. 2 HSOG, §2 Abs. 2 POG Rh. Pf.

④ Art. 67 bay. PAG, §61 HSOG, §64 POG Rh. Pf.

⑤ Art. 66 Abs. 2 S. 2 bay. PAG, §60 Abs. 2 S. 2 HSOG, §63 Abs. 2 S. 2 POG Rh. Pf.

⑥ 首先,联邦德国在刑事立法方面的权限并不包括在一般危险防御领域确立干涉根据的权能,根据德国《基本法》第70条和第73条及以下条款,这项权能仅以为各州所有。与罗克辛的观点(Roxin, AT I, §15 Rn.12)相反,在此背景下,各州警察法中的紧急权保留条款提供不了任何解决方案。这是因为,根据这些保留条款,紧急防卫规定或其"民事和刑事效果"只是"不受影响"而已(Art. 60 Abs. 2 bay. PAG; §54 Abs. 2 HSOG; §57 Abs. 4 POG Rh. Pf.)。换言之,它们并未被整合进警察法中,扩展警察的权限。其次,德国《刑法》第32条无法满足警察干涉根据的法律明确性要求。法律既没有制定主管机构,也没有更详细地确定被允许干涉行为的类型和范围。相反,与夏弗施塔因(Schaffstein, FS Schröder, 1978, S. 114.)的观点不同,也不能引用警察法的一般条款,尽管它被认为已足够确定,因为它无法像德国《刑法》第32条一样,为宽(转下页)

取。宪法为危险防御法中的权限规范设定了前提条件,而德国《刑法》第32条却无法满足这些前提条件。因此,公职人员不能将危险防御法不允许的干涉行为建立在私人救助型紧急防卫权的基础上,并成为替代根据。① 这种做法是不允许的。然而,即使存在国家干涉的根据,防御危险的国家机关也可以在原则上根据便宜主义自行决定和选择,采取特定危险防御措施进行干涉的义务,只例外存在于自由裁量权缩减至零的情况下。②

现在有很好的理由让私人紧急防卫权和救助型紧急防卫权比国家防御危险的权限更宽泛。这是因为,即使法权共同体为了某些理念,如人的生命的特殊值得保护性,决定不惜一切代价捍卫被侵害人不太重要的利益,因而不允许国家机关采取过于激烈的干涉措施,它仍然可以让被侵害人自由决定,在贯彻其个人的主观权利时,本人或代表他实施私人救助型紧急防卫的人是否以及在多大程度上同样愿意考虑这些理念。③ 不过,防卫义务与防卫权利并不相同。对私人的要求比对公职人员的要求更多,这于理不合,因为防御危险的任务主要是公职人员的职责。即便根据立法者的评价,被侵害人的利益并没有重要到让危险防御机关有义务进行干预或采

(接上页)泛的干涉行为确立合法性。最后,国家行为要符合比例原则,而适用德国《刑法》第32条作为警察干涉行为的根据却无法与该要求协调一致。Engländer, Grund und Grenzen der Nothilfe, 2008, S. 185ff.; Fechner, Grenzen polizeilicher Notwehr, 1991, S. 56ff.; Jahn, Das Strafrecht des Staatsnotstandes, 2004, S. 352ff.

① 德国《刑法》第32条仅在其能够排除公职人员刑事可罚性的范围内才有适用可能。Engländer, Grund und Grenzen der Nothilfe, 2008, S. 228ff.

② Gusy, Polizei- und Ordnungsrecht, Rn.391ff.; Lisken/Denninger-Rachor, HdB des Polizeirechts, F/114ff.; Pieroth/Schlink/Kniesel, Polizei-und Ordnungsrecht, § 10 Rn.32ff.

③ Engländer, Grund und Grenzen der Nothilfe, 2008, S. 206ff.

第八章 救助型紧急防卫的义务

取特定的防卫措施,也可以由私人进行干预或防卫。

这意味着,就公职人员拥有决定和选择的自由裁量权而言,在是否或如何采取行动方面,也应当至少赋予私人类似的决定空间。因此,如果私人没有亲自干预,而只是选择报警,只要他认为警察能及时出现,那么,即使报警导致被侵害人遭到侵害人更久的威胁,这位"私人"通常也没什么可指责的。防御危险的国家机关不可采取的措施,法秩序也不能要求私人采取。因此,私人守卫并没有义务使用枪械阻拦转身逃跑的小偷。① 在犯罪论体系上,可以通过对"必要救助"要素进行目的论上的还原,然后再来考虑这一点。潜在的救助型紧急防卫人不采取这样的措施,并不符合德国《刑法》第 323c 条或者不真正不作为犯的客观构成要件。

倘若国家机关现在有义务迅速进行干预,甚至采取特定的危险防御措施,又该如何处理？如果一项措施导致的结果维持在身体伤害标准以下,或者只会对侵害人造成较小损害就足以防御危险,那么就没有理由不要求私人救助型紧急防卫人这样做。如果旅店老板把闹事者暂时关进旁边的屋中可以避免他对客人身体完整性的侵害,那么老板就必须这样做。相反,当救援型紧急防卫的措施会严重损害侵害人的身体完整性,甚至有可能杀死他时——即使这是防御致命攻击或者防御对身体、行动自由、性自主决定严重威胁的最后手段——问题就不太好回答了。比如私人保镖只有向绑架者开出致命一枪才能阻止他绑架富有实业家的 5 岁女儿。

作为最后手段,是否以及在多大程度上可以从法律上要求私人

---

① 类似的案例：Frister, AT 22/52.

杀死或严重伤害另一个人,以防御后者对第三人生命或其他现存利益实施的违法侵害?这是一个迄今为止几乎没有被讨论过的问题。上案中的保镖与警察类似,都是按照自己的意愿承担相应的保护任务,但若这种特殊的法律关系不是自愿达成的,又该如何处理?国家是否有权要求它的公民独立实施这种防卫行为?

如果寻求法律上的连接点来回答这个问题,首先,可以考虑德国《妊娠冲突预防和管理法》(SchKG)第12条第2款,根据这一规定,如果为了避免死亡或严重损害身体健康的危险而必须进行堕胎,别无他法,那么任何人都不得拒绝合作。其次,可以援引德国《基本法》第12a条的规定,男性公民可能有义务从事战争勤务,武装起来以保卫自由共同体不受敌人侵害,如有必要,在防卫事件中也包括杀死他人这一选项。虽然很难从这少数几条规定中推导出令人信服的结论,但它们毕竟证明了,国家在遭受严重威胁的情况下为了保卫特别重要的利益,会要求公民例外地剥夺人的生命。

相应的规则符合法权共同体绝大多数成员的理性利己主义,该事实也支持了这样一种可能性,即救助型紧急防卫人在必要的情况下有义务杀死或严重伤害侵害人。① 实际上,每个人都希望自己在遭到违法侵害时获得他人必要的援助,以防御此一侵害。当侵害威胁到他的生存时,这种合乎本性的利益就尤其重大。恰恰是在受到威胁的境况下,被侵害人的"一切"仿佛都面临危险,他希望尽可能确定自己会得到所需的救助。因此,他不仅希望他人可以使用最后的致命手段进行干涉,还希望他人在别无选择的情况下必须这么

---

① Engländer JuS 2002, 535ff.; Hoerster, Ethik und Interesse, 2003, S. 73ff.

第八章　救助型紧急防卫的义务

做。当然,只有先向他人作出承诺,作为回报,自己在必要时也会向他们提供必要救助,才有理由在此要求他人履行同种义务。也就是说,经过理性考虑,他也愿意担负起使用相应防卫手段的义务,只要这对他没有巨大的风险。① 从这个意义上说,没有理由将具有致命效果或可能对侵害人身体造成严重伤害的措施原则性地排除在救助型紧急防卫义务之外。

不过,总有些人觉得自己有义务实现"非暴力"的理念,②故而拒绝使用致命的或其他严重的暴力。③ 这一决定会得到自由社会的尊重。德国《基本法》第 4 条第 1 款保护个人的良心自由,为可能导致死亡的救助型紧急防卫义务划定了边界:不得强迫任何人杀死他人或对其造成严重伤害,如果这违背他的良心④的话。此外,作为德国《基本法》第 4 条第 1 款的展开,第 3 款同样揭示了这一点,⑤即使在德意志联邦共和国遭到敌人武装攻击威胁的情况下,也禁止强迫他人违背良心地武装起来从事战争勤务。

问题只在于,良心自由在犯罪论体系中的具体定位。就德国《刑法》第 323c 条而言,可以考虑在构成要件层面将良心自由放进

---

① 这一考虑也可用来证明协助义务的限度:如果每个人都必然想到自己不仅是救助型紧急防卫义务的受益方,还可能是责任方,那么他就会赞同这样一种义务,也就是将对他的不利后果限制在可以忍受的范围内。
② 理念是关于世界某个方面状况的愿望性设想,人们可以有这种设想,但不是必须有。Stemmer, Handeln zugunsten anderer, 2000, S. 291ff.
③ 为了逻辑一贯,这也必须适用于当事人处在被侵害人地位的情况。对于下面这个问题,即在遭到危及生命的侵害时,是否也可以拒绝救助型紧急防卫。Engländer, Grund und Grenzen der Nothilfe, 2008, S. 116ff.
④ BVerfGE 12, 45 (55).
⑤ Dreier-Morlok Art. 4 GG Rn.157.

提供救助的期待可能性之中,这不会有什么大问题。① 如果给侵害人造成的严重且可能致命的伤害无法与潜在救助型紧急防卫人的良心协调一致,就不能期待他实施救助型紧急防卫。举例言之,由于先前的混战,一把手枪落在碰巧走过的路人脚前,他没有用这把手枪向绑架 5 岁女孩的人射击,尽管这对他自己或第三人来说并无风险。背后的原因在于,他是一位信念坚定的和平主义者,坚决不对他人使用暴力。

相反,就不真正不作为犯而言,良心自由的体系定位就显得更为困难。上案中拒绝开枪的不是随便哪个路人,而是这个 5 岁女孩的保姆,她出于良心原因没有用这把枪实施必要的防卫。一些学者原则上乐意承认良心自由具有正当化的力量,②而主流观点则认为最好将其视为责任阻却事由。③ 比如罗克辛就写道,虽然良心自由的不可侵犯性应当保护个人免受刑罚威胁所带来的良心强迫,但这决不意味着国家必须跟从良心犯的价值观。不因刑罚强迫而违背良心行事的权利,只能要求获得宽大处理,却不能要求将自己的立场合法化。④ 不过一般而言,这似乎并不令人信服。⑤ 罗克辛的这个观点值得赞同,即不是每个以良心为根据的行为人都能使其构成

---

① Böse ZStW 113 (2003), 71.

② Höcker, Das Grundrecht der Gewissensfreiheit und seine Auswirkung im Strafrecht, 2000, S. 50ff.; Peters, FS H.Mayer, S. 276; Ranft, FS Schwinge 1973, S. 115f.

③ Dölling/Duttge/Rössner-Duttge Vor §§32-35 Rn.35 (不是作为犯方面的讨论); Kühl AT, §12 Rn.116; MüKo-Schlehofer Vor §32ff. Rn.207ff.; NK-Neumann §17 Rn. 46; Roxin AT I §22 Rn.122f.; Schönke/Schröder-Lenckner/Sternberg-Lieben, Vorbem. §§32ff. Rn.120 (合规范行为的不可期待性); 相反观点参见 Frister AT 22/58.

④ Roxin AT I §22 Rn.121. 批评意见参见 LK-Rönnau Vor §32 Rn.367.

⑤ Frisch GA 2006, 273ff.

第八章　救助型紧急防卫的义务　　277

要件行为正当化。相反,这取决于良心确证是否仍处在德国《基本法》第 4 条第 1 款所规定的宪法固有限制之内,而这又必须根据被限制的基本权利来确定(互动理论)。① 但若真是这种情况,行为人就不单是阻却责任,而是没有实现不法。②

　　正如德国《基本法》第 4 条第 3 款对从事战争勤务的规定那样,受基本法保护的良心自由要求,不得强迫个人违背良心地实施致命的防卫行为。就此而言,德国《基本法》第 4 条第 1 款优先于相互冲突的保护利益。③ 在这种特殊情境中,它没有让个人免于欠缺法忠诚的指责,而是将其从行为义务本身中解放出来。因此,不应将这种情况下的良心自由视为责任阻却事由,而是应当将其视为正当化事由。

五、结论

　　总之,既存在救助型紧急防卫的权利,也存在救助型紧急防卫的义务。倘若侵害行为威胁到生命或严重危及身体、行动自由或性

---

　　① 行为人的基本权利能否直接作为正当化事由,德国联邦宪法法院的互动理论对于这个问题的重要性。LK-Rönnau Vor §32 Rn.139; Radtke GA 2000, 33.
　　② Frisch GA 2006, S. 277; LK-Rönnau Vor §32 Rn.366; Radtke GA 2000, 33; SK-Günther Vor §32 Rn.48. 相反,倘若良心犯行超过了德国《基本法》第 4 条第 1 款所规定的宪法固有限制,行为人就最多只能在有责性的框架内以良心作为根据,或者在量刑时予以考虑。举例言之,父母出于宗教原因,未将重病的孩子送到医院进行治疗,最终导致孩子死亡。
　　③ 博泽(Böse ZStW 113 (2001), 74.)和罗瑙(LK-Rönnau Vor §32 Rn.363.)认为,对生命或身体完整性的保护永远优先。这一观点与目前涉及的德国《基本法》第 4 条第 3 款所表达的价值观相互矛盾。

自主决定,作为最后手段,就可采取能造成侵害人死亡或严重伤害的措施。如果有义务提供救助的人没有履行其义务,就会因违反德国《刑法》第 323c 条而具有刑事可罚性;如果他具有保证人地位,就会因不真正不作为犯而具有刑事可罚性。救助型紧急防卫的义务在以下三个方面有其限度:(1)救助型紧急防卫人不需要让自己陷入巨大的危险之中,不过监督型保证人则有其特殊性。(2)如果主管危险防御的机关没有义务代替紧急防卫人去做,后者就不必做;如果主管危险防御的机关没有授权他去做,他也不必去做。(3)倘若给侵害人造成严重且可能致命的伤害无法与紧急防卫人的良心协调一致,就不得强迫他实施防卫行为。

第九章
攻击性紧急避险的正当性根据[*]

一、问题的提出

"任何紧急情况都不可能使不法之事变得合法。"①这条康德的格言,是以他自己所理解的法权为基础推导出来的。康德理解的法权,②是个人自由领域的划分与保障。不过,德国立法者并不同意

---

* Die Rechtfertigung des rechtfertigenden Aggressivnotstands. *Goltdammer's Archiv für Strafrecht* 2017, 242-253.

① Kant, Die Metaphysik der Sitten Erster Teil: Metaphysische Anfangsgründe der Rechtslehre, Werkausgabe Bd. VIII, 1977 (1797/1798), AB 42. 康德的紧急情况学说概述参见 Küper, Immanuel Kant und das Brett des Karneades, 1999.

② 康德只是以生命的紧迫危险为例,即通过牺牲他人的生命以保护自己的生命,来否定紧急权的存在,但却从未提及其他类型的紧急情况。比如饥寒交迫的人为了活命而盗窃他人的财产(迫不得已的盗窃),对于这个在古代自然法学说中讨论颇多的纯粹侵财案例,康德并没有作出特别说明。因此可以说,康德在《法的形而上学原理》中否定的只是生命紧迫危险情况下的紧急权,而不是对一般紧急权的否定。按照康德的法权概念,法权规制的并不是"一个人对另一个人的愿望或纯粹需求的关系,比如善意的行为",而"仅仅是他人的任意"。Kant, Die Metaphysik der Sitten Erster Teil: Metaphysische Anfangsgründe der Rechtslehre, Werkausgabe Bd. VIII, 1977 (1797/1798), AB 32.言下之意,对康德来说,个人的需求根本无法构建起一种使人可以侵(转下页)

康德的说法,他们通过德国《刑法》第34条和第35条制定了不同的解决方案,紧急避险在有些情况下只能是责任阻却事由,而在另一些情况下则可以视为违法阻却事由。① 根据德国《刑法》第34条的适用前提,避险人得到的不仅是法律对他行为的容忍,还有法律赋予他的权利。详言之,即使第三人不必为紧急情况的发生负责,避险人也可以通过损害这个第三人的利益来保护面临危险的合法利益,此所谓攻击性紧急避险。同时,法律也要求被避险人牺牲自己的利益即法益的完整性,来保护面临危险的利益。这一牺牲义务并不理所当然。维尔弗里德·屈佩尔恰当指出:"无论在何种限度内,紧急情况总是可以产生一项权利,使紧急避险人有权损害他人法益,这究竟是为什么?对这个古老的问题,康德断然给出了否定答案。而这个古老问题,向来是各种紧急避险理论之肯綮。不过,在不同的学说框架下,纷繁复杂的教义学讨论渐变为'矛盾的综合体',不仅没有使问题得到澄清,反而让问题更加棘手。"②

屈佩尔睿智地指出了当今紧急避险的理论盲区。主流观点认为,德国《刑法》第34条是一项以保护优越利益为基础的、可以普遍适用的违法阻却事由,这一事由的适用条件是在全部的"积极与消极的利益倾向"中产生的、紧急情况下的利益冲突。③ 换言之,为了

(接上页)犯他人自由领域的法权。Kersting Kant über Recht, 2004, 14 f.; Küper, Immanuel Kant und das Brett des Karneades, 1999, 11.康德的这一观点影响了攻击性紧急避险的所有案例。不过,赫耳墨斯的著作中却提出过一种建立在康德哲学基础上的有限紧急权理论。Helmers, Möglichkeit und Inhalt eines Notstandsrechts, 2016.

① 关于紧急避险教义学的历史,参见 Küper, Jus, 1987, 82ff.
② Küper, JuS, 1987, 86. 在其他文献中,屈佩尔也认为德国《刑法》第34条是一项"异常的""不规范的违法阻却事由"。Küper, JZ, 2005, 105.
③ Lenckner, Der rechtfertigende Notstand, 1965, S. 87 ff, 123 ff.

确定何种利益更加重要,亟需优先保护,应当采用整体权衡的方法,考量所有与利益权衡相关的重要情况。① 在进行整体权衡时,被避险人的自我决定权,即要求尊重自由领域的权利,也应作为需要考量的重要因素。② 然而,当面临危险的利益具有更高价值时,这一观点的弊端便显现出来。申言之,虽然被避险人的自我决定权提升了为避险行为所损害的利益的重要性,但在结果的认定中其重要性却没有任何体现。正如屈佩尔所言,攻击性紧急避险的正当性问题根本没有得到妥适回答。这是因为,被避险人的自我决定权只不过是某种不同的利益权衡视角,不能理所当然地产生优越的利益。这符合康德的观点。换言之,整体权衡论中的被避险人的自我决定权,只是权衡因素,而不是决定因素。

在此背景下,过去很多年间,包括屈佩尔③在内的许多学者又重新开始参与讨论,思考攻击性紧急避险作为违法阻却事由的正当性根据。关于这一课题,有两种视角值得关注:一是超法规的法伦理视角,它与实证法相分离;二是法教义学的解释论视角,其着眼点是作为实证法的紧急避险条款。后者目前更具有吸引力。要追问的是,能否找到一个违法阻却事由的实质根据,来妥当解释德国《刑法》第 34 条这一实证规则。通过这个实质根据,德国《刑法》第 34

---

① Vgl. etwa Heinrich, Strafrecht AT, 4. Aufl. 2014, Rdn. 422 ff.; Lackner/Kühl, StGB, 28. Aufl. 2014, § 34, Rdn. 8; Lenckner, GA 1985, 308 ff.; MüKo/Erb, StGB, 3. Aufl. 2017, § 34, Rdn. 105 ff.; Roxin, Strafrecht AT I, 4. Aufl. 2006 § 16, Rdn. 26 ff.; Schönke/Schröder/Perron, StGB, 29. Aufl. 2014, § 34, Rdn. 22 ff.; Wessels/Beulke/Satzger, Strafrecht AT, 46. Aufl. 2016, Rdn. 458 ff.

② Roxin, AT I, § 16, Rdn. 46 ff.; Schönke/Schröder/Perron, § 34, Rdn. 38.

③ Küper, JZ, 2005, 105 ff.; ders. FS Otto, 2007, 79 ff.

条就好像置身于"最明亮的光线"①之下,能够获得恰当的解释。② 在此,当然可以引入法伦理学的观点,但必须与实证法绑定在一起。

在目前的文献中,关于攻击性紧急避险正当性根据有三种主张:③一是功利主义的主张;二是被避险人属于履行国家救助义务的代表论的主张;三是援引团结原则的主张。

二、功利主义的主张

功利主义认为,德国《刑法》第34条之所以允许紧急避险,且被避险人有相应的忍受义务,是因为符合整体效益最大化原则。④ 换

---

① 倘若将解释理解为一种过程,便可以在"尽可能明亮的光线"下重构解释对象。Dworkin, Laws Empire, 1986, 52. 当然,不能将本章所说的法教义学的解释论进路与德沃金独特的解释理论等同视之。对德沃金解释方法的批评,参见 Marmor, Philosophy of Law, 2011, 97 ff.

② 在确定违法阻却事由的正当性根据之前,德国《刑法》第34条的解释论难题无法得到满意的解决。这些难题是:如何准确权衡利益? 如何理解德国《刑法》第34条关于避险手段适当性的规定? 作为违法阻却事由的德国《刑法》第34条只适用于攻击性紧急避险,还是也适用于防御性紧急避险? 德国《刑法》第34条能否适用于个人内部的利益冲突? 是否可以为了拯救多数人的生命而牺牲一个人的生命?

③ Neumann, in: v. Hirsch u.a. (Hrsg.) Solidarität im Strafrecht, 2013, S. 159 ff.

④ Fuchs Grundfragen der Notwehr, 1986, 53 ff.; Hruschka, JuS, 1979, 388 ff.; ders. Strafrecht nach logischanalytischer Methode, 2. Aufl. 1988, 112 ff.; Joerden, GA, 1991, 414 ff.; ders., GA 1993, 247 f.; Meißner Die Interessenabwägungsformel in der Vorschrift über den rechtfertigenden Notstand (§ 34 StGB), 1990, 164 ff.;旧时文献中的国家主义解读。Stammler, Darstellung der strafrechtlichen Bedeutung des Notstandes unter Berücksichtigung der Quelle des früheren gemeinen Rechts und der modernen Gesetzgebungen, namentlich des Strafgesetzbuches für das deutsche Reich, 1878, S. 74 ff.。

言之,在数个行为或者规则的备选方案中,①应当选择那个可以保证总体效益最大或者平均效益②最大的方案。因此,倘若一个人的利益可被另一个人的更大利益所抵消,那么人们便有权使前者的境况变得更糟。社会整体效益最大化是功利主义的核心,至于个体成员的利益分配,则是次要的。根据功利主义,如果出现两种利益只能择一的冲突情况,就应牺牲价值较小的利益,以保全价值较大的利益。

从解释论视角看,功利主义的主张存在两点根本不足。③ 第一点不足是实证法方面的。申言之,功利主义的正当性思想无法与德国《刑法》第34条的规范构造相协调;以功利主义为基础的紧急避险条款必须被重新塑造。这是因为,如果真要实现效益最大化的目标,那么,作为违法阻却事由的德国《刑法》第34条就既不必要求被保护利益具有明显优越的价值,也无须要求避险行为符合适当性原则。倒不如说,在进行利益权衡时,只要被保护利益稍微大于被损害利益就可以了。对此,整体权衡论作为主流学说,不同意对其方案进行如此反驳。④ 按照整体权衡论对德国《刑法》第34条的理解,"明显优越"的规定根本不要求被保护利益远高于被损害利益,而反驳的观点并无其他价值,只是澄清了一点,就是必须明确什

---

① 行为功利主义和规则功利主义的区分,参见 Smart, in: Höffe (Hrsg.) Einführung in die utilitaristische Ethik, 3. Aufl. 2003, S. 167 ff.
② 整体效益功利主义和平均效益功利主义的区分,参见 Birnbacher, Analytische Einführung in die Ethik, 3. Aufl. 2013, S. 221 ff.
③ Engländer, GA, 2010, 19 f.。
④ Engländer, GA, 2010, 18 f.。

么是"优越"。① 同时,整体权衡论还认为,适当性原则的规定并没有提出额外的正当性要求,根本上只不过是一条多余的限制性规定。② 这两个观点均不妥当。其一,"明显优越"与"没有疑义的优越"毕竟是不同的;③其二,法律显然以这样的观念为基础,即在很多案件中,倘若避险行为不符合适当性原则,即使被保护利益具有明显优越的价值,也不能援引德国《刑法》第34条阻却违法性。④

第二点不足是宪法理论与法伦理方面的。功利主义将个人法益解释为可计算的整体社会效益,由此便消解了个人需要被保障的法权地位,即个人的主观权利。从这个意义上说,功利主义无法与作为自由秩序的法秩序相协调。⑤ 功利主义没有认真对待个体的独特性,它误以为,能够解决个人内部利益冲突的理性方法,可以径直用于解决人际利益冲突。⑥

---

① Gropp, Strafrecht AT, 4. Aufl. 2015, § 5, Rdn. 250; Küper, GA, 1983, 293 ff.; Lackner/Kühl, § 34, Rdn. 6; Lenckner, Der rechtfertigende Notstand, 1965, S. 150 ff.; Roxin, AT I, § 16, Rdn. 90; Schönke/Schröder/Perron, § 34, Rdn. 45.

② Gropp, AT, § 5, Rdn. 267; Küper, JZ, 1980, 756; Lenckner, Der rechtfertigende Notstand, 1965, S. 130 ff.; LK/Zieschang, StGB, 12. Aufl. 2006, § 34, Rdn. 79; Schönke/Schröder/Perron, § 34, Rdn. 46.

③ NK/Neumann, StGB, 4. Aufl. 2013, § 34, Rdn. 67.

④ die Begründung BT-Drucks. V/4095, 15; ferner Grebing, GA, 1979, 90 f.

⑤ Neumann, in: v. Hirsch u.a. (Hrsg.) Solidarität im Strafrecht, 2013, S. 161 ff.; Kühl, Strafrecht AT, 8. Aufl. 2017, § 8, Rdn. 8.

⑥ 对功利主义的基本批判,参见 Hart, Essays in Jurisprudence and Philosophy, 1983, S. 199 ff.; Mackie, Ethik, 1981, 157 ff.; Rawls, Eine Theorie der Gerechtigkeit, 1975, S. 40 ff., 211 ff.; Williams, Kritik des Utilitarismus, 1979.

三、代表论的主张

代表论的主张以米夏埃尔·帕夫利克和弗克·哈斯为代表,该学说的基本主张可以部分追溯到黑格尔复杂的法权观念,即紧急避险权源自紧急情况下的公众救助义务。① 这一思想的基础在于,除了划分和保护法的自由领域,国家任务还包括对"法权自由的现实基础条件"的保障,也就是对那些为行使自由所必需的生存资料的保障。② 据此,决不能使"幸福"与"不幸"的分配成为一种偶然,不如说,法治社会必须至少在有限范围内进行修正式干预。在当代福利国家中,必须将这一任务赋予国家的主管机关。然而在紧急情况中,国家"有组织有纪律的避险行为"总是姗姗来迟,③因此应当使被避险人"成为公众的代表,让他来满足公众的需求"④。为了保障人类自由的现实基础条件,从而实现自由,被避险人必须忍受避险行为对其法权的侵犯,因为这是自由共同体中公民的义务。⑤

---

① Pawlik, Der rechtfertigende Notstand 2002, S. 80 ff. 当帕夫利克将作为违法阻却事由的紧急避险定位在道德层面(在黑格尔体系的意义上),而不是定位在伦理层面时(也是在黑格尔体系的意义上),他的紧急避险理论在关键问题上就自然会与黑格尔的紧急避险思想分道扬镳。Hegel, Grundlinien der Philosophie des Rechts, Werke 7, 1986 (1821), § 127. Pawlik, Der rechtfertigende Notstand 2002, S. 105 ff. 帕夫利克重新诠释了黑格尔的紧急权理论,对这一新诠释的批评,参见 Küper JZ 2005, 111 ff. 无须追溯到黑格尔,但可以做某些比较思考。Haas, Kausalität und Rechtsverletzung, 2002, S. 260 ff.
② Pawlik, Der rechtfertigende Notstand 2002, S. 104.
③ Pawlik, Der rechtfertigende Notstand 2002, S. 104.
④ Pawlik, Der rechtfertigende Notstand 2002, S. 123.
⑤ Pawlik, Der rechtfertigende Notstand 2002, S. 122f.

代表论的主张有许多值得商榷之处。第一,如果认为被避险人是公众的代表,他对避险行为的忍受实际上是一种特别的牺牲,那么在德国《民法典》第904条关于攻击性紧急避险的规定中,就根本不应出现被避险人有权向避险人或避险受益人请求赔偿的第2句规定;①相反,被避险人向国家请求赔偿才合情合理。② 由此可见,以代表论为基础的紧急避险会与现行法相抵牾。③ 第二,一如帕夫利克所承认的,④在自由的国度内,公民既然已经通过纳税完成了自己的社会任务,如果让他作为被避险人成为公众代表,让他不仅接受公众救助的国家任务,而且牺牲自己的利益,这在多大程度上是合法的?难道没有模糊、消解国家和社会的区分吗?要知道,国家和社会的区分乃是自由共同体的重要标志。⑤

帕夫利克认为,在一个所有成员都尽可能平等追求自由的社会里,也许每个人都会遭遇不测,但这并不能成为面临危险时,放任损害发生的"理所当然的充分理由"。因此,"只要损失具有集体性""这一损失就应当通过作为公众代表的被避险人分摊到整个法治共同体中去"⑥,只有这样,才符合当代社会的规范自我认知。然

---

① 当避险人与避险受益人不是同一个人时,便会产生如何认定被告诉讼地位的争议。Müko/Brückner, BGB, 7. Aufl., 2017, § 904, Rdn. 16 ff.。

② Haas, Kausalität und Rechtsverletzung, 2002, S. 262. 哈斯也认为,德国《民法典》第904条关于请求权的这一规定"在宪法上是很有问题的"。如此一来,对攻击性紧急避险的解释,必然"缺少教义学的影响"。

③ Neumann, in: v. Hirsch u.a. (Hrsg.) Solidarität im Strafrecht, 2013, S. 173.

④ Pawlik, Der rechtfertigende Notstand 2002, S. 120.

⑤ 从这一角度进行的追问,参见 Neumann, in: v. Hirsch u.a. (Hrsg.) Solidarität im Strafrecht, 2013, S. 173.

⑥ Pawlik, Der rechtfertigende Notstand 2002, S. 122.

而,这个理由却是模棱两可的,因为当被避险人受到避险行为的侵害时,为了避免危险而造成的利益损失总是最先落在个人头上。换言之,且不论事后的赔偿请求权,共同体从来就没有分摊过任何因避险而造成的利益损失。受避险行为侵害的被避险人不只是公众的代表,①他首先是一个人,一个可以主张尊重自己自由领域的人。为什么被避险人要为公众的利益而牺牲自己的自由?目前仍然没有答案。② 帕夫利克赞同的避险受益人的"团结请求"也不足以回答这一提问,原因在于,他所理解的团结请求,指向的不是立刻产生团结感的被避险人,而只是作为整体的团结共同体。③ 只有从被避险人与避险受益人的关系入手,才能妥善处理紧急避险的正当性问题。④ 这便是下面要讨论的团结论的观点。⑤

---

① Pawlik, Der rechtfertigende Notstand 2002, S., 123; Haas, Kausalität und Rechtsverletzung, 2002, S. 262.
② Küper, JZ, 2005, 115. 帕夫利克在随后出版的著作中忽略了屈佩尔对其立场的批评。
③ Pawlik, in: Hruschka/Joerden (Herg.), Jahrbuch für Recht und Ethik Bd. 22 (2014), S. 155f.
④ 人们可以根据现行法进一步思考,应否由团结共同体来承担被避险人的损失,而不是由避险人或者避险受益人来承担? 如果答案是肯定的,那么便违背了帕夫利克的初衷,因为如此一来,被避险人将得不到任何保障,而避险人或者避险受益人则会获得十足的好处。Pawlik, in: Hruschka/Joerden (Herg.), Jahrbuch für Recht und Ethik Bd. 22 (2014), S. 155.
⑤ Coninx, Das Solidaritätsprinzip im Lebensnotstand, 2012; Engländer, GA, 2010, 20 f.; Frisch, FS Puppe, 2011, 438 f.; Kühl, Freiheitliche Rechtsphilosophie, 2008, 359 ff.; Kühnbach, Solidaritätspflichten Unbeteiligter, 2007, S. 52 ff.; Merkel, in: Institut für Kriminalwissenschaften Frankfurt a.M. (Hrsg.) Vom unmöglichen Zustand des Strafrechts, 1995, S. 184 ff.; Meyer GA 2004, 361ff.; Neumann, in: v. Hirsch u.a. (Hrsg.) Solidarität im Strafrecht, 2013, S. 164 ff.; Renzikowski, Notwehr und Notstand, 1994, S. 188ff.; Zimmermann, Rettungstötungen, 2009, S. 50f.

四、团结论的主张

团结论认为,负有忍受义务的人必须忍受避险行为对其自由领域的侵犯,因为法律要求他与面临危险者团结在一起,否则面临危险者将会遭受极为严重的利益损害。由此,被避险人与避险受益人之间便形成一种团结的法律关系。可是,这种忍受避险行为的团结义务应当从哪里产生?表面上看,被避险人可以再次主张,他作为当代福利国家的公民,已经通过纳税为团结作出了贡献,因此有必要论证的是,除纳税外,从个人紧密关系的角度看,被避险人还必须履行法律关系上的团结义务。[1]

涉事者的理性自利可以为团结义务提供法伦理学上的理由,这或许是一条有望成功的论证进路。据此,可以将避险人的避险权利与被避险人的忍受义务理解为一种互相帮助的承诺,一条平等互保规则。[2] 按照该观点,即使不援引"个人原则上无限制的利他主义"这一有疑问的假定,也能很好地理解攻击性紧急避险。需要注意的是,人类情感的联系最多只限制在个人之间的狭小范围内[3],并且

---

[1] 伦茨科沃斯基只想将团结思想,即攻击性紧急避险的正当性根据,定位在不可进一步论证的价值观之上,此时相关问题便暴露出来。Renzikowski, Notwehr und Notstand, 1994, S. 197ff.

[2] Engländer, Grund und Grenzen der Nothilfe, S. 92 ff.; ders. GA, 2010, 20; Frisch, FS Puppe, 439; Merkel, in: Institut für Kriminalwissenschaften Frankfurt a.M. (Hrsg.) Vom unmöglichen Zustand des Strafrechts, 1995, S. 185; Zimmermann, Rettungstötungen, 2009, S. 50 f.

[3] Hume, Ein Traktat über die menschliche Natur 3. Buch, 1978 (1740), S. 229 ff.

局限于原则上人所共有的敏锐而审慎的考虑之中。① 毫无疑问,这一基本理念可以发展出很多不同的观点。

(一)无知之幕下的合意

这是一种社会契约论的观点。② 根据罗尔斯的正义论③,理性的行动者们在无知之幕下会达成共识,共同制定出像德国《刑法》第34条这样的紧急避险规则。④ 罗尔斯的无知之幕是指行动者们在假定的原初状态下思考应该如何组织社会的规范基本结构,他们既不知道自己特别的能力、愿望、利益、偏好,也不知道自己将来在社会中的地位和经济状况⑤,这样可以保证他们的决定是不偏不倚和公平公正的。就避险权利的正当化而言,行动者们在无知之幕下无法得知以后是会陷入危险并成为避险受益人,还是会成为被避险人而承受避险行为所带来的损害。在缺少进一步信息的情况下,他们根本无法作出准确评估,⑥原则上,这两种情况都可能出现。因

---

① 当人们以相应的理性概念为前提时,这种审慎并不符合理性的"崇高观念",当然这只是一种反对意见而已。以此为出发点倒是有一个好处,可以放弃德国观念论下的理性的狂妄。Stübinger, Notwehr-Folter und Notstandstötung, 2015, S. 282.

② von Grundherr, Moral des Interesses, 2007; Kersting, Die politische Philosophie des Gesellschaftsvertrags 1994; Koller, Neue Theorien des Sozialkontrakts, 1987; Saliger, in: v. Hirsch u. a. (Hrsg.) Solidarität im Strafrecht, 2013, S. 61 ff.

③ Rawls, Eine Theorie der Gerechtigkeit, 1975; ders. Gerechtigkeit als Fairneß, 2003.

④ Coninx, in: v. Hirsch u. a. (Hrsg.) Solidarität im Strafrecht, 2013, S. 195 ff.; Merkel, in: Institut für Kriminalwissenschaften Frankfurt a.M. (Hrsg.) Vom unmöglichen Zustand des Strafrechts, 1995, S. 183 ff.; Meyer, GA, 2004, 365 f.; Zimmermann, Rettungstötungen, 2009, S. 48ff.。对此,施图宾格表示怀疑。Stübinger, Notwehr-Folter und Notstandstötung, 2015, S. 317 ff.

⑤ Rawls, Eine Theorie der Gerechtigkeit, 1975, S. 159 ff.; ders. Gerechtigkeit als Fairneß, 2003, S. 139 ff.

⑥ Coninx, in: v. Hirsch u. a. (Hrsg.) Solidarität im Strafrecht, 2013, 196 f.

此,他们会权衡两边的利益,一边是避险行为带来的利益,即牺牲他人来保全自己面临危险的法益;另一边是不被他人的避险行为所侵害的愿望。他们最终会制定出一条关于紧急避险的规则,一方面最大可能地保护每个人的重要利益,另一方面将避险行为所带来的负面后果限制在可期待的范围内,只要求被避险人牺牲价值明显较低的利益。

上述思考看似很有道理,但问题是,现实中的人并不生活在无知之幕下,他们知道自己的能力、愿望、利益、社会地位以及经济状况,不应由一群虚构的行动者在虚构的原初状态下以对自己未来状况毫不知情为前提制定紧急避险条款。让现实中的人遵守虚构情境中的规则,是有问题的。① 这也是所有社会契约论的核心问题,因为社会契约是在假定的意义上被理解的:②想象出来的意思表示毕竟不是现实中的同意行为,因此人们没有义务遵守由此制定出的规则。③

罗尔斯当然清楚自己学说的问题,于是解释道,原初状态中的形象和无知之幕下的思想都只是一种表现方式,它们可以使民主社

---

① 反对意见参见 Hoerster, Was ist eine gerechte Gesellschaft?, 2013, 78.
② 根据假定的社会契约主义,社会契约并不是真实的合同,而"只是一种理性的观念,这种观念无疑很有(实践)现实意义:每个立法者都会受到这一观念的束缚,他们的立法就像是源于人民的统一意志那样,同理,每个臣民若想成为公民,则必须如此看待自己,就像人民的统一意志是由他们共同投票产生的一样。这是每一部公开法律是否合法的试金石"。Kant, Über den Gemeinspruch: Das mag in der Theorie richtig sein, taugt aber nicht für die Praxis, in: ders. Schriften zur Anthropologie, Geschichtsphilosophie, Politik und Pädagogik, Werkausgabe Bd. XI, 1977(1793), A 249 f.
③ 德沃金正确地指出:"假定出来的契约不只是现实契约的一种简单形式;它根本就不是契约。"Dworkin, Bürgerrechte ernstgenommen, 1984, S. 253.

会中公民潜在承认的正义观具象化、系统化和精确化。① 因此,原初状态中的行动者们在无知之幕下制定出的规则与原则,其实就是公民此时此地最好的选择。② 简言之,按照罗尔斯的观点,无知之幕下的规则是有约束力的,因为这些规则是以这样一种社会基本观念为基础的,即平等自由的人们可以在公平的制度下进行合作,不仅如此,这一观念也得到民主社会公民的认同。

罗尔斯试图通过假定的原初状态去追溯民主社会潜在承认的正义观,不可否认,这一尝试在仔细推敲过后的确存在很大的问题。③ 因此,需要考察的是,倘若不依靠"原初状态中的人们在无知之幕下缔结契约"这一虚构出来的形象,是否就不能根据当事人的现实需求,来使避险权利和与之相对的忍受义务正当化?④

(二) 不安之幕下的利益状况

当人们想确定法治共同体成员的现实利益状况时,首先映入眼帘的,便是他们无法预见自己在某一刻是否会陷入危险,或者是否会成为用以避免危险的被避险人。就此而言,他们在制定规则时,与罗尔斯原初状态下的行动者们有着相似的境况。因此,人们

---

① Rawls, Gerechtigkeit als Fairneß, 2003, S. 42 f.
② Rawls, Gerechtigkeit als Fairneß, 2003, S., 42.
③ Engländer, ARSP, 2000, 15 ff.
④ 这种观点同样放弃了对潜在社会契约的接纳,根据这一契约,民主国家公民的行为在特定的制度条件下其实是对国家秩序的默认。除决定性的同意行为能为待论证的规则提供合法性的基础外,行动者们的利益状况也是不可或缺的因素。因此帕夫利克认为,即使不认同对国家秩序的默认这一观点,也不影响以需求为基础的正当化概念。Pawlik, in: Hruschka/Joerden (Hrsg.), Jahrbuch für Recht und Ethik Bd. 22 (2014), S. 150 f. 具有决定性的社会契约论观念的问题,参见 Engländer, ARSP 2000, 6 ff.

才会在无知之幕下讨论相关的解决方案。① 其实,法治共同体成员的现实利益和无知之幕下原初状态行动者们的假定利益,一开始是相同的:人们有时必须通过侵犯他人来避免正在发生的危险,因为他们明白自己很可能有一天也会陷入危险之中。作为代价,只有当别人也可以通过损害他们的利益来避免正在发生的危险时,他们才能理所当然地获得这个选项。② 当下存在两种利益,一种是允许通过侵犯他人的自由领域来保全面临危险的利益,另一种是避免自己受到他人的干涉。在权衡过后,每个人都会希望制定一条规则,一方面允许他们通过紧急避险来保护自己的重要利益,因为这要好于消极的自由制度;另一方面则要将他们履行忍受义务时所承受的风险限制在一定范围内。

根据上述理由,应当假定以下观点在最大限度上是没有问题的:最初,每个人都需要通过避险行为来保全他们在系争案件中的利益。虽然这一观点会获得绝大多数人的认可,但可以想象的是,按照某些人的世界观,拒绝他人的帮助才是正确的选择。③ 他们认为,在出现紧急状况时自己决不能成为别人的负担。如此一来,以利益为基础的紧急避险的正当化根据便会产生某种合法性漏洞。由于这些人对紧急事件中的避险权利没有需求,因此也就没有

---

① Brennan/Buchanan, Die Begründung von Regel, 1993, 37 ff.
② 有些人的愿望是,紧急避险规则只赋予他避险的权利,而不给他施加忍受的义务。然而在现实中,他不可能希望这种单方面规范的存在。
③ 康德认为,理性的存在者们希望自己可以获得帮助。在此基础上,康德通过普世的定言命令确立了道德上的帮助义务。Kant, Grundlegung zur Metaphysik der Sitten, Werkausgabe Bd. VIII, 1974(1785/1786), BA 56 f. 即使不接受康德的体系,也不能根据行动者们的实际偏好来思考帮助义务。

理由去给予别人等价的回报。但问题是,对这些人而言,应否认为他们其实也需要作为平等互保规则的紧急避险规则?

对此要考虑的是,在针对假设的案件制定规则时,虽然有人认为自己在危险之际应当拒绝他人的帮助,但当他真有一天面临巨大危险时,估计就不这么想了。因此,他必须反思的是,一方面他曾经对自己的实际偏好产生了误解,另一方面这些偏好并不是一成不变的。他还必须想到,实时变更自己的避险权利也几乎是不可能的。对他来说,未雨绸缪才是最好的选择。在此背景下,看来避险规则的存在对谁都是值得向往的,这一规则既赋予了人们避险的权利,使他们可以在众多案件中保护自己特别重要的利益(这项权利的行使不是必须的),也限制了被避险人的忍受义务,被避险人只需要付出合比例的较小代价即可。因此应当认为,几乎每个法治共同体的成员都有自己合理的利益,为此他们必须互相给予紧急避险的权利。

(三)规范效力与规范适用

按照团结论的观点,在被避险人和避险受益人之间有着以利益为基础的团结关系,帕夫利克不同意这一看法,①他认为倘若被避险人不只是抽象地思考紧急避险规则,而是在能认清自己角色的具体紧急情况中还相信这条规则对他有益,那才可以说将紧急避险的正当化根据理解为平等互保规则是合法的。依帕夫利克之见,事实并非如此。从被避险人的利己视角出发,在具体的紧急情况下,不去为了帮助面临危险的人而牺牲自己的利益,才永远是首选。一方

---

① Engländer, Grund und Grenzen der Nothilfe, S. 94 f.

面,当秉持这样观点的人面临危险时,他们对团结的拒绝在当代开放社会的条件下不会对其他准备施以援手的人产生负面影响。原因在于,这些对不团结行为嗤之以鼻的人,根本无从获知那些拒绝团结者的想法。从利己的视角出发,拒绝团结者的行为是理性的,他们就像"搭便车的人"(不劳而获者),当自己面临危险时要求别人团结,可在别人落难时却拒绝团结。另一方面,被避险人在经过评估后也明白,当他陷入危险时,别人同样很有可能拒绝他所期待的团结。因此,对被避险人而言,预先牺牲自己的利益是不合理的。①

然而,帕夫利克的上述思考只是表明,对规范效力有利益的人并不一定也对规范遵守有利益。规范效力偏好的单独存在,无法径直推出规范遵守偏好的存在。② 虽然缺少自觉遵守规范的充分动机,但规范接收者却必然对规范效力有着持久的利益。关键在于,被避险人希望别人能够以确定的行为方式来对待他。因此,不情愿地履行义务才是被避险人的主导动机。尽管如此,被避险人还是会对紧急避险规则感兴趣,因为他们希望自己在面临危险时,周围的人也必须忍受他们的避险行为。

帕夫利克的反思无疑说明了,为何要将被避险人与避险受益人之间的团结关系法律化,亦即与康德的观点相反,紧急情况中的团结义务不能仅停留在道德层面。这是因为,虽然人人都对互相帮助

---

① Pawlik, Der rechtfertigende Notstand 2002, S. 69 ff.; Küper, JZ, 2005, 110.
② 规范遵守偏好,是指人们对自己遵守规范的需求。相反,对别人遵守规范的需求则可以包含在规范效力偏好这一概念之中,因为规范效力指的是经验上的规范有效性,即规范的实际作用。Hoerster, Ethik und Interesse, 2003, 163 ff., 185 ff.。

的义务有利益,但并不意味着他们会自愿履行这一义务。为了保证规范得到遵守,并使人们产生额外的遵守规范的动机,就需要可信赖的制裁威慑作为保障。通过法律制裁违反团结义务的人,一方面,可以抵消那些"搭便车的人"利用他人的倾向;另一方面,遵守规范的意愿原则上也能得到充分的保证,也就是所有人都会履行自己应尽的义务。这将创造必要的条件,使被避险人不仅希望紧急避险规则是有效的,而且愿意履行他在现实中的团结义务。[1]

(四)以利益为基础的紧急避险原理与德国《刑法》第 34 条的规范结构

然而,仅从法教义学的解释论出发,尚不足以论证避险权利和忍受义务原则上作为平等互保规则的合法性。毋庸置疑,这一基本思想还必须符合现行紧急避险规则的规范结构。每个人都希望将被避险人在系争案件中承担的不利后果限制在可忍受的范围内,为了团结而牺牲的利益应当是价值明显轻微的。这不仅可以解释德国《刑法》第 34 条第 1 句,即在进行利益权衡时,需要保护的利益必须明显大于面临危险的利益,而且可以论证第 2 句中的适当性规定。这个主张有两个功能:一是为牺牲利益划定底线,比如被避险人没有牺牲生命和重要身体机能的义务;二是列出违法阻却事由的例外情况,如果面临危险的人需要为危险的产生负责,或者本身就有特别的承担危险的义务,就不能或者只能有节制地发出团结的请求。

---

[1] 帕夫利克援引他批评刑罚目的中消极一般预防的理由,来驳斥这种将以利益为基础的团结义务法律化的观点。Pawlik, in: Hruschka/Joerden (Hrsg.), Jahrbuch für Recht und Ethik Bd. 22 (2014), S. 149. 认为帕夫利克刑罚论的批评不妥当的观点,参见 Hoerster, GA, 2006, 710 ff.。

五、结论

攻击性紧急避险的背后是以利益为基础的团结关系,不仅可以阐明攻击性紧急避险的基本原理,而且能回应康德对紧急避险正当性的质疑。此外,这一观点对德国《刑法》第 34 条的解释也有着非同寻常的意义。

第一,与主流观点[1]不同,不能在形式的整体权衡原则的意义上来理解利益权衡的必要性。在此必须区分几种因素:其一,在确定判断明显优越利益的权衡标准时能够发挥作用的因素;其二,在判断优越利益时能够影响权衡的因素;其三,在检验避险行为适当性时能够有效限制权衡的因素。[2]

第二,有两种利益需要通过明显优越利益的要求进行平衡,一种是被避险人希望自己的自由领域免受他人的侵犯,另一种是避险人向外发出团结的请求,期待通过牺牲他人的利益来保全自己面临危险的利益。经过平衡,被避险人的自决权和面临危险者的团结请求便可在事先确定的权衡标准中找到出路。因此,若在具体的利

---

[1] Heinrich, Strafrecht AT, 4. Aufl. 2014, Rdn. 422 ff.; Lackner/Kühl, StGB, 28. Aufl. 2014, § 34, Rdn. 8; Lenckner, GA 1985, 308 ff.; MüKo/Erb, StGB, 3. Aufl. 2017, § 34, Rdn. 105 ff.; Roxin, Strafrecht AT I, 4. Aufl. 2006 § 16, Rdn. 26 ff.; Schönke/Schröder/Perron, StGB, 29. Aufl. 2014, § 34, Rdn. 22 ff.; Wessels/Beulke/Satzger, Strafrecht AT, 46. Aufl. 2016, Rdn. 458 ff.

[2] Matt/Renzikowski/Engländer, StGB, 2013, § 34, Rdn. 24 f., 26 ff., 31 ff.

益权衡中再将它们作为论据提出,就是错误的做法。①

第三,若在同一个法益主体身上出现利益冲突(个人内部的利益冲突),则无法适用德国《刑法》第 34 条。② 团结关系只能产生于两个不同的人之间,一个人没有团结可言。③

第四,有更好的理由认为,防御性紧急避险,即通过牺牲危险负责者的利益来避免危险,并不是德国《刑法》第 34 条的规制对象。④ 虽然防御性紧急避险中的危险制造者也必须忍受他人对其利益的侵犯,但他的忍受义务却不是源于团结原则,而是扰乱者的责任原则。⑤ 倘若某人的物品可能会对他人的利益造成危险,就应当首先要求他不让这个可能成为现实。如此便形成了一种法权自由领域的划分。虽然团结原则也能适用于防御性紧急避险,但起的作用完全不同,它没有为避险权利提供正当性根据,而是对这一权

---

① NK/Neumann, § 34, Rdn. 66; Hoyer, FS Küper, 2007, 177; Pawlik, Der rechtfertigende Notstand 2002, S. 143; Renzikowski, Notwehr und Notstand, 1994, S. 61. 这同样适用于"公众对法律的秩序功能与自由功能的需求",避险行为会侵犯无辜者的法权,这一情况已经在法律承认的紧急避险制度中被考虑到了。Schönke/Schröder/Perron, § 34, Rdn. 22.

② 德国《刑法》第 34 条的适用问题主要在三种案例中被讨论:(1)间接死亡协助;(2)以强制的方式阻止自杀;(3)通过危及生命的救助手段,拯救面临生命危险的人,比如高风险的手术。Engländer GA 2010, 16 f.。

③ Dörr, Dogmatische Aspekte der Rechtfertigung bei Binnenkollision von Rechtsgütern, 2016; Engländer, GA, 2010, 21ff.; Schmitz, Rechtfertigender Notstand bei internen Interessenkollisionen, 2013; Neumann, in: v. Hirsch u. a. (Hrsg.) Solidarität im Strafrecht, 2013, S. 168.

④ Fischer, StGB, 64. Aufl. 2017, Rdn. 2; Lackner/Kühl, § 34, Rdn. 9; Müko/Erb, § 34, Rdn. 19 f.; Roxin, AT I, § 16, Rdn. 74 ff.; Schönke/Schröder/Perron, § 34, Rdn. 30; Wessels/Beulke/Satzger, AT, Rdn. 461.

⑤ Engländer, Grund und Grenzen der Nothilfe, S. 96ff.; Renzikowski, Notwehr und Notstand, 1994, S. 180ff.

利的行使进行了限制;它没有给被避险人施加义务,而是给面临危险者施加了义务。后者是指,按照团结论的要求,当防御性避险行为造成的损害与正在发生的危险严重不成比例时,尽管危险制造者需要承担责任,但避险人还是必须放弃侵犯危险制造者的避险行为。从根本上说,攻击性紧急避险和防御性紧急避险完全是两种不同的法律制度。因此,将它们放在同一个构成要件之下的意义是有限的,尤其是不可避免地使两种不同的权衡标准不当地合二为一①,即在防御性紧急避险的案件中,如果避险人造成的损害与亟需避免的危险是成比例的,那么便符合了德国《刑法》第34条关于明显优越利益的规定。在此背景下,更有说服力的观点是,只将德国《刑法》第34条关于保护明显优越利益的规定理解为攻击性紧急避险的规范化。同时,将防御性紧急避险视为拥有特别适用条件的独立规则。②

---

① Renzikowski, Notwehr und Notstand, 1994, S. 47ff.
② NK/Neumann, § 34, Rdn. 86; Pawlik, Der rechtfertigende Notstand 2002, S. 138f.; Renzikowski, Notwehr und Notstand, 1994, S. 243ff.

第十章
德国《刑法》第34条
对个人内部利益冲突的适用可能性*

一、问题概述

如果行为人为了避免他人利益遭受现时危险,而侵害另一个人的法益,那么其构成要件行为的正当化可能性就取决于德国《刑法》第34条:干涉行为对于防御危险而言必须是必要且适当的,在权衡相互冲突的利益时,被保护的利益要明显优于被侵害的利益。这些利益的重要程度主要根据主体间的衡量标准来确定,比如系争法益的一般等级、可能侵害法益的程度、损害发生的盖然性、救助机会等,而不能根据参与者对其利益的主观评价来确定,尽管这也可以作为权衡的因素。[①] 相

---

* Die Anwendbarkeit von § 34 StGB auf intrapersonale Interessenkollisionen. *Goltdammer's Archiv für Strafrecht* 2010, 15-26.

[①] Fischer, 56. Aufl. 2009, § 34 Rn.7ff.; Kühl AT, 6. Aufl. 2008, § 8 Rn.105ff.; MüKo/Erb, 2003, § 34 Rn.103ff.; NK/Neumann, 2. Aufl. 2005, § 34 Rn.65ff.; Schönke/Schröder/Lenckner/Perron, 27. Aufl. 2006, § 34 Rn.22ff.; 反对就法益主体对其利益的主观评价的观点,参见 LK/Zieschang, 12. Aufl. 2006, § 34 Rn.54; NK/Neumann § 34 Rn.82.

反，倘若行为人侵害一个人的法益，不是为了避免另一个人遭受现时危险，而是为了避免被侵害人本人遭受现时危险，那么对于其正当性而言，起关键作用的原则上就是承诺或推测承诺。在同一法益主体身上发生利益冲突的——所谓个人内部的利益冲突——关于哪项利益更为优先这个问题，并不取决于主体间的衡量标准，而是在维护自主决定权的同时，完全取决于法益主体的主观偏好。其相互冲突利益的重要程度和等级，要由他自己决定。①

尽管如此，主流观点还是认为，正当化紧急避险不仅可以适用于个人间的利益冲突，还能适用于某些个人内部的利益冲突。通常不会考虑援引德国《刑法》第34条，否则就会产生一种危险，即通过客观的利益权衡来破坏个人的自我决定自由。不能用正当化的紧急避险这一制度，来使家长主义的强制关照合法化。② 比如医生明显违背病人意愿对其实施外科手术，就不能以手术服务于明显更重要的利益、可适用德国《刑法》第34条为由，来使这场外科手术正当化。③ 但在主流观点看来，出现个人内部利益冲突时，就应按照正当化紧急避险赋予干涉行为正当性。其中，以承诺或推测承诺为根据的冲突解决方案应被排除，因为法益主体缺少处分权限或其处分权限受到限制。④ 此处讨论的主要是三种情形：(1)间接死亡协助；

---

① Baumann/Weber/Mitsch AT, 11. Aufl. 2003, §17 Rn.54; Kindhäuser LPK.StGB, 4. Aufl. 2010, §34 Rn.39; NK/Neumann §34 Rn.14; Roxin AT/1, 4.Aufl. 2006, §16 Rn.101.
② Merkel, Früheuthanasie, 2001, 163; Neumann FS Herzberg, 2008, 583.
③ Neumann FS Herzberg, 583; Schönke/Schröder/Lenckner/Perron §34 Rn.8a.
④ Lackner/Kühl, 26. Aufl. 2007, §34 R.4; Neumann FS Herzberg, 583, 589f; Roxin AT/1 §16 Rn.102; Schönke/Schröder/Lenckner/Perron §34 Rn.8a; SK/Günther, 7. Aufl., Stand 2000, §34 Rn.61; Thiel, Die Konkurrenz von Rechtfertigungsgründen, 2000, 95f.

(2)强行阻止自杀;(3)通过对处在危险中的人采取同样会危及生命的救援措施来防御生命危险,比如实施高风险的手术是维持病人生命的最后手段。

首先是间接死亡协助。其中,医生向患有绝症并承受巨大痛苦的病人注射吗啡等镇痛药物,以缓解病人的痛苦,这些药物的副作用是加速病人的死亡。一种有力观点认为,这种行为不符合德国《刑法》第212条故意杀人罪和216条受嘱托杀人罪的构成要件,[1]而根据可能的主流观点,这无疑是构成要件上的杀人行为,不过应依德国《刑法》第34条使这一犯行正当化,因为——德国联邦最高法院第三刑事审判庭对此有示范性的论证——按照病人的意愿,能够有尊严无痛苦地死去,要比在最严重的,尤其是毁灭性的痛苦中再活一小段时间更重要。[2] 此外,一种流行的观点甚至希望将这种论证转用到直接的积极死亡协助上,即导致死亡的不是放任的副作用,而是有针对性地采取措施防止进一步的痛苦。至少在例外情形下也可通过德国《刑法》第34条获得正当性。[3]

其次是强行阻止自杀。所涉及情境为,通过强制手段,比如扣押、监禁等,阻止有自杀意愿者实现其自杀计划。这种强行阻止自杀的行为毫无疑问符合剥夺自由罪的构成要件。主流观点同样认

---

[1] Ingelfinger, Grundlagen und Grenzbereiche des Tötungsverbots, 2004, 271ff.; Krey/Heinrich BT/I, 14. Aufl. 2008, Rn.14; Schönke/Schröder/Eser Vor § 211 Rn.26; Wessels BT/I, 21. Aufl. 1997, Rn.25.

[2] BGHSt 42, 301 (305); Ebert AT, 3. Aufl. 2001, 83; Eisele BT/I, 2008, Rn.154; Gössel/Dölling BT/I, 2. Aufl. 2004, § 2 Rn.43; Kühl AT, § 8 Rn.163f; Merkel FS Schroeder, 2006, 308ff.; MüKo/Schneider StGB 2003, Vor § § 211ff. Rn.101ff.; Otto BT, 7. Aufl. 2005, § 6 Rn.42; Roxin AT/I, § 16 Rn.57.

[3] Merkel FS Schroeder, 320f.; Neumann FS Herzberg, 580ff.; Otto NJW 2006, 2222.

为,可以根据德国《刑法》第34条使该行为正当化,因为生命利益明显比自由利益重要得多。即使自杀决定不是由于一时间的精神错乱,而是自愿负责的决定的表达,也同样适用。比如罹患绝症的病人经过深思熟虑,决定结束自己的生命,因为他认为成为需要护理的病人是一件不可忍受的事。这并没有妨碍当事人的自主决定权,因为就像德国《刑法》第216条受嘱托杀人罪的刑事可罚性所展现的,个人对自己的生命没有处分自由。①

最后是危及生命的救援行为。倘若只能通过高风险的措施来拯救一个人的生命,而这项措施又会带来巨大的生命危险,那么根据主流观点,在此也可根据德国《刑法》第34条使这一干涉行为正当化。关键在于,与死亡危险相比,拯救生命的机会是明显更重要的利益。②

二、德国《刑法》第34条的规范目的和规则对象

从规则结构上说,至少在原则上,正当化紧急避险确实不仅可以适用于个人间的利益冲突,还可以适用于个人内部的利益冲突,这一前提对主流观点的说服力度具有核心意义。但是,这一设想决非不言而喻;相反,其正确性取决于对一个问题的回答:德国《刑法》第34条究竟在规范什么? 这素来存在争议,从本质上讲,此

---

① Lackner/Kühl §34 Rn.4; MüKo/Erb §34 Rn.33; Roxin AT/I, §16 Rn.102; 不同观点参见 Schönke/Schröder/Lenckner/Perron §34 Rn.33.

② Kühl AT, §8 Rn.34, 119; Lackner/Kühl §34 Rn.4; LK/Zieschang §34 Rn.59, 61; Stratenwerth/Kuhlen AT, 5. Aufl. 2004, §9 Rn.104.

处有三种各不相让的解释。

(一)德国《刑法》第 34 条是不是纯形式权衡原则的表达

主流观点认为,正当化紧急避险是优越利益这个一般性正当化原则在危险情境中的体现。根据该原则,当两个法所承认的利益相互冲突时,应当给予更重要的利益以优先性,[1]应当对所有相关情状作整体权衡,并据此在局部范围内确定哪种利益更为重要,而利益冲突的所有"积极和消极的优先性倾向"[2]都要考虑进来。比如其中包括系争法益的等级、法益面临危险的程度、潜在损害的范围和救助机会的大小,此外还有牺牲利益主体的自我决定权、对危险情况产生的"负责性"、特殊危险忍受义务的存在或者对法秩序整体的意义。[3] 这意味着,德国《刑法》第 34 条本身表达的只是一个形式原则,也就是出现危险境况中的利益冲突时要给予更重要的利益以优先地位,并不包含(且不论现时危险这一要求)实质性的规定。换言之,德国《刑法》第 34 条既没有利益冲突类型方面的规定,也没有关于利益重要程度的规则。

---

[1] Ebert AT, 80; Gropp AT, 3. Aufl. 2005, § 6 Rn.112; Küper GA 1983, 294f.; Lackner/Kühl § 34 Rn.1; Lenckner, Der rechtfertigende Notstand, 1965, 120ff.; ders. GA 1985, 308; MüKo/Schlehofer Vor § § 32ff. Rn.53; Otto AT, 7.Aufl. 2004, § 8 Rn.164; Seelmann, Das Verhältnis von § 34 zu anderen Rechtfertigungsgründen, 32ff.; Schönke/Schröder/Lenckner/Perron § 34 Rn.22.

[2] B. Heinrich AT/I, Rn.423; Küper GA 1983, 295; Lackner/Kühl § 34 Rn.6; Lenckner, Der rechtfertigende Notstand, 1965, 87ff., 123ff.; ders. GA 1985, 308; LK/Zieschang § 34 Rn.53; Roxin AT/I, § 16 Rn.26; Schönke/Schröder/Lenckner/Perron § 34 Rn.22; SK/Günther § 34 Rn.38.

[3] Gropp AT, § 6 Rn.128ff.; Kühl AT, § 8 Rn.106ff.; LK/Zieschang § 34 Rn.55ff.; Otto AT, § 8 Rn.174ff.; Roxin AT/I, § 16 27ff.; SK/Günther § 34 Rn.41ff.; Wessels/Beulke AT, Rn.311.

这样解释德国《刑法》第 34 条,事实上并不会妨碍将该条适用于个人内部的利益冲突,自然会遭到彻底的质疑。该解释在两个方面无法与该条规定的结构协调一致:一方面,如果真的要在利益权衡框架内考虑所有相关方面,那么德国《刑法》第 34 条仅要求被保护的利益更重要即可,不必要求利益明显优越。这是因为,先在考虑所有方面的情况下认为有更好的理由去救援保护利益,后又以不符合"明显优越"为由给予"维护牺牲利益"优先地位,似乎于理不合。一些文献反驳道,不应将"明显优越"这一条件理解为对经确认的优越利益的要求,它只是在澄清明确利益的重要性。① 该观点并不可取,因为"明显优越"和单纯的"确实优越"不尽相同。② 另一方面,适当性条款会丧失其功能。这是因为,为评价适当性而要考虑的所有情状都必须在整体权衡的框架内得到恰当的关注。当然,也有一些学者认为适当性条款完全是多余的。③

然而,这并不符合制定法所基于的设想:很可能有这样一些案件,虽然被保护的利益明显比被侵害的利益更重要,但行为却并不具有适当性。④ 德国《刑法》第 34 条认为存在某些为权衡划定界限的情形,本身并不是权衡的对象。因此,必须正确区分不同类型的因素,一些因素是确定权衡标准的基础,一些因素在权衡框架内对

---

① Gropp AT, §6 Rn.136; Küper GA 1983, 293ff.; Lackner/Kühl §34 Rn.6; Lenckner, Der rechtfertigende Notstand, 1965, 150ff.; Roxin AT/I, §16 Rn.90; Schönke/Schröder/Lenckner/Perron §34 Rn.45.

② NK/Neumann §34 Rn.67.

③ Baumann/Weber/Mitsch AT, §17 Rn.83; Gropp AT, §6 Rn.145; Küper JZ 1980, 756; Lenckner, Der rechtfertigende Notstand, 1965, 130ff.; Otto AT, §8 Rn.178; LK/Zieschang §34 Rn.79; Schönke/Schröder/Lenckner/Perron §34 Rn.46.

④ BT-Drucks. V/4095, 15; Grebing GA 1979, 90f.

优越利益的确认有重要影响,另有一些因素对权衡的限制有意义。这意味着不能将德国《刑法》第34条视为纯形式权衡原则的表达,必须将其把握为实质的规则。

(二)德国《刑法》第34条是不是整体效益最大化这一功利主义原则的表达

对正当化紧急避险的实质理解,首先可以在约阿希姆·赫鲁什卡及其门徒那里找到。他们用功利主义解释德国《刑法》第34条,至少在核心部分,干涉权限通过整体效益最大化原则获得正当性。① 据此,应在众多行为方案或规则方案中,②选择那个能保障最大效益总量或最大平均效益的方案。③ 只要能被另一个人的更大利益所抵消,人们就可以毫不迟疑地使一个人处于不利地位。起决定作用的,只有共同体的整体效益最大化。相反,整体效益在各个成员之间的分配充其量只起次要作用。按照功利主义观点,当两种利益只能二选一时,原则上必须允许为了价值更高的利益牺牲价值更小的利益。

在此基础上,德国《刑法》第34条对个人内部利益冲突的适用可能性也可以轻而易举地得到证立。这是因为,对于保障共同体效

---

① Hruschka Jus 1979, 388ff.; ders., Strafrecht nach logisch-analytischer Methode, 2. Aufl. 1988, 112ff.; Joerden GA 1991, 414ff.; ders. GA 1993, 247f.; Meißner, Die Interessenabwägungsformel in der Vorschrift über den rechtfertigenden Notstand (§34 StGB), 1990, 164ff.

② 关于行为功利主义与规则功利主义的区分,参见 Smart, in: Höffe (Hrsg.), Einführung in die utilitaristische Ethik, 3. Aufl. 2003, 167ff.

③ 关于效益总量功利主义和平均效益功利主义的区分,参见 Birnbacher, Analytische Einführung in die Ethik, 2003, 221ff.

益最大化这一目标而言,利益冲突是发生在不同主体之间,还是出现在同一主体之内,原则上并不重要。然而,功利主义方案同样不能对正当化紧急避险作出令人信服的解释。① 首先,正如将正当化紧急避险解释成纯形式的权衡原则一样,该方案同样无法说清,为什么在德国《刑法》第34条中被保护利益"稍微优越"并不足以使干涉行为正当化,而是进一步要求"明显优越"和行为的适当性?如果真要以保障整体效益最大化为依归,那么被保护利益相对于被侵害利益的"稍微优越"就必然足以使其正当化。出于上述理由,任何重新解释优越性要求和适当性条款的尝试都注定要失败。此外,功利主义方案会让个人受主观权利保障的权力地位失去价值,方法是将个人法益简单地解释到全社会可计算的效益价值中。职是之故,该方案无法与被理解为自由秩序的法秩序协调一致。②

(三) 德国《刑法》第34条是不是团结性的表达

一段时间以来,一种对德国《刑法》第34条的实质解释越来越受欢迎,也就是将紧急避险的规定解释为团结性的体现。根据法律所要求的团结性,避险义务人必须忍受避险人对其利益的干涉,否则,避险义务人的利益将遭到更加严重的侵害。③ 该方案值得赞同。被干涉人为了团结而牺牲自身利益的义务可以作为平等互保

---

① Haas, Kausalität und Rechtsverletzung, 2002, 250ff.; Küper JZ 2005, 107; Pawlik, Der rechtfertigende Notstand, 2002, 37ff.; Renzikowski, Notwehr und Notstand, 1994, 202ff.

② 对功利主义的根本性批评,参见 Mackie, Ethik, 1981, 157ff.; Williams, Kritik des Utilitarismus, 1979.

③ Fischer §34 Rn.2; Frister AT, 4. Aufl. 2009, 17/1; Knauf, Mutmaßliche Einwilligung und Stellvertretung bei ärztlichen Eingriffen an Einwilligungsunfähigen, 2005, 84; Kühl AT, §8 Rn.9f.; NK/Neumann §34 Rn.9; Renzikowski, Notwehr und Notstand, 1994, 196ff.

规则的一部分而被正当化。① 每个人都应该想到,自己也可能有一天陷入紧急避险情形中。因此就有一种利益,亦即可以牺牲他人来防御危险,作为回报,必须给予他人以同样的干涉权限,让他们在危险境况中也有同样的选项。以此为基础,就可澄清德国《刑法》第34条中的"明显优越"标准。这是因为,每个人现在都要在自己的利益和愿望之间作出权衡。其利益是,在必要情况下可以牺牲第三人来拯救自己的利益;其愿望是,不让他人干涉自己的利益。如果他肯定会想到,自己不仅可能成为救援干涉行为的受益方,还可能成为该行为的受损方,他就只能支持这样一种干涉权限。一方面为其特别重要的利益提供尽可能全面的保护,另一方面将不利后果限制在可忍受的范围内,只牺牲明显更不重要的利益。

这种紧急避险模式同样可以妥善证立适当性保留条款在此具有的两种功能:一是要限制绝对的牺牲(没有义务去牺牲自己的生命或重要的身体功能);二是要排除一些案件的正当化可能,其中处在危险中的人不能要求团结性或者只能有限制地要求团结性,比如自招危险者或肩负特殊的危险承受义务者。

不过,倘若将正当化紧急避险理解为团结性的体现,就会对德国《刑法》第34条的规则范围产生重大影响。至少从表面上看,只能涵盖攻击性紧急避险,即被牺牲以防御危险的第三人对紧急避险

---

① Engländer, Grund und Grenzen der Nothilfe, 2008, 92ff.; 反对意见参见 Pawlik, Der rechtfertigende Notstand, 2002, 69ff.; Küper JZ 2005, 109f.; Merkel, in: Institut für Kriminalwissenschaften Frankfurt a.M. (Hrsg.), Vom unmöglichen Zustand des Strafrechts, 1995, 182ff. 防御性紧急避险的正当化以德国《民法典》第228条第1句为根据(类推)。Frister AT, 17/21; Hruschka, Strafrecht nach logisch-analytischer Methode, 2. Aufl. 1988, 83f; NK/Neumann Rn.88; Renzikowski, Notwehr und Notstand, 1994, 202ff.

情形的产生不负责任。只有在攻击性紧急避险中,干涉行为才能基于避险人和被避险人之间的团结关系获得正当性。与之相应,德国《刑法》第 34 条无法适用于防御性紧急避险,即危险是从被干涉利益人的负责领域内产生的。这是因为,危险制造者有义务忍受他人对其利益的干涉,这项义务并非从团结性中产生,而是从扰乱者的"负责性"中推导出来的。① 同理,根据其规范目的,德国《刑法》第 34 条也无法适用于个人内部的利益冲突。团结关系永远只存在于两个不同的主体之间,个人无法对自己负有团结义务。宣扬这一点,只会让人误解这个概念。②

三、对将德国《刑法》第 34 条延伸至个人内部利益冲突这一论证的批判性评价

然而,莱因哈特·默克尔和乌尔弗里德·诺伊曼却支持不同的立场,认为将德国《刑法》第 34 条解释为团结性的体现,与将其适用于个人内部的利益冲突并不矛盾;相反,在某些案件中,不能放弃援引正当化紧急避险规定的可能性。为了证成这一观点,默克尔和诺伊曼提出很多理由,其中以下四个最为重要。

(一)规范目的论证

诺伊曼认为,在法益主体缺少处分权的情形中,根据承诺或推

---

① Engländer, Grund und Grenzen der Nothilfe, 2008, 96ff.
② Dölling/Duttge/Rössner/Duttge § 34 Rn.9; Knauf, Mutmaßliche Einwilligung und Stellvertretung bei ärztlichen Eingriffen an Einwilligungsunfähigen, 2005, 84.

测承诺来解决个人内部利益冲突是不可能的。而团结性思想与正当化紧急避险的规范目的有关,完全可以在此发挥作用。申言之,比如受嘱托杀人罪是对自我处分自由的限制,倘若将其视为符合法益主体个人利益的自我保护机制,即防止他在某些情形下作出操切的决定,那么,当这种保护对他弊大于利的时候,撤销该保护就是适当的。此处涉及的是当事人之间的团结性要求,可以考虑适用德国《刑法》第 34 条。①

然而,该论证看起来并没什么说服力。被理解为自我保护的对自我处分自由的限制,自始至终只能扩展到切实保护法益主体现实利益的程度,不包括超出其偏好的利益保护。由于在有些案件中法益主体想死或想被伤害的决定是在经过深思熟虑和对事实有全面了解的情况下作出的,因此必须例外打破对自我处分自由的限制。但与诺伊曼的观点相反,这与团结性没有任何关系。只要被处置的利益不影响他人,尊重法益主体处置自身利益的需求不是团结行为,而只是对个人自我决定权的承认。

(二)方法明确性论证

默克尔认为,在出现个人内部利益冲突时,团结性思想并不适合成为干涉行为的正当化根据,②尽管如此,正当化紧急避险却依然是目前唯一可用于这些案件的妥当合法化手段。这是因为,只有德国《刑法》第 34 条所要求的利益权衡,才能在方法上控制所采取的行动,强制披露决定性的事实理由。其他替代方案虽然也能使行为人基于利益的干涉行为合法化,比如允许的风险、犯行的社会行

---

① Neumann FS Herzberg, 583.
② Merkel FS Schroeder, 310.

为意义或者社会相当性,但是,所有这些方案都会将决定性的规范考量置于"暗箱"之中。①

然而,这一论证同样没有说服力。与默克尔的观点相反,德国《刑法》第 34 条的规范结构根本不适合为个人内部利益冲突提供方法上适当的解决机制。被保护利益明显优越于被侵害利益这一要求,只有在个人间利益冲突中才有意义。其目的是防止让被避险人承担过重的牺牲义务。这看上去十分必要,因为受益和受损是在两个不同的人之间分配的。相反,在利益冲突发生在同一人身上时,仅仅因为利益不明显优越,就否认符合当事人重要利益的干涉行为具有正当性,可能于理不合。被避险人没有从这种提高干涉行为门槛的做法中获益,因为与个人间的利益冲突不同,这对他没什么好处,恰恰相反,会使他处于更不利的地位。

默克尔试图回应这一反对意见,方式是在牺牲利益和保全利益同属一人的情况下,承认每一种差异都是"明显"的:首先,如果"明显"这一要素不涉及系争利益的重要性,而是涉及正确或错误行为决定的质量,这种评价就是可能的。即便是对"稍微"重要利益的保护,也与相反行为"明显"不同,因为它是正确的选择。② 就算不考虑"明显"条款已最终被降格为修辞上可有可无的套话,该解释也无法与制定法的表述协调一致。德国《刑法》第 34 条要求"在权衡相互冲突的利益时……被保护的利益要明显优越于被侵害的利益",该条并没有将"明显"这一要求与任意一种行为决定的质量联结起来,而是将其与系争利益的重要性联结起来。其次,不能根据

---

① Merkel, Früheuthanasie, 2001, 528; ders. FS Schroeder, 310.
② Merkel, Früheuthanasie, 2001, 533.

用于权衡主体间利益重要性的标准来解决个人内部的利益冲突,而是应该按照当事人的主观偏好次序来协助满足具有优先性的利益。不过,这并不是正当化紧急避险的基本思想,而是承诺或推测承诺的基本思想。最后,适当性条款作为额外的校正性规定应当具有何种功能,该论证无法对此给出合理解释。只有在个人间利益冲突的背景下,适当性要求才有意义。

默克尔认为可以通过类推来消除这一适用障碍,[①]但事实并非如此。问题不在于德国《刑法》第 34 条的表述在规范目的上错误地界定了该条款的适用范围,将其理解得过于狭窄,而在于出于上述理由,包含"明显优越利益"要求和适当性保留条款的正当化紧急避险规则,本质上无法适用于个人内部利益冲突。因此,从一开始就不存在类推的空间。默克尔最终只能重新将该规定解释为一般的、纯形式的权衡原则,并以此宣称,在出现个人内部利益冲突时,德国《刑法》第 34 条适合成为使干涉行为正当化的合法性根据。但是,如上所述,这种解释毫无说服力可言。

(三)缺乏偏好形成能力论证

此外,默克尔还认为,在当事人没有能力形成自己的意愿,也从未形成自己意愿的情况下,例如中断对严重受损新生儿的治疗,援引德国《刑法》第 34 条来解决这种个人内部利益冲突是不可避免的。以个人自我决定权为基础的承诺和推测承诺这种正当化事由无法在此适用,因为上述人群根本就没有可用于确定优越利益的主观偏好。所以,这里只能采用客观的利益标准。在此背景下提及推测承诺只会掩盖一个事实,即具有优先地位利益的确定与当事人的

[①] Merkel FS Schroeder, 310.

任何主观偏好都没有关系;相反,利益优先性是第三人从外部确定的。①

该论证同样不可取。新生儿(还)不能反映自己的利益,因此在自我决定的层面上无法形成任何偏好,即没有认识能力和判断能力。这个问题完全可以用传统的承诺教义学规则加以解决:当法益主体缺乏认识能力和判断能力时,决定权原则上要交给监护人(德国《民法典》第1626条、第1629条、第1773条、第1793条),他应代表法益主体②主张其主观利益。③ 倘若不能及时获得监护人的承诺,起决定作用的就是,一旦问及此事,他会不会在推测的意义上同意。④ 承诺和紧急避险这两个正当化事由只有在如下范围内才协调一致:在代表法益主体进行利益权衡时,监护人必须根据主体间的衡量标准

---

① Merkel, Früheuthanasie, 2001, 324ff., 529ff.

② 这一假设的基础是新生儿也拥有自己的主观利益。当然,支持适用德国《刑法》第34条的学者也必须作出这样的假设。这是因为,在进行利益权衡的背景下,自然要以事实上可支配相应利益的主体为前提。就此而言,承诺或推测承诺与正当化紧急避险并无差别。新生儿拥有主观利益,这是监护人代为承诺的基础,谁要否认这一点,就必须前后一致地否认新生儿拥有可在德国《刑法》第34条框架内权衡的利益。

③ Amelung/Eymann JuS 2001, 940; LK/Rönnau Vor §32 Rn.179ff.; Roxin AT/I, §13 Rn.92ff.; Schönke/Schröder/Lenckner Vorbem § §32ff. Rn.41. 倘若这种代表权受到限制,特别是在干涉个人专属利益的情况下,防止监护人不为法益主体追求利益,而为其他人追求利益。例如德国《民法典》第1631c条禁止承诺给儿童做绝育,因为这种承诺实际上根本不符合未成年人的利益。

④ Baumann/Weber/Mitsch AT, §17 Rn.120; LK/Rönnau Vor §32 Rn.220; Schönke/Schröder/Lenckner Vorbem § §32ff. Rn.54; 其他观点参见 NK/Neumann §34 Rn.15, Roxin AT/I, §13 Rn.92,诺伊曼和罗克辛希望在本案中适用德国《刑法》第34条,但如果监护人拒绝承诺或者没有及时获得家事法院的判决,例如为了拯救生命,必须进行紧急手术。Kindhäuser LPK-StGB, Vor §13 Rn.176; MK/Erb §34 Rn.34; NK/Neumann §34 Rn.15; Roxin AT/I, §13 Rn.92; Schönke/Schröder/Lenckner/Perron §34 Rn.8 不过,在此也可以根据推测承诺规则来解决利益冲突,方式是推测家事法院会作出的判决。Müller, in: Roxin/Schroth (Hrsg.), Medizinstrafrecht, 2. Aufl. 2001, 43.

作出决定。① 但是,此处使用客观评价标准完成的解决方案,却与德国《刑法》第34条的情况迥然有异。主体间的衡量标准具有排挤偏好的功能:倘若被保护的利益明显优越于被牺牲的利益,被牺牲利益的主体就有义务忍受干涉行为,而不能用他不同的个人偏好来反驳。相反,在监护人代为承诺的情况下,主体间的衡量标准只具有偏好代表功能:只要法益主体因缺少认识能力和判断能力,而无法形成并表达特殊的个人偏好,就可以假定他会像理性第三人一样来衡量自己相互冲突的利益。如果在默克尔所举的案例中适用正当化紧急避险,而不是承诺或推测承诺,那么这个重要的功能区分就在合法性的视野下被掩盖了。

(四)当然论证

最后,默克尔还以当然论证作为基础。如果为了拯救处于危险中的利益,允许干涉无辜第三人的法权领域,那么这种干涉权限就更可以适用于处在危险中的人的利益,并最终使之受益。② 不过,该论证也不可取。如上所述,被避险人牺牲自己利益的义务乃是作为平等互保规则的一部分而被正当化的,因为每个人都有一种利益,即允许在紧急情形中,通过牺牲在个案中没有表示同意的他人来防御某些危险,作为回报,避险受益人必须给予他人相同的干涉权限,用于拯救他们的利益。但是,这种以利益为基础的相互关系只存在于个人间的利益冲突,并不存在于个人内部的利益冲突。

---

① Knauf, Mutmaßliche Einwilligung und Stellvertretung bei ärztlichen Eingriffen an Einwilligungsunfähigen, 2005, 108ff.
② Merkel, Früheuthanasie, 2001, 154; LK/Zieschang §34 Rn.59.

对于理性的法益主体而言，没有理由给予他人实施家长主义强制关照的权限。

四、结论

对此，仍然无法令人信服地证明德国《刑法》第 34 条对个人内部利益冲突的适用可能性。① 现在的主流观点是想用正当化紧急避险来解决本章所涉难题：

在为了拯救生命而采取危及生命救援措施的情形中，有理由根据承诺或推测承诺来使干涉行为正当化。这与德国《刑法》第 216 条的评价并不矛盾，因为承诺和推测承诺都具有维持生命的倾向，不仅没有违背第 216 条的保护目的，还恰好促进了这一目的。②

强行阻止自杀只能通过推测承诺取得正当性。倘若自杀的意愿以自愿负责的决定为基础，那么推测承诺就只能在非理智自杀未遂的情况中适用。在理智自杀的情形中，比如罹患绝症的病人经过深思熟虑决定结束自己的生命，就不允许使用强制行为。反对意见认为，法益主体没有对自己生命的处分自由。该观点并不成立，法秩序只有在如下范围内才能禁止个人的自我处分自由：不能授权他人杀死自己，但却完全可以亲手结束自己的生命；③ 自杀行为不具

---

① Baumann/Weber/Mitsch AT, §17 Rn.54; Dölling/Duttge/Rössner/Duttge §34 Rn.9; Kindhäuser LPK-StGB, §34 Rn.39; Knauf, Mutmaßliche Einwilligung und Stellvertretung bei ärztlichen Eingriffen an Einwilligungsunfähigen, 2005, 83ff.; Mitsch, Rechtfertigung und Opferverhalten, 2004, 413ff.; Renzikowski, Notwehr und Notstand, 1994, 64f.
② MüKo/Erb §34 Rn.31; NK/Neumann §34 Rn.35.
③ NK/Neumann §34 Rn.35.

有违法性；①不存在继续活下去的义务。

在间接死亡协助和直接积极死亡协助的情形中，德国《刑法》第216条毕竟为承诺和推测承诺拓开了一定的适用领域，一切都取决于对该条的目的论还原，能否在方法上得到正确的证立。② 如果不能，就只有呼吁立法者最终为死亡协助问题找到一个法律上令人满意的答案。鉴于立法者至今不愿在这方面有所作为，一些学者感觉这个方案并不令人满意。就此而言，他们认为诉诸正当化的紧急避险是一种更小的"恶"。不过应当记住：德国《刑法》第34条并不是用于纠正不适当刑法规定的"魔法公式"。

---

① BGHSt 46, 279 (285); 反对意见参见 Duttge NStZ 2001, 547; Sternberg-Lieben JZ 2002, 154f.

② MüKo/Erb §34 Rn.32.

第十一章
根据德国《刑法》第33条
免除假想防卫和假想防卫过当的责任*

一、引言

德国《刑法》第33条规定:"行为人出于慌乱、恐惧或惊吓而逾越紧急防卫之界限者,不受处罚。"在主流观点看来,且不论条文表述的多义性("不受处罚"),该条毕竟是一种责任免除事由。[①] 据此,如果有人在实施行为时出于慌乱、恐惧或惊吓逾越了紧急防卫的界限,就可以免除责任。如果行为人在实际存在的防卫情形中实施了超过必要限度的防卫行为,因为他当时情绪软弱(懦弱情感引起的情绪波动),无法再让他的防卫行为适合侵害行为(质的防卫过当),那么这种情况就无疑可以免除责任。例如,防卫人没有首先用枪威胁,这本是没有任何风险的,而是出于恐慌,立即向侵害人

---

* Die Entschuldigung nach § 33 StGB bei Putativnotwehr und Putativnotwehrexzess. *Juristische Schulung* 2012, 408-412.

① BGH, NJW 1995, 973; Rengier, AT, 3. Aufl. (2011), § 27 Rn.1; Wessels/Beulke, AT, 41. Aufl. (2011), Rn.446.

开枪。

根据主流观点,无论是行为人因慌乱、恐惧或惊吓而没有意识到防卫行为超过了必要限度(无意识的质的防卫过当),还是虽然认识到这一点,但由于存在上述情绪,无法再按照这一认识行事(有意识的质的防卫过当),都无关紧要。①

难点在于假想防卫和假想防卫过当这两种情形。其中,行为人对现时违法侵害是否存在或如何进行产生了认识错误。换言之,从行为人的主观视角看,存在他希望防御的现时威胁,而从客观角度看,根本不存在威胁或至少不存在"这种"方式的威胁。人们将这种情况称为假想防卫。如果行为人想象的侵害果真存在,那么他的行为就会作为必要的防卫而具有正当性。而所谓假想防卫过当,是指即便行为人想象的防卫情形实际存在,也必须否定其行为的正当性,因为在此防卫前提下,行为本身却超过了防御侵害的必要限度。现在的问题是,可否在这类案件中根据德国《刑法》第33条免除责任?例如,在假想防卫时,行为人的错误想象是由慌乱、恐惧或惊吓引发的,或者在假想防卫过当的情形下,行为人基于软弱情绪实施的行为,要多于他为了防御该假想侵害而本应实施的行为。德国联邦最高法院第三刑事审判庭目前作出了相关判决,②有必要细致研究这一问题。

---

① 德国《刑法》第33条也适用于有意识的防卫过当。BGHSt 39, 133 (139)=NJW 1993, 1869 (1870), m.Anm.Müller-Christmann, JuS 1994, 649; BGH, NStZ 2011, 630=JuS 2012, 465 (Hecker)-in diesem Heft; Rengier, AT, 3. Aufl. (2011), §27 Rn.26; Roxin, AT I, 4. Aufl. (2006), §22 Rn.82f.; Lenckner/Perron, in: Schönke/Schröder, StGB, 28. Aufl. (2010), §33 Rn.6.

② BGH, NStZ 2011, 630=JuS 2012, 465 (Hecker)-in diesem Heft.

二、根据德国《刑法》第 33 条免除假想防卫的责任

假想防卫涉及容许构成要件错误。这意味着,在主流观点看来,按照德国《刑法》第 16 条第 1 款第 1 句的规定,不能以故意犯处罚行为人,因为他想象了这样一种事实情形:如果该情形果真存在,他的行为就会被正当化。① 在此,无论德国《刑法》第 16 条第 1 款第 1 句是直接适用、类推适用还是只转用法律后果,都不会影响结论。② 不过,倒是有可能具有过失犯的刑事可罚性,按照德国《刑法》第 16 条第 1 款第 2 句处罚。

案例 1a:一名足球迷反复遭到对方球队支持者的辱骂。此时,他感觉对方手中拿着一把刀想杀死自己。在误以为有生命危险的情况下,拔出随身携带的刀刺中对方下腹部,造成对方重伤。当然,这个认识错误本可避免。

案例 2a:妻子深夜被勾引出门应酬,其间突然回家,丈夫误以为家中来了危险的入室抢劫者,遂将妻子打倒在地。不过,这个认识

---

① BGHSt 49, 34 (44) = NJW 2004, 1054 (1056) = JuS 2004, 350 (Martin), m.Anm. Sternberg-Lieben, JuS 2004, 954; Kühl, AT, 6. Aufl. (2008), §13 Rn.71f.; Wessels/Beulke, AT, 41. Aufl. (2011), Rn.470f. 相反,被称为严格责任论的其他观点希望适用德国《刑法》第 17 条,即如果行为人可以避免认识错误,就会按照故意犯处罚。Paeffgen, in: NK-StGB, 3.Aufl. (2010), Vorb. §32ff. Rn.108ff.; Puppe, AT, 2.Aufl. (2011), §13 Rn.20ff.

德国《刑法》第 16 条第 1 款:"行为人于行为时,不认识属于法定构成要件之事实,其行为无故意。过失行为之可罚性不受影响。"德国《刑法》第 17 条:"行为人于行为时欠缺不法意识,如错误无法避免,其行为无罪责。如行为人之错误可以避免,得依第 49 条第 1 款减轻处罚。"——译注

② Rengier, AT, 3. Aufl. (2011), §30 Rn.15ff.; Wessels/Beulke, AT, 41. Aufl. (2011), Rn.472ff.

错误也本可避免。

根据容许构成要件错误,案例 1a 中的足球迷和案例 2a 中的丈夫都只成立德国《刑法》第 229 条过失伤害罪:"因过失而致他人受伤害者,处 3 年以下自由刑或者罚金。"

只要行为人没有显示出任何软弱情绪,那么假想防卫从一开始就不属于德国《刑法》第 33 条的适用范围。但若行为人对防卫情形的错误想象是由慌乱、恐惧或惊吓引发的,又该如何处理?能否在容许构成要件错误的规则之前或至少是在其之外适用德国《刑法》第 33 条?要分情况回答这个问题。关键在于,行为人是对现时违法侵害是否存在产生了认识错误,还是只对其方式产生了认识错误?侵害只是在他的思想世界中发生,还是也在现实中出现?即便比他想象的强度要弱。

(一)对现时违法侵害的方式产生认识错误

先来看这种情形,行为人出于慌乱、恐惧或惊吓,对侵害方式产生了认识错误。

案例 1b:足球迷之所以对侵害强度产生了认识错误,是因为遭到对方球队的支持者反复辱骂,这使他陷入了恐惧和慌乱。其他情形与案例 1a 同。

首先,不能按照故意犯处罚行为人,即不能对案例 1b 适用德国《刑法》第 223 条和第 224 条第 1 款第 2 项、第 5 项。① 根据主流观

---

① 德国《刑法》第 223 条:"(1)对他人之身体施以凌虐或伤害其健康者,处 5 年以下自由刑或罚金。(2)处罚未遂。"德国《刑法》第 224 条第 1 款第 2 项、第 5 项:"(1)犯伤害罪而有下列各项情形之一者……2. 使用武器或其他具有危险性之工具……5. 采用有危害生命可能性之行为,处 6 个月以上 10 年以下自由刑,情节轻微的,处 3 个月以上 10 年以下自由刑。"——译注

点,该结论同样产生于容许构成要件错误的规则。出于犯罪论体系的原因,在根据德国《刑法》第 33 条免除责任之前,总是应当先对行为作其他检验。① 基于非同寻常的冲突和动机,恐惧、慌乱等责任免除事由减少了不法和责任,以至于行为似乎不再具有值得处罚性,因而可以免除责任。② 不过,该结论的前提却是行为人完全实现了有责的不法。只有当行为具有违法性且不具备责任阻却事由时,才能考虑责任免除事由。③ 倘若遵循主流观点,那么容许构成要件错误的规则在先前阶段就已经排除了故意犯的刑事可罚性。④ 对德国《刑法》第 16 条第 1 款第 1 句在个案中适用的不同证立,将得出迥异的结论,包括排除故意(负面构成要件要素理论将构成要件阶层和违法性阶层结合在一起,形成一个整体不法构成要件)、排除故意不法(否定故意不法的限制责任理论)或者至少在责任阻却事由的意义上排除故意责任(法律后果转用或者否定故意责任的限制责任理论)。⑤

不过,还剩下过失犯的刑事可罚性,容许构成要件错误无法将其排除。不论异常心理状态如何,倘若行为人有避免认识错误的可

---

① BGH, NStZ 2011, 630=JuS 2012, 465 (Hecker)-in diesem Heft.

② Murmann, Grundkurs StrafR, 2011, §17 Rn.11; Wessels/Beulke, AT, 41. Aufl. (2011), Rn.432;对值得处罚性的批评,参见 Krey/Eser, AT, 4. Aufl. (2011), Rn.748.

③ 关于责任阻却事由和责任免除事由的区分,参见 Gropp, AT, 3. Aufl. (2005), §7 Rn.36; Lenckner/Sternberg-Lieben, in: Schönke/Schröder, StGB, 28. Aufl. (2010), Vorb. §32ff. Rn.108;批评意见参见 Roxin, AT I, 4. Aufl. (2006), §19 Rn.57.

④ 如果采纳严格责任理论,在具体案件中否定德国《刑法》第 17 条意义上的错误具有不可避免性,情况就有所不同,就可以根据德国《刑法》第 33 条来解决责任问题。与过失刑事可罚性相关的问题也可相应适用。

⑤ Rengier, AT, 3. Aufl. (2011), §30 Rn.15ff.; Wessels/Beulke, AT, 41. Aufl. (2011), Rn.472ff.

能,就在客观和主观上存在过失。接下来的问题是,能否根据德国《刑法》第 33 条免除过失行为的责任？德国联邦最高法院第三刑事审判庭在相应的事实情境中给出肯定的回答,①值得称许。无论是由于慌乱、恐惧或惊吓,行为人在最初认为恰当的防卫情形中不再能妥当确定合适的防卫手段,还是由于行为人不再能正确把握防卫情形的规模,从而实施了超过必要限度的防卫,评价上并无区别。因此,在案例 1b 中,可以根据德国《刑法》第 33 条免除足球迷过失伤害的责任。

(二)对现时违法侵害的存在产生认识错误

具有软弱情绪的行为人,不是对侵害的方式,而是对是否存在侵害产生了认识错误。

案例 2b:丈夫之所以将妻子误认为危险的入室抢劫者,是因为妻子回家时所造成的声响让他感到恐惧并受到了惊吓。其他情形与案例 2a 同。

在主流观点看来,容许构成要件错误的规则同样能在此排除行为人故意犯的刑事可罚性,没什么特别之处。问题在于,可否同样根据德国《刑法》第 33 条免除过失行为的责任？经过仔细观察,必须否定这一点。德国《刑法》第 33 条的表述本身就反对直接适用该条。在缺少防卫情形时,客观上根本不存在紧急防卫权,行为人不可能以任何方式超出不存在的紧急防卫权,根本谈不上"逾越"防卫限度。类推适用也要排除,因为违反德国《刑法》第 33 条的原理。防卫过当之所以能免除责任,不只是因为行为人处在异常的心理状

---

① BGH, NStZ 2011, 630=JuS 2012, 465 (Hecker)-in diesem Heft.

态下,更重要的是,且不论行为人的过度反应,他毕竟是在防御违法侵害,即保护受到违法威胁的法益免遭侵害。此外,冲突升级的主要责任在于"被害人",正是他作为侵害人所实施的违法侵害引起了异常情绪状态。① 当行为人出于慌乱、恐惧或惊吓而对侵害的存在产生错误想象的时候,同样存在必要的异常心理状态。可是,由于防卫情形只是他的想象,也就当然不存在其他可为免责奠定基础的情状。在此,不仅行为人没有保护法益免遭实际面临的侵害,而且被害人也没有引发行为人的情绪状态。这种情况与行为人对侵害方式产生认识错误不同,后者不论行为人对威胁的类型或程度有何不正确的看法,毕竟防卫情形是真实存在的。从这个意义上说,根据德国《刑法》第 229 条,案例 2b 中的丈夫具有刑事可罚性。

不过问题在于,如果行为人出于慌乱、恐惧或惊吓,认为客观上已经结束的现时违法侵害仍在继续,是否要对此作例外处理? 在此,行为人同样对侵害的存在产生了认识错误,因为该侵害目前只在他的思想世界中继续进行。该侵害刚刚实际发生过,但毕竟已成过往。

案例 1c:足球迷一击就成功让攻击他的对方球队的支持者丧失战斗力,但他由于慌乱,误以为对方还有侵害能力和意愿,为了让对

---

① 细部争议在于,德国《刑法》第 33 条是否仅以责任双重降低这一思想为基础,或者对于放弃责任非难而言,刑罚目的是否至少也起决定作用。前一种观点参见 Hauck, in: AnwKomm-StGB, 2010, § 33 Rn.1; Zieschang, in: LK-StGB, 12. Aufl. (2006), § 33 Rn.35ff.;后一种观点参见 Erb, in: MünchKomm-StGB, 2. Aufl. (2011), § 33 Rn.3 (有补充); Roxin, AT I, 4. Aufl. (2006), § 22 Rn.69 (只以此为准)。

所谓责任双重降低思想,系因不法与罪责程度的双重低微,以防卫过当为例,免除罪责事由与阻却违法事由便发生某种连带互动,以致完全宽恕其超过必要限度部分。——译注

方彻底失去战斗力,又给对方一击。

在主流观点看来,容许构成要件错误将排除故意犯的刑事可罚性。第一种观点认为,如果逾越时间限度也在德国《刑法》第 33 条的适用范围内,就可以根据该条免除过失行为的责任。所谓逾越时间限度,是指尽管防卫情形尚不存在或已结束,行为人却依然实施防卫(量的防卫过当)。一些学者原则上赞同这一观点,[①]而主流观点却表示反对。[②] 第二种观点即主流观点认为,没有现时违法侵害,就没有紧急防卫权,也就没有可以被逾越的防卫限度。此外,还缺少德国《刑法》第 33 条以之为前提的不法减少。以质的防卫过当为例,只有当行为果真是保护被攻击的法益免遭侵害时,才有不法减少。第三种观点区分了不同情形:侵害尚未开始的(事前的量的防卫过当),不能适用德国《刑法》第 33 条;在侵害刚刚结束后,紧接着实施行为的(事后的量的防卫过当),可以适用德国《刑法》第 33 条。[③] 对于第三种观点,有的学者认为,慌乱、恐惧或惊吓既能演变成过激的防卫,也能转变为延时的防卫。在语言表述方面,完全可以说逾越了时间上的防卫限度。与事前的量的防卫过当相比,在事后的量的防卫过当中,被害人要对引发行为人的情绪负责,因为他实际侵害了行为人,行为具有违法性。从这个意义上说,采取哪种观点可谓至关重要。如果遵循第一种或第三种观点,那么当行为

[①] Erb, in: MünchKomm-StGB, 2. Aufl. (2011), §33 Rn.14; Roxin, AT I, 4. Aufl. (2006), §22 Rn.88f.

[②] BGH, NStZ 1987, 20; NStZ 2002, 141; Duttge, in: HK-GS, 2. Aufl. (2011), §33 Rn.7f.; Fischer, StGB, 59. Aufl. (2012), §33 Rn.5; Krey/Esser, AT, 4. Aufl. (2011), Rn.765.

[③] Kindhäuser, AT, 5. Aufl. (2011), §25 Rn.13; Rengier, AT, 3. Aufl. (2011), §27 Rn.18f.

人出于慌乱、恐惧或惊吓,认为客观上已经结束的现时侵害仍在继续时,行为就可以根据德国《刑法》第33条免除责任。案例1c中的足球迷就不具有刑事可罚性。而在主流观点看来,就不能免除责任,应当根据德国《刑法》第229条处罚足球迷。

三、根据德国《刑法》第33条免除假想防卫过当的责任

与假想防卫不同,根据容许构成要件错误的规则,假想防卫过当故意犯的刑事可罚性并未取消,因为即使行为人误认的防卫情形果真存在,其行为也不具有正当性。

案例2c:丈夫在没有事先举枪威胁或鸣枪警示的情况下,立即向被误认的入室抢劫者(其实是他的妻子)开枪。

在此,丈夫成立德国《刑法》第212条故意杀人罪,而不只是成立德国《刑法》第222条过失致人死亡罪。

现在的问题是,倘若行为人出于情绪原因对防卫情形产生了认识错误,或者实施的行为超出了为防御该假想侵害而应当实施的行为,那么在多大程度上可以根据德国《刑法》第33条免除故意行为的责任。回答这一问题前,必须再次区分行为人是对现时违法侵害的方式产生了认识错误,还是对现时违法侵害的存在本身产生了认识错误。

(一)对现时违法侵害的方式产生认识错误

倘若行为人对实际发生的侵害行为的方式产生了认识错误,即主观想象的侵害程度要比现实的侵害程度更严重,于是出于慌乱、

恐惧或惊吓实施了力度更强的防卫,超过了为防御该假想侵害所必要的限度,那么德国联邦最高法院就会根据德国《刑法》第33条免除行为人的责任。① 如果行为人基于软弱情绪所实施的行为比为防御该假想侵害而应当实施的行为更多,不仅如此,软弱情绪还让他对侵害行为的强度产生了认识错误,那么这一观点就值得赞同。

案例1d:对方球队的支持者的反复辱骂使足球迷陷入恐惧,以致产生了错误的印象,以为对方现在想用拳头狠狠攻击他。他陷入恐慌,随即拔出随身携带的刀直接刺入对方心脏,这一刀具有致命效果。

在这种情况下,行为人的紧急防卫权真实存在,而评估当前形势和随后选择防卫手段时的软弱情绪,显然是逾越防卫限度的原因。因此,就可以根据德国《刑法》第33条免除案例1d中杀人的责任。

若出现下述情形又当如何?亦即虽然行为人出于慌乱、恐惧或惊吓所实施的行为,超过了防御该假想侵害的必要限度,但他对侵害行为强度的认识错误却不是由软弱情绪引起的。

案例1e:足球迷误以为对方球队的支持者现在想用拳头狠狠揍他,产生这一错误认识的原因不是对方的反复辱骂,而只是对当前形势的错误感知。其他情形与案例1d同。

本案例不能根据德国《刑法》第33条免除责任。在此,陷入慌乱、恐惧或惊吓的行为人,逾越的不是紧急防卫的限度,而是假想防卫的限度,即设若行为人的认识错误成真,他将拥有的防卫权的限

---

① BGH, NStZ 2011, 630=JuS 2012, 465 (Hecker)-in diesem Heft.

度。认识错误使他逾越了自己实际存在的防卫权,但这个认识错误却不是由情绪引起的。因此,行为人成立故意犯,须依德国《刑法》第212条故意杀人罪处罚案例1e中的足球迷。

情况也可能相反,行为人因软弱情绪而对侵害行为的强度产生认识错误,但却基于愤怒、恼怒或仇恨等强硬情绪(强烈情感引起的情绪波动),实施了超过防御侵害必要限度的行为。

案例1f:虽然对方的辱骂让足球迷感到恐惧,该状态又让他对侵害行为的方式产生了认识错误,但是他的想象,即对方球队的支持者现在想用拳头狠狠攻击他,却使他陷入愤怒。在愤怒的支配下,他拔刀直接刺入对方心脏,这一刀具有致命效果。

这里不能免除责任。虽说包含强硬情绪的一系列动机并不妨碍德国《刑法》第33条的适用,比如被侵害人可同时基于恐慌和愤怒实施行为,①但在目前情境中,让行为人对形势产生误判的软弱情绪,却在具体的行为选择中被强硬情绪彻底覆盖。因此,只有当软弱情绪能共同影响行为人的行为决定时,才可以适用德国《刑法》第33条。换言之,唯有当案例1f中的球迷不仅出于愤怒,还出于恐慌的恐惧而拔刀刺入对方心脏时,才能适用德国《刑法》第33条。

(二)对现时违法侵害的存在产生认识错误

行为人出于慌乱、恐惧或惊吓,对防卫的存在产生了认识错误。详言之,行为人设想了一个现实中根本不存在的防卫情形,并出于

---

① BGH, NJW 2001, 3200 (3202); Rengier, AT, 3. Aufl. (2011), §27 Rn.23; Wessels/Beulke, AT, 41. Aufl. (2011), Rn.446;有的学者要求软弱情绪占据优势,参见 Duttge, in: HK-GS, 2. Aufl. (2011), §33 Rn.13.

情绪原因,实施的防卫行为超过了防御该假想侵害的必要限度。

案例 2d:丈夫之所以立即开枪,是因为他误以为面前的人是入室抢劫者,这使他陷入恐慌。站在他的角度,妻子回家时造成的声响让他感到恐惧和惊吓,而这种情绪又使他产生了认识错误。其他情形与案例 2c 同。

对于这种假想防卫过当的情形,主流观点认为不能根据(类推)德国《刑法》第 33 条免除责任。[①] 该观点值得赞同,理由在假想防卫部分有所讨论。虽然存在软弱情绪,但由于缺少真实的防卫情形,因此就没有其他能为免除责任奠定基础的情状。在此,行为指向的并不是那个要为过当负责的、实施违法侵害行为的侵害人。因此,在案例 2d 中,丈夫成立德国《刑法》第 212 条故意杀人罪。

但在事后的量的防卫过当的情形中,可能有不同的处理。

案例 1g:足球迷一击就让攻击他的对方球队的支持者丧失战斗力,但由于慌乱,却误以为侵害人仍有侵害能力和意愿,陷入恐慌后拔出随身携带的刀直接刺入对方心脏,这一刀具有致命效果。

在该情境中,行为人先是在时间上产生了认识错误,随后实施的行为还超过了防御该假想侵害的必要限度。换言之,这种情形乃是事后的量的防卫过当和质的防卫过当的结合。如果采纳文献中的有力观点,除了后者之外,也可以对前者适用德国《刑法》第 33 条,从而全面支持免除行为的责任。这是因为,紧急防卫在此真实存在,而行为人却出于软弱的情绪,逾越了其时间限度和强度范围。

---

① BGH, NStZ 2003, 599 (600); Krey/Esser, AT, 4. Aufl. (2011), Rn.769; Rengier, AT, 3. Aufl. (2011), §28 Rn.29;如果被防卫人引起了防卫过当行为人的认识错误,则存在例外,参见 Erb, in: MünchKomm-StGB, 2. Aufl. (2011), §33 Rn.18.

相反，倘若遵循主流观点，拒绝将德国《刑法》第33条适用于事后的量的防卫过当，那么就不能免除责任。因此，应当按照德国《刑法》第212条故意杀人罪处罚案例1g中的足球迷。

四、结论

如果行为人对现时违法侵害的存在或其方式产生了认识错误，那么，首先必须检验是否具有容许构成要件错误。换言之，倘若他的想象真实存在，他的行为是否可以根据德国《刑法》第32条被正当化？如果是这种情况，就应根据德国《刑法》第16条第1款第1句排除故意犯的刑事可罚性。接下来要讨论过失犯的刑事可罚性。倘若防卫情形真实存在，行为人只是对侵害的方式产生了认识错误，并且是侵害行为引发了行为人的软弱情绪，而这种软弱情绪又致其产生认识错误，就可以根据德国《刑法》第33条免除过失行为的责任。反之，如果客观上完全不存在防卫情形，而是行为人对侵害的存在产生了认识错误，原则上就不能根据德国《刑法》第33条免除责任。文献中的有力观点，充其量会将下面这种情形视为例外，即行为人出于慌乱、恐惧或惊吓产生了认识错误，误以为（客观上已经结束，因而不再具有现时性的）侵害仍在继续。

倘若行为人没有陷入容许构成要件错误，即使他的想象果真存在，也不能根据德国《刑法》第32条正当化，并且据此要排除德国《刑法》第16条第1款第1句的适用，那么，就必须进一步检验能否根据德国《刑法》第33条免除故意行为的责任。在行为人对侵害的方式产生认识错误的情况下，一方面，如果现实中的侵害引发了行为人的软弱情绪,而这种情绪又使行为人产生了认识错误;另一方面,如果行为人基于这种情绪实施的防卫行为,其强度超过了防御该假想侵害的必要限度,那么,就应当肯定德国《刑法》第33条的适用。反之,虽然行为人出于慌乱、恐惧或惊吓实施的防卫行为,超过了防御该假想侵害的必要限度,但他对侵害强度的错误评估却不是由软弱情绪造成的,就不能适用德国《刑法》第33条。不能适用该条的还有这种情况:虽然行为人基于软弱情绪对侵害强度产生了认识错误,但是为了防御该假想侵害,却基于强硬情绪实施了更多的行为,超出了本应实施行为的范围。如果行为人对侵害的存在产生了认识错误,原则上就不能根据德国《刑法》第33条免除责任。根据文献中的有力观点,最多可以针对下面这种情况适用该条:行为人出于慌乱、恐惧或惊吓,误以为客观上已经结束的侵害仍在继续,出于软弱情绪实施的防卫行为,超出了防御该假想侵害的必要范围。

第十二章
电击陷阱案中的未遂起点*

由于房东在法庭上争得了驱逐令,被告人 A 及其家人不得不离开他们所居住的房屋。为了报仇,学过电工的 A 在搬走之前对房中的电气装置动了手脚。后果是,当电器再被连接到餐室或儿童房的插座上时,230 伏的电压可立即传导至设备的外壳。此外,他还关闭了许多保险装置。A 想实现的目的是,后来的住户按规定使用被动了手脚的插座时将受到电击。在对房屋的所有电气装置进行检查时,这些改动很快就被发现,并没有对后来的住户造成任何具体危险。州法院认定 A 成立杀人未遂。A 提起上诉,德国联邦最高法院推翻了这一判决,并将该案发回重审。

---

* Der Versuchsbeginn bei der Elektrofalle-BGH, NStZ 2001, 475. *Juristische Schulung* 2003, 330-336; Beschl. v. 8. 5. 2001-StR 137/01.

第十二章 电击陷阱案中的未遂起点

一、问题概述

继"投毒陷阱判决"①和"炸弹陷阱判决"②之后,"电击陷阱判决"让德国联邦最高法院在短期内第三次有机会表达其关于未遂起点问题的立场,即行为人通过操纵外部环境,使被害人实施非故意的自我损害行为。③ 出于各种原因,很难在这种设置"陷阱"的情境中确定直接着手的时点。首先,根据行为人的想象,结果的发生还需被害人的自我损害行为(他人的行为)。从这个意义上说,设置"陷阱"乃是一种间接正犯,被害人是针对他自己的行为媒介人。④ 间接正犯的未遂起点素来是刑法教义学中极有争议的问题。其次,应当注意的是,在行为人行为和通过被害人实现所计划的构成要件之间,可能存在着巨大的时空跨度。换言之,一方面,行为人已经通过设置"陷阱"完成了他的行为贡献,但另一方面,构成要件结果却在明显靠后的时点才发生。最后,在行为媒介人实施犯罪之前,行为人对其人类工具的影响是否存在时间上的间隔,这是设置"陷阱"行为与一般间接正犯区别的关键。⑤

---

① BGHSt 43, 177 m. Bspr. Kudlich, JuS 1998, 596.
② BGH, NStZ 1998, 249 m. Bspr. Herzberg, JuS 1999, 224.
③ 帝国法院之前已在"放火装置判决"中处理过这个问题。RGSt 66, 141.
④ 在"投毒陷阱判决"中,德国联邦最高法院只提及了与间接正犯近似的结构。BGHSt 43, 177 (180). 最高法院可能有所顾虑,因为行为人在此不像通常的间接正犯那样,在沟通上对行为媒介人产生影响,而只是操纵了外部情状。这也可以为所谓的认识错误支配提供根据。Wessels/Beulke, AT, 32. Aufl. (2002), §13 Rn.539a.
⑤ 出于这一原因,关于未遂起点的观点可否转用到间接正犯的情况,就存在疑问。Joecks, StGB, 3. Aufl. (2001), §25 Rn.55.

需要研究的是,德国联邦最高法院关于直接着手的判决是否可取。州法院其实是假定被告人具有杀死房屋后来住户的行为决意,但对本案被告人而言存在疑问,因为被告人之前做过脑部手术。州法院对这方面的讨论并不充分,因此德国联邦最高法院才推翻判决,将该案发回重审。

二、一般情况下的未遂起点

根据德国《刑法》第 22 条的规定,"行为人根据其对行为的想象,直接着手实现构成要件的",成立犯罪未遂。主流观点将这一法定规则理解为,立法者决定采用所谓主客观混合的方式来确定未遂起点。[1] 就"对行为的想象"而言,出发点是个人的行为计划和行为人对事实的主观看法。[2] 接下来,应当以行为人想象的画面为基础,根据客观标准来认定直接着手。换言之,假设行为人对事实的主观想象符合实际情况,就需要确认,从客观观察者视角看,行为人是否已经开始实施犯罪。[3] 首先,如果他的行为已经满足法定构成要件中的一个要素,通常就可以确认这一点。[4] 不过,这种对构成要件的部分实现并不是未遂刑事可罚性的必要条件。其次,根据主

---

[1] Eser, in: Schönke/Schröder, StGB, 26. Aufl. (2001), § 22 Rn. 25; Jescheck/Weigend, AT, 5. Aufl. (1996), § 49 IV 1; Kühl, AT, 4. Aufl. (2002), § 15 Rn.38; Roxin, JuS 1979, 1(3); Stratenwerth, AT, 4. Aufl. (2000), § 11 Rn.29ff.

[2] Hillenkamp, in: Festschr. f. Roxin, 2001, S. 689ff.

[3] Streng, in: Gedächtnisschr. f. Zipf, 1999, S. 325.

[4] Jescheck/Weigend, AT, 5. Aufl. (1996), § 49 IV 4; Stratenwerth, AT, 4. Aufl. (2000), § 11 Rn.38. 关于数行为犯、结果加重犯、情节犯的特殊性,参见 Gropp, AT, 2. Aufl. (2000), § 9 Rn.37aff.; Kühl, AT, 4. Aufl. (2002), § 15 Rn.48ff.

流观点,紧邻实际构成要件行为的前行为也要被考虑在内。为了精准确定,何时存在这种与实际实行行为紧邻的情况,学者们提出了各种详细的标准。对此,危险化理论以被保护的法益为导向,认为倘若以行为人的想象为基础,被保护的法益似乎已面临直接危险,就可以肯定未遂开始。① 其他方案则更加关注紧邻构成要件实现的情况。领域理论给出的判断标准是,行为人是否在空间上侵入了被害人的领域,行为是否在时间上与所计划的犯罪结果紧密相连。② 相反,中间行为理论认为,如果行为人根据其行为计划所实施的行为能够直接导致构成要件实际实现,而没有其他重要的中间行为,就可以肯定直接着手。③ 部分文献则将这些不同的标准结合在一起。④ 其中,德国联邦最高法院也在接二连三的判例中支持一种结合方案:倘若行为人在主观上跨过了"现在就做"这道门槛,在客观上着手实施符合构成要件的侵害行为,在没有中间行为的情况下导致构成要件实现,就成立未遂。⑤

三、间接正犯的未遂起点

德国《刑法》第212条的规定只适用于亲手实施行为的单独正

---

① Eser, in: Schönke/Schröder, §22 Rn.42; Gropp, AT, 2. Aufl. (2000), §9 Rn.36; Otto, AT, 2. Aufl. (2000), §18 Rn.27ff.
② Jakobs, AT, 2. Aufl. (1991), 25. Abschn. Rn.64ff.; Roxin, JuS 1979, 1(5).
③ Baumann/Weber/Mitsch, AT, 10. Aufl. (1995), §26 Rn.54; Jescheke/Weigend, AT, 5. Aufl. (1996), §49 IV 3; Kühl, in: Lackner/Kühl, StGB, 24. Aufl. (2001), §22 Rn.4.
④ Ebert, AT, 3. Aufl. (2001), 3. Teil 1. Abschn. AII 1b aa; Tröndle/Fischer, StGB, 51. Aufl. (2003), §22 Rn.10; Wessels/Beulke, AT, 32. Aufl. (2002), §14 Rn.601.
⑤ BGHSt 26, 201 (203); 28, 162 (163); 37, 294 (297f.); 40, 257 (268).

犯。考虑到间接正犯的特殊性在于通过行为媒介人实施犯罪,必须对该条规定作出规则性调整。① 对此,主要有三种观点:与行为要素相连的个别解决说、整体解决说,②以及危险化理论。个别解决说与整体解决说的主要区别在于对一个问题的回答:应当考虑是谁作出了行为贡献? 危险化理论则主要以被保护的法益为导向。

(一) 个别解决说

根据个别解决说,应当仅以间接正犯的行为作为标准,只有他的行为才能决定未遂的边界是否已被跨过。理由是,相比于共同正犯,间接正犯的特点在于,其犯罪行为不是行为媒介人和间接正犯共同实施的行为,而是原则上单独由幕后者操控的行为。③ 以此为基础,学者们又提出了如下观点,用以确定间接正犯的未遂起点:

严格的个别解决说认为,当幕后者开始影响其潜在的行为媒介人,或者这种影响至少即将结束,就可以在这一时点肯定直接着手。由于影响幕前者的是间接正犯符合构成要件的行为,因此对于未遂行为的确定而言,这种影响就必然起关键作用。④

相反,在修正的个别解决说看来,只有当间接正犯放手让事件

---

① Krack, ZStW 1998, 611.

② Gropp, AT, 2. Aufl. (2000), §10 Rn.64; Stratenwerth, AT, 4. Aufl. (2000), §12 Rn.102. 对术语使用的批评,参见 Rath, JuS 1999, 140 (143).

③ Baumann/Weber/Mitsch, AT, 10. Aufl. (1995), §29 Rn.155; Haft, AT, 8. Aufl. (1998), 9. Teil §6 Abschn.3; Herzberg, in: Festschr. f. Roxin, 2001, S. 749 (751f.); Jakobs, AT, 2. Aufl. (1991), 21. Abschn. Rn.105; Rudolphi, in: SKStGB, §22 Rn.20a; Saliger, JuS 1995, 1004 (1008f.); Tröndle/Fischer, §22 Rn.25; Wessels/Beulke, AT, 32. Aufl. (2002), §14 Rn.614.

④ Baumann/Weber/Mitsch, AT, 10. Aufl. (1995), §29 Rn.155; Puppe, JuS 1989, 361 (364); Schilling, Der Verbrechensversuch des Mittäters und des mittelbaren Täters, 1975, S. 100f., 112ff.

按照他的想象发生,使行为媒介人完成犯罪,未遂才开始。① 罗克辛曾用既了未遂起点的特殊见解加以证立。据此,即使行为人根据其想象,作了所有为实现结果所必要的事,也不一定成立可罚的未遂。换言之,如若尚不存在对被害人直接的危险,行为人还掌控着事件进程,结构上就和行为人尚未完成所有必要的行为一样,就不存在与被害人领域的时空关系。在行为人行为尚未结束的情形中,领域理论的标准被用来区分不可罚的预备行为和可罚的未遂行为。基于结构的相似性,如果行为人从他的视角出发做了所有必要之事,就应适用领域理论的标准。只有出现下列情况时才成立未遂,即要么根据行为人的想象已经存在直接的危险,要么行为人放手让事件脱离支配范围。② 由于间接正犯的情形中幕后者实施行为的时点通常还不存在直接危险,行为人放手让事件脱离支配范围标准就对此处的未遂起点具有关键作用。

两个观点还能进一步区分:早先的有力观点区分了行为媒介人的善意和恶意。在行为媒介人是善意的情况下,一旦间接正犯对事件放手,未遂便已开始。相反,当幕前者是恶意的时候,只有他的行为已经实行,才成立直接着手。③ 但一种可在目前文献中找到的立场认为,只有出现下面这种情况,才能认为对事件进程放手是未遂

---

① Papageorgiou-Gonatas, Wo liegt die Grenze zwischen Vorbereitungshandlung und Versuch?, 1988, S. 326f.; Roxin, JuS 1979, 1 (11); Rudolphi, in SKStGB, §22 Rn.20a; Jakobs, AT, 2. Aufl. (1991), 25. Abschn. Rn.75; Merkel, ZStW 1995, 545 (550[Fußn. 9]).

② Roxin, in: Festschr. f. Maurach, 1972, S. 213ff.; ders., JuS 1979, 1 (9ff.); Jakobs, AT, 2. Aufl. (1991), 25. Abschn. Rn.71ff.; Papageorgiou-Gonatas, Wo liegt die Grenze zwischen Vorbereitungshandlung und Versuch?, 1988, S. 265ff.

③ Welzel, Das Dt. StrafR, 11. Aufl. (1969), §24III 5; RGSt 66, 141 (142).

的起点,即如果没有其他重要的中间步骤和长时间的中断,就可以根据行为人的想象完成犯罪。人们将这一立场称为根据"危险"进行区分的个别解决说。与之不同,如若行为媒介人仍须采取预备措施,或者距他实施行为还有相当长的时间,那么只有当幕前者直接着手时,未遂阶段才会开始。① 理由是,由于缺少危险要素,以较早的时点为准就会违反德国《刑法》第22条所规定的直接性要求。②

(二) 整体解决说

整体解决说认为,间接正犯的行为贡献和行为媒介人的行为是一体的。为了确定未遂的起点,就不能只以幕后者为准,人类工具的行为也是关键所在。根据德国《刑法》第25第1款中的第2种情形(通过他人实行者,依正犯处罚),行为媒介人的行为会归责于间接正犯,成为间接正犯自己的构成要件行为。③ 可以详细区分出以下几种立场:

---

① Haft, AT, 8. Aufl. (1998), 9. Teil § 6 Abschn.3; Wessels/Beulke, AT, 32. Aufl. (2002), § 14 Rn.613ff.; Jescheke/Weigend, AT, 5. Aufl. (1996), § 62 IV 1.

② Wessels/Beulke, AT, 32. Aufl. (2002), § 14 Rn.616;在结论上,赫茨伯格也支持类似的解决方案,即除了未遂行为外,还要求直接危险的发生作为未遂结果。此外,姆尔曼和施特伦希望以下面这种情形为根据来确定符合构成要件的行为,即在对事件放手或危险紧邻被害人的时点,幕前者没有避免间接正犯所制造的危险。可见,他们宣扬的是一种不作为的解决方案。Herzberg, in: Festschr. f. Roxin, 2001, S. 762ff.; Murmann, Versuchsunrecht und Rücktritt, 1999, S. 16ff.; Streng, in: Gedächtnisschr. f. Zipf, 1999, S. 340ff.

③ Gössel, JR 1976, 249 (250); Kadel, GA 1983, 299 (307f.); Köhler, AT, 1997, Kap. 9 II 7.1; Krack, ZStW 1968, 625; Krüger, Der Versuchsbeginn bei mittelbarer Täterschaft, 1994, S. 88ff.; Kühl, AT, 4. Aufl. (2002), § 20 Rn.91; Küper, JZ 1983, 361 (369); Küper, GA 1986, 437 (447); Maurach/Gössel/Zipf, AT 2, 7. Aufl. (1989), § 48 Rn.112; Rath, JuS 1999, 140 (143); Stratenwerth, AT, 4. Aufl. (2000), § 12 Rn.105; Vogler, in: LK, 10. Aufl. (1985), § 22 Rn.101; Zaczyk, in: NKStGB, § 22 Rn.30.

第十二章 电击陷阱案中的未遂起点

根据整体解决方案,当行为媒介人直接着手实现构成要件时,以未遂处罚间接正犯是没有问题的。不过问题在于,幕后者是否有可能在更早的时点跨过未遂的界限?严格的整体解决说否认这一点。间接正犯是通过其人类工具实施犯罪,未遂不可能在这一时点之前开始。① 相反,宽泛的整体解决说的支持者则认为,倘若行为媒介人对构成要件的实现与间接正犯的行为无缝衔接,没有其他重要的中间行为,或者已经侵入被害人的领域,就可以肯定间接正犯的行为成立未遂。虽然实际的构成要件行为只有通过幕前者才能完成,但是就像单独正犯一样,处在直接准备阶段的行为,同样是为刑事可罚性奠定基础的参照点。根据一般的未遂教义学,人们为这种准备阶段的行为设定了一些条件,倘若间接正犯的行为满足这些条件,不论他的工具实施了何种行为,他都是直接着手实现构成要件。②

现在,如果行为媒介人的行为是必要的——要么是因为人们遵从严格的整体解决说,要么是因为幕后者的行为在具体情形中还无法为未遂的开始提供根据——就会出现另一个问题,即行为媒介人必须真的直接着手,还是只要按照间接正犯的想象去做就足够了。奥托认为后者即为已足。③ 反对意见认为,这种完全的主观化会牺牲未遂的客观要素,因而无法与德国《刑法》第 22 条的法定规则协

---

① Kadel, GA 1983, 307; Kühl, AT, 4. Aufl. (2002), §20 Rn.91; Vogler, in: LK, §22 Rn.102f.

② Krack, ZStW 1998, 634; Krüger, Der Versuchsbeginn bei mittelbarer Täterschaft, 1994, S. 86ff.; Küper, JZ 1983, 369; Zaczyk, in: NKStGB, §22 Rn.30.

③ Otto, JA 1980, 641 (646).

调一致。① 所以,大多数整体解决说的支持者都要求幕前者真的实施行为。

(三)危险化理论

与个别解决说和整体解决说不同,危险化理论不是优先根据间接正犯及其行为媒介人的行为贡献,而是通过对被保护法益的危险这一标准来确定直接着手。倘若根据间接正犯的行为想象,被保护法益遭受到直接危险,就应当认定未遂开始。② 对此,有必要分别评价每个具体案件。如果幕后者以其影响操控了行为,以至于他的人类工具只需要实施相应行为即可,那么随着对事件进程的放手,幕后者就跨过了必要的危险门槛。相反,如果行为媒介人还必须实施其他预备行为,那么在他实施构成要件行为之前,还不成立未遂。③ 从结论上说,教义学上的理由虽不尽相同,但危险化理论却与根据"危险"进行区分的个别解决说以及宽泛的整体解决说相当吻合。

(四)德国联邦最高法院的判例

德国联邦最高法院的判例并未明确表示法院在此支持上述哪一种观点。该院首先在"谈判主管人判决"中指出,个别行为在其整体中是否包含了对被保护法益的直接侵害,这一点非常重要。因此,如果还应添加其他情状,或者要在很长时间之后才能实现构成要件结果,那么行为媒介人的影响就只是预备行为。相

---

① Kadel, GA 1983, 308; Krack, ZStW 1998, 637; Vogler, in: LK, §22 Rn.104.
② Eser, in: Schönke/Schröder, §22 Rn.54a; Otto, AT, 6. Aufl.(2000), §18 Rn.127.
③ Eser, in: Schönke/Schröder, §22 Rn.54a.

反,若法益已面临直接危险,就是实行行为的开始。① 从这个意义上说,德国联邦最高法院支持的似乎是宽泛的整体解决说或危险化理论。

然而,德国联邦最高法院在"盐酸案"中却认为,如果出现下面这种情况,就可以认定间接正犯直接着手,即已经完成对行为媒介人的影响并根据其想象放任事态发展。按照这一想象,行为媒介人随后会立即实施行为,因为被保护的法益此时已经面临危险。② 文献大多将其解释为向个别解决说的转变,③不过德国联邦最高法院的评论也同样符合危险化理论。④ 在"肯普滕案"中,德国联邦最高法院重申了它在"谈判主管人判决"中的论述。⑤ 在备受争议的"投毒陷阱判决"中,问题的关键也在于间接正犯的未遂起点,德国联邦最高法院的上述观点同样适用于对此的一般性评论。⑥ 但在"炸弹陷阱判决"中,德国联邦最高法院原则上似乎只想将间接正犯的行为作为标准。它并没有解释清楚,此处是从间接正犯的角度出发,还是从直接正犯的角度出发。⑦

---

① BGHSt 4, 270 (273).
② BGHSt 30, 363 (365).
③ Roxin, in: LK, 11. Aufl. (1993), §25 Rn.152; Rudolphi, in: SKStGB, §22 Rn. 20a; Tröndle/Fischer, §22 Rn.24.
④ Eser, in: Schönke/Schröder, §22 Rn.54a.
⑤ BGHSt 40, 268.
⑥ BGHSt 43, 177 (179f.).
⑦ BGH, NStZ 1998, 294 (295).

四、设置"陷阱"情形的未遂起点

在概述了间接正犯未遂起点问题的原则性解决建议之后,可以讨论本章开篇提出的案例,并讨论下面这种特殊情形,即促使被害人实施非故意的自我损害行为。

(一)德国联邦最高法院的解决建议

在本案中,德国联邦最高法院认定 A 构成直接着手。从 A 的视角看,他已经做了所有必要的事情。虽然对于犯罪结果的发生而言,还需要被害人的无意识参与,但却不会改变如下事实,即人们肯定会作出评价,认为维修工或后来的租客在可预见的时间段内极有可能使用被人动了手脚的插座。人们也许无法确定,这些动了的手脚是否以及何时会产生作用,但有人在不久的将来会使用插座,却是显而易见的。

德国联邦最高法院曾经在"投毒陷阱判决"中发展出了一系列标准,用以确定设置"陷阱"情形中的未遂起点。通过上述论证,德国联邦最高法院希望将这些标准适用到本案中。据此,虽然布置"陷阱"就意味着行为人直接着手实施犯罪,但是从德国《刑法》第22条看,只有当被害人进入行为媒介预备好的作用范围时,侵害才具有直接性。是不是这样的情况,端赖行为计划。如果行为人认为被害人会出现并按照计划行事,那么随着行为人犯罪行为的结束,就已经存在直接的危险。相反,如果行为人认为被害人只是有可能出现,但还不太确定甚或觉得可能性很小,那么只有当被害人真的出现并准备实施被期望的自我损害行为时,才会发生根据行为计划的对法益的直接危险。①

不过,虽未得到证实,但德国联邦最高法院似乎在此修正了标准,裁判理由中不再根据"投毒陷阱判决"中行为人关键的主观危险评估来断案,而是仅以被害人实施自我损害行为的客观盖然性为准。据此,如果从客观观察者视角看,可以肯定被害人会出现并实施自我损害行为,那么设置"陷阱"行为的结束就意味着未遂的开始。倘若从客观观察者视角看,被害人出现并实施自我损害行为,只是有可能发生,但还不太确定或完全没有可能,那么就需要被害人真的出现并实施自我损害行为,才能认定未遂开始。至于行为人对此怎么看,并不重要。德国联邦最高法院是真的打算适用这种客观化标准,以区别于"投毒陷阱判决",还是仅仅由于其论述的简短显得如此,无法从裁判理由中明确看出。

(二)对德国联邦最高法院解决建议的批评

根据前文评述的关于间接正犯未遂起点的几种观点,可以推导出德国联邦最高法院在本案中的结论。② 当然,应该关注的不是结论本身,而是得出结论的理由。这里有几点反对意见。

德国联邦最高法院曾援引"投毒陷阱判决",并根据其中的标准来确定直接着手,③反对这么做的第一个理由是,这样会使未遂

---

① BGHSt 43, 177 (181f.).
② 不过看上去特别有疑问的是,根据整体解决说,可否认为行为人在这个时点已经侵入被害人的领域? Zaczyk, in: NKStGB, §22 Rn.30.
③ 有的学者同意该判决的结论和理由。Dornis, Jura 2001, 664 (667); Kudlich, JuS 1998, 596 (600f.); Otto, NStZ 1998, 243.

的成立时点取决于故意的形式。如果行为人基于直接故意实施行为,就会随着设置"陷阱"的结束成立直接着手。相反,在间接故意或作为最强故意形式的"意图"的情况下,如果行为人在此只是认为结果有可能发生,就只有当被害人实施相应行为时,未遂才会开始。不过这种区分并无制定法根据。只要制定法没有特殊规则,所有的故意形式都应一视同仁。①

然而,假如德国联邦最高法院在本案的判决中已经对用于确定未遂起点的标准作了客观化处理(未证实),这种批评就会不攻自破。申言之,在此情形下,行为人是坚信被害人实施自我损害行为,还是只觉得他有可能这么做,已不再起决定作用,同时也就不会按照故意的类型作不同处理。关键仅在于,这是以行为人对事实的想象为根据,从客观观察者视角出发得出的看法。

另一个反对德国联邦最高法院解决方案,以及反对在这方面与之相一致的危险化理论的理由是,在查明对法益的直接危险时,无论是以行为人的评估为准,还是以客观观察者视角为据,都不会对未遂成立的认定起任何作用。德国联邦最高法院想把直接性要素和着手要素分割开。依照这一观点,随着设置"陷阱"的结束,作为构成要件行为的着手就完成了,而只有当该行为对具体法益造成危险时,才具有直接性。② 但是,这种分离却难以与德国《刑法》第22条的法定规则协调一致。正如"直接着手"这个语义表述所展现的

---

① Böse, JA 1999, 342 (346); Roxin, JZ 1998, 211 (212); 批评意见参见 Herzberg, JuS 1999, 224 (225f.)。

② 德国联邦最高法院只通过幕后者的行为来确定着手,然后再通过独立于着手的直接性要求来加以补充,与格塞尔相反,德国联邦最高法院在此支持的不是整体解决说,而是危险化理论的方案。Gössel, JR 1998, 293.

那样,直接性这一要求并不是指所追求的结果马上发生,而是指构成要件行为。① 它有助于澄清,除了部分实现构成要件之外,只有这样的行为才能为未遂奠定基础,即该行为足够接近实际的实行行为。② 相反,不应在某些案件中,在实行行为结束之后推迟未遂的起点。出于这一原因,不能为了以独立的危险发生为标准,而将直接性要素从行为方面分割出去。③

(三)本章的解决方案

根据以上论述,设置"陷阱"情形中未遂开始的关键时点仅在于,要么是行为人自己实施行为,要么是作为其行为媒介人的被害人实施行为。因此需要澄清的是,个别解决说和整体解决说哪个具有优先性?思考的出发点必须是法定规则的措辞。对此,应当将德国《刑法》第22条关于未遂的规定和德国《刑法》第25条第1款第2种情形关于间接正犯的规定结合起来看。详言之,"行为人根据其对行为的想象,通过他人直接着手实现构成要件的",成立犯罪未遂。

整体解决说的支持者现在将"通过他人"这一要素与直接着手这一构成要件行为关联起来,在"行为人通过其他人的行为直接着手"的意义上理解法定规则。据此,行为媒介人的行为就会作为间接正犯自己的行为而归责于他,间接正犯也由此跨过了未遂的边

---

① Böse, JA 1999, 344; Streng, in: Gedächtnisschr. f. Zipf, 1999, S. 332ff.
② Baumann/Weber/Mitsch, AT, 10. Aufl. (1995), §26 Rn.45; Jescheck/Weigend, AT, 5. Aufl. (1996), §49 IV 3; Roxin, JuS 1979, 1(4).
③ 这一般适用于隔时犯,即所有这样的情况,其中(也可以没有行为媒介人的参与)在行为人的行为和所计划的构成要件实现之间存在巨大的时空间隔。Zaczyk, in: NKStGB, §22 Rn.29.

界。间接正犯的特征为此给出理由：幕后人的关键行为会开启因果链条，与机械性工具所起的作用不同，不应将人类工具的行为视为该因果链条中单纯的一环。相反，行为媒介人的行为乃是受意志操控的独立行为，正是出于这一原因，行为媒介人的行为才对未遂起点的确定具有关键作用。①

人类行为之所以不是因果链条中单纯的一环，是因为人们假设行动者的行为并没有摆脱控制，而是由个人的自我决定生发。② 换言之，对于因果法则引起的结果而言，这些行为乃是对其进行规制的关键起点。这是因为，人们假定引起这种结果的行为是以行为人实施犯罪的自由决定为基础的。不过，为了能将决定视为自由的，就必须满足某些条件。其中尤其重要的就是排除第三人的欺骗和强制。③ 但是，对于间接正犯而言，至少在人类工具是善意的情形中，幕前者恰好不符合这些前提。④ 在设置"陷阱"的情形中，作为行为媒介人的被害人在针对自己实施行为的时点，并不知道他的行为会造成什么实际后果。因此，只是在间接正犯的行为中，而不

---

① Küper, JZ 1983, 368; Maurach/Gössel/Zipf, AT 2, 7. Aufl. (1989), §48 Rn.112ff.
② Hruschka, ZStW 1998, 581. 赫鲁什卡的观点承袭自康德。Kant, Grundlegung zur Metaphysik der Sitten, 2. Aufl. (1786), BA 97. 康德认为，如果说一个行为是自由的，就等于说该行为是独立于之前要素的。但这样理解自由未免要求过高，这种理解一方面存在很多问题，另一方面对于证立个人负责性而言也不必要。Mackie, Ethik (1983), 257; Tugendhat, Philosophische Aufsätze, 1992, S. 334ff.; 休谟基本上已作阐述，参见 Hume, Eine Untersuchung über den menschlchen Verstand, 1758, VIII.
③ Hruschka, ZStW 1998, 600.
④ "正犯后正犯"的情形则完全不同。在此，尽管在划分等级的权力机构中幕前者要对自己的行为完全负责，但是下达命令的人具有"组织支配力"，因而是间接正犯。BGHSt 40, 218 (236f.); 45, 270 (296); Roxin, Täterschaft und Tatherrschaft, 7. Aufl. (2000), S. 244ff., S. 677ff.; Stratenwerth, AT, 4. Aufl. (2000), §12 Rn.65ff. 批评意见参见 Jakobs, AT, 2. Aufl. (1991), 21. Abschn. Rn.103; Köhler, AT, 1997, Kap. 9 II 2.4.2.2.

是在行为媒介人的行为中,才会表现出实施犯罪的自由决定。只有间接正犯行为,才是为刑事可罚性谴责奠定基础的符合构成要件的行为。①

出于这一原因,遵从个别解决说似乎就是正确的。应当这样来解读法定规则的措辞,即"通过他人"这一要素并不涉及直接着手,相反,它只是标识出间接正犯追求构成要件实现的方式方法。详言之,在间接正犯中,"行为人根据其对(自己的)行为的想象,通过他人直接着手实现构成要件的",成立犯罪未遂。

现在的问题是个别解决说的哪个版本更加可取。严格的个别解决说不值得采纳,因为当行为人虽已完成对其工具的影响或对外部情状的操控,但事件还掌握在他的手中,尚未造成危险时,未遂行为在结构上似乎并未完成。② 根据"危险"进行区分的个别解决说认为,判断的关键在于,在没有其他重要中间步骤和长时间中断的情况下,可否根据间接正犯的想象完成犯罪。就个别解决说的基本设想而言,该观点存在很大问题。若以间接正犯的行为来认定未遂起点,则他的行为媒介人之后还必须采取什么行为,或者应该过多久才实施犯罪,就不再发挥任何作用。这并未违反德国《刑法》第22条的直接性要求。正如上文在批评德国联邦最高法院的解决方案时所说的,这是因为,该标准指的是构成要件行为,只涉及幕后者的行为。③

---

① Herzberg, JuS 1985, 1(2ff.).
② Herzberg, JuS 1985, 1 (6); Jakobs, AT, 2. Aufl. (1991), 25. Abschn. Rn.72; Roxin, in: Festschr. f. Maurach, 1972, S. 215ff.
③ 因此,发生危险不是未遂不法的必要组成部分。Böse, JA 1999, 344.

从这个意义上说,至少对于本案中善意行动的行为媒介人而言,修正的个别解决说看上去妥当些。据此,关键在于,根据行为人的想象,设置"陷阱"行为是否造成了直接的危险或者行为人是否已经放任事件的发生。反对意见认为,行为人放手的标准无法与间接正犯要持续存在这一假设协调一致。这是因为,所有正犯皆以行为支配为前提,行为支配意味着将符合构成要件的事件进程掌握在自己手中,并且为故意所涵盖。① 假如幕后者现在放任事件发生,就必须前后一贯地认为,行为支配在放任事件发生的那一刻转移到了行为媒介人的手上。但是,随着行为支配的丧失,幕后者同时也失去了他作为间接正犯的地位。这表明在间接正犯的情形下,谈论将事件从支配范围内"释放"出去或许并无意义。正是因为间接正犯有行为支配,所以他才不会让事件脱离掌控。②

不过,这一批评却建立在概念混淆之上。在间接正犯的情形下,所谓将符合构成要件的事件进程掌握在自己手中,是指幕后者基于优越认知或优越意志操控行为。③ 相反,在通过行为媒介人实现构成要件之前,直接的行为支配却是没必要的。但是,在修正的个别解决说看来,将事件进程掌握在自己手中的判断标准只涉及对直接行为支配的放弃。从这个意义上说,间接正犯将事件从支配范围内"释放"出去的做法,当然可以与作为操控支配的持续存在的

---

① 原则上对行为支配的确定,参见 Gropp, AT, 2. Aufl. (2000), §10 Rn.34; Kühl, AT, 4. Aufl. (2002), §20 Rn.26; Wessels/Beulke, AT, 32. Aufl. (2002), §13 Rn.512.

② Gössel, JR 1998, 296; Kadel, GA 1983, 307; Maurach/Gössel/Zipf, AT 2, 7. Aufl. (1989), §48 Rn.114.

③ Gropp, AT, 2. Aufl. (2000), §10 Rn.46ff.; Roxin, in: LK, 11. Aufl. (1993), §25 Rn.61ff.; Wessels/Beulke, AT, 32. Aufl. (2002), §13 Rn.535ff.

行为支配协调一致。①

如果在此遵从修正的个别解决说,②德国联邦最高法院的判决在结论上就是正确的。当 A 搬出迄今为止居住的房子时,就放任了事件进程的发展。从这一刻起,犯罪结果是否发生就不再受他的直接影响。因此,他已经成立杀害他人的直接着手。

五、结论

德国联邦最高法院关于直接着手的判决在结论上是妥当的,但理由并不可取。根据被害人实施自我损害行为的盖然性来确定设置"陷阱"情形中的未遂起点,无法与德国《刑法》第 22 条的规则协调一致。当设置"陷阱"行为造成具体危险或者设置"陷阱"的人放任事件发生时,就成立直接着手。

---

① Krüger, Der Versuchsbeginn bei mittelbarer Täterschaft, 1994, S. 62f.; Küper, JZ 1989, 935 (983f.).

② 不过,在一些非同寻常的设置"陷阱"情形中,修正的个别解决说也存在问题。Herzberg, JuS 1985, 1 (8f.).

第十三章
成功防止犯罪既遂[*]

被告人A在其位于一楼的公寓房间内打开了两个煤气阀试图自杀,却没有考虑到释放的气体会爆炸,可能导致其他房屋住户死亡。当他想到这一点时,先是放任这种可能性。不久之后,又改变了自己的意思,并联系了消防人员和警察,要求他们救助面临危险的住户。不过,他并未放弃自杀的念头,没有按要求关闭煤气。消防人员在几分钟后赶到,疏散了其他房屋的住户,将当时已经失去意识的A抬出公寓并关掉了煤气,不过当时无法确定可燃混合气体是否已经足以引起爆炸。州法院认定A成立普通杀人未遂和使爆裂物爆炸未遂的想象竞合。A提起上诉,德国联邦最高法院推翻判决,宣告无罪。

---

[*] Die hinreichende Verhinderung der Tatvollendung-BGH NJW 2003, 1058. *Juristische Schulung* 2003, 641-645; Beschl. v. 20. 12. 2002-2 StR 25I/02, NJW 2003, 1058.

第十三章 成功防止犯罪既遂

一、问题概述

学者们一直在争论,应当对德国《刑法》第24条第1款("自愿放弃犯行继续实行或防止行为既遂,其未遂不罚。如行为人自愿且诚挚防止犯罪既遂,既遂之不发生虽非由于中止者之加工,行为人不罚。")第1句中第2种情况规定的中止行为提出哪些要求?换言之,哪些行为能成功防止犯罪既遂?争议之处在于,从客观角度看,行为人的行为是构成要件结果未发生的原因就足以认定中止,还是必须同时满足其他条件。迄今为止,关于该问题的判例似乎并不统一。① 对于此处要讨论的第二刑事审判庭的判决而言,该庭之前已向其他审判庭征询过意见,因此德国联邦最高法院现在希望通过这一判决明确自己的观点。下文要研究的是,德国联邦最高法院的解决建议是否具有说服力。此外,本案中还有一些关于不作为犯的特殊问题,比如不作为犯在哪个时点成立直接着手等。

二、不作为杀人未遂的行为决意

对于A打开煤气阀门的行为而言,德国联邦最高法院妥当地认为A不具有谋杀其他房屋住户未遂的刑事可罚性,因为在打开煤气阀门的时点,他没有必要的行为决意。不过,根据德国《刑法》第212条、第13条、第22条、第23条第1款、第12条第1款,A却

---

① Boß, Der halbherzige Rücktritt, 2002, S. 46ff.

具有不作为杀人未遂的刑事可罚性。有一种保证人地位源于不作为行为人违反义务的前行为,即先行行为。① 当 A 意识到自己之前的行为可能引起致命爆炸时,就对所有能为这种保证人地位奠定基础的情状产生了认识。此外,虽然存在这种认知,但他并未采取任何应对措施,并且放任其他房屋住户所面临的死亡结果。从这个意义上说,A 对不实施被要求的避免结果行为和故意杀人罪的犯罪结果存在行为决意。

相反,德国联邦最高法院认为 A 不具有谋杀罪的行为决意则是正确的。虽然符合"危害公共安全的手段"这一谋杀罪的要素,但主流观点要求行为人积极使用这种手段。申言之,这一加重情节的根据在于行为人异常冷酷无情,准备通过对他人制造无法估量的危险来实现自己的目标。若行为人只是利用已存在的可能危害公共安全的境况,即使这种境况是他自己(没有杀人故意情况下)之前引起的,也不符合这一加重情节。② 因此,通过不作为来实施"使用危害公共安全手段"型的谋杀是不可能的。

三、不作为犯的直接着手

A 的不作为杀人必须已经直接着手。德国联邦最高法院没有对此表达看法,而是默认了这一点。这令人惊讶,仔细观察可以发

---

① BGHSt 38, 356 (358) = NJW 1992, 3309 = NStZ 1993, 32; 否认先行行为保证人地位,参见 Seebode, in: Festschr. f. Spendel, 1992, S. 317 (342ff.)。

② BGHSt 34, 13 (14) = NJW 1984, 1503; Jähnke, in: LK, 11. Aufl. (2002), §211 Rn.58.

现,直接着手在这里决不像看上去那样毫无问题。关于不作为犯的未遂起点,原则上可以区分三种观点:一种观点认为,倘若不作为行为人在产生作为义务之后错过第一次救援机会,就成立直接着手。① 第二种观点认为,只有当不作为行为人没有利用最后一次救援机会,②或者从行为人的角度看,避免结果发生的最后机会迫在眉睫时,③才能肯定直接着手。据此,关键的时点可能在于,A 马上就要失去意识,从而无法再进行干预的那一刻。但是,A 在这个时点并没有任何行为决意。他不再放任其他房屋住户的死亡结果,而是希望警察和消防人员及时前来救援。使用最开始具有的行为决意,乃是以不被允许的事前故意作为标准。④ 从这个意义上说,本案中缺少成立不作为杀人未遂的构成要件前提。第三种观点即主流观点认为,如果救援行为的进一步延误给被保护的法益造成了(基于行为人想象的)具体危险,或者已经存在的危险进一步增高,就是不作为未遂的开始。⑤ 该观点的支持者论证道,在既不存在危险,行为人也没有放任事件发生的情况下,以第一次救援机会这一时点为一般标准的观点会在结构上将未遂的起点前移到预备阶段。反对以最后救援机会这一时点为标准的理由是,保证人义务不只是回避结果本身,还包括防止迫在眉睫的危险。当 A 认识到

---

① Herzberg, MDR 1973, 89 (91ff.).
② Seelmann, in: NK, 1995, §13 Rn.84; Welzel, Das Dt. StrafR, 11. Aufl. (1969), §28 IV.
③ Küper, ZStW 2000, 1(43).
④ Roxin, AT I, 3. Aufl. (1997), §12 Rn.80.
⑤ 观点细节上有差异,参见 Kühl, in: Lackner/Kühl, StGB, 24. Aufl. (2001), §22 Rn.17; Eser, in: Schönke/Schröder, StGB, 26. Aufl. (2001), §22 Rn.50; Tröndle/Fischer, StGB, 51. Aufl. (2003), §22 Rn.32f.; Zaczyk, in: NK, 2001, §22 Rn.64.

对其他房屋住户的风险时,煤气已经释放出来。由于 A 没有关闭煤气阀门,导致煤气进一步释放,从而升高了不久之后发生致命性爆炸的危险。根据主流观点的危险化标准,当 A 意识到对其他房屋住户的风险,却没有立即关闭煤气阀门时,就成立直接着手。该情形的发生也是违法且有责的。

四、防止犯罪既遂型的中止

不过,A 可能撤回了不作为杀人的企图,并免除处罚,因为他通知了消防人员和警察,要求他们救援其他房屋住户。此处尚未解决的问题是,应当在多大程度上区分不作为犯中的未了未遂和既了未遂。① 无论如何,对于不作为未遂中的中止行为而言,都需要以避免结果为导向的活动。德国《刑法》第 24 条第 1 款第 1 句第 2 种情形和第 24 条第 1 款第 2 句对不作为犯中单独正犯中止提出的要求是,行为人要么防止结果发生,要么在即便没有他的加工,结果也不会实现的情况下,认真努力防止结果发生。②

本案要考虑的是德国《刑法》第 24 条第 1 款第 1 句第 2 种情形所规定的积极防止犯罪既遂型的中止,因为联系消防人员和警察无疑是即时疏散所有房屋住户的原因。不过,同样不存在争议的是,A 的做法并不是最优选择,因为摆在第一位的最保险、最有效的行为就是关闭煤气。尽管符合要求,但 A 却拒绝这样做。当下的争

---

① Küper, ZStW 2000, 1.
② 关于中止的不同类型和考试中的答题结构,参见 Gropp, AT, 2. Aufl. (2001), §9 Rn.50ff.

议在于,如果非最优选择的行为能为构成要件结果的不发生作出贡献,那么实施这样的行为是否就足以成立中止?

(一)结果导向说

根据结果导向说,如果行为人的行为至少在客观上是防止犯罪既遂的共同原因,那么只要他在主观上具有防止故意,原则上就成立德国《刑法》第24条第1款第1句第2种情形规定的中止。① 该观点的传统版本认为,只要行为人的贡献和构成要件结果不发生之间存在因果关系就足以成立中止。② 目前得到支持的是其修正版本,即除了因果关系之外,还要求犯罪既遂的不发生能客观归责于行为人。③ 据此,他的行为必须为遭受危险的法益制造一个至关重要的救援机会,并在结果的不发生中实现。

不过,应当在什么条件下肯定这种客观上的归责可能性,尤其对于个案中和他人共同起作用的情形而言,并没有统一的评价。当行为人像间接正犯或者共同正犯一样支配防止结果的事件时,至少有充分的理由肯定客观归责。④ 此外,行为人像教唆犯一样促使第三人实施救援行为的,也足以实现客观归责。⑤ 倘若行为人没有以

---

① 关于防止故意,参见 Kühl, AT, 4. Aufl. (2002), §16 Rn.65f.; Zaczyk, in: NK, 2001, §24 Rn.62.

② Maurach/Gössel/Zipf, AT 2, 7. Aufl. (1989), §41 Rn.88; Vogler, in: LK, 10. Aufl. (1985), §24 Rn.112a.

③ Bloy, JuS 1987, 528 (533); Eser, in: Schönke/Schröder, , StGB, 26. Aufl. (2001), §24 Rn.66; Rudolphi, NJW 1989, 508 (511); Wessels/Beulke, AT, 32. Aufl. (2002), §14 Rn.644.

④ Bloy, JuS 1987, 528 (534); Kühl, AT, 4. Aufl. (2002), §16 Rn.75; Rudolphi, NJW 1989, 508 (513).

⑤ Bloy, JuS 1987, 528 (534f.); Jäger, Der Rücktritt vom Versuch als zurechenbare Gefährdungsumkehr, 1996, S. 94ff. 耶格尔要求一种正犯性的结果防止行为,但是只有在对救援行为的存在与方式具有关键影响的情况下,才能肯定客观归责。

沟通的方式影响第三人,而只是安排了一种场景,让其他人感觉到采取干预措施的必要压力,就可以在部分情况下肯定客观归责。① 例如,将杀人未遂的被害人放置在医院附近。而如果行为人只是像帮助犯一样协助自发行动的救援者,就要否定归责可能性。②

主要有三个理由支持结果导向说。首先,以德国《刑法》第24条第1款第1句第2种情形的措辞为理由,其表述"行为人……防止犯罪既遂"仅要求行为是防止结果的(可归责的)原因。③ 其次,该观点的支持者在体系上论证道,向中止情形中防止结果之归责提出的要求,不得比实施犯罪情形中对结果归责的要求更严格。④ 最后,从保护被害人的角度看,即便采取的防止结果行为是次好的选择,也要给予行为人浪子回头的机会,允其免除处罚,似乎更为可取。⑤ 此外,行为人还充分证明了他回归合法的意愿,以至于无论是从特殊预防还是一般预防的角度看,都不需要处罚。⑥

(二)最优选择说

最优选择说认为,至少从行为人的角度看,只有当他在防止结果发生之外,还实施了最佳的行为来避免犯罪既遂的时候,才能根据德国《刑法》第24条第1款第1句第2种情形肯定中止。如果他

---

① Bloy, JuS 1987, 528 (535); Kühl, AT, 4. Aufl. (2002), §16 Rn.76; 批评意见,参见 Jäger, Der Rücktritt vom Versuch als zurechenbare Gefährdungsumkehr, 1996, S. 97.

② Bloy, JuS 1987, 528 (535); 关于不可替代的救援贡献,参见 Roxin, in: Festschri. f. Hirsch, 1999, S. 327 (324).

③ Boß, Der halbherzige Rücktritt, 2002, S. 100ff.; Rudolphi, NJW 1989, 508 (512); Tröndle/Fischer, StGB, 51. Aufl. (2003), §24 Rn.35.

④ Jäger, Der Rücktritt vom Versuch als zurechenbare Gefährdungsumkehr, 1996, S. 94.

⑤ Puppe, NStZ 1984, 488 (490).

⑥ Rudolphi, NJW 1989, 508 (512).

第十三章　成功防止犯罪既遂

在多种可供使用的行为方案中选择了不是最保险、最有效的行为方案,就不是充分的防止结果发生的活动。①

首先,没有采取最优救援措施的行为人明知存在剩余风险,因此只成立不充分的部分中止,对于剩余风险而言,则成立未遂。② 其次,如果不这样的话,就会同评价不能犯未遂的中止产生矛盾。其根据是德国《刑法》第 24 条第 1 款第 2 句的规定,因为在不能犯未遂的情况下,即使没有中止者的协助,犯罪从一开始也不可能既遂。德国《刑法》第 24 条第 1 款第 2 句要求行为人要"认真努力"防止既遂。根据一般观点,他必须穷尽自己知道的、所有可以把握的救援机会。③ 但是,倘若人们现在认为,不太保险的行为也足以成立根据德国《刑法》第 24 条第 1 款第 1 句第 2 种情形的中止,那么与不能犯未遂中止的要求相比,对能犯未遂中止提出的要求反而更低。这毫无道理可言。④ 再次,最优选择说的支持者反驳道,不作为犯的责任会打乱结果导向说。申言之,未遂犯具有基于先行行为的保证人地位,而该地位却要求他使用尽可能有效的行为来防御危险。非最佳选择的救援活动无法满足这一义务,以至于无论如何都成立不作为的未遂,行为人不能从中退出。最后,结果导向说还存在其他评价上的矛盾,即行为人在未遂之前采取的非最优选择,但在结果上有效的应对措施无法阻止未遂的刑事可罚性;相反,这种应对措施在未遂之后却能起到排除刑事可罚性的效果。⑤

---

① 观点细节有所不同,参见 Jakobs, ZStW 1992, 82 (88); Herzberg, NJW 1989, 862.
② Jakobs, ZStW 1992, 82 (90ff.).
③ Tröndle/Fischer, StGB, 51. Aufl. (2003), §24 Rn.36.
④ Herzberg, NJW 1989, 862 (863ff.).
⑤ Jakobs, AT, 2. Aufl. (1991), 26. Abschn. Rn.21.

(三)区分说

文献中新近的有力观点希望区分处理。倘若行为人仅凭自己的行为防止了犯罪既遂,那么就像结果导向说一样,其行为具有可归责的因果关系就足以成立中止。反之,如果行为人请其他人参与进来,并借他人之手防止了犯罪既遂,那么在区分说看来,就要像最优选择说一样要求行为人把握住最佳的救援机会。

支撑区分说的论证是,若亲手防止结果发生,则只有行为人才能被视为防止犯罪既遂的人。在此范围内,其救援行为的质量并不重要。相反,若借他人之手防止结果发生,就不得将每一种因果贡献都视为防止结果发生的行为。申言之,此处防止犯罪既遂的,主要是被害人本人或者第三人。在这种情况下,有权要求实施最佳的救援行为,从而将行为人的行为也视作防止既遂的行为。[①]

(四)必要说

必要说对"行为是防止结果发生(可归责的)原因"的要求,少于对"采取最优救援行为"的要求。据此,虽然行为人不必穷尽所有防止结果发生的可能性,但从他的视角看,却要选择可靠的或充分的救援行为。[②] 在此,采取这样的活动是远远不够的,即根据行为人的评估,该活动只是看上去不会使犯罪既遂实现。因此,在第三人实施救援行为的情况下,行为人以某种方式推动他这样做是不

[①] Roxin, in: Festschri. f. Hirsch, 1999, S. 335ff.

[②] Boß, Der halbherzige Rücktritt, 2002, S. 156ff.; Otto, GK StrafR, 6. Aufl. (2000), § 19 Rn.48f.; Zaczyk, in: NK, 2001, § 24 Rn.61.

够的。相反,行为人至少要在沟通上确定第三人采取必要的措施。① 只有这种可靠的防止结果发生的行为,才适合为德国《刑法》第 24 条规定的责任免除奠定基础。②

(五)德国联邦最高法院的观点

在本章开篇所提到的案件中,第二刑事审判庭的判决似乎支持结果导向说。该庭认为,它的判决与德国联邦最高法院之前相应的裁判③和文献中的观点一致。如果可以证明旨在避免结果的行为是有效的,并且是防止犯罪既遂的原因,那么行为人是否本来有更快捷或更保险的手段可供使用,就无关紧要了。德国《刑法》第 24 条第 1 款第 2 句规定的"认真努力"这一要求不适用于这种情况。倘若行为人选择了一种有效的救援措施,他认为该措施适合防止犯罪既遂的发生,就足以认定中止。出于这一原因,第二刑事审判庭在本案中认定 A 成立中止。

不过,德国联邦最高法院也存在朝另一个方向解释的判决。第一刑事审判庭在所谓的"医院案"中认为,如果存在更好的防止结果发生的可能性,行为人就不应满足于他所认识到的可能不充分的措施。他必须穷尽这些可能性,不能给偶然提供任何空间。④ 本案的情形是,行为人之前基于杀人的意图重伤了他的妻子,随后将她放置在距离医院侧门 95 米的地方。不久之后,一名路人在灌木丛

---

① Otto, GK StrafR, 6. Aufl. (2000), §19 Rn.48; Boß, Der halbherzige Rücktritt, 2002, S. 188f. 博斯认为,如果行为人安排了这样一种场景,可以预见其他人会防止结果发生,那么这样做可能就足以成立中止。
② Zaczyk, in: NK, 2001, §24 Rn.61.
③ 文献参见 Tröndle/Fischer, StGB, 51. Aufl. (2003), §24 Rn.32.
④ BGHSt 31, 46 (49)=NJW 1982, 2263.

中发现了已经失去意识的妻子,并救助了她。尽管放置在医院门前的行为是妻子活下来的原因,但是第一刑事审判庭基于上述理由,认为这一做法对于中止而言并不充分。

大多数文献解释道,该判决是朝着最优选择说的方向迈进。① 不过,第二刑事审判庭在作出本案判决之前曾向第一刑事审判庭征询过意见,后者在答复时曾表示,之所以产生这种看法,是因为对其判决作了不妥当的解释。第一刑事审判庭只要求行为人穷尽他所选择的、在他看来合适的机会去防止结果发生。但情况并非如此,因为根据行为人采取的方式,还需要第三人实施进一步的救援行为妻子才能获救,而该行为并不是由行为人促成的。因此,行为人并未作出充分的努力去防止结果的发生。②

从这个角度看,第一刑事审判庭的判决和第二刑事审判庭的判决并不矛盾,因为本章开篇案例中的 A 直接促成了专业救援人员的介入,对他而言,这似乎是合适的方法。但是,也很难在结果导向说的意义上解释第一刑事审判庭的新近论述。虽然根据这一观点,如果在借他人之手防止结果发生的情形下,没有通过精准的请求或要求在沟通上影响第三人,就可以否定中止。但是,对于结果导向说而言,不太保险的救援措施原则上也足以成立中止,而第一刑事审判庭恰恰不想满足于此。从结果上说,第一刑事审判庭更可能支持必要说。

可惜第二刑事审判庭的判决在这方面缺少必要的精确性。最

---

① Bloy, JuS 1987, 528 (529); Puppe, NStZ 1984, 488; Roxin, in: Festschri. f. Hirsch, 1999, S. 330f.

② BGH, NJW 2002, 3720.

终仍然不确定的是,第二刑事审判庭究竟是想通过结果导向说,认为行为只要是防止结果发生的(可归责的)原因,原则上就足以认定中止,还是通过必要说,要求从行为人的角度看,救援行为至少是可靠的,才能认定中止。该判决并没有对此作出最终澄清。

(六)本章的方案:区分近似正犯的防止犯罪既遂和等同于教唆的防止犯罪既遂

倘若行为人亲手防止犯罪结果发生,德国《刑法》第24条第1款第1句第2种情形的措辞体现的就是结果导向说,即使行为人在此有意采取不保险的措施,也只有他的行为才能成功防止犯罪既遂。例如,杀人未遂的行为人亲自照料被害人所受到的伤害,而不是寻求医生的帮助。显而易见,这对于被害人而言存在巨大风险。如果本来会死的被害人活了下来,那么从德国《刑法》第24条第1款第1句第2种情形的意义上说,这个用于避免结果发生的、不可靠的亲自照料同样是防止犯罪既遂的行为。不过,此处仅有因果关系是不行的,防止结果发生的客观归责可能性也是必要条件。

相反,借他人之手避免结果发生的情况则不同。其中,主要是被害人本人或第三人通过自己的行为直接避免犯罪既遂,从而在德国《刑法》第24条第1款第1句第2种情形的意义上防止结果发生。在此,完全没有必要将其他每一种可归责的因果贡献都视为防止结果发生的行为。更确切地说,如果除了借他人之手避免结果发生以外,还应将行为人的行为也视作"防止行为",那么就得要求他实施这样一种行为,该行为在评价上要显得与亲手避免结果发生同等重要。当行为人像共同正犯或间接正犯一样支配防止结果发生的事件时,就存在这种等价的行为。改编一下上述案例,倘若行为人同非专业的第三人一道照料被害人所受到的伤害，而没有寻求医生的帮助，那么即使救援措施本身可能不太保险，也存在这种等价性。

如果行为人将防止犯罪既遂的工作完全交给他人，情况就不同了。在此，倘若从行为人的视角看，他所采取的措施只是让其他人实施的有效救援行动看上去在想法中是可能的，那么这并不足以认定中止。支持这种区分的理由是，在亲手避免结果发生或者通过近似正犯的方式避免结果发生的情况下，行为人自己支配了此一事件。在不太保险的救援行为中，他还保留了进行纠正干预的可能性。反之，如果他放弃了对事件和影响可能性的掌控，那么作为补偿，他针对防止犯罪既遂所采取的措施虽然不是最优选择，但至少得是可靠的。① 例如，倘若行为人像"医院案"一样，将重伤的被害人简单地放置在医院侧门附近，他的这一行为就不足以成立中止。如果行为人在刺伤他的妻子后离开犯罪现场，并要求他的母亲"安排所有必要的救援"②，就同样不足以成立中止。更确切地说，至少应当要求行为人将关于目前危险情形的性质和程度等具体信息告知特定个人或群体，并要求他们采取救援行动。他必须假定这一要求足以确保所期望的救援措施得到执行，并且有成功的希望。

因此，应当从结果上区分不同情况。在所有以近似正犯的方式（独自或者和他人共同起作用）避免结果发生的情况下，只要行为是防止结果发生的可归责的原因，就足以认定中止。相反，在等同于教唆的借他人之手避免结果发生的情形中，从行为人的视角

---

① 如果区分说在此要求把握住最佳的救援机会，就走得太远了。Roxin, in: Festschri. f. Hirsch, 1999, S. 336.

② BGH, MDR 1972, bei Dallinger, 751.

看,他至少要让救援措施可靠,才能成立中止。这同样适用于不作为犯。保证人起初无动于衷,但后来决定采取有效或可靠的措施,去防止他在法律上有义务避免的结果,即使行为人没有选择对他来说最佳的救援活动,也成立中止。①

如果以该标准为依据,那么 A 已经从不作为的杀人未遂中退出,应当免除处罚。他已经打电话联系消防人员和警察,提供了关于危险情形的具体信息,并要求他们把其他房屋住户带到安全地带。从 A 的视角看,为了防止犯罪既遂,他采取了可靠的措施。

五、结论

第二刑事审判庭根据德国《刑法》第 24 条第 1 款第 1 句第 2 种情形认定 A 成立杀人未遂的中止,从结论上说,这是妥当的。尽管之前曾向其他刑事审判庭征询过意见,但是德国联邦最高法院想为防止既遂设定的最低条件并不完全清晰。根据本章所支持的观点,在所有以近似于正犯的方式避免结果发生的情况下,只要行为是防止结果发生的可归责的原因,就足以成立中止。在等同于教唆的借他人之手避免结果发生的情形中,还应当要求从行为人的视角看,他采取的是可靠的措施,才能成立中止。

---

① Jakobs, AT, 2. Aufl. (1991), 29. Abschn. Rn.119. 只有以雅科布斯的纯粹认知的故意概念为基础,才存在他所宣称的评价矛盾。关于雅科布斯的故意概念,参见 ders., 8. Abschn. Rn.5ff.

第十四章
不作为犯通过保持无所作为成立中止未遂＊

一、问题的提出

在特定前提下,行为人可通过单纯的无所作为成立不作为犯的中止未遂,从而免除处罚。倘若行为人认为自己尚未完成所有为实现构成要件所必要的行为,但却能通过进一步的行为引起构成要件结果,那么,不去实施进一步行为,就是德国《刑法》第 24 条第 1 款第 1 句第 1 种情形规定的"放弃犯行继续实行"。相反,在不作为犯的未遂领域中,根据迄今为止达成共识的观点,不可能通过保持无所作为的方式成立中止未遂。申言之,只有当行为人积极作为,要么补上应当完成而没有完成的行为,要么实施其他防止结果发生的行为时,才能考虑成立中止未遂。① 举

＊ Der Rücktritt vom versuchten Unterlassungsdelikt durch bloßes Untätigbleiben. *Juristenzeitung* 2012, 130-133.

① Ambos, in: Handkommentar zum gesamten Strafrecht, 2. Aufl. 2011, §24 Rn.18; Exner Jura 2010, 276 (281); Frister, Strafrecht AT, 5. Aufl. 2011, 24/23; Krey/Esser, Deutsches Strafrecht AT, 4. Aufl. 2011, Rn.1319; Kudlich/Schuhr, in: Satzger/Schmitt/Widmaier, StGB, 2009, §24 Rn.40; Küper ZStW 112 (2000), 1 (3f.); Rengier, Strafrecht AT, 3. Aufl. 2011, §49 Rn.60; Herzberg/Hoffmann.Holland, in: MünchKommStGB, 2. Aufl. 2011, §24 Rn.83.

例言之,狠心的母亲不喂养她的孩子,已经成立故意杀人的直接着手,这位母亲只有实施以下行为才能成立杀人的中止未遂:恢复对孩子的喂养,或者一旦孩子目前生命垂危,从她的角度看,恢复喂养不再有成功挽救孩子生命的可能,就必须寻求医生的帮助。

争议之处仅在于,积极作为(假定的)必要性是否会导致这样的后果,即作为犯未遂中有关未了未遂和既了未遂的区分对于不作为的领域而言是多余的。主流观点认为,不作为犯的未遂从一开始就符合作为犯中的既了未遂,因此这种区分是多余的(统一说)。① 而相反意见则认为,考虑到努力避免结果发生失败所带来的责任,在不作为犯中也需要区分未了未遂和既了未遂(区分说)。②

下文的目标是批判性地修正基于这一争论的、普遍认同的假设,即不作为犯的中止未遂总是需要积极的作为。有个案例可以作为立论的出发点:6 岁的女儿 T 在与狠心的父亲 R 一起航海旅行时,不幸落水。R 无所作为,希望 T 溺水而亡。然而事与愿违,T 成功抓住一根缆绳,并借助这根缆绳爬上了船舱。R 当然知道他可以毫不费力地将 T 推回水中,从而杀死她。但 R 没有这样做,T 幸免于难。

根据迄今为止取得一致的代表性观点,法律状况似乎是清楚的:由于缺少积极作为,R 并未成立不作为杀人的中止未遂,而是应

---

① BGHSt 48, 147 (149); BGH NJW 2003, 1057; Fischer, StGB, 58. Aufl. 2011, §24 Rn.14a; Puppe, Strafrecht AT, 2. Aufl. 2011, §32 Rn.9; Roxin, Strafrecht AT/II, 2003, §29 Rn.268ff.; Zaczyk, in: Nomos Komm. Zum StGB (NK-StGB), 3. Aufl. 2010, §24 Rn.47.

② Gropp, Strafrecht AT, 3. Aufl. 2005, §9 Rn.72; B.Heinrich, Strafrecht AT/I, 2. Aufl. 2010, Rn.815ff.; Kühl, Strafrecht AT, 6. Aufl. 2008, §18 Rn.153ff.; Lilie/Albrecht, in: Leipziger Komm. StGB (LK-StGB), 12. Aufl. 2007, §24 Rn.467ff.; Wessels/Beulke, Strafrecht AT, 41. Aufl. 2011, Rn.743f.

当根据德国《刑法》第212条、第22条、第23条第1款、第12条第1款和第13条予以处罚。当然,如果脱离积极作为的必要性这一教义,只考察德国《刑法》第24条的法定中止未遂规则,就一定会提出这样的问题:R放弃将T推回水中的行为是不是自愿放弃犯行继续实行,也就是放弃杀死T?从这个意义上说,R的举动是否属于德国《刑法》第24条第1款第1句第1种情形所规定的中止未遂,从而免除处罚?一般而言,在通过不作为直接着手实现构成要件失败后,行为人能否凭借放弃可以继续实施的积极作为方式的犯行,从而成立不作为犯的中止未遂?

当然,倘若通过后续积极作为实现构成要件的情形涉及的不再是同一个犯行,换言之,行为人以不作为的方式实施了一个犯行,后来通过保持无所作为放弃的却完全不是该犯行的继续实行,而只是放弃实施新的犯行,那么人们就一定会否定中止未遂成立的可能性。以下三种情状可以用来支持这一观点,从而反驳这种"犯行同一"的假设:(1)相应事件包含多个动作;(2)行为手段的更换;(3)在犯罪类型上区分作为和不作为。

二、事件包含多个动作时的犯行同一

按照文献中支持的个别动作理论,将通过后续积极作为实现构成要件的情形评价为新的犯行,这一主张可谓前后一贯。[①] 在该理

[①] Eser, in: Schönke/Schröder, StGB, 28. Aufl. 2010, §24 Rn.20f.; Freund, Strafrecht AT, 2. Aufl. 2009, §9 Rn.28ff.; Frister, Strafrecht AT, 5. Aufl. 2011, 24/16; Jakobs, Strafrecht AT, 2. Aufl. 1991, 26/14ff.

论看来,在完成犯行之时,每一个行为人认为足以引起构成要件结果的行为,都单独成立未遂。只有从行为人视角看,为未遂奠定基础的行为在直接着手的时点还不足以实现构成要件,才能考虑根据德国《刑法》第 24 条第 1 款第 1 句第 1 种情形认定中止未遂。试举一例,虽然行为人已经用他的手枪瞄准了被害人,但还没有扣动扳机。如果行为人在直接着手的时点认为自己已经实施了所有必要的行为,就不存在任何还可放弃的"犯行继续实行"。在此,只有通过反向的积极作为防止犯罪既遂(德国《刑法》第 24 条第 1 款第 1 句第 2 种情形),或者至少是认真努力防止犯罪既遂(德国《刑法》第 24 条第 1 款第 2 句),才有可能成立中止未遂。如果在开展某种反向行动之前,行为人认识到自己的行为已经失败,就成立失败未遂,因而从一开始就不再有成立中止未遂的可能性。在眼下的事件进程中仍可通过实施进一步的行为引起构成要件结果,行为人是否相信这一点并不重要。按照个别动作理论,在行为人认识到他的无所作为与他当初所相信的不同,还不足以引起构成要件结果的那一刻,不作为杀人将成立失败未遂。即使行为人认为现在以积极作为的方式实施进一步的行为能够实现犯罪,也无法改变成立失败未遂的事实。

不过,个别动作理论遭到一种有力观点的反对。该观点认为,个别动作理论是在反常地拆解事件,极大地限制了成立中止未遂的可能性。[1] 职

---

[1] Ambos, in: Handkommentar zum gesamten Strafrecht, 2. Aufl. 2011, §24 Rn.7; Herzberg/Hoffmann-Holland, in: MünchKommStGB, 2. Aufl. 2011, §24 Rn.60; Murmann, Grundkurs Strafrecht, 2011, §28 Rn.119; Rengier, Strafrecht AT, 3. Aufl. 2011, §37 Rn.45; Roxin JuS 1981, 1 (7f.); Wessels/Beulke, Strafrecht AT, 41. Aufl. 2011, Rn.629.

是之故,主流观点支持整体考察说。① 根据整体考察说,重要的不是行为人在直接着手时点的想象,而是他在实施最后实行行为时的想象(停止犯行时的主观想象)。若行为人在这个时点相信自己仍然能在眼下的事件进程中没有时间停顿地引起构成要件结果,以至于业已完成的个别动作与在他看来还能完成的个别动作将形成统一的生活进程,就不成立失败未遂。如果他认为还要再做些什么才能让结果实现,就成立未了未遂。由于犯行在此被理解为业已完成的个别动作和尚可完成的个别动作之总和,只要行为人不继续实施行为,就能从犯行中退出。就此而言,之前行为人在直接着手的时点认为自己已经实施了所有为实现构成要件所必要的行为,这一事实并不重要。如果将这些原则适用于本章所讨论的情景,至少从表面上看,根据德国《刑法》第 24 条第 1 款第 1 句第 1 种情形的规定,就可以满足成立中止未遂的前提,从而免除处罚:对于在眼下的事件进程中没有时间停顿且在相同地点还能引起构成要件结果,从而成立犯罪既遂来说,行为人认为某一积极作为既是合适的又是必要的,而他却自愿放弃了这一积极作为。

---

① BGHSt 31, 170 (175ff.); 33, 295 (297ff.); 35, 90 (91ff.); 39, 221 (227f.); Kudlich/Schuhr, in: Satzger/Schmitt/Widmaier, StGB, 2009, §24 Rn.19; Lilie/Albrecht, in: Leipziger Komm. StGB (LK-StGB), 12. Aufl. 2007, §24 Rn.106ff.; Rengier, Strafrecht AT, 3. Aufl. 2011, §37 Rn.46ff.; Wessels/Beulke, Strafrecht AT, 41. Aufl. 2011, Rn.629; Zaczyk, in: Nomos Komm. Zum StGB (NK-StGB), 3. Aufl. 2010, §24 Rn.14ff.

三、行为手段更换时的犯行同一

如若采纳整体考察说,根据德国《刑法》第 24 条第 1 款第 1 句第 1 种情形的规定,事件包含多个动作的情况并不能排除中止未遂的成立。这当然不是说没有其他理由反驳这种犯行同一的假设,首先要考虑的是实现构成要件的方式方法有所变更的情况。之所以无法将不作为直接着手之后的积极作为视作犯行继续实行,是因为行为人引起结果的方式与原本的打算不同。

根据绝对压倒性的观点,在更换行为手段的结果犯中,并不妨碍承认被德国《刑法》第 24 条统一的犯行,该条第 1 款第 1 句第 1 种情形所规定的中止未遂,并未要求行为人在放弃实施进一步行为时所使用的手段必须恰好相同或者至少是同种类的。[①] 这似乎同样符合逻辑,因为在纯粹的结果犯中,构成要件实现与行为并不是绑定的。换言之,引起结果的详细方式方法在此并不重要。即使行为人认为,现在必须使用另一种手段(在具体的境况中可供使用的),而不是截至目前为止所使用的手段,才能实现构成要件,也有可能成立中止未遂。例如,在射出最后一颗子弹却没有实现所追求的杀害结果之后,行为人认为,虽然无法再射杀被害人,但是还能用随身携带的刀捅死被害人。[②] 在此背景下,就像事件包括多个动作

[①] Kühl, Strafrecht AT, 6. Aufl. 2008, §16 Rn.36; Lilie/Albrecht, in: Leipziger Komm. StGB (LK-StGB), 12. Aufl. 2007, §24 Rn.121ff.; Zaczyk, in: Nomos Komm. Zum StGB (NK-StGB), 3. Aufl. 2010, §24 Rn.17; Ranft Jura 1987, 527 (532f.); 反对意见参见 Rengier JZ 1988, 931 (932f.); Roxin, Strafrecht AT/II, 2003, §30 Rn.209.

[②] BGHSt 34, 53 (57); BGH NStZ 2006, 685; NStZ 2007, 399.

的情形一样，将实现构成要件的方式方法从不作为变更为作为的，并不会与德国《刑法》第 24 条第 1 款第 1 句第 1 种情形所规定的中止未遂产生矛盾。

四、不同犯罪类型中的犯行同一

然而，讨论的背景有个特殊之处，那就是从不作为过渡到作为这一点，并不是只与更换行为手段绑定在一起，不作为和作为还分别属于两个不同的犯罪类型。消极无所作为的保证人基于不真正不作为犯受到处罚，而积极行动者却基于作为犯受到惩处。问题就在于，犯罪类型的变更是否必然与犯行同一的假设相矛盾？法律竞合的思考至少可以给出肯定答案。在竞合的情况下，有的观点认为，作为和不作为不可能成立自然的行为单数，它们之间自始至终只存在数罪并罚关系。①

不过，问题似乎在于，法律竞合的标准究竟能不能转用到中止未遂的认定上？虽然一些整体考察说的支持者认为可以，但他们又认为，只有当业已实施的个别动作和尚可实施的个别动作在法律竞合的意义上是自然的行为单数时，才能根据德国《刑法》第 24 条肯定其为单一的犯行。② 司法实践在一些判决中也以这一条

---

① Baumann/Weber/Mitsch, Strafrecht AT, 11. Aufl. 2003, § 36 Rn. 32; Jescheck/Weigend, Strafrecht AT, 5. Aufl. 1996, § 67 III.4.

② Dreher JR 1969, 105 (107); Kindhäuser, Lehr-und Praxiskommentar StGB, 4. Aufl. 2010, § 24 Rn.19; Scheinfeld, Der Tatbegriff des § 24 StGB, 2006, S. 80ff. 沙因菲尔德希望使用法律竞合上的"触犯罪名"这一概念。

件为标准。① 然而,有力的反对意见则认为,德国《刑法》第52条中的犯行概念与德国《刑法》第24条并不一致。由于目标不尽相同,法律竞合原则上无法解决中止未遂教义学的问题。② 因此,基于广义的诉讼上的犯行概念,只有生活进程中的单一性才对于德国《刑法》第24条的犯行同一具有决定性意义。③ 大多数司法实践也将其视为关键标准。④ 从这个意义上说,法律竞合从一开始就不起作用。

此外,作为和不作为不可能成立自然的行为单数这一假设,并非毫无疑问。司法实践和部分文献支持相反的立场,⑤比如德国联邦最高法院在"皮革喷雾判决"中认为,通过作为和不作为实施的危险身体伤害罪就是自然的行为单数。⑥ 根据这一观点,即使在确定德国《刑法》第24条时成功适用了法律竞合的规则,在本章讨论的情形中也有成立犯行同一的可能性。

作为和不作为在犯罪类型上的区分是否与德国《刑法》第24条

---

① BGH NStZ 2001, 315; NStZ 2005, 263. 相反,BGHSt 41, 368 (369)想用整体考察说的标准来解释竞合问题。

② Fahrenhorst Jura 1987, 291 (294); Herzberg/Hoffmann. Holland, in: MünchKommStGB, 2. Aufl. 2011, §24 Rn.62; Lilie/Albrecht, in: Leipziger Komm. StGB (LK-StGB), 12. Aufl. 2007, §24 Rn.114f.; Zaczyk, in: Nomos Komm. Zum StGB (NK-StGB), 3. Aufl. 2010, §24 Rn.17.

③ Herzberg/Hoffmann.Holland, in: MünchKommStGB, 2. Aufl. 2011, §24 Rn.62; Lilie/Albrecht, in: Leipziger Komm. StGB (LK-StGB), 12. Aufl. 2007, §24 Rn.116; Zaczyk, in: Nomos Komm. Zum StGB (NK-StGB), 3. Aufl. 2010, §24 Rn.17.

④ BGHSt 34, 53 (57); 40, 75 (77); 41, 368 (369); BGH NStZ 2009, 628.

⑤ Eschelbach, in: Satzger/Schmitt/Widmaier, StGB, 2009, §24 Rn.67; Fischer, StGB, 58. Aufl. 2011, §52 Rn.26a; Steinmetz, in: Handkommentar zum gesamten Strafrecht, 2. Aufl. 2011, §52 Rn.16.

⑥ BGHSt 37, 106 (135).

第1款第1句第1种情形所规定的中止未遂相矛盾？为了令人信服地回答这个问题，就必须考虑德国《刑法》第13条的功能。按照绝大多数刑法构成要件的措辞，这些构成要件至少在表面上只能通过作为来实现（例外情形只有少数几个纯正的不作为犯，比如德国《刑法》第323c条之规定）。德国《刑法》第13条会导致刑事可罚性的扩张，方式是在符合特定条件的情况下，将引起结果的不作为和引起结果的作为等而视之。[①] 该条对待不作为行为人，就好像他是通过作为引起构成要件结果一样。且不论根据德国《刑法》第13条第2款和第49条第1款减轻处罚的可能性，此处应像作为犯一样对待不作为犯。

按理说，从德国《刑法》第13条的等价功能中能够推导出不利地位禁止原则。虽然可在特定条件下像作为行为人一样对待不作为行为人，但不允许让不作为行为人处于更不利的地位。如果是作为而不是不作为，那么行为人原则上就有可能成立中止未遂。改编一下上文案例：在航海旅行中，狠心的父亲R将6岁的女儿T推落甲板，想让她溺水而亡。然而事与愿违，T成功地抓住一根缆绳，并借助这根缆绳爬上了船舷。R当然知道他可以毫不费力地将T推回水中，从而杀死她，但R没有这样做，T幸免于难。

在整体考察说看来，根据德国《刑法》第24条第1款第1句第1种规定的情形，R的无所作为肯定可以成立免除处罚的中止未遂。如上所述，倘若R在原初的案例中企图通过不作为，而不是作为来

[①] Weigend, in: Leipziger Komm. StGB (LK-StGB), 12. Aufl. 2007, §13 Rn.12. 德国《刑法》第13条中的"只有"这一概念容易被误解。在规则文本中，应将其理解为一种澄清，即该条将不作为和作为等而视之，必然以保证人地位和方式的等价性为前提。

引起构成要件结果,那么同样可以适用中止未遂的规定。如果将不作为和作为等而视之,那么对前者提出的成立中止未遂的要求就不能比对后者提出的要求更严。R拥有的中止未遂成立可能性,必须与通过作为直接着手的情形相同。从这个意义上说,犯罪类型的变更不能排除犯行同一的成立。

这并不会与法律竞合的评价产生矛盾。且不论能否用法律竞合的规则来确定德国《刑法》第24条的犯行概念,上述论证都同样适用于竞合的情形。作为部分和不作为部分一定有成立自然行为单数的可能,若非如此,与作为行为人相比,不作为行为人将处于更不利的地位。① R基于杀人故意将T扔下甲板,T成功抓住一根缆绳,并借助这根缆绳爬上船舷。R见状立即将T再次推入水中,T溺水而亡。对此,R只成立杀人既遂,不能额外再成立一个杀人未遂。根据竞合规则,第一个扔下甲板的行为和第二个推入水中的行为属于相续的构成要件实现。现在看一下改编后的情况,T并未被R扔下甲板,而是自己落入水中。在R将T推回水中致其溺水而亡之前,他一直无所作为。如果以作为和不作为不可能成立自然行为单数为由,认为这种情况属于不作为杀人未遂和作为杀人既遂的数罪并罚,那么就让不作为行为人处在了不利的地位上,并不具有正当性。②

---

① Puppe JR 1985, 245 (246); Samson/Günther, in: Systematischer Komm. Zum StGB (SK-StGB), 2011, Vor §52 Rn.41.
② 如果认为相续的构成要件实现是自然的行为单数,那么也同样可以将相续的构成要件实现视为构成要件的行为单数。BGH NStZ 2000, 30; Wessels/Beulke, Strafrecht AT, 41. Aufl. 2011, Rn.763.

五、犯行同一可能出现的证明问题

对于不作为犯通过保持无所作为成立中止未遂的可能性而言，至少可以想到，最后一个反对理由是可能出现证明问题。人们可能论证道，存在这样一种危险，即行为人会歪曲事实，骗取德国《刑法》第 24 条第 1 款第 1 句第 1 种情形的免除处罚。具体方式是，行为人只是假装自己后来放弃了在当时仍有可能实施的作为，因为实际上总是有某些其他的行为选择可以用来实现构成要件。

当然，对于整体考察说而言，无论是不作为的中止未遂，还是作为的中止未遂，这都是一个问题。即便是积极作为的未遂，行为人随后也能找到其他行为机会，而他却在认识到迄今为止的努力业已失败后，假称没有按照自己的意愿把握这些机会。这其实提出了证据法上的问题，并告诫事实审法院不要在没有充分调查的情况下就贸然认定中止未遂。然而，在多个动作的情形中，仅仅因为德国《刑法》第 24 条第 1 款第 1 句第 1 种情形存在被滥用的危险，就排除无所作为的行为人成立中止未遂的可能性，相当于将孩子和洗澡水一起倒掉。

为了防止滥用，文献中一个有力观点认为，只有当行为人已经直接着手实施下一个行为，才允许成立中止未遂。[①] 然而，这并没有说清，为什么一个人在认识到自己迄今为止的努力业已失败

---

① Murmann, Grundkurs Strafrecht, 2011, § 28 Rn.122.

后,又开始准备采取进一步行动的,仍然可以退出,而行为人从一开始就放弃实施进一步行为的,却不能退出。在射出最后一颗子弹,却没有实现所追求的杀害结果之后,行为人拔出刀想捅死被害人,但随即又将刀收回的,行为人成立中止未遂,免除处罚。相反,行为人知道自己可能使用这把刀,但他从一开始便把刀留在刀鞘中,就会因杀人未遂而受到处罚。对于这种区别对待而言,并没有什么明显令人信服的理由。主流观点对两种情况一视同仁,完全正确。无论是否直接着手实施进一步的行为,单纯不采取进一步行动都足以让作为犯成立中止未遂,那么,这当然也适用于不作为犯中止未遂的情形。

六、结论

迄今为止达成共识的假设是,不作为犯不可能通过保持无所作为而成立中止未遂。只要按照主流观点遵从整体考察说,就需要对此作出修正。在通过不作为直接着手实现构成要件失败后,行为人放弃通过作为继续实施在他看来可能的犯行,作出这种选择的行为人可以成立不作为犯的中止未遂。[1]

---

[1] Herzberg/Hoffmann.Holland, in: MünchKommStGB, 2. Aufl. 2011, §24 Rn.83.

第十五章
不真正不作为犯的因果关系问题*

E 和 M 发生争吵,随后成为被害人的 E 首先用一把很大的面包刀攻击了 M。当随后成为被告人的 A 想要帮助他的朋友 M 时,E 又转身准备攻击 A。经过一番搏斗,A 成功夺取了 E 手中的刀。为了使 E 失去攻击力,A 朝 E 的右腿深深捅了 3 刀。州法院作出了对 A 有利的认定,认为其中一刀伤到 E 的动脉,是后来造成 E 死亡的主要原因。在 A 压制住 E 之后,又故意朝 E 的腿部捅了 4 刀。A 并不想杀死 E,只想对其造成伤害。A 和 M 一同驾车离开时,A 虽不相信 E 已经生命垂危,但又知道如不及时接受医疗,E 将因失血过多而死。A 还知道,若他不采取行动,E 不可能及时获得救助。A 放任这件事发生:因失血过多,E 随后过世。尚不清楚的是,是只有动脉伤和前 3 刀中的一刀造成了 E 死亡,还是其他伤害和后续 4 刀也一并起作用。州法院认定 A 成立危险身体伤害罪和故意杀人罪(未遂)。检察院提起抗诉,德国联邦最高法院推翻判决,将案件发回事实审法院重审。

---

* Kausalitätsprobleme beim unechten Unterlassungsdelikt-BGH, NStZ 2000, 414. Juristische Schulung 2001, 958-962; Urt. v. 16. 2. 2000-2 StR 582/99.

第十五章　不真正不作为犯的因果关系问题

一、问题概述

不真正不作为犯存在一些特殊之处,与通过作为实施的作为犯不尽相同,其中最主要的就是作为客观构成要件一部分的保证人地位要求。根据德国《刑法》第 13 条第 1 款的规定,一个人只有依法承担责任,不使特定的犯罪结果发生,才是不真正不作为犯的行为人。保证人地位可以从不同的情状中产生。[①] 判例和绝大多数文献都认为,不作为行为人实施的接近损害的前行为,即先行行为,就是这样一种情状。[②] 据此,通过自己的行为给他人法益造成迫在眉睫损害风险的人,都有义务避免这一即将发生的损害。[③] 不过争议在于,前行为必须违反义务,还是在特定前提下,合法行为也能为基于先行行为的保证人地位提供根据。

不真正不作为犯同样存在因果关系问题。评价上的争议不仅在于,在什么条件下,不作为会被认为对于犯罪结果具有因果关系?此外,仍然没有最终澄清的是,应当为不作为故意设定哪些前提条件?德国联邦最高法院在"抛出窗外案"中认为,不作为行为人必

[①] Gropp, AT, 2. Aufl. (2000), § 11 Rn.8ff.; Kühl, AT, 3. Aufl. (2000), § 18 Rn.41ff.; Stratenwerth, AT, 4. Aufl. (2000), § 13 Rn.14ff.; Wessels/Beulke, AT, 30. Aufl. (2000), § 16 Rn.715.

[②] 有学者径行否定基于先行行为的保证人地位。Roxin, Kriminalpolitik und Strafrechtssystem, 1973, S. 18ff.; Schünemann, GA 1974, 231ff.; Seebode, in: Festschr. f. Spendel, 1992, S. 317 (342ff.).

[③] BGHSt 38, 356 (358); Kühl, AT, 3. Aufl. (2000), § 18 Rn.91; Wessels/Beulke, AT, 30. Aufl. (2000), § 16 Rn.725.

须认识到，期待他实施的行为可以几近确定地防止犯罪结果发生。① 自这一判决之后，疑问之处似乎就在于，间接故意是否也足以成为不作为故意。

在德国联邦最高法院的判决中，基于先行行为的保证人地位和不作为故意同样是核心所在。下文将追索德国联邦最高法院的论证，并作出批判性的检验。

二、法律评价

根据州法院的认定，尚不清楚的是，只有 A 捅刺前 3 刀中的一刀造成 E 的死亡，还是后续 4 刀也一并起作用。基于这一原因，德国联邦最高法院形成了两个事实版本，并据此对本案作出法律评价。版本一假定只有前 3 刀中的一刀具有因果关系；版本二假定后续 4 刀也是共同原因。

（一）事实版本一：后续 4 刀不是造成 E 死亡的共同原因

1.用刀捅刺的刑事可罚性。德国联邦最高法院妥当地认定，A 的前 3 刀既不成立德国《刑法》第 212 条规定的故意杀人罪，也不成立德国《刑法》第 223 条、第 224 条第 1 款第 2 项、第 5 项规定的危险身体伤害罪。由于欠缺杀人故意，应当否定故意杀人罪的成立。相反，虽然 A 的行为符合危险身体伤害罪的构成要件，但却因德国《刑法》第 32 条的紧急防卫而被正当化。由于 E 的侵害，A 处在紧

---

① BGH, JZ 1973, 173 (174).

急防卫的情形中,选择的防卫行为也具有必要性。虽然用刀致他人于死地是最后的防卫手段,就像用枪一样,在捅刺之前通常应先用刀威胁对方,但是,如果被侵害人没有其他防卫可能,或者就像本案一样,在具体的冲突境况下无法确定更轻缓的防卫手段能否成功,那么就允许立即用刀危及他人生命或者致他人于死地。①

不过,根据德国《刑法》第223条、第224条第1款第2项的规定,A的后续4刀却成立危险身体伤害罪,不能根据德国《刑法》第32条被正当化,因为在这一时点,A已经制止了E的侵害行为。相反,在事实版本一中,由于这4刀与E的死亡结果之间不具有因果关系,因此对A而言,就要像排除德国《刑法》第227条身体伤害致人死亡的刑事可罚性一样,排除德国《刑法》第212条故意杀人罪的刑事可罚性。不仅如此,A还缺少杀人故意。

2. 弃E于不顾的刑事可罚性根据之一。根据德国《刑法》第212条、第13条的规定,A弃E于不顾的行为是否成立不作为杀人?给予肯定回答的前提:他必须是保证人。德国联邦最高法院在此讨论了基于先行行为的保证人地位。其出发点主要是A捅刺的前3刀,但由于前3刀已经通过紧急防卫获得了正当性,问题便转化为,合法前行为是否也能为保证人地位提供根据?

部分学者和早期判例希望放弃对"基于先行行为的保证人地位"的义务违反要求。倘若不作为行为人通过前行为可预见地引起

---

① BGH, NStZ-RR 1999, 40 (41); BGH, StV 1999, 145 (146);关于使用枪支,参见BGH, StV 1997, 291 (292)。

了结果发生危险,就足以肯定基于先行行为的保证人地位。① 相反,绝大多数文献和当下的德国联邦最高法院则要求,前行为原则上要具有义务违反性,合法或正当来往的行为不会为基于先行行为的保证人地位提供根据。② 该观点的支持者认为,最多只能在极为有限的特殊情况下承认例外。③ 然而,在通过紧急防卫正当地伤害侵害人时,却无论如何都不应存在这种例外。文献中有观点认为,应当根据其他标准作出区分处理,比如负责范围或风险增高,这种观点也会得出相同结论。④

因紧急防卫而具有正当性的前行为亦能产生基于先行行为的保证人地位,对此主要有两个反驳理由。其一,引发危险境况的不是被侵害人,而是侵害人。通过违法侵害危及自身的人,不能强迫被侵害人成为他的保护人,即保证人。其二,这与紧急防卫权的意

---

① BGHSt 4, 20 (22); 11, 353 (355); Arzt, JA 1980, 712 (713ff.); Herzberg, JuS 1971, 74ff.; Maurach/Gössel/Zipf, AT 2, 7. Aufl. (1989), §46 Rn.98ff.; Welp, JZ 1971, 433 (434).

② BGHSt, 23, 327; 25, 218 (220ff.); 34, 82 (84); Baumann/Weber/Mitsch, AT, 10. Aufl. (1995), §15 Rn.66f.; Ebert, AT, 3. Aufl. (2001), 5. Teil 2. Abschni. A II 3e; Gropp, AT, 2. Aufl. (2000), §11 Rn.37; Haft, AT, 8. Aufl. (1998), 7. Teil §4 Abschn. 1c; Jescheck/Weigend, AT, 5. Aufl. (1996), §59 IV 4a; Jescheck, in: LK, 11. Aufl. (1993), §13 Rn.33; Rudolphi, in: SKStGB, §13 Rn.39; Stree, in: Schönke/Schröder, StGB, 26. Aufl. (2001), §13 Rn.35f.; Tröndle/Fischer, StGB, 50. Aufl. (2001), §13 Rn.11; Wessels/Beulke, , AT, 30. Aufl. (2000), §16 Rn.726.

③ 下列情形应视为特殊情况:被攻击性紧急避险正当化的对无辜第三人造成的危险;制造一种持续状态而其正当化前提后来却不复存在;被允许的风险行为。Baumann/Weber/Mitsch, AT, 10. Aufl. (1995), §15 Rn.69; Köhler, AT (1997), Kap 4 II 2 4 3 1; Rudolphi, in: SKStGB, §13 Rn.40a; Wessels/Beulke, , AT, 30. Aufl. (2000), §16 Rn.727.

④ Freund, AT, 1998, §6 Rn.69ff.; Jakobs, AT, 2. Aufl. (1991), 29. Abschn. Rn.29ff.; Otto, AT, 6. Aufl. (2000), §9 Rn.81; Seelmann, in: NKStGB, $13 Rn.114ff.; Stratenwerth, AT, 4. Aufl. (2000), §13 Rn.30ff.

义相矛盾,等于是给被侵害人施加了防御危险的特殊义务。果真如此,侵害人将比非因自己或他人过错遭受不幸的人获得更好的保护。① 根据这一观点,A 的前 3 刀已通过紧急防卫获得正当性,因此不具有基于先行行为的保证人地位。

德国联邦最高法院进一步讨论的问题是,A 后续捅刺的 4 刀是否产生保证人地位? 由于这 4 刀不再能够通过紧急防卫获得正当性,A 的行为就具有了义务违反性。然而,只有当违反义务的前行为对具体构成要件结果的发生造成了迫在眉睫的危险时,才能为保证人地位提供根据。在德国联邦最高法院看来,至少要导致增高危险的状态。② 不过,事实版本一并不是这种情况。前 3 刀已经给 E 造成了不可救治的致命伤害,后续的捅刺并未加速死亡结果的发生,对犯罪结果没有任何影响。根据德国联邦最高法院的观点,没有对被害人造成危险的伤害行为不会产生保证人地位。因此,A 不是保证人,不能按照不作为杀人进行处罚。

3. 弃 E 于不顾行为的刑事可罚性根据之二。根据德国《刑法》第 212 条、第 13 条、第 22 条、第 23 条第 1 款、第 12 条第 1 款的规定,A 弃 E 于不顾的行为却可能成立不作为的杀人未遂。③ 令人惊讶的是,德国联邦最高法院居然在未经任何讨论的情况下,就简单

---

① BGHSt 23, 327 (328); Baumann/Weber/Mitsch, AT, 10. Aufl. (1995), §15 Rn.68; Rudolphi, in: SKStGB, §13 Rn.41; Spendel, in: LK, 11. Aufl. (1992), §32 Rn.332; Wessels/Beulke, , AT, 30. Aufl. (2000), §16 Rn.726; Kühl, AT, 3. Aufl. (2000), §18 Rn.95.

② BGH, NJW 1992, 1246 (1247); BGH, NStZ 1998, 83 (84); BGH, StV 1998, 127 (128).

③ 由于用刀捅刺已经让 E 失去救治可能,可能成立不能犯未遂。文献中的个别支持者希望否定不作为犯中不能犯未遂的刑事可罚性。Rudolphi, in: SKStGB, Vorb. §13 Rn.55. 相反,主流观点认为,与作为犯一样,不能犯未遂在不作为的情(转下页)

否定了事实版本一的刑事可罚性。这可能是基于这样的假设,即 A 对事实的主观想象——对于未遂的刑事可罚性十分关键——与该版本假定查清的客观事实相符。① 在这种情况下,根据 A 对事实的主观想象,事实上不会产生任何保证人地位,因此并没有满足德国《刑法》第 212 条、第 13 条、第 22 条、第 23 条第 1 款、第 12 条第 1 款所规定的前提条件。

虽然人们假设 A 对事实的主观想象与版本一所基于的事实相符,但是判决所依据的事实调查结果却让这一假设显得十分可疑。对此,A 恰恰不相信 E 已经生命垂危,他至少认为,通过医生的及时救助,E 有可能被救回来。虽然在事实重审中还有澄清的必要,但是这表明了 A 对事实的想象,即给 E 造成致命重伤的,不只是前 3 刀中的一刀,还包括后续 4 刀。根据这一想象,被认为具有义务违反性的后续 4 刀很可能引起了危险增高的状态,以至于 A 成为了基于先行行为的保证人。

然而,A 必须对所有其他的客观构成要件要素具有行为决意。A 虽然认为不及时医治 E 就必然死亡,但他还是不想采取任何救援措施。从这个意义上说,A 既对不实施所要求的结果避免行为有行为决意,也对犯罪结果本身有行为决意。问题只在于,A 的想象是

(接上页)形中同样是可罚的。BGHSt 40, 257 (272); Eser, in: Schönke/Schröder, § 22 Rn.91; Kühl, AT, 3. Aufl. (2000), § 18 Rn.151; Jescheke/Weigend, , AT, 5. Aufl. (1996), § 60 II; Seelmann, in: NKStGB, § 13 Rn.85; Stratenwerth, AT, 4. Aufl. (2000), § 14 Rn.5; Wessels/Beulke, AT, 30. Aufl. (2000), § 16 Rn.745.

① 行为人对事实的想象乃是行为决意的关键方面。Gropp, AT, 2. Aufl. (2000), § 9 Rn.15ff.; Kühl, AT, 3. Aufl. (2000), § 15 Rn.24; Tröndle/Fischer, § 22 Rn.8; Wessels/Beulke, AT, 30. Aufl. (2000), § 14 Rn.598.

第十五章 不真正不作为犯的因果关系问题

否也包括不作为和结果之间的因果关系？他认为,如果及时采取召唤救治的行动,E 尚有得救可能。在德国联邦最高法院看来,就像作为的故意一样,这种间接故意也能满足不作为的故意。① 不过,这却与"抛出窗外案"这一判例相矛盾,根据该判例,不作为行为人必须相信他的行为将几近确定地防止结果发生。②

这些关于不作为故意的观点莫衷一是,哪个更可取,需要先解决三个问题:其一,不作为犯的因果关系所指为何;其二,不作为和犯罪结果之间的因果关系在什么条件下可以得到证明;其三,不作为故意必须涉及哪些内容。

首先,不作为在什么条件下与犯罪结果有因果关系？③ 根据部分文献所支持的风险降低说,没有实施的行为原本能够减少结果发生风险的,就足以肯定因果关系。④ 主流观点反驳道,该观点一方面将侵害犯转变为危险犯,另一方面违背了存疑有利被告原

---

① 但德国联邦最高法院没有进一步考虑事实版本一中的未遂刑事可罚性,只有在关于事实版本二的法律评价中才讨论对不作为故意的要求。

② BGH, JZ 1973 (174); Kühl, AT, 3. Aufl. (2000), §18 Rn.143.

③ 有文献主张,从自然科学意义上说,不作为决不可能对结果具有因果性,更好的说法是"类因果关系"。Ebert, AT, 3. Aufl. (2001), 5. Teil 2. Abschni. A I 3; Freund, AT, 1998, §6 Rn.103; Gropp, AT, 2. Aufl. (2000), §11 Rn.71ff.; Kühl, AT, 3. Aufl. (2000), §18 Rn.35; Stree, in: Schönke/Schröder, §13 Rn.61; Wessels/Beulke, AT, 30. Aufl. (2000), §16 Rn.711. 不过,该观点却是以对自然科学因果关系的狭窄理解为基础的。至少根据大卫·休谟对因果关系的看法,不作为无疑是因果要素中的消极条件。Hilgendorf, NStZ 1994, 561 (564); Stegmüller, Probleme und Resulatate der Wissenschaftstheorie und Analytischen Philosophie Bd. I: Erklärung-Begründung-Kausalität, 2. Aufl. (1983), S. 584f.

④ Brammsen, MDR 1989, 123 (126f.); Otto, Jura 2001, 275 (276f.); Rudolphi, in: SKStGB, §13 Rn.16; Stratenwerth, AT, 4. Aufl. (2000), §13 Rn.52ff.

则。① 判例和大部分文献认为,只有当实施相应行为原本能够让犯罪结果不发生时,不作为才具有因果性。换言之,侵害或损害归责的必要条件是,如果行为人实施了他没有实施的行为,构成要件结果就不会发生。②

不作为因果关系的这一定义并不包含对盖然性的考察。③ 不作为和结果之间是否存在因果关系,是根据两个相互排斥的选项来衡量的。实施了没有实施的行为,要么原本能够防止特定结果发生,因而不实施这一行为对于结果发生具有因果性,要么本来就不能防止结果发生,因而不作为不具有因果性。没有第三种情况。

其次,判例和大多数文献对不作为因果关系中"几近确定"的要求所指为何? 为了回答这一问题,应当区分事实存在的因果关系和因果关系的可证明性。前者是一个客观世界的问题,即某一特定

---

① Jakobs, AT, 2. Aufl. (1991), 29. Abschn. Rn.20; Köhler, AT (1997), Kap 4 II 2 5; Kühl, AT, 3. Aufl. (2000), § 18 Rn.39; Gimbernat Ordeig, ZStW 1999, 307 (323); Seelmann, in: NKStGB, § 13 Rn.61; Stree, in: Schönke/Schröder, § 13 Rn.61.

② RGSt 58, 130 (131); 63, 392 (393); BGHSt 6, 1 (2); 37, 106 (126); Baumann/Weber/Mitsch, AT, 10. Aufl. (1995), § 15 Rn.23; Freund, AT, 1998, § 6 Rn.103; Kühl, in: Lackner/Kühl, StGB, 23. Aufl. (1999), Vorb. § 13 Rn.12; Stree, in: Schönke/Schröder, § 13 Rn.61; Tröndle/Fischer, Vorb. § 13 Rn.20; Wessels/Beulke, AT, 30. Aufl. (2000), § 16 Rn. 711. 这只能根据经验上的一般法则来决定。关于反事实条件从句和用于确立单一因果从句的经验法则之间的关系,参见 Beckmann, Gründe und Ursachen, 1977, S. 12ff.; Lewis, in: Sosa, Causation und Conditionals, 1975, S. 180ff.; Mackie, The Cement of the Universe, 1974; Stegmüller, Probleme und Resulatate der Wissenschaftstheorie und Analytischen Philosophie Bd. I: Erklärung-Begründung-Kausalität, 2. Aufl. (1983), S. 583ff.

③ 通常而言,放弃在决定论意义上理解因果关系,有利于盖然性观察的统合。Suppes, A Probabilistic Theory of Causality, 1970; Stegmüller, Probleme und Resulatate der Wissenschaftstheorie und Analytischen Philosophie Bd. I: Erklärung-Begründung-Kausalität, 2. Aufl. (1983), S. 600ff.; 从法学的视角看,参见 Hilgendorf, Jura 1995, 514 (518ff.).

第十五章　不真正不作为犯的因果关系问题　　383

事实的存在或不存在,后者则是人类对事实的认识问题,即认识主体与客观世界的关系。如果注意到这种区分,就会明白主流观点给出的"几近确定"标准并非用于确定因果关系,而只是用来认定,在什么条件下,应当认为诉讼中关于因果关系存在的主张是真实的,也就是已经得到证明。①

最后,这种希望获得确定认识的态度当然遭到批评,因为它提出了认识论问题,却没有提供任何可用于评价所称内容真实性的客观标准。② 如上所述,关键在于"几近确定"公式并非因果关系标准,而是证明规则。从这个意义上说,"几近确定"并非客观构成要件的组成部分。对于故意犯的刑事可罚性而言,如果原则上只须认识到所有属于法定构成要件的情状即可,那么行为人的故意就不必涉及"几近确定"这一前提。因此,如果行为人认为可能出现这样的因果进程,即他的行为本可防止犯罪结果发生,那么只要具体构成要件本身没有对故意的形式作更多的规定,就足以肯定故意犯的刑事可罚性。德国联邦最高法院在"抛出窗外案"中提出要求,不作为行为人必须假定,在他实施干预的情况下,救援成功的可能要几近于确定。正是由于德国联邦最高法院将事实层面和证明层面不恰当地混合在一起,才产生了这种要求。所以,与作为的故意

---

① 然而,教科书在定义不作为因果关系时,始终没有关注事实层面和证明层面的区分。不精确的定义,比如 Kühl, AT, 3. Aufl. (2000), §18 Rn.38.
② 从现代认识论的视角看,参见 Albert, Traktat über kritische Vernunft, 5. Aufl. (1991), S. 9ff.; Popper, Logik der Forschung, 9. Aufl. (1989), S. 31ff.; Quine, Unterwegs zur Wahrheit, 1995, S. 16ff. 在诉讼法教义学中,确定性的理想被主观化了,所要求的不是客观性,而是法官的个人内心确信。Kleinknecht/Meyer-Goßner, stopp, 44. Aufl. (1999), §261 Rn.2. 然而,这种主观化并不适合用来反驳针对确定认识这一理想的认识论怀疑。

一样,间接故意同样能满足不作为的故意。① 德国联邦最高法院含蓄地放弃"抛出窗外案"这一对立判例而持当前观点,值得称许。

总之,既然 A 认为及时采取行动就能拯救 E,A 的不作为和 E 的死亡结果之间的因果关系便包含在他的行为决意之中。此外,A 随后与 M 一起驾车离开的行为,也属于直接着手实现不作为杀人。② 再者,A 的行为兼具违法性和有责性,基于他在此假定的对事实的想象——与德国联邦最高法院在其设定的第一个事实替代方案中所作的假设不同——就可以根据德国《刑法》第 212 条、第 13 条、第 22 条、第 23 条第 1 款、第 12 条第 1 款进行处罚。

4. 根据德国《刑法》第 323c 条的刑事可罚性。最后,由于没有提供救助,A 已经构成德国《刑法》第 323c 条所规定的不救助罪。对于德国《刑法》第 323c 条中"必要性"的确定而言,客观的事前考察至关重要,即在行为人认识到危险境况的时点,从客观观察者的视角出发进行考察。③ 不过,经由法条竞合的处理,相较于不救助罪而言,通过不作为成立的杀人未遂将优先适用。④

5. 结论。在事实版本一中,A 成立德国《刑法》第 223 条、第

---

① 对德国联邦最高法院"抛出窗外案判决"的批评,参见 Herzberg, MDR 1971, 881 (883); Jakobs, AT, 2. Aufl. (1991), 29. Abschn. Rn.82; F.C. Schroeder, in: LK, 11. Aufl. (1994), § 16 Rn.218; Spendel, JZ 1973, 137 (142f.); Ulsenheimer, JuS 1972, 252 (253f.); Cramer/Sternberg-Lieben, in: Schönke/Schröder, § 15 Rn.94.

② 关于不作为犯未遂起点的不同观点,参见 Gropp, AT, 2. Aufl. (2000), § 9 Rn. 38f.; Kühl, AT, 3. Aufl. (2000), § 18 Rn.146ff.; Stratenwerth, AT, 4. Aufl. (2000), § 14 Rn. 4; Wessels/Beulke, AT, 30. Aufl. (2000), § 16 Rn.741f.

③ BGHSt 17, 166 (169). 通常而言,只有被害人立即死亡才能排除提供救助的必要性,参见 BGHSt 14, 213 (216); 16, 200, (203); 32, 367 (381).

④ BGHSt 14, 282 (284f.); Spendel, in: LK, § 323c Rn.203.

224条第1款第2项危险身体伤害罪和德国《刑法》第212条、第13条、第22条、第23条第1款、第12条第1款故意杀人罪(未遂),应予二罪并罚。

(二)事实版本二:后续四刀是造成E死亡的共同原因

1. 用刀捅刺的刑事可罚性。德国联邦最高法院正确指出,在事实版本二中,E后续捅刺的4刀不仅成立德国《刑法》第223条、第224条第1款第2项、第5项危险身体伤害罪,还成立德国《刑法》第227条身体伤害致人死亡罪。根据这一情况,后续的捅刺共同造成了多处伤害,进而导致E失血过多而亡。从这个意义上说,伤害结果的特殊危险已在死亡结局中直接实现。[①] 经由法条竞合的处理,身体伤害致人死亡罪排除了危险身体伤害罪的适用。[②] 相反,A在实施捅刺行为时缺少杀人故意,因此不用考虑德国《刑法》第212条故意杀人罪的刑事可罚性。

2. 在事实版本二中,根据德国《刑法》第212条、第13条,弃E于不顾的刑事可罚性。要讨论的是,A是否也成立不作为杀人?德国联邦最高法院承认基于先行行为的保证人地位。与事实版本一不同,后续4刀在此引起了危险增高的状态,以至于A的违反义务的前行为起到了为保证人地位奠定基础的作用。可问题在于,能否以E失去了救治可能性为由,解除从保证人地位中推导出的结果避免义务?[③] 德国联邦最高法院否认这一点,理由是只有当救治努

[①] 伤害和死亡结果之间在构成要件上的特殊直接关联性,参见 Wessels/Hettinger, BT I, 24. Aufl. (2000), §5 Rn.297ff.

[②] Tröndle/Fischer, §227 Rn.7.

[③] 保证人地位和保证人义务的关系,参见 Freund, AT, 1998, §6 Rn.9.

力的失败是确定可以预见的,才能解除行为义务,而本案并不属于这种情况。

不过,对于根据德国《刑法》第212条、第13条的刑事可罚性而言,A的不作为和E的死亡结果之间缺少因果关系。依照事实审的调查,用刀捅刺的行为已经给E造成了严重伤害,以至于即便得到医生的救助,也不可能避免死亡结果的发生。从这个意义上说,A不采取救援措施,并不是导致犯罪结果的因果要素。基于这一原因,德国联邦最高法院在事实版本二中同样认为,A不具有不作为杀人的刑事可罚性。

3. 如上所述,以事实版本一中讨论的主观想象为基础,根据德国《刑法》第212条、第13条、第22条、第23条第1款、第12条第1款的规定,A弃E于不顾的行为就成立不作为杀人未遂。就此而言,该结论并未偏离事实版本二。德国联邦最高法院同样在事实版本二中,通过上文讨论过的理由肯定了未遂的刑事可罚性。因此,在事实版本二中,A成立德国《刑法》第227条身体伤害致人死亡罪和德国《刑法》第212条、第13条、第22条、第23条第1款、第12条第1款的故意杀人罪(未遂),应予二罪并罚。

(三)对事实不清的法律处理

最后要讨论的是应当如何处理本案中未经澄清的事实。德国联邦最高法院已经驳回了州法院的事实审。从德国《刑事诉讼法》第354条第2款中可以推导出发回重审的必要性,法律审上诉法院无权就事实部分作出自己的判决。① 州法院现在必须澄清,是被紧

---

① Beulke, StrafprozessR, 4. Aufl. (2000), § 29 Rn.573f.

急防卫正当化的前3刀中的一刀造成了E的死亡,还是后续4刀也共同起作用?如果无法查清,就必须根据存疑有利被告原则,①假定致命后果仅由前3刀中的一刀引起。对于后续4刀而言,只存在德国《刑法》第223条、第224条第1款第2项的刑事可罚性,而没有德国《刑法》第227条的刑事可罚性。此外,州法院还不得不对A的行为决意作进一步调查,努力查明,根据A的确信,哪几次用刀捅刺才是给E造成致命伤的原因。倘若无法排除A认为前3刀中的一刀是唯一的原因,就必须根据存疑有利被告原则否定德国《刑法》第212条、第13条、第22条、第23条规定的不作为杀人未遂的刑事可罚性。② A只成立德国《刑法》第323c条不提供救助罪。

三、结论

德国联邦最高法院需要澄清针对不真正不作为犯因果关系的故意。早前基于"抛出窗外案"的判决素有争议,该判例目前已经被抛弃。从德国联邦最高法院的视角看,与通过积极作为实施的作为犯的故意一样,间接故意同样能满足不作为故意的要求。

---

① 事实不清存疑有利被告原则的适用范围,参见 Otto, AT, 6. Aufl. (2000), §24 Rn.1ff.; Wessels/Beulke, AT, 30. Aufl. (2000), §18 Rn.801ff.
② 至于两个版本究竟哪个被证明是正确的,完全无关紧要。

第三编

刑法分论

第一章
通过间接正犯的方式实施自杀[*]

一、问题概述

谁要是杀死另一个人,即便是在这个人的要求下,原则上也要因杀人犯罪受到刑事处罚。而自杀却不包含在德国《刑法》第211条谋杀罪及以下条款内,不具有构成要件符合性。[①] 如果一个人在自由负责的状态下自杀,[②]那么在意愿上诱导、引发或支持这个人自杀的,也就不具有刑事可罚性。这是因为,一方面,形式上缺少能被参与的正犯行为;[③]另一方面,内容上要遵循自杀者的自我负责原则。[④] 此外,过失诱导、引发或支持自由负责自杀的,也不应具有

---

[*] Selbsttötung in „mittelbarer Täterschaft". Jura 2004, 234-238.
[①] 这是几乎所有人都认同的观点。少量不同的观点参见 Neumann, in: NK-StGB, Vor §211 Rn.36ff.
[②] Jähnke, in: LK-StGB, 11. Aufl. (2002), Vor §211 Rn.25ff.; Neumann, in: NK-StGB, Vor §211 Rn.60ff.; Schneider, in: Müko-StGB (2003), Vor §211ff. Rn.37ff; Jäger, Strafrecht AT (2003), Rn.247.
[③] BGHSt 24, 342 (343f.); 32, 367 (371); 46, 279 (284); 批评意见参见 Neumann, in: NK-StGB, Vor §211 Rn.44.
[④] Neumann, JA 1985, 244 (245ff.); Schneider, in: Müko-StGB, Vor §211ff. Rn.34.

刑事可罚性。① 不过,这里并不是参与的从属性阻碍了刑事可罚性,因为至少在主流观点看来,过失犯领域中适用的是单一正犯原则。② 过失参与自由负责自杀的,没有刑事可罚性,其理由通常是基于以下考虑,即过失引起自杀的,具有刑事可罚性,故意引起自杀的,却不具有刑事可罚性,这未免存在矛盾。③ 再者,此处可以再次追溯到自我负责原则。④

根据以上论述,并不是每一种亲手了结自己生命的情况都能排除其他参与者的刑事可罚性。如果一个人没有在自由负责的状态下自杀,参与这种事件者就可能具有刑事可罚性。倘若一个人欺骗被害人,诱使他在没有认识的情况下自杀,就应按照故意杀人罪或谋杀罪来处罚这个作为间接正犯的诱使者。⑤ 参与者基于优越认知进行了控制性支配,即认识错误支配。⑥ 从法律上看,这使被害人亲手实施的自杀行为变成了幕后者实施的杀害他人行为。这不仅是刑法教科书中的经典案例设计,还是以古怪而闻名的"天狼星案"⑦的基础。

案例1:妻子F递给生病的丈夫M一个装有毒药的注射器,谎称其中是他的救命药。M在毫无察觉的情况下注射了毒药,立即毒

---

① 下文讨论故意参与自杀或过失参与自杀,应从非技术角度理解,因为严格说来,德国《刑法》意义上的故意和过失永远只涉及构成要件行为。
② 单一正犯原则是指每个对构成要件实现作出因果和归责方面贡献的人,都应该视为正犯。Wessels/Beulke, Strafrecht AT, 33. Aufl. (2003), §13 Rn.507.
③ BGHSt 24, 342 (344); 32, 262 (264); 批评意见参见 Welp, JR 1972, 427 (428).
④ Schneider, in: Müko-StGB (2003), Vor §211ff. Rn.86.
⑤ Wessels/Hettinger, Strafrecht BT I, 27. Aufl. (2003), Rn.51f.
⑥ Roxin, Strafrecht AT II (2003), §25 Rn.61ff.
⑦ BGHSt 32, 38; 批评意见参见 Merkel, JZ 1999, 502 (503ff.).

发身亡。

与之相对,有一种相反的情形至今都少有关注。其中,被害人欺骗另一个人,诱使他非故意地杀死自己。

案例2:罹患重症的 M 希望了结自己的生命,他递给妻子 F 一个装有毒药的注射器,谎称其中装的是救命药。F 毫无察觉地给 M 注射了毒药,M 立即毒发身亡。不过,由于 M 曾经的一些言论,F 本来能够认识到这种危险。

案例2的特殊之处在于,此处基于优越认识对事件进行控制性支配的不是第三人,而是想死的被害人本人。被害人类似于间接正犯,是他操控另一个人杀死自己。尚不清楚的是,轻生者实施这种以欺骗为条件的认识错误支配,会对其工具的刑事可罚性产生何种影响？参与者是否因直接引起死亡结果而成立德国《刑法》第222条的过失致人死亡罪？或者,是否应当在法律上将该事件评价为不可罚的自杀,将参与者的行为评价为不可罚的参与自杀？

二、参与自杀和杀害他人的基本区分

杀害他人和自杀的区分,原则上要根据"谁实际支配了导致死亡的事件"来衡量。① 因此,应当在法律上有一个清楚的归类:要么是轻生者单独完成实行行为,要么是参与者单独完成实行行为,另一方则只在预备阶段作出他的贡献。② 相反,倘若轻生者和参与者

---

① BGHSt 19, 135 (139).
② 然而,轻生者的参与仅限于预备阶段这一点,比如让另一个人在他睡觉时把他杀死,更可能是一种例外。

在实行阶段共同起作用,处理起来就困难了。文献中一个有力观点希望通过心理学的标准来进行区分:若轻生者对结束自己的生命还有心理障碍,就是杀害他人;若轻生者不再有这种自杀的心理障碍,无论外部事件进程如何,都应认为是自杀。① 然而,这个区分建议却存在疑问。其一,至少对大多数案件来说,是否以及如何在必要确定性的程度上事后查明轻生者的内心态度,似乎在证据法上存在疑问。② 其二,尚不清楚应如何从刑法教义学的角度说明,这个与心理障碍标准绑定在一起的方案何以背离了德国《刑法》第216条受嘱托杀人罪的行为支配原则。

因此,主流观点认为,当轻生者和参与者在实行阶段共同起作用时,应当通过行为支配这一具体标准来区分自杀和杀害他人。③ 据此,对直接结束生命行动的支配乃是关键所在:④ 如果行为最终决定权在参与者手中,那么他实施的就是可罚的杀害他人行为;倘若行为最终决定权在轻生者手中,那么参与者就是不可罚的对自杀的加功助力。⑤ 在此,不能按照杀害他人的正犯对参与者进

---

① Arzt/Weber, Strafrecht BT (2000), §3 Rn.40; Horn, in: SK-StGB, §216 Rn.10.
② Neumann, in: NK.StGB, Vor §211 Rn.55.
③ 批评意见参见 Herzberg, NStZ 2004, 1 (3); Schneider, in: Müko-StGB (2003), Vor §216 Rn.42ff.
④ Kühl, in: Lackner/Kühl, StGB, 24. Aufl. (2001), §216 Rn.3; Neumann, in: NK-StGB, Vor §211 Rn.47ff.; Otto, in: Tröndle-FS (1989), S. 157 (S. 162f.); Roxin, Täterschaft und Tatherrschaft, 7. Aufl. (2000), S. 570f.; Eser, in: Schönke/Schröder, StGB, 26. Aufl. (2001), §216 Rn.11.
⑤ 不过,对下面这些情况的评价却存在争议,其中参与者完成了最后的能导致死亡的积极行为,而轻生者在一定时间段内仍然有采取应对措施自救的机会,不过他并没有利用这一机会。问题是,关于对直接结束生命行为的支配而言,起决定作用的究竟是对最终积极行为的决定权,还是对不采取救援行为的决定权? 支持前者的参见 Neumann, NK-StGB, Vor §211 Rn.54. 支持后者的参见 Roxin, in: GA-FS (1993), S. 177 (S. 185)。

行处罚,因为轻生者的死亡结果在客观上不可归责于他。可以用被害人的自我负责原则来说明归责关联的中断。① 根据这一原则,如果一个人在没有受到强制和欺骗的情况下给自己的法益造成危险或侵害,那么他原则上就要为自己的行为后果负责。②

如果轻生者和参与者共同支配了直接导致死亡的行动,就会出现棘手的区分问题,比如下面这个案例:

案例3:轻生者 S 和他的朋友 F 设计了一颗炸弹,必须由 S 和距离有点远的 F 同时引爆。事情就这样发生了,S 被炸死。

根据文献中的有力观点,案例 3 中,无论轻生者是否同时作出贡献,参与者都具有德国《刑法》第216条的刑事可罚性。③ 但问题是,此处是否也要考虑排除归责？或许可以这样反驳,自我负责原则对归责关联的限制主要是针对这样一些情况,其中,他人造成的侵害是第一个行为,被害人的自我损害是第二个行为,第二个行为在时间上紧随第一个行为出现。不过,这一基本思想同样可以适用于要处理的同时性情形:在被害人的行为和侵害后果之间也存在一种直接关联。就此而言,该事件具有自我支配的特征。在其最终决意实施行为的时点,参与者不可能单独引起后果,他仍然依赖于

---

① Kühl, Strafrecht AT, 4. Aufl. (2002), §4 Rn.83ff.; Otto, AT, 6. Aufl. (2000), §6 Rn.59ff.; Wessels/Beulke, Strafrecht AT, 33. Aufl. (2003), §6 Rn.185ff; Renzikowski, Restriktiver Täterbegriff und fahrlässige Beteiligung (1997), S. 191ff.; Zaczyk, Strafrechtliches Unrecht und die Selbstverantwortung des Verletzten (1993). 参与自杀的特殊性,参见 Neumann, JA 1985, 244. 从负责性的角度出发中断归责关联,参见 Otto, in: Lampe－FS (2003), S. 491ff.

② 赫茨伯格最近也接受了自我负责原则的适用可能性,为的是给出参与者不可罚的理由。Herzberg, NStZ 2004, 3ff. 赫茨伯格还有不同的批评意见,参见 Herzberg, JuS 1988, 771 (772). 不过,他没有适当地考虑到自我负责原则的行为方面。

③ Schneider, in: Müko-StGB, §216 Rn.47f.

被害人的同时行动。尽管如此,若要将参与者的行为认定为符合构成要件的侵害他人行为,被害人的行为就必须能归责于他。对此,德国《刑法》第 25 条①第 2 款可能是唯一的制定法依据,而这一关于归责的规定却要求被归责的行为必须是实施犯罪的行为,自我侵害恰恰不属于这种情况。从这个意义上说,被害人的非构成要件行为不涉及任何可归责于参与者的不法。② 出于这一理由,当直接导致死亡的行为至少也是一种自杀行为时,就不能根据德国《刑法》第 216 条(或第 222 条过失致人死亡罪)处罚参与人。③

三、通过人类工具的自杀

如果轻生者没有像共同正犯一样共同支配直接结束生命的行为,而是像间接正犯一样操控事件,那么自我负责原则能否为参与者的归责关联中断奠定基础? 似乎可以用来反驳这种"归责排除"的理由是,此处只有参与者亲手完成了直接导致死亡的行为。换言之,只有参与者对行为有所支配。然而,该事件却并不一定会导致

---

① 德国《刑法》第 25 条规定:"(1)自己实施犯罪行为或通过他人实行者,依正犯处罚。(2)数人合意共同实行犯罪行为者,各人皆依正犯处罚。"——译注

② 对此,在自杀的背景下,参见 Roxin, NStZ 1987, 345 (347);其他观点,还参见 Herzberg, JA 1985, 131 (137)。如果没有这种归责可能性,情况就类似于累积的因果关系,其中多个行动者的行为都不能单独引起结果,所以不能按照故意犯罪既遂进行处罚。

③ 结论上持这样观点的,也参见 Jähnke, in: LK-StGB, 11. Aufl. (2002), Vor § 216 Rn.14; Jakobs, AT, 2. Aufl. (1991), 21. Abschn. Rn.58a; Neumann, in: NK-StGB, Vor § 211 Rn.51f.; Otto, in: Tröndle-FS (1989), S. 164; Roxin, Täterschaft und Tatherrschaft, 7. Aufl. (2000), S. 571。

第一章　通过间接正犯的方式实施自杀

对他人的侵害。虽然德国《刑法》第 25 条第 1 款第 2 种情形无法适用于此,因为轻生者引起自己死亡,不属于犯罪行为,①但是,如果轻生者使参与者陷入认识错误或对他进行强制,让参与者在这一状态下实施了行为,从而基于优越地位对事件具有控制性的支配,那么在这种间接正犯的情形中,就存在行为结构上的等价性。有正当的理由认为,轻生者操控参与者引起的结果,应作为其自身行为的结果归责于己。轻生者通过他人实施自杀,因而是自杀的"正犯"。

这在多大程度上会中断参与者违反注意义务行为和构成要件结果之间的归责关联? 与上文讨论的情形不同,从归责排除中无法得出结论认为轻生者至少要同时实施自我负责的自我损害行为,倘若没有这种行为的补充,参与者的行为就不可能单独引起结果。相反,排除归责的基础在于,参与者自己实施的行为乃是一个归责于轻生者行为的要素,具有自我侵害的特征。如果在这一行为中,一方面将自我负责的自杀视为轻生者的行为要素,另一方面又同时将其评价为参与者符合构成要件的杀害他人行为,那就是自相矛盾的。

然而赫茨伯格却提出了相反的意见,在他看来,自我负责的自杀和杀害他人不是互斥关系的。将事件评价为轻生者的自杀,并不妨碍认为参与者实施了正犯性的杀害他人行为。② 构成要件结果能否归责于参与者,或者是否要根据自我负责原则排除归责,完全不取决于行为支配标准,而是要以平等原则为导向,对无法归责的

---

① 德国《刑法》第 25 条第 1 款第 2 种情形作为归责条款的功能,参见 Kühl, Strafrecht AT, 4. Aufl. (2002), §20 Rn.42.
② Herzberg, NStZ 2004, 2ff.

典型案件进行考察,并在此基础上作出评价。①

不过,这个反对意见并未充分考虑到,为赫茨伯格所拒绝的分类,暗地里乃是以自我负责原则为基础的。自我负责原则用于说明,某个特定的侵害结果应当归责于多个行为人中的哪一个。法益主体自主实施了最后一个导致其自身法益受到侵害的行为,通过将该行为后果的责任分配给法益主体,就可以完成归责的任务。只有法益主体,才被认为是通过类似正犯的方式引起结果的那个人。而如果将轻生者自己的行为同时视为参与者的正犯行为,就会与责任归属产生矛盾。因此,这也适用于通过间接正犯的方式自杀的情况,如果直接导致死亡的行动对于轻生者而言是自杀行为,那么参与者就不具有杀人罪的刑事可罚性。

四、判例的观点

随着纽伦堡高等法院和德国联邦最高法院相继作出判决,判例也首次细致处理了以间接正犯的方式实施自杀的情况。与本章支持的观点不同,纽伦堡高等法院否认了参与者的不可罚性,而德国联邦最高法院却不置可否,因为它认为案件中轻生者成立"间接正犯"的前提条件并未得到满足。

(一)纽伦堡州高等法院的观点②

纽伦堡州高等法院的判决基于如下事实:被诉人用手枪射杀了

---

① Herzberg, NStZ 2004, 5ff.
② OLG Nürnberg, NJW 2003, 454.

她轻生的丈夫。丈夫通过展示空弹仓,谎称手枪中没有子弹,然后要求妻子瞄准他的头扣动扳机。被诉人遵从了丈夫的要求,因为就像丈夫所计划的那样,她由于粗心大意,没有发现枪管中的子弹。州法院拒绝对被诉人开启主审程序。检察官立即抗告,表示异议。

州高等法院认为,被诉人有充分的嫌疑成立德国《刑法》第222条过失致人死亡罪。其理由基于反向推论得来:假设参与者是故意实施行为,在这一假设之下,倘若该行为是不可罚的参与自杀,就不具有德国《刑法》第222条的刑事可罚性。反之,如果该行为并非不可罚,而是成立德国《刑法》第216条受嘱托杀人罪,就应根据过失致人死亡罪处罚参与者。如若本案中的被诉人是故意实施行为,就必须将她的行为评价为受嘱托杀人。从这个意义上说,在本案的情境下,她有充分的嫌疑成立德国《刑法》第222条过失致人死亡罪。

但是,通过对比假定的故意责任来为过失责任提供根据并不具有说服力。州高等法院正确指出,在假定实施故意行为的情形下,会存在可罚的杀害他人行为,因为只有被诉人支配了直接导致死亡的行为。然而这一假设并不妥当,这同样适用于本案中非故意行为的情形,因为轻生者已将决定性的实行行为完全交给被诉人。州高等法院没有看到,不只是被诉人对本案的事件有所支配,轻生的丈夫基于作为认识错误支配的优越认知,同样对本案的事件存在支配。州高等法院通过其反向推论,不被允许地抹平了这个在法律上意义重大的差异。[1]

---

[1] Engländer, JZ 2003, 748; Wessels/Hettinger, Strafrecht BT I, 27. Aufl. (2003), Rn.65a.

(二)德国联邦最高法院的观点①

德国联邦最高法院不得不对这个悲剧性的案件作出判决：被告人是一名社区服务人员，照顾失去行动能力严重残疾的S。一天中午，一心求死的S说服被告人将他赤身裸体地装在两个垃圾袋中，并用胶带封住他的嘴，只留下一个小口，然后把他放进一个温度在冰点左右的垃圾箱中。其间，S向被告人不实地保证，他已经这样做了很多次，肯定能在下午的时候从垃圾箱里被救出来。之后S死于窒息，可能也跟体温过低有关。州法院判决被告人无罪。检察官提起抗诉，德国联邦最高法院推翻判决，发回事实审法院重审。

在德国联邦最高法院看来，只有当厌世者在导致死亡的事件上欺骗了被告人，并借助引起的认识错误决定了他的行为时，才能鉴于亲手实施危险行为将被告人视为自杀者的工具，但本案中事实却并非如此，被告人不只是参与了不可罚的自陷危险行为那么无辜。申言之，就被告人单独造成的危险这一具体情状而言，他没有受到任何欺骗。相反，他是在有意实施危险行为，因为他知道寒冷和明显下降的呼吸能力会给S带来数小时的危险。S谎称已经多次安排这种行为，并且将在下午被一个不知名的第三人救出，这无法为被告人陷入有疑问的认识错误提供根据，并没有对被告人产生行为支配。

---

① BGH, NJW 2003, 2326.

第一章 通过间接正犯的方式实施自杀

与纽伦堡州高等法院的观点不同,德国联邦最高法院基于这一理由,原则上并不否认通过间接正犯方式的自杀,①但它却认为轻生者 S 具有行为支配的前提条件没有得到满足。德国联邦最高法院主张,被告人的危险意识会排除 S 的控制性支配。不过,这个对于本案而言极其关键的主张其实并不妥当,而且违背了刑法教义学发展出来的、用以确定基于认识错误支配的间接正犯的一系列原则:将行为媒介人置于排除故意的犯行情状认识错误之中,被认为是以认识错误为条件的间接正犯的原型。无论是幕前人完全无责任,还是在认识错误具有避免可能性的情况下,基于无认识的过失实施行为,都没有任何影响。在这两种情形中,只有促成犯行的人才对所有关键的情状具有认识。② 虽然当直接实行人不是基于故意而是基于有认识的过失实施行为时,就可能想到另一种评价——毕竟在这种情况下,他认识到了结果发生的可能性,但是,这种危险意识却无法单独阻止幕后者的认识错误支配。如果促成犯行的人由于对状况的认识而对风险有更好的认知,比如因为他知道构成要件结果肯定发生或者有相当大的概率发生,而幕前者只认为可能发生,那么他就会利用更多的认知来支配事

---

① 然而,该判决的官方指导原则却具有误导性:"如果行为人遭到被害人的欺骗,在非故意的情况下提供死亡协助,那么他参与的就不是非构成要件的自陷风险行为。"这条指导原则看上去似乎排除了通过间接正犯方式实施自杀的可能性。但从这一理由中可以得知,德国联邦最高法院只是认为这种欺骗与危险意识无关。此外,基于被害人的死亡意愿,德国联邦最高法院讨论的是自我损害行为,而不是自陷危险行为。人们一直没有充分注意二者区分的意义,参见 Otto, in: Tröndle-FS (1989), S. 169f. 关于自我负责的自陷危险,富有启发性的观点参见 Christmann, Jura 2002, 679 (680ff.).

② Roxin, Strafrecht AT II (2003), §25 Rn.63.

件,从而成为间接正犯。[1]

这同样适用于自我损害的情形,其中幕后者将被害人作为工具,利用他对自己(被害人)实施损害行为。在此,被害人的自陷危险意识同样无法排除幕后者的认识错误支配。这再次取决于在危险认识方面存在哪些差异。倘若故意实施行为的犯行促成人基于优越的事实认知,比自陷危险人能更好地把握风险,那么德国联邦最高法院就肯定间接正犯的成立,认为这不是对自陷危险的不可罚的参与。[2]

相反,如果遵循德国联邦最高法院在判决中提出的观点,认为当直接实行人具有危险意识时,便排除幕后者的认识错误支配,就会在其他案件中导致不合理的结论。试举另外两个例子加以说明:

案例4:T 说服 A 把 O 绑起来,用胶带封住他的嘴,只留一个小口,然后将他放到温度在冰点左右的垃圾箱中。对此,T 向 A 不实地保证,这只是给 O 一个教训,几个小时之后一定把他从垃圾箱中救出来。A 相信了这个保证。如 T 所计划的那样,O 实际上被冻死。

---

[1] Kühl, Strafrecht AT, 4. Aufl. (2002), §20 Rn.52; Roxin, Strafrecht AT II (2003), §25 Rn.65. 但问题在于,当犯行促成人和直接实行人对结果发生的风险和盖然性具有相同认知时,该如何作出评价:利用幕前者缺乏抑制动机的间接正犯,参见 Roxin, Strafrecht AT II (2003), §25 Rn.65; Cramer/Heine, in: Schönke/Schröder, StGB, 26. Aufl. (2001), §25 Rn.16; 批评意见,参见 Joecks, in: Münko-StGB (2003), §25 Rn.79.

[2] BGHSt 32, 262 (265); 36, 1 (17); 其他相同的观点,参见 Joecks, in: MüKo-StGB, §25 Rn.109; Kühl, in: Lackner/Kühl, StGB, 24. Aufl. (2001), Vor §211 Rn.12; Otto, in: Tröndle-FS (1989), S. 174; Roxin, Strafrecht AT II (2003), §25 Rn.75; Tröndle/Fischer, 51. Aufl. (2003), Vor §13 Rn.19; Wessels/Beulke, Strafrecht AT, 33. Aufl. (2003), §13 Rn.187.

第一章　通过间接正犯的方式实施自杀

　　A 成立德国《刑法》第 222 条过失致人死亡罪。对 T 而言,正确的做法是,应当根据德国《刑法》第 212 条、第 25 条第 1 款第 2 种情形的规定,通过间接正犯方式实施的故意杀人罪来处罚他。这是因为,他凭借自己的优越认知支配了导致 O 死亡的事件。然而,德国联邦最高法院也许不得不否定 T 在故意犯方面的刑事可罚性。由于 A 存在危险意识,因此它肯定会认为,T 不具有认识错误支配,从而不成立间接正犯。教唆的刑事可罚性也不在考虑之列,因为缺少故意实施的主犯行。

　　案例 5:T 说服 O 参加勇气考验。O 要躺在温度在冰点左右的垃圾箱中,用胶带封住嘴,只留一个小口,然后用链子把自己锁上。T 向 O 不实地保证,几个小时后一定将他从垃圾箱中救出。如 T 所计划的那样,O 实际上被冻死。

　　本案例中对结果发生风险有完全认识的只有 T,而非 O。从这个意义上说,T 是故意杀人罪的间接正犯,T 将 O 作为工具,让 O 对自己实施损害行为。而由于 O 存在危险意识,德国联邦最高法院肯定会认为,导致死亡的行为是自我负责的自陷危险,而 T 只是不可罚的参与者。

　　该观点所导致的结论无法与间接正犯教义学协调一致,德国联邦最高法院显然没有看到这一点。如果想避免这些不一致,就必须认为,当犯行促成人更好地认识到结果发生的风险时,有认识过失的行为人所具有的危险认知,至少不能排除犯行促成人的认识错误支配。在德国联邦最高法院判决的这个案件中,轻生者 S 就有这种优越的事实认知。被告人只是意识到,在信以为真的救援到来之前,S 存在危险,而 S 除了意识到危险之外,还清楚下午不可能有任何第三人前来救他。因此，与被告人不同，S知道他所期望的死亡无论如何都会发生。出于这一理由，与德国联邦最高法院的观点相反，被告人对S遭到危险的强度存在认识错误，S通过他的欺骗可归责地引起了被告人的认识错误。S具有认识错误支配，他是自杀的"间接正犯"，也就此排除了被告人的刑事可罚性。

五、结论

轻生者支配了直接结束生命的行为就成立自杀。只要自杀者至少也拥有最终的行为决定权，就存在行为支配。但是，如果轻生者通过欺骗操控他人杀死自己（通过间接正犯的方式实施自杀），就可能存在认识错误支配。在这种情况下，作为轻生者工具的其他人不是可罚的杀害他人行为的正犯，而是自杀的参与者，因此不可罚。

第二章
身体伤害致人死亡中的危险关联*

一、问题的提出

在萨克森州小城古本(Guben)的一家迪斯科舞厅外,某仇外团伙中的一些人和包括 J 在内的几个外国人发生争执,进而演变成肢体冲突。冲突过后,这群仇外的青少年和青年决定去追赶 J。所有人都清楚他们在追赶的过程中会使用暴力,有可能对 J 造成伤害。他们放任了这件事的发生。正当他们听着充满仇外歌词的音乐,驱车穿过城市寻找 J 时,在凌晨四点半左右他们注意到街上站着 3 个外国人,他们刚从之前的那家迪斯科舞厅出来,走在回家的路上。车内的人大喊大叫下车冲向他们。这群攻击者中还有人穿着作战靴和轰炸机夹克,外国人见状就惊慌逃跑。攻击者继续开车追赶。大约开出 100 米,超过了逃跑者,并直接把车停在他们面前。车内的人再次下车,冲向那 3 个外国人。由于慌乱恐惧,3 个外国人朝不

---

* Der Gefahrenzusammenhang bei der Körperverletzung mit Todesfolge. *Goltdammer's Archiv für Strafrecht* 2008, 669-685.

同方向逃跑。攻击者随即分头行动,两个人去追赶 G 和 K。虽然几米之后攻击者就停止追赶,但是 G 和 K 却误以为追赶者还在身后。他们跑到附近的公寓楼想躲进去,由于 G 无法打开公寓楼的门,加上死亡的恐惧,他一脚踢碎了门下方的玻璃板。在踢玻璃板的过程中,或者在随后从中爬过去的时候,门框上残留的玻璃伤到了 G 的动脉,G 在短时间内失血过多而死。

这个悲剧性的案件十分有名,文献将其称为"古本追逐"或"古本狩猎"。① 该案不仅是一个令人震惊的例子,表明右翼极端主义暴力犯罪这一社会问题仍然十分严重,还说明迫切需要采取包括政治行动在内的应对措施。一个曾激烈讨论的刑法问题以一种尖锐的形式蔓延开来。德国联邦最高法院在本案中认为,侵害人涉及 G 的行为不仅是危险身体伤害未遂和过失致人死亡的行为单数,还是未遂的身体伤害致人死亡。② 并非完全没有争议的是,③倘若按照德国联邦最高法院的观点,肯定身体伤害的直接着手,理由是根据行为人的想象,最迟在第二次拦截和徒步追赶逃跑者之时,该事件本应在没有其他重要中间行为的情况下,在事实上不受干扰地实现构成要件,那么初看上去,这当然令人无比信服。身体伤害致人死亡便是所称的结果加重犯。不过,根据德国《刑法》第 18 条关于特殊结果之加重处罚的法定规则,对于结果加重犯的实现而言,似乎没有更多的必要条件,只需要行为人通过故意实施基本犯(未遂的

---

① Kühl, AT, 6. Aufl. 2008, § 17a Rn.26; Swowada, Jura 2003, 549; Wessels/Hettinger, BT/I, 31. Aufl. 2007, Rn.301.
② BGHSt 48, 34.
③ Hardtung NStZ 2003, 261f.

危险身体伤害)造成特殊的犯行后果(被害人的死亡),并且至少对这一后果成立过失。本案显然是这种情况:如果没有追赶,G 就不会在逃跑的过程中死亡,行为人也能预见到其违法行为具有导致该后果的可能性。

不过,原则上达成共识的一点是,结果加重犯的量刑幅度存在巨大的跳跃。从责任原则的角度看,故意犯和过失犯仅在行为单数的意义上共存,并不足以使这种巨大的量刑幅度跳跃具有合法性。比如单个的身体伤害同过失致人死亡一样,只判处罚金或者最高 5 年的自由刑,而身体伤害致人死亡却最低可判 3 年自由刑,最高甚至能判 15 年自由刑。因此,判例和文献几乎一致认为,在认定结果加重犯时,应当在单纯的因果关系和过失之外,要求基本犯的实施和严重后果之间存在一种特别紧密的关联。具体构成要件的实现必须恰好伴有能造成特定后果的特殊危险,而且这一危险必须具体实现。① 比如,若行为人故意(没有杀人意图)给被害人造成严重的枪伤,那就是典型的身体伤害致人死亡。

现在的问题是,德国《刑法》第 227 条②中的这种特殊危险关联,是否不仅可以存在于构成要件结果(比如枪伤)和特殊后果之间,还可以存在于构成要件行为(或直接着手)和特殊后果之间?

---

① BGHSt 31, 96 (98f.); 32, 25 (28); 48, 34 (37); Fischer, StGB, 55. Aufl. 2008, § 227 Rn.3; Hirsch JR 1983, 78f.; Kühl, AT, §17a Rn.14ff.; ders. BGH-FG IV, 2000, S. 237, 250f.; Laue, JuS 2003, 744; Schönke/Schröder/Stree, StGB, 27. Aufl. 2006, § 227 Rn.3; Wessels/Beulke, AT, 37. Aufl. 2007, Rn.24; Wessels/Hettinger, BT/1, Rn.297; Wolter, JuS 1981, 169.

② 德国《刑法》第 227 条规定:"(1)犯伤害罪(第 223 条至第 226a 条)因而致被害人死亡者,处 3 年以上之自由刑。(2)犯第 1 款之罪而其情节轻微者,处 1 年以上 10 年以下之自由刑。"——译注

这是因为,像"古本追逐案"那样,正好缺少故意引起的身体伤害结果,相应的犯行停留在未遂阶段。G的死亡是由为未遂奠定基础的行为造成的,即怀着身体伤害意图的造成结果的追赶行为。因此,只有当身体伤害行为和死亡后果之间的特殊危险关联可以确立时,才能在这一情境中认定(未遂的)身体伤害致人死亡的刑事可罚性。不过,这一点素有争议。德国联邦最高法院和文献中的多数声音都肯定这种可能性,①而文献中也确有一些声音主张,特殊后果的发生只能由基本犯的结果促成。比如有一种观点认为,倘若身体伤害结果是导致死亡的原因之一,该结果是一个必要的过渡阶段,即过渡因果关系说,②就足以成立结果加重犯。而根据另一种观点,由身体伤害结果的性质和严重程度导致的危险,必须刚好在死亡中实现,即致死性说,③才足以成立结果加重犯。

---

① BGHSt 14, 110 (112); 31, 96 (99); 48, 34 (37f.); Eisele, BT/I, 2008, Rn.354; LK/Vogel, StGB, 12. Aufl. 2007, §18 Rn.46; Kindhäuser, BT/1, 3. Aufl. 2007, §10 Rn.9ff.; Laubenthal, JZ 1987, 1068; Laue, JuS 2003, 745; Otto, BT, 7. Aufl. 2005, §18 Rn.2; Rengier, ZStW 111 (1999), 19f.; ders., BT/II, 9. Aufl. 2008, §16 Rn.4; Sowada, Jura 2003, 553; Schönke/Schröder/Stree, §227 Rn.5; Wessels/Hettinger, BT/I, Rn.299; Wolter, GA 1984, 444f.

② Altenhain, GA 1996, 30ff.

③ Geilen, Welzel-FS, 1974, S. 681; Gössel/Dölling, BT/I, 2. Aufl. 2004, §13 Rn. 92ff.; Hirsch, JR 1983, 80; ders., Oehler-FS, 1985, S. 129ff.; Krey/Heinrich, BT/I, 13. Aufl. 2005, Rn.272; Kühl, BGH-FG IV, S. 255f.; Küpper, ZStW 111 (1999), 792f.; ders., Hirsch-FS, 1999, S. 615ff.; ders., BT/I, 3. Aufl. 2006, Teil I §2 Rn.29; Lackner/Kühl, StGB, 26. Aufl. 2007, §227 Rn.2; LK/Hirsch, 11. Aufl. 2001, §227 Rn.5; Mitsch, Jura 1993, 21; Puppe, AT/I, 2002, §10 Rn.32ff.; Roxin, AT/I, 4. Aufl. 2006, §10 Rn.115; Schönke/Schröder/Cramer/Sternberg-Lieben, §18 Rn.4.

二、未遂结果加重的一般成立可能性

不过,如果基于其他原因,行为人构成基本犯未遂,却过失导致了特定结果,不可能成立可罚的未遂结果加重,那么对于本案的法律评价而言,就根本不会去追问身体伤害致人死亡中特殊危险关联的确切性质。虽然判例和主流观点认为存在这种可能,并在此讨论未遂的结果加重,①但是文献中却对该立场提出了两个基本的批评意见:一个是过失方面的反对意见,另一个是主观想象方面的反对意见。

过失方面的反对意见由格塞尔提出,认为结果加重犯是故意和过失的结合,即故意实施行为加上过失导致结果。从结果上说,结果加重犯是过失犯罪,而过失未遂并不具有刑事可罚性。② 然而,格塞尔的这一主张却已被制定法所驳倒。德国《刑法》第11条第2款明确规定,应当将故意和过失相结合的情形视为故意犯罪。从这个意义上说,过失方面的反对意见已经失去了立论基础。③

与之相对,主观想象方面的反对意见看上去更为精致,其支持者是哈东。在哈东看来,依照德国《刑法》第22条的法定概念,只有当行为人"根据他对犯行的想象"直接着手实现构成要件时,才成

---

① 应当与结果加重的未遂相区分,在结果加重的未遂中,行为人在实施基本犯时,其故意还包含特定的后果,不过该后果并未发生。Kühl, AT, §17a Rn.32; Roxin, AT/II, 2003, §29 Rn.318; Wessels/Beulke, AT, Rn.617.

② Maurach/Gössel/Zipf, AT/II, 7. Aufl. 1989, §43 Rn.114ff.

③ Kühl, AT, §17a Rn.41; Laubenthal, JZ 1987, 1067; LK/Vogel, §18 Rn.79; MK/Hardtung, 2003, §18 Rn.67; Roxin, AT/II, §29 Rn.327.

立未遂。这意味着行为决意必须涉及所有客观构成要件要素。而未遂的结果加重却根本不属于这种情况,因为虽然行为人在基本犯方面具有故意,但却对特定后果没有故意。换言之,与德国《刑法》第 22 条所要求的不同,他并没有针对整体犯行的主观想象。①

然而,主观想象方面的反对意见同样不可取。就像希伦坎普所揭示的那样,德国《刑法》第 22 条中的"对犯行的想象"这一概念指的并不是故意,而是行为人对实际事件进程的想象,也就是他的行为计划,为的是以该计划为基础确定直接着手的时点。因此,这个概念无法对"行为内在方面的要求"作出描述,它没有这样的功能,作用只是区分未遂的起点和单纯的预备行为。② 与之相对,故意是未遂构成要件的不成文要素,德国《刑法》第 22 条就以之为前提。③ 与哈东的想法不同,将未遂的结果加重中的故意要求限制在基本犯的事实情状上,并不违背德国《刑法》第 22 条的措辞,体系上也是这样要求的。申言之,唯有如此,才能避免下面这种不协调的结论:行为人的故意在未遂犯中所涉及的事实情状必然多于在既遂犯中所涉及的事实情状,④尽管未遂只是既遂的一个过渡阶段,二者的差别仅在于构成要件结果的存在或不存在。

---

① Hardtung, Versuch und Rücktritt bei den Teilvorsatzdelikten des §11 Abs. 2 StGB, 2002, S. 198ff.; MK/Hardtung, §18 Rn.74. 然而,哈东在他后续的讨论中却支持一种加重刑罚的方案:在基本犯未遂,特定后果发生的情况下,应当根据结果加重犯的量刑幅度来处罚行为人。Hardtung, Versuch und Rücktritt bei den Teilvorsatzdelikten des §11 Abs. 2 StGB, 2002, S. 265ff.; 批评意见参见 Küper, Herzberg-FS, S. 334.
② Hillenkamp, Roxin-FS, 2001, S. 689ff.; Küper, Herzberg-FS, S. 333f.
③ Küper, Herzberg-FS, S. 334.
④ Roxin, AT/II, §29 Rn.338.

三、身体伤害行为和死亡结果之间的危险关联可能性

对未遂结果加重的一般成立可能性提出的质疑,皆不甚可取。无论是过失犯教义学,还是未遂犯教义学,都没有预先确定特殊危险关联的性质。这种危险关联能否也存在于构成要件行为(或直接着手)和特定后果之间,只能针对每个结果加重情形单独认定。①

（一）文义论证

不过,如果说法定刑法构成要件的措辞已经给出了明确的答案,那么对身体伤害致人死亡的详细研究便可有可无了。文献中的一些声音就宣称了这一点。克雷论证道,德国《刑法》第227条讲的不是身体伤害行为,而是身体伤害结果,行为人必须通过身体伤害结果导致他人死亡;构成要件结果对于这种情况是决定性的。② 然而,这个命题没有看到,按照加重情节中出于语言便捷而经常使用的立法技术,"身体伤害"这一概念的作用只是为了援引德国《刑法》第223条普通伤害罪的构成要件。这样一来,德国《刑法》第227条就不必在构成要件中再规定一遍基本犯的全部构成要件要素了。与之相对,不应绝对排除身体伤害只成立未遂的情况。如果采纳克雷在文义方面的论证,那么当基本犯只成立未遂时,就几乎不可能根据加重情节来处罚行为人,因为立法者在绝大多数情形下

---

① Kühl, AT, §17a Rn.17; Roxin, AT/I, §10 Rn.115; SK/Rudolphi, 7. Aufl. 2003, §18 Rn.7.

② Krey/Heinrich, BT/I, Rn.271; Jäger, BT, 2. Aufl. 2007, R,90; Mitsch, Jura 1993, 21.

都使用了这种技术。只要看一下德国《刑法》第 224 条、第 250 条和第 255 条,即危险身体伤害罪、加重抢劫罪和抢劫性敲诈勒索罪,其中分别提到了"身体伤害"、"抢劫"和"敲诈勒索"。但是,按照立法者的规则意图,这些加重构成要件自然不能只处罚已经实现了基本犯的行为人,对于那些根据其对犯行的想象,只是直接着手实现基本犯的行为人而言,也能予以处罚。

其他观点认为,德国《刑法》第 227 条说的并不是行为人必须通过身体伤害导致某人死亡,而是必须导致受害人死亡。但是,只有遭受实际损害的人才是受害人,因此必须将"通过身体伤害"这一构成要件要素理解为"通过身体伤害结果"。只有当行为人事先给被害人造成了危及生命的健康损害时,才能认为行为人由此导致受害人死亡。[①] 一旦仔细研究刑法中"受害人"这个概念的使用,这一论证的说服力自然就会下降。比如德国《刑法》第 77 条第 1 款规定了对自诉犯罪的刑事自诉权,其中就有受害人这个概念。德国《刑法》第 77 条第 1 款规定,在法律没有其他规定的情况下,只能将自诉权赋予受到犯行伤害的人。然而,对于这一规定而言,只要行为人通过被禁止的行为直接干涉了某人的法权领域,就可以将这个人视为受害人。[②] 从这个意义上说,可罚的犯罪未遂中的被害人毫无疑问也是受害人。德国《刑事诉讼法》第 172 条、第 374 条和第 395 条中的受害人概念,也是在完全相同的意义上使用的。如果考虑到这一概念的形成,就可以毫不迟疑地将德国《刑法》第 227 条意义上的受害人也视为单纯身体伤害未遂的被害人。从概念上说,无

[①] Hirsch, JR 1983, 79; LK/Hirsch, §227 Rn.4; Roxin, AT/I, §10 Rn.117.
[②] BGHSt 31, 207 (210); Fischer, §77 Rn.2; Lackner/Kühl, §77 Rn.6; Schönke/Schröder/Stree/Sternberg.Lieben, §77 Rn.10.

第二章 身体伤害致人死亡中的危险关联 413

论如何都不能排除这一点。相反,这符合德国《刑法》和《刑事诉讼法》在其他位置对"受害人"一词的使用。因此,无法通过单纯的文义分析来驳倒身体伤害行为和死亡后果之间的特殊危险关联可能性。

(二)体系论证和目的论证

立法材料没有提供明确的线索,[1]因此必须根据体系论证和目的论证来回答关于特殊危险性质的问题。有一种观点认为,故意实现的身体伤害结果至少是一个必要的过渡阶段,所以身体伤害行为和死亡结果之间的单纯关联并不充分。单纯作为一种行为的身体伤害行为往往会带来各种各样的危险,但这些危险却不一定具有相应的特性以满足故意伤害身体的构成要件。从这个意义上说,对于此一特性而言,这些危险并不特殊,发生其他身体伤害的危险也可能归属其中,同样可能是致命的。故意身体伤害行为在构成要件上的特殊危险,恰好存在于故意造成的身体伤害结果之中。因此,只有当死亡原因不是单纯的行为,而是故意造成的身体伤害结果时,才会实现典型的身体伤害危险。[2]

以"手枪殴打案"[3]为例,行为人用未上保险的手枪故意殴打被害人的后脑,却不慎走火,子弹致命性地击中被害人的头部,致其死亡。普珀认为,在本案中,行为人没有实现任何特殊的身体伤害危险。申言之,对于特定后果的发生而言,在被害人反抗过程中,手枪殴打和走火击中的部位不一定刚好是被害人的头部。因此,这里实

---

[1] Paeffgen JZ 1989, 225f.
[2] Gössel/Dölling, BT/I, §13 Rn.91; Küpper, BT/I, §2 Rn.32a; LK/Hirsch, §227 Rn.5; Puppe, AT/I, §10 Rn.27ff.; Roxin, AT/1, §10 Rn.115.
[3] BGHSt 14, 110.

现的并不是将手枪作为殴打工具使用时所产生的特殊风险,而只是胡乱挥舞已上膛、未上保险的手枪时所带来的一般风险。① 以要言之,在普珀看来,过失杀害被害人只发生在伤害身体的过程中,其本身并不是身体伤害的结果。这也适用于"面团机案"②,其中被害人因腰骶部遭到猛烈殴打而踉跄向前,掉进面团机正在运行的装满面团的大桶里,然后被面团杆压入面团中,最后窒息而死。这里实现的同样不是典型的身体伤害危险,而只是在危险机器可及的范围内,以不受控制的方式从事活动时所产生的风险。③

  虽然这种将故意实现的身体伤害结果作为必要因果要素的要求能够在事实上作出明确的区分,一边是身体伤害致人死亡,另一边是故意伤害身体和过失致人死亡单纯成立行为单数,但是,似乎非常值得怀疑的是,德国《刑法》第 227 条中的特殊危险关联是否真的要在这种限制意义上加以理解。申言之,德国《刑法》第 227 条在括号中,不仅将德国《刑法》第 223 条规定的普通身体伤害作为可能的基本构成要件,还明确将德国《刑法》第 224 条④规定的危险身体伤害作为可能的基本构成要件。不过,危险身体伤害和普通身体伤害的差异,并不在于某个加重的身体伤害结果。对于德国《刑法》第 224 条的实现而言,完全不需要给被害人造成特别危险的健

---

 ① Puppe, AT/I, §10 Rn.22.
 ② OGHSt 1, 357.
 ③ Puppe, AT/I, §10 Rn.27.
 ④ 德国《刑法》第 224 条危险伤害罪:"(1)犯伤害罪而有下列各项情形者,1. 施用毒物或其他有害身体健康之物质,2. 使用武器或其他具有危险性之工具,3. 利用狡诈之突袭,4. 与他人参与人共犯之,5. 采用可能危及生命之行为,处 6 个月以上 10 年以下自由刑,情节轻微,处 3 年以上 10 年以下自由刑。(2)前款之未遂犯罚之。"——译注

康损害。它提升的并不是结果无价值,而只是行为无价值:德国《刑法》第224条对以特别危险方式,比如使用武器或者与其他人共同为之而实现身体伤害者处以更重的刑罚。换言之,加重处罚的理由是身体伤害行为的危险性。德国《刑法》第224条第1款第5项也将行为人"采用可能危及生命的行为"实施身体伤害这一情形,视为一种犯行样态。制定法也由此表达了这样一种看法,即对生命的特殊危险已经可以与身体伤害行为绑定在一起。[1]

一些支持"过渡要求"的学者试图作出回应。他们简单地以为,德国《刑法》第227条括号中所援引的德国《刑法》第224条,对于特殊危险关联的确定而言并不重要。[2] 这似乎很难令人信服。这是因为,即使认为援引德国《刑法》第224条——尽管它锚定在德国《刑法》第227条的措辞中——不具有任何意义,也无法概括德国《刑法》第224条第1款第5项所表达的法律评价,即特殊的生命危险是与身体伤害行为本身绑定在一起的。

不过,还可以想到另一种回应。"过渡要求"的支持者可能会认为,虽然德国《刑法》第224条处罚某些特别危险的实施犯罪的方式,但是提高的实行行为风险却刚好与所希望的身体伤害相关联。德国《刑法》第224条所列举的行为样态拥有适合于实现身体伤害结果的特性,此一特性乃是评价这些犯行样态是否具有危险性的基准点。比如使用武器或其他危险工具,共同犯罪或狡诈袭击,都要受到更重的处罚,因为这里有更严重的身体伤害风险,或者面对侵害身体完整性的行为,被害人的防御机会将明显降低。相反,与所

---

[1] Laue, JuS 2003, 745; Sowada, Jura 2003, 555; Rengier, BT/II, §16 Rn.4; Wessels/Hettinger, BT/I, Rn.299; Hardtung, NStZ 2003, 263.

[2] Gössel/Dölling, BT/I, §13 Rn.91.

追求的身体伤害结果无关的危险,则对德国《刑法》第 224 条的加重情节不起任何作用。就本章讨论的主题而言,可以得出结论:只有当行为人通过实施犯行的方式方法制造了这样一种危险,即可以将他所希望的健康损害引向被害人的死亡时,才可能适用德国《刑法》第 224 条第 1 款第 5 项。并且,只有当这个蕴含在身体伤害结果中的危险也会在事实上实现,才可能具有德国《刑法》第 227 条的刑事可罚性。

就目前而言,这或许是一个十分合理的立场。不过,它所依据的德国《刑法》第 224 条的保护目的却被确定得过于狭窄。虽然该立场妥当地认为,当人们在法律上将不同的犯行样态评价为危险时,适合引起身体伤害结果的特性就处于重要地位,详言之,德国《刑法》第 224 条第 1 款第 1—4 项所列举的行为方式实际上只与所希望的身体伤害结果有关,对于确立犯罪行为和特定后果之间的特殊危险关联而言,并不适合作为认定的出发点,[①] 但是,该条第 5 项却能涵盖那些行为人为了实现身体伤害而愿意放任其发生的危险。[②] 因此,如果实行行为——比如因为行为人不能稳妥控制他所使用的工具——包含这样一种风险:除导致所希望的身体伤害之外,还会造成其他进一步致命的健康损害,或者不会导致所希望的身体伤害,而只会造成其他进一步致命的健康损害,那么,也可以将其视作危及生命的行为。

再次以"手枪殴打案"为例,用子弹上膛又未上保险的手枪殴打被害人后脑的行为属于德国《刑法》第 224 条第 1 款第 5 项,因为

---

① Sowada, Jura 2003, 556.
② MK/Hardtung, § 224 Rn.28.

它确立了这样一种危险,即被害人不只是单纯受到殴打伤害,而是手枪走火给他造成了进一步的致命枪伤。申言之,对于所希望的身体伤害即殴打伤害而言,行为人在这里实施的犯行并没有危及生命,但是对于通过殴打导致进一步可能的健康损害即枪伤而言,却会危及生命。然而,当生命危险与所希望的身体伤害结果无关时,①倘若德国《刑法》第 224 条第 1 款第 5 项中的"危及生命行为"这一构成要件要素也能将其涵盖,就不再有理由为德国《刑法》第 227 条设置"过渡要求"。从这个意义上说,即使所希望的身体伤害结果没有成为媒介,在身体伤害行为和作为特定后果的被害人死亡之间也可以存在特殊的危险关联。

但问题在于,是否犯罪行为从客观的角度观察是一个危及生命的行为,就足以认定特殊危险关联?行为方式的客观危险并不足以认定德国《刑法》第 224 条第 1 款的刑事可罚性。同时,行为人还要具备相应的危险意识,倘若缺少这种危险意识,就会以没有满足基

---

① 部分学者认为,在"手枪殴打案"中枪伤也完全被身体伤害故意所涵盖。此处仅存在因果进程的非实质性偏离,不会使其他对犯行的评价正当化。Paeffgen, JZ 1989, 226; Wolter, JuS 1981, 178. 然而,这并不妥当。在因果进程偏离的情形中,确实会发生行为人所追求的结果,只是引起这一结果的因果链条与行为人的想象有所不同。相反,在"手枪殴打案"中,行为人导致的却完全是另一个侵害结果。行为人不仅想象了一个偏离的因果进程,还想象了一种完全不同的身体伤害结果。因此,他的故意只涵盖殴打伤害,却不包括枪伤。在讨论非实质的因果进程偏离时,人们喜欢以"坠桥案"为例,其中行为人将被害人从很高的桥上推下,为的是让被害人掉进桥下的湍急的河水中淹死,但是被害人却在现实中撞上了桥墩,从而造成致命性的颅骨骨折。"手枪殴打案"和"坠桥案"也并不矛盾,在"坠桥案"中,实际发生的结果正是行为人想象的结果,都是被害人死亡,但却无法转用到身体伤害犯罪中。申言之,与杀人犯罪不同,身体伤害犯罪中不仅存在结果相同(比如死亡都是一样的),只有引起方式不同的情形,还能想到结果在量上完全不同的情形(比如殴打伤害就不同于枪击伤害)。对以上观点的批评意见,参见 Puppe, AT/I § 10 Rn.21.

本犯的主观构成要件为由排除德国《刑法》第224条的适用。接下来，只剩下德国《刑法》第223条普通身体伤害罪了，不过行为方式的危险性对它并不起任何作用。一些学者认为，身体伤害行为和死亡后果之间的特殊危险关联可能性只存在于这样的情形中，即德国《刑法》第224条第1款第5项乃基本犯。换言之，行为人不仅在客观上通过危及生命的行为实施身体伤害，还对那些为危及生命奠定基础的情状存在认识。①

支持在宽泛意义上理解归责的学者可能会尝试这样反驳，虽然德国《刑法》第227条援引第224条这一点可以证明，"过渡要求"的支持者把身体伤害和死亡后果之间的特殊危险关联理解得过于狭窄，因为立法至少在危险身体伤害罪中明确表达了身体伤害行为能与某些生命危险绑定在一起的看法。但是，却无法从中得出结论，认为这些与实行行为绑定在一起的生命危险只有在实施危险身体伤害的情况下才有意义，如果由于缺乏危险意识，这些危险只在普通伤害罪的背景下才能实现，就不必加以考虑。否则，就会以不正当的方式赋予特别粗心的行为人特权，这类行为人的行为会产生为危及生命奠定基础的情状，但他却并不顾及这些情状。

然而，这一论证没有考虑到，只有当基本犯旨在保护个人免遭某犯行侵害、而特定后果又刚好由该犯行造成时，才存在特定后果与基本犯之间的联结。② 但是，德国《刑法》第223条却不是用于保护个人免遭所有身体损害，而只是用于保护他免遭故意实施的机体损伤。以"手枪殴打案"为例，德国《刑法》第223条的目的是防止

---

① Sowada, Jura 2003, 555f.; SK/Horn/Wolters, §227 Rn.10. 在死亡后果是由故意实现的身体伤害结果引起时，也要求行为人存在危险意识。

② MK/Hardtung, §18 Rn.27ff.

行为人故意给被害人造成殴打伤害，而不是防止行为人过失给被害人造成枪伤，后者是德国《刑法》第 229 条过失伤害罪（当然会排除德国《刑法》第 227 条的基本构成要件）的功能。因此，防止在实施身体伤害时可能产生的额外风险，同样不属于德国《刑法》第 223 条的保护目的。这个任务只能交给德国《刑法》第 224 条，从中得出的结论是，倘若行为方式本身所带来的特定危险对德国《刑法》第 223 条毫无意义，那么只有当被害人的死亡是由故意实现的身体伤害结果造成的时候，被害人的死亡才能作为犯行的特殊后果而具有可归责性。[①] 如果没有至少作为过渡阶段的所希望的身体伤害结果，就只能将身体伤害行为与死亡后果之间的特殊危险关联视为德国《刑法》第 224 条第 1 款第 5 项中的情形。因此，身体伤害行为的客观生命危险性并不足够，行为人还要认识到为危及生命奠定基础的情状，并在此基础上实施相应行为。[②]

再以"手枪殴打案"为例，如果行为人在殴打时不知道手枪已经上膛且未上保险，而是误以为子弹已经卸下并上了保险，那么虽

---

① MK/Hardtung, §227 Rn.12.
② 还能想到这样的反对意见，即德国《刑法》第 18 条在特定后果方面并不要求有认识的过失，而只要求具备无认识的过失。LK/Vogel, §18 Rn.46; Wolter, JuS 1981, 168, 171. 虽然妥当，但却没说清楚在基本犯方面存在哪些对故意的要求。在成立普通身体伤害就已足够的情况下（当死亡是由故意造成的身体伤害结果引起时），其实并不需要危险意识，因为德国《刑法》第 223 条只要求"普通的"身体伤害故意。但总是存在这样的情况：如果普通身体伤害并不足够，只有德国《刑法》第 224 条第 1 款第 5 项中的危险身体伤害才能确立特殊危险关联，那就必须满足基本犯的所有前提条件——对危及生命的身体伤害方式这一情状的认识也归属其中。正确的观点是，危险意识的要求并不能说明德国《刑法》第 224 条第 1 款第 5 项作为基本犯的必要性（比如 SK/Horn/Wolters, §227 Rn.10.经过考虑后认为，只有当危险意识存在时，以结果加重进行处罚才是适当的）。相反，这种必要性只能从其他——也就是保护目的的角度——已经证立的必要性中推导出来。

然客观上存在危及生命的行为,但是他在主观上却没有危险故意。从这个意义上说,不能根据德国《刑法》第224条第1款第5项危险身体伤害罪进行处罚。因此,即使在殴打时引发了致命的射击,行为人也不成立身体伤害致人死亡罪。

四、被害人介入时的直接关联

在"古本追逐案"中,不存在故意实现的作为过渡阶段的身体伤害这一点,并不能排除犯罪行为(或直接着手)与死亡后果之间的特殊危险关联。行为人不仅要成立德国《刑法》第223条规定的普通伤害罪(未遂),还要成立德国《刑法》224条第1款第5项规定的危险身体伤害罪(未遂)。就眼下的事实情况而言,即使假定存在行为决意和直接着手实现德国《刑法》第224条第1款第5项危险身体伤害,也只能得出一个中间结论。申言之,与"手枪殴打案"不同,本案的特殊之处在于,行为人对被害人身体完整性的侵害并未直接导致死亡后果。相反,正是被害人的行为决定了他最终的死因,即被害人最终的死因是踢碎玻璃板或者随后从中爬过去。在此情形下,还能否认定特殊的危险关联就存在很大争议。一些判例特别要求,身体伤害和特定后果之间必须存在直接关联。然而,当第三人或被害人本人的行为介入其中时,就缺少这种直接关联。

德国联邦最高法院在"罗策尔案"(Rötzel-Fall)中首次主张这一立场。在该案中,已经严重受伤的被害人因害怕遭到行为人的持续攻击,便试图穿过楼层的窗户逃到阳台,不幸跌落以致身死。判决认为本案中不存在身体伤害致人死亡的刑事可罚性,因为死亡结

第二章　身体伤害致人死亡中的危险关联

果正好是由第三人的介入或被害人本人的行为引起的。更确切地说,侵害行为必须直接导致死亡后果,否则就不会实现为基本构成要件所固有的危险。①

在之后的判例中,德国联邦最高法院也在言语上坚持直接关联这一要求。② 不过,在最近的判决中却只是纯形式的声明,"罗策尔案"中采取的立场其实已经慢慢相对化,并最终遭到抛弃。大约20年后,德国联邦最高法院对于"窗户跌落案"的判决就是某种转变了的看法。在该案中,持续抢劫中的被害人遭到严重虐待,他的头部受到令人痛苦的殴打,致使他精神恍惚。被害人慌乱不已,害怕遭到进一步虐待,于是从窗户跳出,以致身死。尽管死亡结果是由被害人的行为导致的,但德国联邦最高法院认为已经满足了身体伤害致人死亡罪的成立条件。与"罗策尔案"不同,由于虐待给被害人造成了心理损伤,死者自我负责的行为并不是身体伤害与特定后果之间的独立原因。相反,身体伤害和通过心理损伤引起的死亡后果是联系得如此紧密,以至于固着在行为上的危险刚好在被害人的死亡中实现。③

德国联邦最高法院在"拒绝治疗案"中作出了完全类似的论证。在该案中,醉酒的女人遭到殴打,头部受到重创。尽管医生明白无误地告诉她,放弃治疗会有生命危险,但她为了能继续喝酒,还是离开了医院,不久之后死于脑出血。拒绝接受医疗救助的举动并不会中断直接关联。即使医生恳切相告,不接受治疗对她有生命危

---

① BGH NJW 1971, 152.
② BGHSt 31, 96 (99).
③ BGH NJW 1992, 1708.

险,一个醉酒且伤重的女人屈服于继续饮酒的欲望,拒绝住院治疗的举动也并不违背生活经验。就算她清楚所描述的损害,知道事态的严重性,也是如此。①

在"古本追逐案"中,德国联邦最高法院也否定了归责关联的中断。G 的行为是对行为人严重侵害可想而知且可以理解的反应。让被害人"抱头鼠窜"乃是暴力、威胁类犯罪的典型特征,这符合人类基本的自我保护本能。虽然德国联邦最高法院在像"罗策尔案"这样的个案中以被害人自陷危险为由排除了归责,但是鉴于侵害人异常猛烈的行动并不妨碍对特殊危险关联的肯定。②

即使德国联邦最高法院在方才描述的所有后续判决中都没有背弃"罗策尔案"所采取的立场,其论证努力也难以掩饰之所以结论大相径庭,不是因为事实有异,而是由于法律观点不同。③ 与"窗户跌落案"相比,"罗策尔案"中被害人的恐惧程度没有机会减少,因此他的思考能力和决定自由都受到了限制,二者的区别最多是程度不同。鉴于被害人在试图逃跑、可能导致其死亡的时点要忍受严重的伤害,因此"罗策尔案"中侵害行为的猛烈程度便与"古本追逐案"几乎不相上下。④ 毕竟,德国联邦最高法院在"古本追逐案"的判决中言语上明确表达了对"罗策尔判决"的背离。在判决

---

① BGH NStZ 1994, 394.
② BGHSt 48, 34 (38f.).
③ Puppe, JR 2003, 124f.; Sowada, Jura 2003, 554.
④ 部分观点认为,德国联邦最高法院对"罗策尔案"和"窗户跌落案"作出不同评价的原因在于,前者对被害人思考能力和决定自由的妨碍只有纯粹的心理媒介作用,而后者则伴有因受伤导致的神智不清,这种妨碍在其中乃是一个心理上的原因。Graul, JR 1992, 344; Laue, JuS 2003, 746. 然而,这一解释路径却在后来的"古本追逐案"中失败了,本案就像"罗策尔案"一样,被害人的慌乱反应纯粹是心理上的。

第二章　身体伤害致人死亡中的危险关联

理由中不再像之前一样将"罗策尔判决"视为原则性判决,①而只是将其称为个案。②

究竟哪种观点更可取？倘若考察一下"窗户跌落案""拒绝治疗案"和"古本追逐案"中的论证,就会发现德国联邦最高法院以两个要点作为肯定归责关联的根据:其一,根据当时的情状,被害人的行为不具有自由负责性;其二,包括从被害人行为中产生的后果在内,对于行为人而言都具有预见可能性。然而,从这个意义上说,德国联邦最高法院是以这样两种情状为基础的,它们只是一般性的归责前提。这是因为,结果发生无论是以自由负责的被害人自陷危险为基础,还是被害人的行为或从中产生的后果对于行为人而言具有预见可能性,排除的都是普通过失的归责可能性。③ 换言之,在这样的案件中,不能根据德国《刑法》第222条过失致人死亡罪处罚行为人。德国联邦最高法院认为符合一般性的归责条件足矣,并通过这种方式实际放弃了它在言语上对特殊危险关联的要求,不再要求比普通过失犯中的归责关联更加严格。相反,倘若行为人通过同一个犯罪行为实现了故意犯罪和过失犯罪,就应当始终以结果加重犯进行处罚。但就上文所述结果加重的量刑幅度跳跃而言,结果加重犯的量刑毕竟要符合责任与刑罚相适应的要求,因此上述观点并不具有正当性。④

---

① BGH NJW 1992, 1708 (1709).
② BGHSt 48, 34 (39).
③ Gropp, AT, 3. Aufl. 2005, §12 Rn.45ff., 61ff.; Kühl, AT, §4 Rn.83ff., §17 Rn.40ff.; Wessels/Beulke, AT, Rn.667f., 684ff.
④ 批评意见参见 NK/Paeffgen, StGB, 2. Aufl. 2005, §227 Rn.9f.; Sowada, Jura 2003, 555; 支持观点参见 Rengier, BT/2, §16 Rn.6ff.

相反,"罗策尔判决"认为,在第三人或者被害人本人介入的情况下否定特殊危险关联,这一立场似乎不很令人信服。可以用改编的"拒绝治疗案"来说明:被害人遭到拳打脚踢,头部严重受伤,因受伤而意识模糊,夜间离开医院,不久后死于脑出血。被害人在这里的举动并不自由,与本案的原始版本不同,他的不自由应当追溯到行为人给他造成的身体伤害结果,正是该伤害的性质和严重程度导致了他的死亡。倘若被害人行为的不自由刚好是基于他所遭受的损害,而不是基于任何其他情状,比如本案原始版本中的酒瘾,就没有理由否定犯行和特定后果之间的特殊危险关联。此处实现的,是特别附着在健康损害之上的危险。从这个意义上说,虽然在被害人行为完全不自由时就不用考虑特定结果的归责,但若造成这种不自由的原因刚好是身体伤害,就很可能肯定特定结果的归责。① 在第三人介入情况下也是如此。例如,由于行为人给被害人造成了危及生命的伤害,医生不得不对其进行有风险的紧急手术,而被害人却在手术过程中因失血过多而死。对此,同样没有理由不将特定结果的发生归责于行为人,因为即便只有他的犯行,也使有风险的手术成为必要。因此,应当拒绝严格的直接性要求。更确切地说,在被害人或第三人介入的案件中,决定特殊危险关联成立与否的,是行为人有没有故意引起这样一种身体伤害:其一,该身体伤害具有危及生命的性质;其二,是被害人或第三人不自由的自我损害行为促成了这一身体伤害。

然而,上述论证最初只适用于故意实现健康损害的情况,能否

---

① Graul, JR 1992, 445; MK/Hardtung, §18 Rn.27.

第二章 身体伤害致人死亡中的危险关联

将该论证转用于像"古本追逐案"的情况,即被害人行为联结的不是犯行结果,而是犯行本身? 部分文献表示反对。在逃跑和退避的情况中,被害人的不自由不是由典型的身体伤害危险导致的,而是由典型的强制行为的危险造成的。[①] 行为人以恶害相威胁,致使被害人不自由地作出自我损害举动。这种恶害不一定是身体伤害,引发有风险的逃跑和退避的,同样可以是以剥夺自由相威胁,或者侵害性的自主决定。

虽然有观点妥当地认为有的人可能会因为害怕各种各样的危险而被迫逃跑或退避,但从中却无法得出结论认为危险的具体性质不起任何作用。如果危及生命的身体伤害行为促使被害人实施自我损害行为,那么被害人的这一行为就不是由任意一种危险导致的,而是专门由德国《刑法》第224条第1款第5项旨在预防的危险造成的。若被害人行为的不自由是基于这种特定的危险,就没有理由不将德国《刑法》第227条框架下发生的死亡后果归责于行为人。比如行为人用球棒实施危及生命的身体伤害,被害人能够躲开针对其头部的猛烈殴打,不过却在躲避的过程中跌倒,以致受到致命伤害。

然而,"古本追逐案"的情况有所不同,虽然行为人(也许)[②]直接着手实施身体伤害行为,但是为未遂奠定基础的行为却还不具有任何危及生命的特征,是被害人的逃跑行为首次制造了生命危险。不过,根据索瓦达的观点,在此不应排除特殊的危险关联,不应把目光过多地放在引发逃跑的情状上,而应放到与逃跑过程绑定在一起

---

① Laue, JuS 2003, 746f.
② Hardtung NStZ 2003, 261f.

的危险要素上。如果未遂的身体伤害没有满足德国《刑法》第 22 条第 2 项和第 224 条第 1 款第 5 项的前提条件,而危及生命的情状却首次出现在莽撞逃跑过程中,那就足以肯定特殊的危险关联。①

索瓦达曾经认为正确的观点是如果没有身体伤害结果作为过渡阶段,身体伤害行为和死亡后果之间的特殊危险关联就只能根据德国《刑法》第 224 条第 1 款第 5 项作为基本犯而存在。从上文论述可见,索瓦达其实放弃了这一观点。② 只要后来必然产生危及生命的情况,直接着手实施普通身体伤害就足以肯定特殊危险关联。然而,对此存在两点反对理由:一是就量刑幅度而言,该观点会消解对归责关联的必要限制,因为只要犯行和死亡后果发生之存在因果关系,该情形就会满足上述条件;二是由于缺少专门将特定后果和基本犯联结起来的保护目的关联,普通身体伤害行为并不足以认定特殊危险关联。不过这一点可能被忽视了。基本犯仅由德国《刑法》第 224 条第 1 款第 5 项提供,这一规定是与行为相关的构成要件的变体,其中详细地描述了行为人的行为方式。因此,要想符合这一规定,仅靠行为人为被害人危及生命的自陷危险设定原因是不够的,所实施的还必须是危及生命的行为。③ 如若不然,就会因缺少基本犯而否定特定后果的归责。在"古本追逐案"中,这意味着行为人成立德国《刑法》第 224 条第 1 款第 4 项、第 22 条第 2 项危险身体伤害罪(未遂)和德国《刑法》第 222 条过失致人死亡罪,二者构成行为单数。不过行为人却不成立德国《刑法》第 22 条第 2

---

① Sowada, Jura 2003, 556.
② Sowada, Jura 2003, 555f.
③ LK/Lilie, § 224 Rn.36; MK/Hardtung, § 224 Rn.28.

款、第 224 条第 1 款第 5 项的危险身体伤害罪(未遂),因为他们没有直接着手实施危及生命的行为。既然缺少建立特殊危险关联的起点,①行为人也就不成立德国《刑法》第 227 条身体伤害致人死亡罪。这并不是说行为人基于仇外态度实施的行为会在道德上受到更少的谴责,而是他们可谴责的态度无法替代特殊归责前提的缺失。在作刑法评价时,不应简单忽视这一点,这也是法治国思想的一个标志。

五、过失的程度

最后,还要简短讨论一下从过失程度入手的其他限制尝试。对于德国《刑法》第 227 条中引起死亡后果这一点而言,主流观点认为行为人具备普通过失足矣,而佩夫根却主张,在结果加重的情形中,原则上要有更高程度的过失,也就是轻率。② 按照这一观念,只有当行为人因轻率导致特定后果时,才能根据德国《刑法》第 227 条处罚行为人。从实定法上说,这不是一个可行的路径。德国《刑法》第 18 条明确要求,行为人对后果"至少有过失",而不是轻率。立法者有意决定,只有在一些像抢劫致人死亡(德国《刑法》第 251 条)这样的结果加重犯中,才要求至少因轻率导致结果,但在其他情况下普通过失就足够了。这个立法决定明确反映在结果加重情形

---

① 其他观点参见 Hardtung, JZ 2003, 263. 哈东在没有仔细研究德国《刑法》第 224 条第 1 款第 4 项的保护目的的情况下,就认为只要成立共同犯罪,就足以肯定特殊危险关联。

② NK/Paeffgen, §18 Rn.43ff.; Wolter, JuS 1981, 177f.

的文义和体系中,司法者不能随便发挥。①

六、结论

总结上文中的思考:在身体伤害致人死亡中,危及生命的身体伤害结果和危及生命的身体伤害行为都能确立特殊危险关联。但是,只有当作为基本犯的德国《刑法》第224条第1款第5项至少成立未遂时,才能考虑后者。因此,只靠实行行为在客观上具有危及生命的特征是不够的,行为人还必须具备相应的危险意识。而危及生命结果或危及生命行为直接导致特定后果这一点,却不是绝对必要的。如果被害人或第三人行为的不自由刚好是由身体伤害结果或身体伤害行为导致的,那么他们不自由的介入行为就不会中断归责关联。相反,无论是否与身体伤害结果或身体伤害行为有关,如果正好是被害人或第三人的行为引起了生命危险,就不足以认定特殊危险关联。

---

① Küpper, Hirsch-FS, S. 624; LK/Vogel, §18 Rn.52; Schönke/Schröder/Cramer/Sternberg-Lieben, §18 Rn.4;关于轻率在实定法上的必要性,参见 AE-Leben, GA 2008, 263f.

第三章
不作为身体伤害致人死亡中的危险关联*

一、问题概述

在第一刑事审判庭对"GBL 案"①作出判决仅两个月后,德国联邦最高法院最近又获得一次机会表达关于身体伤害致人死亡成立条件的立场。以要言之,这涉及如下事实("虐待案 3"):被害人(一个新生儿)的父亲在共同起居的客厅严重身体虐待、性虐待被害人达数小时之久,并最终杀死了这个新生儿。其间,尽管孩子的母亲(被告人)听到其子受虐待时的尖叫,并且知道她的丈夫在不断给孩子施加痛苦,但她还是在隔壁的卧室里无动于衷。然而,不能确定被告人是否也认为,这个虐待行为有可能造成新生儿死亡或至少会产生死亡的危险。因此,地方法院只判处她虐待被保护人

---

* Der Gefahrzusammenhang bei der Körperverletzung mit Todesfolge durch Unterlassen. Zugleich Besprechung von BGH 3 StR 479/16-Urt. v. 26.1.2017 (NStZ 2017, 410). *Neue Zeitschrift für Strafrecht* 2018, 135-140.

① BGH NJW 2017, 418. 评论参见 Berster, 相关讨论参见 Kudlich JA 2017, 229; Lorenz NStZ, 2017, 226。

罪,并对其处以 2 年自由刑,宣告缓刑交付考验。

经检察官抗诉,第三刑事审判庭用本章将要讨论的判决推翻了初审判决(被告人的上诉遭驳回)。首先,审判庭指责初审法院没有根据德国《刑法》第 225 条第 3 款第 1 项第 2 种规定的情况审查其刑事可罚性。其次,审判庭批评初审法院否定了不作为的身体伤害致人死亡。州法院在主观方面否定了结果加重,理由是被告人没有认识到父亲伤害孩子的行为会危及生命。可是,推翻初审判决的理由却担心州法院没有充分考虑到"根据德国《刑法》第 227 条的规定,伤害行为要具有为死亡危险奠定基础的可能性,不作为犯中的保证人故意,应当只与伤害行为的可能性有关,而不是与作为伤害后果的被害人死亡有关"[1]。对于死亡后果而言,存在过失足矣。因此,行为人应该只对那个死亡后果有所预见即可,不需要对因果进程中的所有细节具有预见可能性。

因此,第三刑事审判庭探讨的,是作为基本犯的身体伤害与作为特定后果的死亡之间的关联,其构造一直是人们激烈争论的主题。没有争议的是,因果关系的存在只是必要条件,而不是充分条件,这是从德国《刑法》第 18 条当中推出来的,据此,行为人至少要对特定后果承担过失责任。根据"自陷禁区"中的责任原则来对犯罪后果进行不取决于故意、过失的归责,这种做法也同样违反了由宪法所确立的罪责原则。[2] 然而,人们却在这个已经达成共识的要点之外开始了争论。

判例和大部分文献至少在言语上都一如既往地拥护这样一个

---

[1] BGH NStZ 2017, 410 (411).

[2] Renzikowski in: Matt/Renzikowski, StGB, 2013, § 18 Rn.3.

第三章　不作为身体伤害致人死亡中的危险关联

原则:在结果加重中,基本犯的行为与严重的后果之间需要有特别紧密的关联,并且提出了"特殊危险关联"这一概念。据此,构成要件的具体实现必须伴随着引起特定后果的危险,并且这个危险也应当在之后具体实现。① 不过,应当在哪些前提之下肯定德国《刑法》第227条中的特殊危险关联,②人们至今未能达成共识。截然不同的意见不仅出现在文献中,而且就连判例也毫无一致性可言。为了能够整理和评价第三刑事审判庭的上述判决,需要简述有关特殊危险关联的讨论现状,并且区分作为的身体伤害致人死亡和不作为的身体伤害致人死亡。

二、关于作为中危险关联的判例

在作为的身体伤害致人死亡中,德国联邦最高法院首先将特殊危险关联理解为"直接关联"。若死亡后果"由第三人的干预或由被害人本人的行为直接"③引起,就缺少直接关联。因此,第三刑事审判庭在"罗策尔案"中否定了身体伤害致人死亡的刑事可罚性,在这起案件中,遭受被告人持续攻击的被害人身受重伤,惊恐万

---

①　BGHSt 31, 96 (98f.); 32, 25(28); 48, 34 (37); BeckOK-StGB/Eschelbach Stand 31. 8. 2017, § 227 Rn.7; Kaspar Strafrecht AT, 2015, Rn.922; Krey/Esser Strafrecht AT, 6. Aufl. 2016, Rn.1369; Kühl in: FG BGH IV, 2000, S. 237 (250f.); Schönke/Schröder/Stree/Sternberg-Lieben StGB, 29. Aufl. 2014, § 227 Rn.3; Wessels/Beulke/Satzger AT, 47. Aufl. 2017, Rn.38; Wessels/Hettinger/Engländer BT/1, 41. Aufl 2017, Rn.328ff.; Wolter Jus 1981, 169.

②　共识仅在于,特殊危险的前提无法对所有的结果加重作统一规定,而只能视具体犯罪而定。

③　BGH NJW 1971, 152(153).

状地试图穿过楼层的窗户逃到阳台,结果却跌落身死。① 接下来,德国联邦最高法院在言语上继续坚持直接性要求,但却在事实上不断削弱这一要求的作用。第五刑事审判庭肯定了"窗户跌落案"中的归责关联,被害人遭受持续抢劫,受到严重虐待,头被打得疼痛晕眩,惊慌失措,害怕被继续虐待,于是就从窗户一跃而下,以致身死。肯定归责关联的理由在于,由于被害人的精神损害是虐待行为的后果,因此没有死者的自我负责行为作为身体伤害与特定后果之间的独立原因。② 第三刑事审判庭在"拒绝治疗案"中也有完全类似的主张,一名酗酒的妇女遭到殴打,头部严重受伤,尽管医生告诉她放弃治疗会有生命危险,可为了继续喝酒,她还是离开医院,不久后死于脑出血。③ 此时此刻,德国联邦最高法院不仅在事实上,还在言语上脱离了"罗策尔判决"。第五刑事审判庭在"古本追逐案"中只将排除归责的结论称作个别情况。④ 同时,德国联邦最高法院也在"高楼案"中批评"罗策尔案"的判决"过于严格"⑤。自此以后,德国联邦最高法院便认为这样的标准足以认定危险关联,亦即将伤害和死亡后果联结在一起的因果性事实进程,没有处在全部生活经验之外。⑥ 第四刑事审判庭在"脚踢案"中肯定了身体伤害致人死亡罪的成立,被告人有意用脚踢被害人的上身,致使

---

① BGH NJW 1971, 152.
② BGH NJW 1992, 1708.讨论参见 Graul JR 1992, 344; Mitsch Jura 1993, 18.
③ BGH NStZ 1994, 394.
④ BGHSt 48, 34 (39).
⑤ BGH NStZ 2008, 278.
⑥ BGH NStZ 2008, 686; NStZ-RR 2009, 78 (79). 关于判例的发展,参见 Rengier FS Geppert, 2011, S. 479; Steinberg NStZ 2010, S. 72; Kahlo FS Puppe, 2010, S. 581.

第三章 不作为身体伤害致人死亡中的危险关联

他在医学的视角下几乎不再有生理反射机能,从而引起了被害人的心脏骤停。①

德国联邦最高法院之前就已批评过文献中流行的其他方案,即对特殊危险关联的具体化。根据可以被称为结果理论的方案,特定后果的发生只能通过基本犯的结果来促成。如果伤害结果是死亡的伴随原因,是一个必要的过渡阶段,那么根据过渡因果关系理论,就足以得出肯定的结论。② 相反,致死性说却要求根据其类型、范围和严重程度,由身体伤害结果所引起的危险必须恰好在死亡中实现。③ 与之相对,第一刑事审判庭在"手枪殴打案"中认为,危险关联也可以在构成要件行为与特定后果之间存在,即严格行为理论,④在这起案件中,当行为人用未上保险的手枪故意殴打被害人的后脑时,手枪不慎走火,子弹打入被害人脑中并致其死亡。法院不可能将射击伤害作为伤害结果,因为被告人的故意只包括与死亡没有因果关系的殴打。⑤ 在"古本追逐案"中,被害人即将遭到极右翼暴徒的伤害,出于恐惧,试图采取一种危及生命的逃跑方式,在逃跑的过程中受到了致死的伤害。第五刑事审判庭解释道,直接着手

---

① BGH NStZ 2008, 686. 评论参见 Hardtung StV 2008, 407.
② Altenhain GA 1996, 19 (30ff.).
③ BeckOK - StGB/Eschelbach Stand 31. 8. 2017, § 227 Rn. 6; Gössel/Dölling Strafrecht BT/1, 2. Aufl. 2004, § 13 Rn. 92ff.; Jäger Examens-Repetitorium Strafrecht BT, 7. Aufl. 2017, Rn. 90; Hirsch FS Oehler, 1985, S. 111(129ff.); Kühl in: FG BGH IV, 2000, S. 255f.; Küpper FS Hirsch, 1999, S. 615; SSW-StGB/Momsen/Momsen-Pflanz 3. Aufl. 2016, § 227 Rn. 10ff.
④ BGHSt 14, 110; Gewehrstoß-Fall RGSt 44, 137.
⑤ Engländer GA 2008, 669 (677 Fn. 29); Wolter Jus 1981, (168), 178.

实现身体伤害构成要件的企图，就是危险关联的起点。①

迄今为止，德国联邦最高法院同样没有遵循区分方案。根据该方案，只有当德国《刑法》第 224 条第 1 款第 5 项是作为基本犯存在的时候，构成要件行为和特定后果之间才存在特殊危险关联，但在其他情况下，故意引起的伤害结果却无论如何都应当是必要的过渡阶段。② 这种限制行为理论与判例的立场不同。详言之，以"手枪殴打案"为例，行为人所希冀的伤害结果（殴打伤害）并没有引起死亡，而是身体伤害行为（用子弹上膛又未上保险的手枪殴打）所导致的其他非故意健康损害（手枪不慎走火造成的射击伤害）造成了死亡。在这类案件中，行为人必须在行为对生命有抽象危险③的情况下故意为之。相反，判例就不需要这种危险意思。即使行为人在用手枪进行殴打时，误以为武器已经卸下子弹并上了保险，以至于德国《刑法》第 224 条第 1 款第 5 项因缺少危险故意而没有被实现，判例仍然肯定了"手枪殴打案"中的危险关联。按照这一观点，任何一个伤害故意都会满足德国《刑法》第 227 条的刑事可罚性。要求仅在于，所实施的身体伤害行为，是以没有超出全部生活经验的方式方法造成死亡的，并且行为人本可认识到这种可能性。

总之，在作为的身体伤害致人死亡中，虽然判例在言语上坚持特殊危险关联的要求，但事实上却只按照过失犯的一般归责标准来

---

① BGHSt 48, 34 (37f.) 评论参见 Hardtung NStZ 2003, 162; Puppe JR 2003, 123; Kühl JZ 2003, 637; Sowada Jura 2003, 123; Heger JA 2003, 455.

② 细节差异参见 Engländer GA 2008, 669; Sowada Jura 2003, 549.

③ 主流观点合理地认为，这种情况对德国《刑法》第 224 条第 1 款第 5 项是足够的，即根据具体情况，犯罪行为通常都会给被害人的生命带来危险，而无须带来具体的生命危险。Matt/Renzikowski/Engländer StGB, 2013, § 224 Rn.14.

解决问题,至少已经放弃了原来提出的直接关联要求,其他限制性建议也都被明确拒绝或者至少不被接受。

三、关于不作为中危险关联的判例

考察一下关于不作为中危险关联的判例,就会令人惊讶地呈现出一幅完全不同的画面。其论证理由并不符合德国联邦最高法院对作为的思考,而是遵循了一条独有的、当然并不总是统一的路线。

在"虐待案1"中,作为被告人的父亲没有对母亲反复不断、最终导致孩子死亡的暴力行为进行干涉,第四刑事审判庭推翻了不作为身体伤害致人死亡的判决,理由是"只满足这一构成要件,即不作为犯的故意包含积极行动者所造成的——不论什么类型——伤害,还远远不够。相反,不作为犯的想象必须恰好指向类型、范围和严重程度会导致被害人死亡的伤害"[①]。从州法院的判决中无法推断出这一情况的存在。对此,第四刑事审判庭采用的便是致死性说,而德国联邦最高法院早就在作为犯中拒绝了这一理论。也就是说,致死性说显然没有被详细论证或者仅仅是被提及而已。

在"虐待案2"中,作为被告人的母亲的同居伴侣大肆虐待其5岁的儿子,之后,在超过一天半的时间里她都没有将受重伤的孩子送医治疗,孩子最终伤重不治,第四刑事审判庭再一次否定了不作为身体伤害致人死亡的刑事可罚性,因为"只有当不实施被要求的

[①] BGHSt 41, 113 (118). 评论参见 Hirsch NStZ 1996, 37; Wolfslast/Schmeissner JR 1996, 338.

行为实现了死亡危险的时候"才能作出这种认定,"唯有如此……不作为的伤害才会显示出违反旧版德国《刑法》第226条立法目的的特殊危险性"。①但是,此处为死亡危险奠定基础的却是同居伴侣的暴力行为,而不是被告人之后的无所作为。根据第四刑事审判庭的观点,只有当人们本可以这样非难她的时候,才能按照身体伤害致人死亡罪予以处罚,即虽然具有可能性和可期待性,但她却故意没有制止伴侣的虐待行为,因此除伴侣以外,她自己也应当对虐待所引起的伤害负责。然而,这种观点没有得到证实。在此没有必要决定,若不作为还实质性地提升了由先前损害所导致的已经存在的生命危险,该如何处理。②简言之,在有的不作为伤害中,不作为"只是"延长或仅仅是非实质性地恶化了已经出现的危及生命的健康损害,③应当认为这种不作为的身体伤害至少不足以认定危险关联。

第四刑事审判庭还凭借这一定位超越了致死性说,与作为的假设性比较能够说明这一点。如果行为人通过作为去故意维持已经存在的危及生命的伤害,并且可以预见被害人将因这个伤害而死,④那么致死性说就会根据德国《刑法》第227条毫无疑虑地肯定

---

① BGH NJW 1995, 3194 . 评论参见 Wolters JR 1996, 471; Ingelfinger GA 1997, 573.

② 当然有充分的理由表示怀疑。在伤害的发展中,也就是在从还有挽救的可能到不再有挽救可能的过程中,毫无疑问可以看到健康损害的实质性恶化。Ingelfinger GA 1997, 573, 578f.; Wolters JR 1996, 471, 472.

③ 普遍承认延长已有病情也是健康损害。Matt/Renzikowski/Engländer StGB, 2013, §223 Rn.7, 9; NK-StGB/Paeffgen/Böse 5. Aufl. 2017, §223 Rn.14; Schönke/Schröder/Eser StGB, 29. Aufl. 2014, §223 Rn.5, 8.

④ 可以再次主张,这里谈论的不只是维持,而是对健康损害的实质性恶化。Ingelfinger GA 1997, 573, 578f.; Wolters JR 1996, 471, 472. 但在这一点上应尝试以第四刑事审判庭在"虐待案 2"中的观点为基础。

第三章　不作为身体伤害致人死亡中的危险关联　　437

其刑事可罚性。举例言之,O 在严重事故中受到危及生命的伤害,T 通过他的积极干预有意(但没有杀人故意)阻止 O 及时获得医疗救助;①O 死于这个伤害,而如果 T 没有进行干预的话,O 原本可以被挽救。第一和第三刑事审判庭随后也看出,第四刑事审判庭的这个极其严格的路径颇为可疑,可惜它们没有详细论证这个疑问。②

第四刑事审判庭在"虐待案 1"和"虐待案 2"中更愿意狭窄地理解危险关联,而第一刑事审判庭的"GBL 判决"却反其道而行之。在一场私人聚会中,被告人带来了一瓶高浓度的 GBL 并将其暂时放在无人看管的卧室中,有毒瘾的被害人在对剂量产生认识错误的情况下喝了未知量的 GBL,并由此危及生命。之后,被告人始终无所作为。由于没有得到及时的医疗救助,被害人最终死亡。州法院拒绝判处被告人不作为的身体伤害致人死亡,第一刑事审判庭对其理由提出批评,认为特殊危险关联"总是存在,除非有排除严重后果可归责性的一般理由介入……如果保证人以可非难的方式引起了危及生命的状态,并且需要得到保护的人因此死亡的话"。③

这份判决有两个方面值得注意:其一,第一刑事审判庭没有将危险关联与不作为的故意伤害联结在一起(由于没有送医,进一步恶化了健康状态),而是将其与被告人违反注意义务的前行为相联结(将装有 GBL 的瓶子放在无人看管的卧室中),让这个前行为奠

---

① 一般观点认为,对他人挽救努力的积极阻止会成立作为犯而非不作为犯。Wessels/Beulke/Satzger AT, 47. Aufl. 2017, Rn.989.
② BGH NJW 2017, 418 (420); NStZ 2006, 686,; NStZ 2017, 410 (411).
③ BGH NJW 2017, 418 (420).

定先行行为的保证人地位的基础。① 其二,就德国《刑法》第227条中的基本犯而言,第一刑事审判庭偏离第四刑事审判庭关于"虐待案1"的判决,不再要求故意指向类型、范围和严重程度会导致被害人死亡的伤害。更确切地说,任何一个伤害故意都已足够。②

在"虐待案3"中,第三刑事审判庭再次以不同的方式确定了特殊危险关联,它表面上接续第四刑事审判庭在"虐待案1"中的判决,③希望在主观上要求保证人的故意涵盖"伤害行为的这种可能性""即这个伤害行为能够为死亡危险奠定基础",不过第三刑事审判庭却认为这已经足够了。仔细考察会发现,这根本不符合第四刑事审判庭的观点。用改编后的"手枪殴打案"来解释这一点:T用未上保险的手枪枪柄殴打O的头部,手枪的主人E站在一旁,并未出面干预,尽管这对他来说轻而易举。结果手枪不慎走火,子弹击中O并致其死亡。如果遵从致死性说,也就是与第四刑事审判庭在"虐待案1"中的立场相对应,那么根据德国《刑法》第227条和第13条关于不作为的规定,就会排除E的刑事可罚性。这是因为,E在此处没有针对这种情况的故意,即T对O造成了一个伤害结果,就其类型、范围和严重程度而言,这个伤害结果会带来死亡的危险。但是,人们

---

① 倘若第一刑事审判庭想以第四刑事审判庭在"虐待案2"中的判决为依据,那就不可误解第四刑事审判庭的、当然不是精确表达出来的理由。虽然该庭认为当不作为行为人引起了通向死亡的危及生命的状态时,危险关联就存在了。BGH NJW 1995, 3194.但根据所述案例,该庭指的可能并不是任何一个违反注意义务的具有因果性的举止,而只是满足不作为身体伤害构成要件的举止。

② BGH NJW 2017, 418 (419).虽然根据州法院查明的事实,被告人的目的并不是引起危及生命的具体状况,但这至少不能排除伤害的间接故意,这个间接故意指向的(危及生命并不是必要的)是对健康状态的恶化及其阻止可能性。

③ BGH NStZ 2017, 410 (411).

却会在此有认识、有意欲地将这个无所作为认定成伤害行为,①按照德国《刑法》第 224 条第 1 款第 5 项,这个无所作为会视具体情况具有一般生命危险性,②以至于根据第三刑事审判庭的观点,特殊危险关联是存在的。

总之,德国联邦最高法院关于不作为中的危险关联的判例,在没有详细理由的情况下,不仅显著偏离了关于作为的论证路径,而且本身毫无一致性可言。现在,这个不怎么令人满意的结论抛出了一个问题:一个前后一贯且令人信服的立场可能是怎样的?

四、限制行为理论的提倡

首先,德国联邦最高法院的基本设想值得赞许,身体伤害致人死亡完全可以是不作为犯。③ 德国《刑法》第 18 条并未对基本犯提出特殊要求;④结果加重原则上亦可通过不作为实现。⑤ 其次,基本构成要件中的伤害是纯粹结果犯,在模式等价原则视角下,原则上

---

① 主流观点认为,如果保证人可以显著影响作为行为人或本可轻易阻止作为行为人(行为支配理论),或者保证人具有自己的犯罪利益(主观理论),那么在通过不作为参与作为犯罪的过程中,保证人就至少是正犯,而不仅是共犯。Rengier Strafrecht AT, 9. Aufl. 2017, §51 Rn.15ff.
② 通过不作为违反德国《刑法》第 224 条第 1 款第 5 项的可能性,参见 Matt/Renzikowski/Engländer StGB, 2013, §224 Rn.14.
③ BGH bei Holtz MDR 1982, 624; NJW 1995, 3194; NJW 2017, 418 (419f.); NStZ 2017, 410 (411).
④ MüKoStGB/Hardtung 3. Aufl. 2017, §18 Rn.5.
⑤ MüKoStGB/Hardtung 3. Aufl. 2017, §18 Rn. 7; NK‐StGB/Paeffgen 5. Aufl. 2017, §18 Rn.108; Schönke/Schröder/Sternberg‐Lieben/Schuster StGB, 29. Aufl. 2014, §18 Rn.7.

也不存在反对意见,认为可能产生以德国《刑法》第 227 条和第 13 条为根据的刑事可罚性。①

接下来要注意的是,特殊危险关联必须存在于基本犯和特定后果之间。因此,如果德国联邦最高法院在"GBL 案"判决中希望与尚且处在故意犯罪行为之前、为来自先行行为的保证人地位奠定基础的不作为行为人的违反注意义务的前行为建立联系,就难言妥当。只有在同时满足故意身体伤害构成要件,而不仅是满足过失身体伤害构成要件的情况下,生命危险状态的引发才适合作为德国《刑法》第 227 条中危险关联的连接点。

问题在于,依靠不同于作为的标准来确定不作为中的特殊危险关联,能否被正当化? 部分文献予以否认。只要不作为在基本犯的实现方面与作为相当,就不再有理由对危险关联提出不同要求。② 完全相反,作为与不作为的相当性要求适用统一的标准。③ 第四刑事审判庭在"虐待案 2"中就用这个相当性条款来论证其命题,即对于危险关联而言,不作为行为人必须通过自己的犯行制造死亡的危险。"唯有如此,不作为才与积极作为的伤害相当(德国《刑法》第 13 条后半句)。"④

---

① NK-StGB/Paeffgen/Böse 5. Aufl. 2017, § 227 Rn. 33. 即使德国《刑法》第 13 条第 1 款这一相当性条款不仅涵盖基本犯,而且也涵盖特定后果和危险关联,这也是有效的。Ingefinger GA 1997, 573, 588f.; 对涵盖范围的批评:Schönke/Schröder/Stree/Bosch StGB, 29. Aufl. 2014, § 13 Rn.4.

② NK-StGB/Paeffgen 5. Aufl. 2017, § 18 Rn.108.

③ Berster Anm. zu BGH NJW 2017, 418, 420f.

④ BGH NJW 1995, 3194; BeckOK-StGB/Eschelbach Stand 31.8.2017, § 227 Rn.11; Ingelfinger GA 1997, 573, 588f.; Roxin FS Lüderssen, 2002, S. 577 (585f.).

然而,这个理由并不令人信服。① 倘若受伤者有生命危险,而行为人却阻止他人为其提供紧急且必要的医疗救助,就通常会产生这样一种危险:随之而来的健康损害会恶化到一个临界点,从这个临界点开始,死亡进程将不可逆转。此处没有作出区分的是,就像上述案例一样,医疗救助是否被行为人的积极干预所阻止,或者是否由于保证人的不作为而没有实施。如果第四刑事审判庭想否定不作为中的危险关联,就必须前后一贯地在作为中也否定危险关联。下例亦复如是,即不幸者已经具有生命危险,而行为人却主动破坏他人的救助努力,以致不幸者死亡。但是,鉴于行为人的行为具有特殊的生命危险性,这种处理方式并没有可信的根据,因为存在于健康损害恶化中的风险通常会汇入不可逆转的死亡进程中,这种情况也适用于不作为。② 不过,至少无法从相当性条款中获得根据,来对作为和不作为中的危险关联提出不同要求。从这个意义上说,上述文献中的声音值得赞同,要坚持适用统一的标准。

由此可见,第四刑事审判庭从"虐待案 1"中得出的观点,即不作为行为人的想象必须指向类型、范围和严重程度会导致被害人死亡的伤害结果,就无法通过某些专属于不作为的特征来获得正当性。更确切地说,只有当致死性说是普遍可取的时候,也就是在作

---

① Wolters JR 1996, 471, 472f.
② 倘若第四刑事审判庭依然认为,孩子死亡的直接原因是同居伴侣的暴力行为所导致的健康损害,而不是母亲接下来的无所作为,(BGH NJW 1995, 3194)那么它就没有认识到,在时间序列上,不送医救治是积极作为之后的消极条件,自然也是孩子死亡的"直接"因果要素。对消极原因问题的一般性论述,参见 Birnbacher/Hommen Negative Kausalität, 2012; Puppe Zeitschrift für philosophische Forschung, Bd. 67 (2013), 632.

为中也适用的时候,这个观点才可能正确。第一刑事审判庭在"GBL案"中的观点也与此相应,即在主观上存在任何一个伤害故意即已足够,在客观上则可以只用过失的一般归责标准来确定危险关联。对归责的宽松理解具有正确性乃是这一观点的前提,德国联邦最高法院当时在作为中就支持这一理解。同时,在"虐待案3"中,第三刑事审判庭的立场是不作为行为人的故意要涵盖伤害行为的这种可能性,即这个伤害行为能为死亡危险奠定基础,该立场乃是以限制行为理论具有一般正确性为前提的。

有必要澄清目前关于特殊危险关联的各种观点中究竟哪一种值得提倡。一言以蔽之,①凭借德国联邦最高法院目前在作为中支持的宽松归责方案,法院足以将身体伤害和过失致人死亡结合在一起。但是,德国《刑法》第227条(3年以上自由刑)相对于第222条和第223条(二者都是罚金刑或5年以下自由刑)在量刑幅度上却存在着明显的跳跃性,责任原则使这个明显的量刑幅度跳跃难以具备合法性。看来德国联邦最高法院的方案过于宽松。

与此相对,致死性说和过渡因果关系理论又都过于严格。假如它们的支持者认为,身体伤害在构成要件上的特殊危险仅存在于对所追求的伤害结果的引起中,以至于只有当这个伤害结果也是死亡的原因时,②典型的伤害危险才能实现,那么它们就限缩了德国《刑法》第223条及以下条款的保护目的。德国《刑法》第227条在括号

---

① Engländer GA 2008, 669.
② Gössel/Dölling Strafrecht BT/1, 2. Aufl. 2004, § 13 Rn. 91; Roxin Strafrecht AT/1, 4. Aufl. 2006, § 10 Rn. 115.

加注中将第 224 条称为可能的基本构成要件,当行为人"通过危及生命的行为"实施伤害时,第 224 条第 1 款第 5 项就会把该行为视作结果加重事由。因此,立法表达了一种设想,即这种特别的生命危险能够与伤害行为联结在一起,①个人应当受到保护,从而免遭这种生命危险。考虑到行为人所希望的伤害结果,这种生命危险无须在此处存在;更确切地说,倘若犯行的实施包含了这样一种风险,即除了被希望的伤害,还有其他健康损害进程会导致死亡,就像在"手枪殴打案"中一样,那么,德国《刑法》第 224 条第 1 款第 5 项就还是应当将行为人为了实现伤害而已经放任的其他风险考虑进去。但是,在某些事实情况中,生命危险却与被希望的伤害结果毫无关系。如若这种事实情况落入德国《刑法》第 224 条第 1 款第 5 项的构成要件要素即"危及生命的行为"之中,就没有理由在德国《刑法》第 227 条中坚持"过渡要求"。当然,该要求只适用于德国《刑法》第 224 条第 1 款第 5 项作为基本犯实现的情况,也就是说,行为人不仅在客观上,还在主观上满足了构成要件;②在所有其他情况中,故意引起的伤害结果无论如何都必须构成必要的过渡阶段。

这样的理解对不作为的身体伤害致人死亡意味着什么? 可以坚持以下几点:(1)与第四刑事审判庭在"虐待案 2"中的观点不同,保证人通过故意不作为引起的危及生命的伤害,对危险关联而

---

① Engländer GA 2008, 669, 673ff.; AK‑StGB/Zöller 2. Aufl. 2015, § 227 Rn.11; Sowada Jura 2003, 549, 555; Rengier Strafrecht BT/2, 18.Aufl. 2017, § 16 Rn.11; Wessels/Hettinger/Engländer BT/1, 41.Aufl. 2017, Rn.299; Hardtung NStZ 2003, 162, 163; 可能是另一种关于结果方案的批评意见,参见 Eisele Strafrecht BT/1, 4. Aufl. 2017.

② Sowada Jura 2003, 549, 555f.

言并非必需。倘若行为人通过不作为维持或者恶化了这个危及生命的伤害，并且蕴于其中的风险也在结果中实现，就足以认定特殊的危险关联。(2)与致死性说不同，死亡后果不必由故意引起的结果促成。从这个意义上说，不同于第四刑事审判庭的观点，保证人关于这种伤害结果的故意，即就其类型、范围和严重程度而言，这个伤害结果会危及生命，并不是肯定危险关联的必要前提。案例中保证人具有的以德国《刑法》第227条和第13条为根据的刑事可罚性，并不会因为保证人误以为作为犯没有给被害人施加危及生命的伤害而解除。(3)案例中行为人对危及生命的伤害行为存在故意即可，倘若保证人认识并且认同，他不干预作为犯对被害人施暴的做法，在具体情况下通常会使被害人受到危及生命的伤害，他就存在这种故意。在"虐待案1"和"虐待案3"中应该可以肯定这种故意。从这个意义上说，第四刑事审判庭对"虐待案1"的判决并没有说服力，它是以对危险关联的狭窄理解为基础的。相反，第三刑事审判庭目前对"虐待案3"的判决就值得赞同。"GBL案"也是如此，保证人已经完全意识到，被害人在喝完未知量的高浓度GBL之后，他的无所作为通常会危及被害人的生命。因此，且不论第一刑事审判庭在"GBL案"判决中的那个有问题的宽松归责方案，从结果来看，它推翻原判似乎还是令人满意的。

五、结论

关于不作为身体伤害致人死亡中特殊危险关联的判例，迄今为止一直都没有统一的解决路径。假如判例采纳致死性说，也就是那个在作为中被拒绝的立场,那就是以对危险关联的极其狭窄的理解为基础。相反,仅以过失犯中的一般归责标准为根据,却又过于宽松。限制行为理论指向的则是中间道路,从这个意义上说,便可以合理解释第三刑事审判庭"虐待案3"的判决了。

第四章
参与受嘱托杀人
——判例中的杀人犯罪体系批评*

德国《刑法》第211条谋杀罪和212条故意杀人罪在犯罪体系上的关系,以及从中产生的对共犯刑事可罚性的影响,在判例和文献中一直存在争议,可谓刑法学经久不衰的课题。众所周知,学界几乎一致认为谋杀罪是故意杀人罪的加重构成要件。[①] 在主流观点看来,第一组和第三组谋杀要素应当是德国《刑法》第28条[②]第2款

---

* Die Teilnahme an der Tötung auf Verlangen. Zugleich eine Kritik der Rspr. zur Systematik der Tötungsdelikte, in: Hans-Ludwig Günther (Hrsg.). Festschrift für Volker Krey zum 70. Geburtstag. 2010, S. 71-80.

① Krey/Heinrich, BT/I, 14. Aufl. 2008, Rn.18ff.; Lackner/Kühl, 26. Aufl. 2007, Vor §211 Rn.22ff.; MüKo/Schneider, 2003, Vor §§211ff. Rn.132ff.; NK/Neumann, 2. Aufl. 2005, Vor §211 Rn.141ff.; Wessels/Hettinger, BT/I, 33. Aufl. 2009, Rn.69f. 其他观点参见 Müssig, Mord und Totschlag, 2005, S. 243ff. 该书认为谋杀罪是基本构成要件,故意杀人罪为减轻情形。

② 德国《刑法》第28条"特殊身份要素"的规定:"(1)共犯(教唆犯或帮助犯)缺乏正犯可罚性成立之特殊身份要素(第14条第1项),其处罚依第49条第1项减轻之。(2)因特殊身份要素而法律有加重、减轻或免除刑罚之规定者,仅适用于有此身份之参与者(正犯或共犯)。"——译注

意义上的特定身份要素,具有加重处罚的作用。① 与之相对,判例几乎坚定不移地认为,谋杀罪并不是依附于故意杀人罪的修正版本,而是一个独立的犯罪。② 从中得出结论,第一组和第三组谋杀要素乃是德国《刑法》第 28 条第 1 款中为处罚奠定基础的特定身份要素。③ 学者们已经详细分析和展示过这一路径的证立缺陷和困难所在。④

相反,故意杀人罪和第 216 条受嘱托杀人罪的关系迄今为止很少受到关注,文献中和判例中的观点也相互对立。文献中的学说前后一贯地将受嘱托杀人罪把握为故意杀人罪的减轻情形,而判例则再次将受嘱托杀人罪理解为独立的犯罪。德国联邦最高法院在早前的判决中宣称,受嘱托杀人罪不是谋杀罪和故意杀人罪的"下位情形",而是"一种具有特殊性质的罪行",因此"适用范围更为狭窄的德国《刑法》第 216 条的构成要件,会排除故意杀人罪或谋杀罪的构成要件"。⑤ 德国联邦最高法院在后来的判决中认为,"相对于谋

---

① Fischer, 56. Aufl. 2009, §211 Rn.6; Krey, AT/2, 3. Aufl. 2008, Rn.245; Lackner/Kühl, §211 Rn.16; NK/Neumann, §211 Rn.117; Wessels/Hettinger, Rn.141f.;其他观点参见 Jescheck/Weigend, AT, 5. Aufl. 1996, §42 II.3a, §61 VII.4.c; Wessels/Beulke, AT, 39. Aufl. 2009, Rn.559. 韦塞尔斯和博伊尔克希望在此适用德国《刑法》第 29 条,而不是第 28 条第 2 款,在一般情况下,这并不会导致结果的偏差。

② BGHSt 1, 368; 2, 251; 22, 375; 23, 39; 36, 231; 50, 1;怀疑的观点参见 BGH NJW 2006, 1008 (1012f.). 部分同意德国联邦最高法院观点的参见 Klesczewski, FS 600 Jahre Universität Leipzig, 2009, S. 489, S. 492ff.

③ BGHSt 22, 375 (377); 50, 1 (5).

④ Küper, JZ 1991, 761ff., 862ff., 910ff.; ders., JZ 2006, 1157ff.; Neumann, FS Lampe, 2003, S. 643ff.; NK/Puppe, §§28, 29 Rn.27ff.

⑤ BGHSt 2, 258.

杀和故意杀人而言,受嘱托杀人是一种独立的故意杀人情形"[1]。下文将根据福尔克·克雷(Volker Krey)在其教科书中运用的"体系—归纳阐释",来仔细说明上述解释所产生的影响。

一、形成决意作为德国《刑法》第 28 条意义上的特定身份要素

案例 1:半身不遂的妻子明确请求丈夫结束她的生命。丈夫杀死了妻子,因为他想获得自由,另寻新欢。

被杀者先前明确且严肃地请求杀死自己,这一点并不足以取代故意杀人罪,转而适用受嘱托杀人罪,行为人还必须基于这一请求形成实施犯行的决意。在主流观点看来,其中表达了立法者的评价,即只有当以下两种情状累积存在时,受嘱托杀人相较于故意杀人要减轻处罚才是合理的:一是轻生者放弃法益导致不法降低;二是行为人因杀人嘱托而引发的内心冲突即同情动机导致责任降低。[2] 申言之,若行为人虽已知晓明确且严肃的杀人嘱托,但是就像案例 1 一样,最终引导他实施犯行的完全是其他理由,就不能根据受嘱托杀人罪,而是要根据故意杀人罪来处罚他。

---

[1] BGHSt 13, 162 (165).
[2] Eisele, BT/I, 2008, Rn.195; Lackner/Kühl, § 216 Rn.1; Schönke/Schröder/Eser, 27. Aufl. 2006, § 216 Rn.1; Wessels/Hettinger, BT/I Rn.158; 其他观点参见 NK/Neumann, § 216 Rn.2. 诺伊曼认为,应当只以不法降低为准。受嘱托杀人具有刑事可罚性的理由,参见 Engländer, Grund und Grenzen der Nothilfe, 2008, S. 118ff.; Ingelfinger, Grundlagen und Grenzbereiche des Tötungsverbots, 2004, S. 169ff.; Merkel, Früheuthanasie, 2001, S. 395ff.

如果认为决意的形成要以行为人特殊的动机为准,那么根据主流观点,将这一要求视为德国《刑法》第 28 条意义上的特定身份要素,似乎就是符合逻辑的。① 本章开篇描述了杀人犯罪在体系关系上的争议,在此背景下,从共犯刑事可罚性的角度说,可以提出类似谋杀罪的问题。主流观点将决意的形成理解为德国《刑法》第 28 条第 2 款中的特定身份要素,具有减轻处罚的作用,②而判例就像对第一组和第三组谋杀要素的处理一样,前后一贯地将其把握为德国《刑法》第 28 条第 1 款中为处罚奠定基础的特定身份要素。不过,判例却导致了无法解决的评价矛盾。只要仔细观察下面这种情形,即在多个参与者(正犯或共犯)中只有一个人基于轻生者的请求决意实施行为,这一矛盾就变得十分明显。

二、正犯没有形成决意

案例 2:罹患重症、需要照顾的丈夫明确请求妻子结束他的生命。妻子杀死了丈夫,因为她实在难以承受每天照顾病人带来的负担。杀死丈夫的毒药是儿子给她买的,儿子唯一关心的是遵从父亲死亡的意愿。当然,他知道其母的动机不纯。

从主流观点的立场出发,无论行为人是否基于被害人的请求决

---

① Kindhäuser, 4. Aufl. 2009, §216 Rn.9; Lackner/Kühl, §216 Rn.2; MüKo/Schneider, §216 Rn.59; Schönke/Schröder/Eser, §216 Rn.18; 其他观点参见 NK/Neumann, §216 Rn.20. 根据诺伊曼的观点,减轻处罚的理由只是放弃法益所导致的不法降低。

② Eisele, Rn.208; Fischer, §216 Rn.14; Kindhäuser, §216 Rn.9; MüKo/Schneider, §216 Rn.59; Rengier, BT/II, 10. Aufl. 2009, §7 Rn.2.

意实施犯行,都对共犯的刑事可罚性不生影响。相反,根据德国《刑法》第 28 条第 2 款的规定,关键仅在于共犯本人在多大程度上具有相应动机。申言之,正犯出于其他理由杀害轻生者,成立故意杀人罪,而共犯却是基于轻生者的死亡意愿,在知道正犯动机不纯的情况下为其提供帮助,尽管如此,也只能根据德国《刑法》第 216 条、第 27 条和第 28 条第 2 款的规定,按照受嘱托杀人的帮助犯予以处罚。根据德国《刑法》第 216 条、第 27 条、第 28 条第 2 款,以及德国《刑法施行法》第 12 条的规定,对共犯行为贡献的量刑幅度是罚金刑或者最高 3 年 9 个月的自由刑。

相反,根据判例的观点,这种情形必须严格遵循帮助犯的从属性原则,按照德国《刑法》第 212 条第 1 款和第 27 条,以故意杀人的帮助犯进行处罚。因此,量刑幅度就是 2 年至 11 年 3 个月自由刑。不能适用德国《刑法》第 28 条第 2 款,因为判例认为决意的形成不是减轻处罚的特定身份要素,而是为处罚奠定基础的特定身份要素。也不可能根据德国《刑法》第 28 条第 1 款减轻处罚,因为在类似的情形中共犯与正犯的差别在于,共犯没有满足与行为人相关的谋杀要素。而在目前的情况下,帮助犯并不缺乏为正犯可罚性奠定基础的特定身份要素。更确切地说,帮助犯具有这样一种特定身份要素,如果正犯具备这一要素,就会根据减轻条款予以处罚,但德国《刑法》第 28 条第 1 款并不包括这种情形。与主流观点不同,判例没能充分考虑到共犯存在减轻责任的同情动机。①

---

① 虽然判例可能在量刑时考虑共犯的动机,但这只在故意杀人帮助犯的量刑幅度内部适用,最低 2 年自由刑。然而,这样做的后果是,法院最多在判处最低刑并且只有在符合德国《刑法》第 56 条第 2 款的条件时,才能考虑适用交付考验的缓刑。

三、共犯没有形成决意

案例 3：罹患重症、需要照顾的丈夫明确请求妻子结束他的生命。为了满足丈夫想死的愿望，妻子杀了他。杀死丈夫的毒药是儿子给她买的，儿子唯一关心的是尽快获得遗产。

即便共犯缺少正犯的同情动机，从主流观点的角度看，同样要适用德国《刑法》第 28 条第 2 款。申言之，帮助犯应当构成德国《刑法》第 27 条和第 212 条规定的对故意杀人的帮助，或者如果他满足了与行为人相关的谋杀要素，比如"贪婪"，就应当根据德国《刑法》第 27 条和第 211 条成立对谋杀的帮助，量刑幅度是 3 年至 15 年自由刑。

相反，根据判例所给出的方案，关键还是主行为。若正犯具有同情动机，只成立受嘱托杀人罪，对于知道正犯具有同情动机的帮助犯而言，就只能根据德国《刑法》第 27 条和第 216 条，按照对受嘱托杀人的帮助予以处罚。此外，目前还存在德国《刑法》第 28 条第 1 款所规定的情形，因为根据判例的设想，这个特定的身份要素会为受嘱托杀人罪正犯的刑事可罚性奠定基础（基于轻生者的自杀请求形成决意），而共犯恰好缺少这个要素。可能导致的后果是，对于帮助犯的处罚而言，除了根据德国《刑法》第 27 条第 2 款减轻处罚之外，还要再次减轻处罚。这就像是对帮助犯的"奖赏"，因为他不是基于轻生者的死亡意愿，而是出于其他原因，比如案例 3 中的谋杀动机。如此一来，量刑幅度就是罚金刑或最高 2 年 9 个月 3 周自由刑——一个非常奇怪的结论！① 这是因为，当共犯缺少正犯的同情动机时，自然无法在评价上使减轻处罚具有正当性，完全相反，必须对其加重处罚。

不过，倒是有可能通过如下思考来避免这个离奇的结论。德国联邦最高法院早前曾根据旧版德国《刑法》第217条②判过两个杀害儿童的类似案件，其中，法院将"未婚母亲"视为特定的身份要素。③ 德国联邦最高法院论证说，该条仅对正犯有利，而对共犯的刑事可罚性而言，若不符合该条的规则，就要诉诸那些可能用于处罚正犯的刑法构成要件，即故意杀人罪或谋杀罪。将这一论证转用于受嘱托杀人罪：如果共犯具有的特定身份要素，能够为受嘱托杀人正犯的刑事可罚性奠定基础，那么就应当按照对故意杀人的参与加以处罚，正犯原则上也实现了故意杀人罪，只不过被受嘱托杀人罪所取代。

但是，德国联邦最高法院的这个解决方案却与它关于谋杀罪和故意杀人罪的判例相矛盾。申言之，如果允许用被受嘱托杀人罪所取代的故意杀人罪来处罚共犯，理由是共犯与正犯不同，共犯不具有"形成决意"这一与行为人相关的特定身份要素，那么在只有正犯满足第一组或第三组的谋杀要素时，就应当对共犯适用故意杀人罪。

案例4：丈夫杀死了妻子，为的是获得人寿保险的保险费，也就

---

① 批评意见参见 Jäger, BT, 3. Aufl. 2009, Rn.49.
② 根据旧版德国《刑法》第217条的规定，未婚母亲在孩子出生时或出生后将其杀死的，不会像德国《刑法》第212条一样判处不低于5年的自由刑，而只应判处不低于3年的自由刑。
③ BGHSt, 1, 235 (240); BGH LM Nr.10 zu §48.

是基于贪婪的动机杀人。为此,他使用了朋友给他准备的毒药。朋友这么做是出于个人的责任感,因为在他生活艰难的时候,正犯是唯一继续帮助他的人。当然,朋友知道正犯的贪婪动机。

如果在共犯缺少特定身份要素时,德国《刑法》第216条和第217条(旧版)只对正犯有利,那么在相反的情形下谋杀罪就只允许对正犯加诸负担。对于共犯的刑事可罚性而言,倘若不符合谋杀罪,就应当再次诉诸可能用于处罚正犯的刑法构成要件,即故意杀人罪。不过,在共犯没有满足与行为人相关的谋杀要素的情形中,德国联邦最高法院却毫不迟疑地认为,共犯的刑事可罚性不光是对故意杀人的参与,还是对谋杀的参与,只不过在量刑上会根据德国《刑法》第28条第1款和第49条第1款、第2款减轻处罚。①

然而,德国联邦最高法院从旧版德国《刑法》第217条中发展出的解决方案不仅导致判例体系内部的不兼容,还无法与制定法规定的共犯从属性原则协调一致。根据德国《刑法》第26条和第27条,教唆犯和帮助犯的刑事可罚性原则上取决于正犯故意实施的具有违法性的犯行。考虑到可能出现的竞合关系,比如案例3中涉及的受嘱托杀人罪,根据刑法处罚(以具备有责性为前提的)正犯,这种违反刑法的行为就被认为是上述犯行。对共犯施加刑事制裁时所基于的刑法构成要件,原则上要和正犯相同。从这个意义上说,一般就不能用被竞合论排除掉的犯罪来进行不同的处罚。② 只

---

① BGHSt 22, 375 (381); BGH NStZ 1981, 299; StV 1984, 69; NStZ-RR 2002, 139.
② 在杀害儿童的案件中,德国联邦最高法院试图证明,当共犯具有旧版德国《刑法》第217条所规定的特征,是一种不真正的身份犯时,可以动用故意杀人罪和谋杀罪予以处罚。BGHSt 1, 235 (240). 反对意见参见 Welzel, NJW 1951, 692. 然而,这无论如何都不能转用于受嘱托杀人罪。

有在立法制定了不同的规则,从而放松或突破了从属性原则时,情形才有所不同(除了共犯只对被排除掉的犯罪有故意,却对将其他犯罪排除的犯罪没有故意的情况①)。虽然在德国《刑法》第28条第2款中存在这种情况,但是根据判例的观点,该款却恰好不应适用于杀人犯罪的领域。因此,仍然存在这样的情况,即判例前后一贯地认为,对于不具有正犯同情动机的帮助犯而言,只允许按照对受嘱托杀人的参与加以处罚。此外,还必须根据德国《刑法》第28条第1款减轻处罚。

四、德国《刑法》第28条第1款的体系

如上所述,这个从判例前提中推导出的结论似乎太过奇怪,因为当帮助犯缺少正犯的同情动机时,在评价上原本应当对帮助犯加重处罚,却反而两次赋予减轻处罚以正当性。可惜,对于共犯没有满足为处罚奠定基础的要素而言,德国《刑法》第28条第1款却并不包含这种加重处罚。相反,在缺少为处罚奠定基础的要素时,该款只是强制性地规定,应当根据德国《刑法》第49条第1款减轻对共犯的处罚。从这个意义上说,立法显然是基于这样一种观念,即为处罚奠定基础的特定身份要素自始就具有给正犯加诸负担的性质,但令人遗憾的是,该款的规定可能导致这些特定的个人要素具备有利于正犯的特征。这看上去也合乎下述逻辑:根据德国《刑法》第28条第1款的文义,如果正犯缺少某一特定身份要素,侵害

---

① 例如,正犯实施了抢劫,而帮助犯却只对盗窃有故意。

特定法益的行为就不具有构成要件符合性。亦即至少就该法益而言,相关构成要件的其他要素不会再描述为符合构成要件的行为。只有在这种情况下,特定的身份要素才能为正犯的刑事可罚性奠定基础。① 换言之,特定身份要素的存在必须是行为符合构成要件的必要条件。若非如此,特定的身份要素就无法为刑事可罚性奠定基础,而是只能通过其他要素来完成。以德国《刑法》第244条第1款第2项规定的团伙盗窃中的团伙成员身份为例:即使行为人没有以团伙成员的身份实施盗窃,其盗窃行为也符合构成要件,德国《刑法》第242条中的诸要素已经为其刑事可罚性奠定了基础。从这个意义上说,行为人的团伙成员身份并不是为处罚奠定基础的特定身份要素,而只是加重处罚的特定身份要素。②

然而,如果特定身份要素为处罚奠定基础的属性在于,它在侵害特定法益方面是构成要件符合性的必要条件,那么按理来说就不能让这种特定身份要素具备有利于正犯的特征。这是因为,平时认为侵害法益的行为不具有值得处罚性,但是当降低无价值的特定身份资格、关系或情状介入时,却又立即予以处罚,这显然在评价上自相矛盾。例如,即使在德国《刑法》第218条第1款之外,原则上也不再处罚堕胎行为,但若怀孕者亲自堕胎,就要作为例外继续予以

---

① MüKo/Joecks, §28 Rn.48; NK/Puppe, §§28, 29 Rn.30; SK/Hoyer, §28 Rn.43. 相对于法益而言,应当将为处罚奠定基础的身份理解为绝对的还是相对的,关于这一问题,参见 Neumann, FS Lampe, S. 649.
② 主流观点认为,人们假定团伙成员身份是一个特定的身份要素。BGHSt 46, 120 (128); Fischer, §244 Rn.44; Krey/Hellmann, BT/II, 15. Aufl. 2008, Rn.137c; MüKo/Schmitz, §244 Rn.61. 其他观点参见 NK/Kindhäuser, §244 Rn.48; Rengier, BT/I, 11. Aufl. 2009, Rn.106f.

处罚,实在于理不合。①

如果为处罚奠定基础的特定身份要素无法具备有利于正犯的性质,这就反过来意味着,即便某个特定身份要素具备了有利于正犯的特征,降低了无价值,也会出现这样的结果:不存在这一要素的正犯的行为也已经具有构成要件符合性。在杀人犯罪中,人们自然对这个公理上的基本洞见有所考虑。即使正犯没有基于被害人的自杀请求决意实施犯行,故意杀害他人的行为也一样可罚,决意的形成并不是故意杀人行为符合构成要件的必要条件。故意杀人罪已经为其刑事可罚性奠定了基础,与受嘱托杀人罪相比,故意杀人罪的构成要件要素更少。这在道理上是必然的,因为基于同情动机降低无价值的特征,如果不处罚故意杀人,反而处罚受嘱托杀人,那么这在评价上就存在严重矛盾。所以,决意的形成只是德国《刑法》第28条第2款意义上的特定身份要素,其功能应是减轻处罚。有观点认为,由于受嘱托杀人是独立的犯罪,因此同情动机是一个为处罚奠定基础的特定身份要素。据此,这一观点既无法与德国《刑法》第28条第1款的法律体系相协调,也难以与该款的公理基础相吻合。

五、结论

就故意杀人罪和受嘱托杀人罪的关系而言,判例关于其杀人犯

---

① 相对于通过第三人实现堕胎,怀孕者亲自堕胎显现出更低的无价值。根据德国《刑法》第218条的规定,怀孕者亲自堕胎的,最高只处以1年自由刑,通过第三人实施堕胎的,却最高处以3年自由刑。

罪体系的观点存在很多问题,这些问题比谋杀罪和故意伤人罪中的问题还要明显。无论是在这样的情形中,即虽然共犯已经基于被害人的自杀请求形成决意,但正犯却没有据此形成决意,还是在相反的情况下,即只有正犯具有同情动机,而共犯却没有同情动机,判例的方案都会与德国《刑法》第 28 条第 1 款的立法产生规则矛盾、评价冲突和兼容困难。如果判例想避免这些瑕疵,就至少要承认,它所认为的谋杀罪、故意杀人罪和受嘱托杀人罪的独立性并没有说清,谋杀罪和受嘱托杀人罪中包含的特定身份要素在多大程度上具有为处罚奠定基础的性质。[1] 更确切地说,这仅取决于,这些要素是不是侵害生命法益行为符合构成要件的必要条件。无论是谋杀罪,还是受嘱托杀人罪,都显然不属于这种情况。换言之,两罪中的特定身份要素肯定没有为处罚奠定基础的特征,而是只有加重处罚或减轻处罚的特征。从这个意义上说,无论是采纳主流观点,妥当地将谋杀罪和受嘱托杀人罪视为依附于故意杀人罪的修正版,还是依照判例,将二者视为独立的犯罪,德国《刑法》第 28 条第 1 款的规则都不应适用于共犯。相反,应当适用于共犯的,是德国《刑法》第 28 条第 2 款的规则。

---

[1] NK/Puppe,§§28, 29 Rn.30. 诺伊曼同样正确地强调从独立性中推导不出德国《刑法》第 28 条第 1 款的适用可能性。Neumann, FS Lampe, S. 646ff.

第五章
从消极死亡协助到中断治疗
——论德国联邦最高法院第二刑事审判庭对死亡协助教义学的修正*

在认定通过中断治疗的死亡协助时,德国联邦最高法院不想再以作为和不作为的区分为准。这一方案值得赞同,但理由却不尽如人意。其中存在一些悬而未决的问题,德国联邦最高法院第二刑事审判庭在后续判决中也没有予以澄清。

一、传统的死亡协助教义学及其问题

法律会在什么条件下允许缩短生命的死亡协助?这个问题长久以来一直热议频仍。共识之处限于,违背病人实际或推测意思的死亡协助不可能合法。所谓基于同情的杀人,不论是通过积极作为实现,还是通过保证人的不作为实施,从来都要按照德国《刑法》第

---

* Von der passiven Sterbehilfe zum Behandlungsabbruch. Zur Revision der Sterbehilfedogmatik durch den 2. Strafsenat des BGH im Fuldaer Fall. *Juristenzeitung* 2011, 513-520.

211 条和第 212 条即谋杀罪和故意杀人罪予以处罚。① 迄今的主流观点区分了三种死亡协助的类型:积极死亡协助、消极死亡协助和间接死亡协助。②

积极死亡协助,是指行为人在与病人达成合意的情况下,以结束病人痛苦为目的,通过积极作为故意杀死无法医治的病人(例如注射致死药剂)。主流观点认为,从德国《刑法》第 216 条受嘱托杀人罪中可以推导出结论认为,无论病人的意思如何,这种行为都一律不合法,并且要受到刑事处罚。③

消极死亡协助,是指行为人在符合病人意愿的情况下,放任病人死亡,即不采取维持生命的措施来避免病人的死亡(例如放弃人工呼吸或人工营养)。消极死亡协助原则上是允许的,根据主流观点,不论是在死亡过程已经不可逆转之时即死亡过程中的协助,还是在死亡进程尚未开启,但不再有好转可能之际导向死亡的协

---

① Fischer, StGB, 58. Aufl. 2011, Vor § 211 Rn.38; BGHSt 37, 376. 主流观点认为,即使病人要求采取不再具有医疗效果的措施,行为人也可以不这么做,没有义务不惜一切代价维持即将逝去的生命。BGHSt 32, 367 (379f.) = JZ 1984, 893; R. Schmitt, JZ 1984, 866; Neumann, in: NK-StGB, 3. Aufl. 2010, Vor § 211 Rn.87; Popp, ZStW 188 (2006), 644; Roxin, HdB MedizinstrafR, 4. Aufl. 2010, S. 96f; Duttge, NStZ 2006, 479ff.; Merkel, Früheuthanasie, 2001, S. 294ff.

② Coeppicus, NJW 1998, 3382; Kutzer, NStZ 1994, 110ff.; Eser, in: Schönke/Schröder, StGB, 28. Aufl. 2010, Vor § 211 Rn.21ff.; Momsen, in: Satzger/Schmitt/Widmaier, StGB, 2009, Vor § 211ff. Rn.24ff. 批评参见 Fischer, StGB, 58. Aufl. 2011, Vor § 211 Rn. 34; Saliger, ARSP-Beiheft 75 (2000), 136ff. 放弃传统死亡协助术语的建议参见 AE Sterbebegleitung, GA 2005, 560ff.; Neumann/Saliger, HRRS 2006, 281.

③ BGHSt 37, 376; Duttge, GA 2006, 577; Roxin, HdB MedizinstrafR, 4. Aufl. 2010, S. 111ff.; Schmitt, JZ 1985, 366; Eser, in: Schönke/Schröder, StGB, 28. Aufl. 2010, Vorbem. § § 211ff. Rn.25; Schreiber, NStZ 1986, 339.

助,都可以实施消极死亡协助。① 基于病人自主决定权,病人同样有权拒绝具有医疗效果的治疗。② 根据主流观点,保证人此时没有义务采取病人不想要的维持生命措施。③ 不过在此背景下一直争议的是,当病人不再能表达当下的意思时,该如何处理(例如病人已成植物人)。④ 立法者目前已经澄清了这个问题。病人自主决定权原则也要在此不受限制地适用:如果病人事先在预立医疗决定中,以书面形式确定了他的意思,即对于当前的生命和治疗状况愿意放弃延长生命的措施,那么根据德国《民法典》第 1901a 条第 1 款第 2 句的规定,这个意思表达就具有法律约束力。倘若没有预立医疗决定,或者该决定不适用于当前的生命和治疗状况,那么根据德国《民法典》第 1901a 条第 1 款第 2 句的规定,就要以病人的推测意思为准。根据德国《民法典》第 1901a 条第 3 款的规定,无论死亡进程是否开始,都无关紧要。如若照护人和医生达成一致意见,认为放弃延长生命的措施符合病人意志,根据德国《民法典》第 1904 条第 4 款的规定,不采取或者终止治疗就不需要照护法院的批准。⑤

间接死亡协助,是指在和无法医治的病人达成合意的情况

---

① BGHSt 40, 257 (死亡协助概念只限于死亡过程中的协助); Neumann, in: NK-StGB, 3. Aufl. 2010, Vor §211 Rn.89; Otto, Jura 1999, 437; Saliger, KritV 2001, 400ff.

② BGHSt 11, 111 (113f.); Hufen, NJW 2001, 851; Kubiciel, ZJS 2010, 657; Popp, ZStW 118 (2006), 641; Roxin, HdB MedizinstrafR, 4. Aufl. 2010, S. 92f.; Schreiber, NStZ 1986, 341; Schroth, GA 2006, 551.

③ Schneider, in: MünchKommStGB, 2003, Vor §211ff. Rn.105; Popp, ZStW 118 (2006), 644f.; Schöch, NStZ 1995, 154. 将这种情况定位在正当化事由层面,参见 Merkel, ZStW 107 (1995), 570f.; Neumann, in: NK-StGB, 3. Aufl. 2010, Vor §211 Rn.106.

④ 德国《预立医疗决定法》于 2009 年 7 月 29 日生效,之前的讨论参见 Dreier, JZ 2007, 323ff.

⑤ Fischer, StGB, 58. Aufl. 2011, Vor §211 Rn.45ff.

第五章　从消极死亡协助到中断治疗

下,对其使用缓解痛苦的药物,不过这种药物却有不乐见的副作用,会加速病人的死亡。① 间接死亡协助是合法的,争议只在于理由。一些学者希望以社会行为意义、②被允许的风险、③医生诊疗规范④或者社会相当性⑤为依据,否定相关行为的构成要件符合性,而主流观点则根据德国《刑法》第 34 条紧急避险肯定行为的正当性。⑥

这种死亡协助教义学至少在原则上得到了广泛的认可,但它仍然存在两个疑问:其一,如何让普遍认为合法的间接死亡协助与积极死亡协助一律不合法的诫命协调一致。⑦ 这是因为,无论追求的目的是什么,在加速死亡的情况下使用缓解痛苦的药物都是一种积极的杀人行为。⑧ 正因如此,一些学者也认为,德国《刑法》第 34 条

---

①　BGHSt 42, 301; Kindhäuser, Lehr- und Praxiskommentar StGB, 4. Aufl. 2010, Vor § §211-222 Rn.15; Roxin, HdB MedizinstrafR, 4. Aufl. 2010, S. 86f.; Eser, in: Schönke/Schröder, StGB, 28. Aufl. 2010, Vor §211 Rn.26; Momsen, in: Satzger/Schmitt/Widmaier, StGB, 2009, Vor §211ff. Rn.27.

②　Ingelfinger, Grundlagen und Grenzbereiche des Tötungsverbots, 2004, S. 271ff.; Jäger, Strafrecht BT, 3. Aufl. 2009, Rn.61; Wessels, Strafrecht BT/I, 21. Aufl. 1997, Rn.25.

③　Engisch, in: Festschrift Bockelmann, 1979, S. 532.

④　Beckmann, DRiZ 2005, 254; Tröndle, ZStW 99 (1987), 36ff.

⑤　Herzberg, NJW 1996, 3048f.

⑥　BGHSt 42, 301 (305); 46, 279 (285); Kutzer, NStZ 1994, 115; Schneider, in: MünchKommStGB, 2003, Vor §211ff. Rn.103; Merkel, in: Festschrift F.C.Schroeder, 2006, S. 308ff.; Neumann, in: NK-StGB, 3. Aufl. 2010, Vor §211 Rn.99; Otto, Jura 1999, 440f.; Schreiber, NStZ 1986, 340f.

⑦　Merkel, in: Festschrift F.C.Schroeder, 2006, S. 298. 批评意见参见 Kubiciel, JA 2011, 89.

⑧　Antoine, Aktive Sterbehilfe in der Grundrechtsordnung, 2004, S. 61. 构成要件方案以社会行为意义等理论为依据,反对这一观点。对构成要件方案的批评参见 Merkel, in: Festschrift F.C.Schroeder, 2006, S. 299ff.; Schneider, in: MünchKommStGB, 2003, Vor §211ff. Rn.98; Neumann, in: NK-StGB, 3. Aufl. 2010, Vor §211 Rn.98.

不仅能让间接死亡协助获得正当性,还能在极其有限的例外情形中,使(直接地)积极死亡协助正当化。① 其二,在一些主动中断治疗的情形中,以作为和不作为的区别为导向来划分合法的消极死亡协助与不合法的积极死亡协助,会造成很多困难,例如通过积极作为的方式(切断电源)关掉机械救援设备(呼吸机)。这是因为,一方面,作为自主决定自由的体现,病人在任何时候(即便在预立医疗决定之前)都有权拒绝进一步治疗。即使这种治疗对于维持其生命而言绝对必要,病人也有权拒绝。个人没有继续活下去的义务,②因此没有人可以强迫他违背自己的意志去忍受维持生命或延长生命的措施所带来的痛苦。③ 从这个意义上说,倘若缺少对治疗的承诺,治疗者就不仅有权停止治疗,甚至还有义务这样做。如果他不履行该义务,而是继续治疗,就是违法侵犯病人的身体完整性和决定自由,也无法通过治疗者的良心自由来获得正当性。④ 但另一方面,根据传统的死亡协助教义学的区分标准,如果行为人通过投入能量的方式来实现中断治疗,就必须将其评价为可罚的积极死亡协助,因此这种中断治疗的行为乃是不合法且可罚的。换言之,既要禁止治疗者继续治疗,又要禁止他中断治疗,这是一个规范逻辑上的矛盾。

---

① Merkel, in: ders./Hegselmann (Hrsg.), Zur Debatte über Euthanasie, 1991, S. 97; Neumann/Saliger, HRRS 2006, 285f.; Otto, Jura 1999, 441.

② Wessels/Hettinger, Strafrecht BT/I, 34. Aufl. 2010, Rn.2.

③ Hirsch, JR 2011, 78; Neumann, in: NK-StGB, 3. Aufl. 2010, Vor § 211 Rn.103; Verrel, JZ 1996, 227.

④ BGHZ 163 (195) = JZ 2003, 144 mit Anm. Höfling, JZ 2006, 146; Ingelfinger, JZ 2006, 829; OLG München NJW 2003, 1743 (1745).

大多数传统死亡协助教义学的支持者都试图通过以下方式解决这个矛盾,即他们把器械上的治疗进程理解为医生或照护人亲手治疗的"代理",从而将治疗者关闭器械的举动评价为不继续进行治疗,所谓通过作为实施的不作为。① 尽管行为人投入了能量,不过应将主动中断治疗归类为消极死亡协助。当然,如果病人想要停止治疗的愿望不是由治疗者本人实现,而是由不对治疗负责的第三人实现,比如因为治疗者违法拒绝病人的请求,那么这个方案就会达到它的极限。这是因为,如果有人通过积极干涉妨碍了他人的救援努力,那么根据主流观点,就要从一开始将其评价为作为,而非不作为。② 由富尔达州法院初审、德国联邦最高法院第二刑事审判庭于 2010 年夏季上诉审的"富尔达案",涉及的就是这种第三人积极作为的情形。③

---

① Czerner, JR 2005, 96ff.; Ingelfinger, Grundlagen und Grenzbereiche des Tötungsverbots, 2004, S. 310; Jäger, Strafrecht BT, 3. Aufl. 2009, Rn.62; Neumann, in: NK-StGB, 3. Aufl. 2010, Vor §211 Rn.122; Roxin, in: Festschrift Engisch, 1969, S. 395ff.; ders. NStZ 1987, 349; ders., HdB MedizinstrafR, 4. Aufl. 2010, S. 95; Schöch, NStZ 1995, 154; Schroth, GA 2006, 551. 通过作为实施不作为的建构可追溯至 Overbeck, GS 88 (1922), 319ff. 对于将通过作为实施不作为适用于"呼吸机案"的可能性,详细的批评参见 Gropp, in: Gedächtnisschrift Schlüchter, 2002, S. 181ff.; Bosch, JA 2010, 909; Wessels/Hettinger, Strafrecht BT/I, 34. Aufl. 2010, Rn.37.
② Schneider, in: MünchKommStGB, 2003, Vor §211ff. Rn.110; Verrel, NStZ 2010, 672.
③ 拉文斯堡州法院曾经处理过相关情形。LG Rabensburg JZ 1988, 207. 罗克辛在评论中表示支持。Roxin, NStZ 1987, 348ff. 妻子明确表达了想死的愿望,丈夫基于这一请求关掉了呼吸机。妻子 1 小时后死亡,丈夫被控受嘱托杀人罪,拉文斯堡州法院宣告其无罪。就病人的自我决定权而言,谁来实施被请求的中断治疗行为并不重要。无论是通过不作为,还是通过作为,满足这种请求的人都不是杀人,而是为死亡提供支持。

二、德国联邦最高法院第二刑事审判庭在"富尔达案"中对死亡协助教义学的修正

简单说一下"富尔达案"的案情:因脑溢血成为植物人的76岁老妇人已经卧床不起5年,作为其照护人的女儿与家庭医生达成合意,停止通过胃管提供人工营养,因为她母亲的健康状况已经没有好转的希望,她在得病前不久曾说,希望在这种状态下不要采取延长生命的措施。但病人所在养老院的照护人员起初却拒绝了停止人工营养的要求。最后,作为妥协,女儿与院方达成协议,照护人员以后只负责最基本的照护活动,女儿要自己去停止人工营养。然而,仅在女儿停止喂食一天后,经营照护业务的企业管理层就命令院方立即恢复人工营养。在这一背景下,院方威胁女儿,如果她不同意这种处理,就必须离开。为了阻止恢复人工喂养,女儿在她专攻医事法的律师的建议下,将位于腹壁正上方的喂食软管切开。不过,照护人员仅在几分钟后就发现了这一点,并联系了警察和检察官。在警察和检察官的指示下,照护人员换了一根新的胃管,并恢复人工喂养。两周之后,病人因基础疾病与世长辞。

根据富尔达州法院[①]的判决,律师成立情节较轻微的故意杀人罪(未遂),属共同正犯。[②] 病人的女儿作为被告人,虽然同样被法院宣告无罪,但理由却只是不可避免的禁止错误——她的律师告诉

[①] LG Fulda ZfL 2009, 97.
[②] 批评意见参见 Walter, ZIS 2011, 79.

她,其行为在法律上是允许的,她有权相信律师提供的信息。以下思考对州法院至关重要:通过切开喂食软管积极妨碍进一步治疗,这种行为并非不作为,而是作为,也就是积极死亡协助。此处不成立正当化的推测承诺,因为根据德国《刑法》第216条受嘱托杀人罪,法益持有者对此没有处分权。德国《刑法》第32条也很难适用。虽然在违背病人意志的情况下,通过胃管继续进行人工喂养的行为属于针对病人身体完整性和决定自由的现时违法侵害,但是阻止继续进行人工喂养却不能作为紧急救援被正当化,因为德国《刑法》第32条只能使干涉侵害人法益(照护人员)的行为合法化,却无法使侵害其他人法益(被侵害的病人)的行为合法化。[①] 此外,由于人类生命的不可权衡性,也要排除德国《刑法》第34条的正当化可能。最后,州法院否定了德国《刑法》第35条的免除责任事由,因为杀死被保护的人不能成为防御危险的目标。

不过,在法律救济审中,州法院的判决却未得到支持。德国联邦最高法院第二刑事审判庭基于被告人(律师)的上诉,通过2010年6月25日的判决推翻了州法院的判决,宣告无罪。[②] 该判决的意义大大超出个案之外,因为第二刑事审判庭试图从一般意义出发,为死亡协助教义学确立全新的基础。判决的核心内容是:如果中断治疗符合病人的实际意思或推测意思,那么每一种通过中断治疗协助死亡的行为(不实施治疗、限制治疗或结束治疗)都具有正当性。这样的中断治疗既可通过不作为实施,也可通过积极作为完成。在第二刑事审判庭看来,作为和不作为的区分,原则上不适合用来划分允许的死亡协

[①] 批评意见参见 Mandla, NStZ 2010, 698f.
[②] BGH, Urteil v. 25.6.2010-2 StR 454/09 = JZ 2011, 532.

助和德国《刑法》第212条、第216条规定的可罚的死亡协助。中断治疗通常包括大量的积极行为和消极行为,以至于对它们进行作为或不作为的分类存在很大问题,有些情况下可能只取决于偶然。此外,若病人有能力请求不实施治疗,对于结束不再被希望的治疗而言,就必须同样适用这一观点。换言之,无论是仅需要不采取进一步治疗措施,还是需要积极作为,比如关掉呼吸机或者移除喂食管,都无关紧要。因此,除了区分积极行为和消极行为的标准之外,还应使用其他标准进行法律评价。而这些其他标准产生于死亡协助这一概念,即中断治疗这个规范性—评价性的上位概念。除了客观行为要素外,此一概念还包括行为人的主观目标,以及在宪法秩序背景下对系争利益的权衡,也就是受基本权利保障的个人自我决定自由。根据第二刑事审判庭的观点,死亡协助获得正当性的条件有:(1)病人所患疾病危及生命;(2)不实施或中断与疾病有关的维持生命或延长生命的医疗,或采取所谓间接死亡协助措施;(3)病人已经作出承诺,或者可以推测病人会作出承诺;(4)行为人对这些情状有所认识。在此过程中,行为人不仅可以是病人的医生、照护人或全权委托人,还可以是任何参与治疗和照管辅助工作的第三人。相反,与中断医疗无关的故意干涉他人生命的行为,则不能通过承诺获得正当性,德国《刑法》第216条受嘱托杀人罪的规则不受影响。

三、德国联邦最高法院第二刑事审判庭在后续"科隆案"判决中对《照管法》规定的精确化

德国《民法典》第1901a条及以下条款的功用是,在病人不具有

第五章　从消极死亡协助到中断治疗

承诺能力的情况下,查明和执行病人的意思。在"富尔达案"中,其《照管法》方面的规定并不存在问题。这些规定在本案中显然得到了遵守,作为照护人的女儿和实施治疗的家庭医生达成一致,基于病人的推测意思停止了人工营养。但是,倘若中断治疗,虽然符合病人的推测意思,却并未满足《照管法》规定,又该如何处理？应该能想到的情形是,照护人事先没有与实施治疗的医生协商一致,就关掉了呼吸机。对于刑法评价而言,是仅以病人的推测意思为准,还是也要遵守《照管法》的规定？第二刑事审判庭在"科隆案"判决中支持后者。

下面简要说一下"科隆案"的案情:82岁的病人患有败血症,不得不让她进入人工昏迷状态,然后接上用于维持生命的医疗设备。根据医生评估,她的状态不容乐观,但不是毫无希望。不久之后,她的女婿出现在医院,言辞激烈地要求医生立即关掉医疗设备,理由是病人有预立医疗决定,不过他根本不知道决定的内容。其实,在病人的预立医疗决定中,并不包括在具体治疗情境下中断治疗的内容。当医生进一步拒绝他的要求时,女婿决定亲自关掉设备。他这么做的关键原因,一是不想毫无必要但又无计可施地在医院里"傻坐";二是担心岳母因需要照顾而成为他和家里的负担。通过按下设备的关闭键,他中断了几种药物的供应,其中一些药物对维持生命至关重要。医院工作人员并没有被他的暴力威胁所吓倒,而是立即出手干涉,并成功地使病人的状态再次稳定下来。尽管如此,病人还是在几小时之后死亡。女婿关掉设备的行为无法证明是病人的死因。

科隆州法院认定女婿成立情节较轻微的故意杀人罪(未遂)。

第二刑事审判庭在2010年11月10日的判决中,以明显毫无根据为由,驳回了被告人提起的上诉。① 正当化的中断治疗显然不成立。被告人既不关心病人的意思,中断治疗也不符合病人的意思。从这个意义上说,可能就不需要进一步的论述。尽管如此,第二刑事审判庭还是利用这次机会表达了它的看法,即对于在刑法上获得正当性的中断治疗而言,《照管法》方面的规定究竟有何意义。第二刑事审判庭论述道,审判庭在"富尔达案"中提出了判断的原则,在那些根据这些原则谈及正当化中断治疗的案件中,应当注意德国《民法典》第1901a条和1901b条规定的前提条件。在病人自身不再能形成意思的情况下,这些规则有助于落实病人受宪法保障的自我决定权。不仅如此,在查明与治疗相关的病人意思方面,通过在程序法上确保必要的严格证明要求,这些规则还有助于对人的生命给予一视同仁的必要保护。在"科隆案"中,被告人基本没有满足这些《照管法》方面的规定,基于这一原因,就要排除被告人行为的正当性。

四、德国联邦最高法院第二刑事审判庭关于死亡协助的新方案:优势、困难和未决问题

富尔达州法院的判决使传统死亡协助教义学的矛盾之处清晰可见。这是因为,女儿切开软管的行为只是为了维持罹患绝症母亲自己所希望的状态,而且根据自主决定权,母亲也有权利维持这种

---

① BGH, Beschluss v. 10.11.2010-2 StR 320/10.

状态。因此,第二刑事审判庭认为,有必要在迄今被大部分人①所积极采纳的判决中,对死亡协助教义学进行修正:放弃积极死亡协助、消极死亡协助和间接死亡协助这一核心区分,以合法的死亡协助与可罚的杀人行为的区分取而代之。死亡作为中断治疗②的后果,其发生是基于病人的承诺或推测承诺,则无关宏旨。这个死亡协助的新方案有巨大的优势,不过也存在困难和悬而未决的问题。

(一)以受基本权利保护的病人自主决定作为出发点

首先值得赞同的是,第二刑事审判庭始终如一地从德国《基本法》第1条第1项、第2条第1项所保护的病人自主决定权出发,确定允许的死亡协助的范围。据此避免了传统死亡协助教义学的困难和矛盾。第二刑事审判庭正确地看到,对于病人实际或推测不再需要的治疗而言,究竟是通过作为还是不作为停止治疗,其实并不重要。③ 因此,将主动中断治疗④重新解释为不作为就是多余的,这种解释不仅值得怀疑,还遭到了第二刑事审判庭的正确批评。关键仅在于,病人有权要求停止被他所拒绝的侵犯其身体完整性的行为,这就是为什么所有无法再被其实际承诺或推测承诺所涵盖的治

---

① Bosch, JA 2010, 908ff.; Gaede, NJW 2010, 2925ff.; Hirsch, JR 2011, 37ff.; Lipp, FamRZ 2010, 1555; Verrel, NStZ 2010, 671ff.; 教义学理由方面的批评意见参见 Kubiciel, ZJS 2010, 656ff.; Walter, ZIS 2011, 76ff.

② 根据第二刑事审判庭的观点,应当将中断治疗理解为不实施、限制或者结束医疗措施。对术语的批评,参见 Lipp, FamRZ 2010, 1556; Verrel, NStZ 2010, 673.

③ 文献中采纳这一见解的,参见 Merkel, ZStW 107 (1995), 553; Neumann, in: NK-StGB, 3. Aufl. 2010, Vor §211 Rn.123; Otto, Jura 1999, 434; Popp, ZStW 118 (2006), 645f.

④ BGH JZ 2011, 532, 535 Rn.30f.

疗都应当停止。这同样适用于眼下无承诺能力的病人。若病人事先在预立医疗决定中表示,在特定治疗情境下拒绝接受治疗,或者不再治疗符合他的推测意思,就必须尊重病人的决定。

在"富尔达案"中,第二刑事审判庭没有将为病人提供人工营养排除在需要承诺的内容之外,这是正确的。在一些学者看来,提供营养液是一种不受病人处分权约束的基础护理。① 应当反对这一观点,通过胃管提供人工营养也是对身体完整性的侵犯,将这种行为排除在承诺要求之外,乃是任意限缩了个人对其身体的自我决定自由。正如没有强制手术或强制人工呼吸的权利一样,也同样不存在强制提供人工营养的权利。②

不过,第二刑事审判庭却宣称,可以从"死亡协助和中断治疗这两个概念,以及在宪法秩序背景下,从对系争法益的权衡中"提炼出区分标准。③ 这至少看上去具有误导性。原因在于,从这两个概念本身推导不出任何法律上的评价标准。④ 当然,这一缺陷并不十分重要,第二刑事审判庭⑤紧接着就将受基本权利保护的个人自我决定权视为决定性的法律要点,因此本来就完全不需要为了说明其方案的合理性而诉诸任何本身似乎不具有法律意义的概念。⑥

---

① Eibach, MedR 2002, 123.
② Hufen, NJW 2001, 854; Kubiciel, ZJS 2010, 658; Merkel, ZStW 107 (1995), 561ff.; Neumann, in: NK-StGB, 3. Aufl. 2010, Vor §211 Rn.121; Otto, NJW 2006, 2219.
③ BGH JZ 2011, 532, 536 Rn.32.
④ Walter, ZIS 2011, 78f.; 批评意见参见 Gaede, NJW 2010, 2926.
⑤ BGH JZ 2011, 532, 536 Rn.35.
⑥ Hirsch, JR 2011, 38.

（二）通过承诺方案在刑法教义学上落实宪法规定

第二刑事审判庭希望通过承诺方案在刑法教义学上落实基于德国《基本法》第1条第1款、第2条第1款的宪法规定。据此，虽然导致病人死亡的中断治疗是符合构成要件的杀人行为，但是当病人对中断治疗有实际承诺或者推测承诺时，该行为就被认为具有正当性，对病人意思的确定要受到严格标准的约束。① 主流观点从受嘱托杀人罪中推导出了承诺的标准，②第二刑事审判庭对其作出了限制。文献中的一些声音主张，通过紧急避险获得正当性是一种可选择的解决路径，③而第二刑事审判庭却表示拒绝。审判庭给出的理由是，"当事人面临德国《刑法》第34条意义上的现时危险（针对身体完整性和自我决定权），而干涉行为在此针对的则是当事人最高位阶的法益（生命）"④。

德国联邦最高法院第三和第五刑事审判庭在判例中认为，间接死亡协助的合法性以正当化紧急避险为基础。⑤ 第二刑事审判庭的上述反对意见自然与它们的观点存在一定矛盾——第二刑事审判庭并未进一步展开讨论。不仅如此，第二刑事审判庭接下来认为，即使中断治疗导致当事人死亡，自我决定自由也会使其具有合法性。仍然没有澄清的是，如何让第二刑事审判庭的这两个观点协

---

① BGH JZ 2011, 532, 536 Rn.38.
② Merkel, in: Festschrift F.C.Schroeder, S. 306; Schneider, in: MünchKommStGB, 2003, Vor §211ff. Rn.91; Momsen, in: Satzger/Schmitt/Widmaier, StGB, 2009, Vor §211ff. Rn.26; Wessels/Beulke, Strafrecht AT, 40. Aufl. 2010, Rn.372.
③ Bosch, JA 2010, 911; Ingelfinger, Grundlagen und Grenzbereiche des Tötungsverbots, 2004, S. 312; Neumann, in: NK-StGB, 3. Aufl. 2010, Vor §211 Rn.99; Otto, NJW 2006, 2211.
④ BGH JZ 2011, 532, 534 Rn.20.
⑤ BGHSt 42, 301 (305); 46, 279 (285).

调一致。① 尽管如此,第二刑事审判庭的结论是正确的。与主流观点不同,②德国《刑法》第 34 条原则上不能适用于利益冲突发生在同一法益主体身上的情形。无论是从结构上讲(要求维护利益具有明显的优越性,符合适当性保留条款),还是从目的上看(团结性思想的体现),该条都不适合这种个人内部利益冲突的情形。③ 因此,第二刑事审判庭没有通过德国《刑法》第 34 条紧急避险为中断治疗寻找正当性根据,值得赞同。

不过,仔细观察可以发现,第二刑事审判庭支持的承诺方案被证明是有问题的,因为该方案的背后是对承诺要求的不正确想象。申言之,从病人自主决定权出发,首先需要正当化的并不是中断治疗,而是实施治疗。④ 只有在得到病人实际承诺或推测承诺时,对病人身体完整性的侵入式干涉才是合法的。只要不存在这种承诺,继续治疗就不再具有正当性,从而不得不停止治疗。这意味着,中断治疗完全不需要独立的同意动作。相反,其合法性仅来自对接受治疗承诺的取消或撤回。

此外,如果像第二刑事审判庭一样,要求对中断治疗的实际承诺或推测承诺,就会产生矛盾。举例来说:病人要求停止治疗,尽管

---

① Kubiciel, ZJS 2010, 660.

② Lackner/Kühl, StGB, 27. Aufl. 2011, §34 Rn. 4; Neumann, in: Festschrift Herzberg, 2008, S. 589f.; Roxin, Strafrecht AT/I, 4. Aufl. 2006, §16 Rn.102; Lenckner/Perron, in: Schönke/Schröder, StGB, 28. Aufl. 2010, §34 Rn.8a; Günther, in: SK-StGB, 2010, §34 Rn.61; Thiel, Die Konkurrenz von Rechtfertigungsgründen, 2000, S. 95f.

③ Engländer, GA 2010, 15ff.; 批评意见参见 Hauck, in: AnwaltskommStGB, 2011, §34 Rn.17; Duttge, in: Handkommentar zum gesamten Strafrecht, 2008, §34 Rn.9.

④ Lipp, FamRZ 2010, 1556; Merkel, ZStW 107 (1995), 559; Kubiciel. ZJS 2010, 660.

第五章　从消极死亡协助到中断治疗

医生作了具体的说明,可病人仍旧错误地以为自己不需要这种治疗来延长生命。如果医生在这种情况下还继续治疗,可能会产生何种法律后果？医生实施的是符合构成要件的身体伤害,该行为因缺少承诺而无法获得正当性。基于错误想象拒绝承诺这一事实无法改变上述结论,因为一个人究竟是出于何种原因不作出承诺原则上并不重要。无论是当事人从一开始就拒绝对治疗作出承诺,还是撤回已经作出的承诺,都无关紧要。病人的非理性无法证立医生的强制治疗权。[1] 从中得出的结论是,法秩序要求医生在这种情况下必须中断治疗。

然而,如果医生遵守这一诫命不继续实施治疗,从而导致病人死亡,那么根据第二刑事审判庭的立场,该如何处理？医生实现了符合构成要件的杀人,虽然病人可能对此作出承诺,但根据适用于承诺的前提,由于病人具有错误的想象,应当将这一承诺视为无效,[2]以至于医生的行为不能获得正当性。再次从中得出结论,法秩序要求医生在这种情况下必须继续实施治疗。然而,医生不可能同时遵守这两项诫命,无法在同一时间既中断治疗,又继续治疗。只有放弃"对中断治疗作出有效承诺"的要求,而是始终以"取消对进一步治疗的承诺"为由来说明中断治疗的合法性,才能避免这个规范逻辑上的矛盾。当然,如果病人明确要求治疗者结束治疗并就

---

[1] Schneider, in: MünchKommStGB, 2003, Vor §211ff. Rn.105; Neumann, in: NK-StGB, 3. Aufl. 2010, Vor §211 Rn.107; Roxin, HdB MedizinstrafR, 4. Aufl. 2010, S. 92f.; Sinn, in: in: SK-StGB, 2010, §212 Rn.52.

[2] BGH NJW 1978, 1206. 赞同性的评论,参见 Bichlmeier, JZ 1980, 53; Joecks, in: MünchKommStGB, 2003, §223 Rn. 75; Momsen, in: Satzger/Schmitt/Widmaier, StGB, 2009, Vor §223 Rn.36; Wessels/Beulke, Strafrecht AT, 40. Aufl. 2010, Rn.376.

此对中断治疗"作出承诺",也没什么害处,因为这也是拒绝承诺进一步治疗,同样有法律约束力。①

从教义学的角度看,这一思考目前处在犯罪论体系中的哪个阶层?通过不作为中断治疗(例如照护人员放弃向病人提供新的营养液)的情形没有太大问题。正如传统死亡协助教义学所认为的那样,此处必须否认德国《刑法》第13条规定的防止义务,从而排除构成要件符合性。倘若干涉行为因缺少当事人承诺而不合法,就不可能存在具体的要求实施这一干涉行为的保证人义务。② 相反,如果是通过积极作为中断治疗,回答就更困难一些。此处存在两种可能:其一,可以从对构成要件结果缺少法律负责性的角度出发③——治疗者在法律上有义务中断治疗——否定客观归责可能性,从而否定构成要件符合性;④其二,将"取消对进一步治疗的承诺"视为从病人自主决定权中推导出的"自成一类"的正当化事由。

最后,还要对另一个方案建议作一些简短的评论,这个方案建议是瓦尔特最近在讨论第二刑事审判庭的判决时提出的。瓦尔特希望对德国《刑法》第216条受嘱托杀人罪进行目的论限缩,从而使主动中断治疗合法化。⑤ 然而,这并不能令人信服。瓦尔特主要是忽视了大量主动中断治疗的案件涉及的完全不是德国《刑法》第

---

① Popp, ZStW 118 (2006), 646.

② Walter, ZIS 2011, 80. 相反,明确支持定位在正当性层面的观点,参见 Verrel, NStZ 2010, 674. 这一观点希望在构成要件层面排除病人意思对保证人义务的限制。该观点并没有什么说服力。

③ Jäger, Zurechnung und Rechtfertigung als Kategorialprinzipien im Strafrecht, 2006, S. 19f.

④ Gwade, NJW 2010, 2927; Zimmermann, Rettungstötungen, 2009, S. 206 Fn.744.

⑤ Walter, ZIS 2011, 81f.

216条的刑事可罚性,而是只涉及德国《刑法》第212条故意杀人罪的刑事可罚性。例如"富尔达案"就是这样,其中被告人成立的是故意杀人未遂,而非受嘱托杀人未遂。这是因为,任何被害人的实际承诺或推测承诺都不足以根据德国《刑法》第216条减轻处罚。相反,成立该罪,需要被害人明确且严肃的请求。如果缺少这种请求,就只涉及德国《刑法》第212条的构成要件。在像"富尔达案"这样的事实情况中,虽然中断治疗符合病人的推测意思,但是却不存在明确的请求。从这个意义上说,对德国《刑法》第216条进行目的论限缩从一开始就于事无补。不过,即便病人明确请求结束治疗,瓦尔特的方案建议也不会排除主动中断治疗的构成要件符合性。这是因为,虽然目的论限缩会排除德国《刑法》第216条的减轻构成要件,但却不能同时排除德国《刑法》第212条这一基本构成要件。对德国《刑法》第216条的目的论限缩却对第212条产生了如此大的影响,以至于应当在正当性层面上取消通过第216条证立的承诺标准。从结论上说,这和第二刑事审判庭所主张的方案是一致的。

(三)《照管法》规则对于眼下无承诺能力病人的意义

当病人眼下无承诺能力时,对于中断治疗的刑法评价而言,《照管法》的规定具有何种意义?第二刑事审判庭在"富尔达案"中对该问题的论述含混不清:[1]一方面,德国《民法典》第1901a条及以下条款也"对刑法有影响",必须"在法秩序统一性的视角下……在

---

[1] 批评意见参见 Verrel, NStZ 2010, 674; Walter, ZIS 2011, 79f.

确定结束生命行为可能的正当化边界时考虑"①这种影响;另一方面,"杀人行为在刑法上获得正当性的问题,不可能只是从属于民法的问题"。正当化的边界在哪里,最终还是"刑法特有的问题","原则上应当从实体刑法的视角出发自主决定"②。这究竟意味着什么,仍然是悬而未决的问题。从结果上看,在遵守《照管法》规定的"富尔达案"中,也并未以此为依据。关于第二刑事审判庭的立场,"科隆案"判决提供了更为详细的信息:在判断是否存在正当化的中断治疗时,"德国《民法典》第1901a条、第1901b条……应当得到关注"③。就像下文论述所展现的那样,如果《照管法》的规定没有得到任何关注,就应当排除正当性。就此而言,第二刑事审判庭至少支持的是从属于民法的立场。

然而,这并不能令人信服。根据病人意思的中断治疗会引起一种合法状态,也就是停止实施病人不再希望的进一步治疗。但这样一来,就不可以将由此产生的后果作为结果不法归咎于行为人。因此,是成立不可罚的死亡协助,还是成立可罚的杀人犯罪,这个问题的关键从来都只能是,中断治疗的人是否在客观上和主观上按照病人的意思行事。单纯违反《照管法》程序规定的,还无法为故意杀人罪或受嘱托杀人罪的刑事可罚性提供根据。④ 如果认为存在被照管人意思得不到尊重的危险,有必要对不遵守《照管法》规则

---

① BGH JZ 2011, 532, 534f. Rn.25.
② BGH JZ 2011, 532, 534f. Rn.25.
③ BGH, Beschluss v. 10.11.2010-2 StR 320/10, Rn.12.
④ Hirsch, JR 2011, 39; Popp, ZStW 118 (2006), 678; Saliger, KritV 1998, 142; Verrel, NStZ 2010, 674; Walter, ZIS 2011, 79f.

的行为施加刑事处罚,那么立法者的任务或许就是设立相应的刑法构成要件,就像在其他领域所做的那样,比如德国《刑法》第 218 条第 1 款。①

(四)拥有正当性根据的人群

在第二刑事审判庭看来,只有当医生、照护人、病人全权授权人及其辅助者("富尔达案"中女儿的律师就属于这类人)实施中断治疗时,中断治疗才不具有违法性。② 其他人实施中断治疗的,仍然应当成立可罚的杀人犯罪。这同样不能令人信服。再说一遍,倘若按照病人意思实施的中断治疗引起了一种合法状态,就不能将该状态的后果归咎于行为人,无论他是谁。③ 例如,无承诺能力病人的家属亲手关掉病人的呼吸机,因为照护人拒绝遵从病人在预立医疗决定中对具体境况的意思。病人家属的这一行为,就不能根据故意杀人罪或受嘱托杀人罪予以处罚。可能有很好的理由去禁止这种病榻旁的擅自行动,④但动用杀人犯罪却显然不是解决这一问题的适当手段。⑤

(五)独立于中断治疗的积极死亡协助

在第二刑事审判庭看来,与中断治疗无关的积极死亡协助行为

---

① Hirsch, JR 2011, 39; Verrel, NStZ 2010, 675. 当然,对于设立这种构成要件的必要性,"科隆案"几乎无法为其提供根据,被告人粗暴的做法决不是为了帮助病人实现他的意思。相反,他希望通过自私的方式越过病人的意思。这种行为至少符合故意杀人罪,毫无争议。
② BGH JZ 2011, 532, 536 Rn.39.
③ Verrel, NStZ 2010, 674; Walter, ZIS 2011, 79.
④ Kubiciel, ZJS 2010, 661.
⑤ Hirsch, JR 2011, 39.

同样无法得到承诺。这一观点"无疑是从德国《刑法》第216条和第228条,以及这些规定所基于的我们的法秩序评价中"①得出的。虽然自我决定自由使个人有权防御不被希望的针对其身体完整性的侵犯,但自我决定自由却"没有赋予他任何权利或资格,去要求第三人在与医疗无关的情况下独自侵犯生命"②。病人自主决定权的正当化效力不能超出主动中断治疗的情形,不能使其他积极死亡协助行为合法化。当然,与第二刑事审判庭的说法相反,这并没有说明,是否就不可能存在其他理由,可以在特定的例外情形中得出结论,认为独立于中断治疗的积极死亡协助具有合法性?③

（六）间接死亡协助

最后简单谈一下间接死亡协助。在第二刑事审判庭看来,病人的实际承诺或推测承诺能够使间接死亡协助获得正当性,④但又没有给出详细理由。在此,给出理由可能是非常必要的,因为使中断治疗合法化的理由无法转用于间接死亡协助。申言之,在间接死亡协助中,死亡并不是中断治疗的后果,而是采取治疗措施的后果。从这个意义上说,个人的自我决定自由使他们有权"防御不被希望

---

① BGH JZ 2011, 532, 536 Rn.33; Fischer, StGB, 58. Aufl. 2011, Vor § 211 Rn.35. 菲舍尔建议,为概念清晰故,不应再将这种情形称为死亡协助,即以结束痛苦为目的,在合意不被允许的情况下杀死无法治愈的病人。但是,这一概念却在迄今为止的使用中满足了法律伦理辩论的重要功能,即能够将所讨论的行为与受嘱托杀人、故意杀人等其他情形区分开来。

② BGH JZ 2011, 532, 536 Rn.35.

③ Kubiciel, JZ 2009, 607; Merkel, JZ 1996, 1150f.; Sinn, in: in: SK-StGB, 2010, § 212 Rn.56, § 216 Rn.19.

④ BGH JZ 2011, 532, 536 Rn.34.

的针对其身体完整性的侵犯,和针对其生死方面无意识进程的干涉"①这一点,并不是间接死亡协助的合法性根据。这里的行为并不"限于(重新)建立一种让已经开始的疾病过程得以发展的状态"②。相反,使用缓解痛苦的药物设定了一个新的原因,这个原因独立于致死的疾病,使死亡结果提前发生。在取消从受嘱托杀人罪中推导出来的承诺标准的情况下,这一行为是否可以在实定法上通过承诺获得正当性,仍无定论。③ 无论如何都应当认为,第二刑事审判庭的方案在间接死亡协助的情形中会达到它的极限。中断治疗这个"上位概念"无法涵摄间接死亡协助。

五、结论

如果要得出一个结论,那么第二刑事审判庭在"富尔达案"中的判决原则上就是值得赞同的。对于中断治疗是否具有正当性(或者不具有构成要件符合性)这个问题而言,完成中断治疗的行为方式并不起决定作用。关键仅在于,中断治疗是否符合当事人的意思。不过,将中断治疗的正当性与《照管法》,以及对拥有正当性根据人群的限制结合在一起,却不能令人信服。最后,在间接死亡协助中,第二刑事审判庭的方案,即中断治疗要基于病人的意思,会达到它的极限。但无论细节中的批评要点和未决问题如何,第二刑事

---

① BGH JZ 2011, 532, 536 Rn.35.
② BGH JZ 2011, 532, 536 Rn.35.
③ Verrel, JZ 1996, 226f.

审判庭的判决都作出了实质性的贡献，既强化了病人的自主决定权，又消除了医生、照护人、护理人员和家属等身份范围的严重不确定性。在"富尔达案"中，养老院的管理人员及其上级领导对病人自主决定权的无视简直骇人听闻。衷心希望，由于目前法律方面已经明朗，像"富尔达案"这样的情况将成为过去。

第四编

刑事诉讼法

第一章
不自证己罪原则作为对卧底侦查的限制*

一

不自证己罪原则保护被告人不被强迫自证其罪,这无可争议。然而,该原则是否也应该保护被告人免受因欺骗造成的自证其罪?这个问题及其解答不仅对窃听案(私人给被告人打电话,从他口中套取自证己罪的表述,并让警察监听他们的对话)的合法性有意义,而且对从事卧底行动人员的权限有价值。欺骗者通常是利用对方的信任,让被告人在误以为是私人谈话的情况下透露自证己罪的信息。根据迄今的主流观点,只有"免于强迫的自由"才是不自证己罪原则的保护对象。② 而渐趋流行的观点则认为,该原则是在更

---

* Das nemo-tenetur-Prinzip als Schranke verdeckter Ermittlungen? Zugleich eine Besprechung von BGH 3 StR 104/07. *Zeitschrift für Internationale Strafrechtsdogmatik* 2008, 163-167.BGH. Urt. v. 26. Juli 2007- 3 StR 104/07-LG Wuppertal.

② BGHSt 42, 139; Ellbogen, Kriminalistik 2006, 544; Jäger, Beweisverwertung und Beweisverwertungsverbote im Strafprozess, 2003, S. 164f.; Hellmann, Strafprozessordnung, 2. Aufl. 2006, Rn.444; Kindhäuser, Strafprozessordnung, 2006, §6 Rn.25; Krey, Rechtsprobleme des strafprozessualen Einsatzes Verdeckter Ermittler, 1993, Rn.169; (转下页)

为广泛的、包括排除欺骗的意义上保障被告人的决定自由,确保在自愿的基础上配合刑事诉讼。① 德国联邦最高法院第三刑事审判庭在判决中试图走一条中间道路。根据判决主文,虽然第三刑事审判庭在其中只关心卧底侦查人员的行为方式,但是这个被它找到的解决方案却可以十分妥当地适用于其他从事卧底行动的人员。在第三刑事审判庭看来,被告人基于信任向卧底侦查人员透露信息,法院采纳这些信息,并不违反不自证己罪原则;相反,若被告人已经援引沉默权,而卧底侦查人员却不依不饶地逼迫他提供证言,并在类似讯问的情形下套取关于犯罪事实的表述,就有违该原则。②

(接上页) Lesch, Strafprozessordnung, 2. Aufl. 2001, 3/117; Meyer-Goßner, Strafprozessordnung, Kommentar, 50. Aufl. 2007, Einl. Rn.29a; Ranft, Strafprozessordnung, 3. Aufl. 2005, Rn. 362; Rogall, in: Rudolphi u.a. (Hrsg.), Systematischer Kommentar zur Strafprozeßordnung und zum Gerichtsverfassungsgesetz, 6. Aufl., 46. Lieferung, Stand: September 1998, Vor § 133 Rn. 139f.; Verrel, Die Selbstbelastungsfreiheit im Strafverfahren, 2001, S. 158ff., S. 278f.; Volk, Strafprozessordnung, 5. Aufl. 2006, § 9 Rn.9.

① Bernsmann, StV 1997, 116; Bosch, Aspekte des nemo-tenetur-Prinzips aus verfassungsrechtlicher und strafprozessualer Sicht, 1998, S. 204ff.; Eidam, Die strafprozessuale Selbstbelastungsfreiheit am Beginn des 21. Jahrhunderts, 2007, S. 82ff.; Eisenberg, Beweisrecht StPO, 5. Aufl. 2006, Rn.571a; Fezer, NStZ 1996, 289; Kühne, StPO, 7. Aufl. 2007, Rn. 904f.; Renzikowski, JZ 1997, 710; Roxin, NStZ 1997, 19; Weißlau, ZStW 1998, 1.

② 除了不自证己罪原则的范围,第三刑事审判庭还面临其他问题,比如私人询问是刑事追诉机关直接或间接安排的,是否还是德国《刑事诉讼法》第 136 条意义上的讯问? 如果予以否认,那么该条是否至少要类推适用于这种类似讯问的询问? 让被告人对卧底侦查人员的身份和谈话的隐私产生认识错误,德国《刑事诉讼法》第 136a 条第 1 款第 1 句中的"欺骗"是否包括这种情形? 对这些问题而言,第三刑事审判庭在判决中只是重申了德国联邦最高法院的著名立场,并没有提出什么本质上新颖的观点:德国《刑事诉讼法》第 136 条不能直接适用,因为只有当提问者以官方身份与回答者对质时,才成立讯问。其他观点,比如 Hanack, in: Rieß (Hrsg.), Löwe/Rosenberg, Die Strafprozeßordnung und das Gerichtsverfassungsgesetz, 26. Aufl. 2003, § 136 Rn.9, (转下页)

第一章 不自证己罪原则作为对卧底侦查的限制

二

首先值得注意的是,德国联邦最高法院首倡一种区分处理的解决方案,而在接下来的判决中,其实根本无须以这种方案来说明卧底侦查人员的行为方式不合法。只要以不自证己罪原则无可争议的排除强制功能,可能就足够了。据此,禁止为了获取证言而施加任何直接或间接的压力。[①] 这不仅适用于公开讯问,而且就像德国联邦最高法院在很多判决中所承认的那样,[②]如果被告人不知道(比如因为欺骗)他正在受到国家或国家安排的调查,那么这一禁令也同样适用。毫无疑问,刑事追诉机关不得通过秘密方式让被告人一开始就没意识到官方迫使他作出自证己罪表述的目的,从而摆脱对官方强迫个人自证己罪的禁令。但在有待第三刑事审判庭作出法律评价的案件中,被告人目前因另一项犯罪被拘留,并遭到强迫:卧底侦查人员是被告人在监狱外的唯一联络人,被告人依靠他来获得宽松的服刑,比如外出或服刑期间的休假。卧底侦查人员通

(接上页)64ff. 也认为要排除类推适用,因为不存在未尽告知义务的危险,也不可能错误地以为被告人有作证义务。德国《刑事诉讼法》第136a条第1款第1句无法介入,因为从该条款的目的上讲,必须对"欺骗"作严格理解。支持类推适用的主张,参见 Beulke, StPO, 9. Aufl. 2006, Rn.481df. 下文的研究应当完全集中在关于不自证己罪原则的论述上。这在事实上也是恰当的,因为对于刚才提到的动用卧底行动人员的问题,学界存在不同的观点,这些观点大多都能在关于不自证己罪原则的不同立场中找到根据。Weßlau, ZStW 110 (1998), 10.

① Rogall, in: Rudolphi u.a. (Hrsg.), Systematischer Kommentar zur Strafprozeßordnung und zum Gerichtsverfassungsgesetz, 6. Aufl., 46. Lieferung, Stand: September 1998, Vor §133 Rn.139.

② BGHSt 34, 362; 44, 129.

过共同经商的方式让他对服刑后的生活前景充满希望,并给他施加压力,威胁说如果不向他自白,就中断联系。虽然德国联邦最高法院并未忽视被告人所处的这种强迫境地,但与之前的类似判决,比如"算命小姐案"①的判决不同,德国联邦最高法院并没有将这种强迫情形视为对自证己罪自由侵害的关键根据,而只是引用它作为补充。②

三

为什么德国联邦最高法院没有像迄今在类似案件中所做的那样,只以强迫自证己罪的禁令为准,而是花费精力进行一些论证,宣扬一种区分处理的解决方案,从而使卧底侦查人员的秘密行动和不自证己罪原则协调一致?原因可能在于,欧洲人权法院对这一复杂主题有新的判例,根据德国联邦宪法法院的要求,应当遵守欧洲人权法院的判例。③第三刑事审判庭想利用这次机会考虑这一判例,并将其与德国联邦最高法院迄今的判例联系起来。申言之,德国联邦最高法院大审判庭的"窃听案"判决是该院迄今判例的基础,根据该判决,免于认识错误的自由不应属于自证己罪原则的适用范围。④ 而在此期间,欧洲人权法院却在"阿兰诉大不列颠案"中

---

① BGHSt 44, 129.
② 第三刑事审判庭认为,无视沉默权的情况更加严重,因为被告人的境况类似警方向牢房里安插线人后在押犯所面临的特殊强迫情形。
③ BVerfG NJW 2004, 3407 (3409).
④ BGHSt 42, 139 (153).

第一章 不自证己罪原则作为对卧底侦查的限制

判决,虽然沉默权的首要目的是保护被告人免于不合法的强迫,但却不限于这一功能,而是让被告人原则上可以自由决定,是愿意回答警方的问题,还是希望保持沉默。然而,如果当局在讯问中无法获取被告人的自白或证明有罪的表述,为了套取供词或证明有罪的表述,而对行使沉默权的被告人进行欺骗,就会实际损害被告人的这种自由决定。如果刑事追诉机关利用国家操控的线人,在与国家讯问功能相当的谈话中得到被告人的有罪自白,就是对作证自由的侵害。①

不过,根据第三刑事审判庭的观点,在评价具体案件中卧底侦查人员的秘密行为方式时,大审判庭和欧洲人权法院关于不自证己罪原则适用范围的不同看法不应发挥任何作用。从这个意义上说,有无必要使欧洲人权法院的判例成为一种新的"解释",可能还有待讨论。申言之,尽管将免于认识错误的自由排除在不自证己罪原则的保护范围之外,但大审判庭却承认,在不表明侦查意图的情况下,对被告人进行类似讯问的问话,至少和违反不自证己罪原则的情形十分接近。因此,在对有效的刑事追诉要求作出权衡后,可以视个案情况判定违法。② 此外,大审判庭还基于法治国的理由,从一开始就将一些秘密问话的情形视为禁止。在此背景下,大审判庭还谈到一个案件,其中警察安排私人向被告人问话,尽管被告人在此前的官方讯问中明确表示不想提及任何案件事实。③

---

① EGMR StV 2003, 257.
② BGHSt 42, 139 (156f.).
③ BGHSt 42, 139 (155).

四

在文献中,学者批评大审判庭的解决方案前后不一、自相矛盾。① 即使抛开对这种类型建构的方法论质疑,②"近似违反不自证己罪原则"这一假定也确实能够令人信服,不过这一观点其实仍是可反驳的。若不自证己罪原则的保护目的只应是保护被告人不被强迫自证己罪,就会出现一个问题,被那些以欺骗为手段的行为钻空子。毕竟,按照定义,纯粹从强迫角度理解的不自证己罪原则,已经将所有不以强迫为基础的自证己罪类型都排除在外,认为这些情形无关紧要。③ 只要引起自证己罪表述的措施没有任何强迫特征,该措施就根本不会在上诉审法院的"雷达屏幕"上浮现出来。对第三刑事审判庭要评判的事实而言,所得出的结论是,在类似讯

---

① Bernsmann, StV 1997, 116; Bosch, Jura 1998, 236; Derkesen, JR 1997, 167; Renzikowski, JZ 1997, 710; Roxin, NStZ 1997, 18.

② 批评意见参见 Bernsmann, StV 1997, 116 (119); Roxin, NStZ 1997, 20; Verrel, Die Selbstbelastungsfreiheit im Strafverfahren, 2001, S. 156f.; Weßlau, ZStW 110 (1998), 15.

③ 因此,只有当欺骗被告人的行为方式同时包含一定的强迫因素时,才可能在不自证己罪方面具有重要意义。第五刑事审判庭在"算命小姐案"的判决中以相同的意义解释其判决:私人在国家的安排下对被告人进行调查,并未说明自己是受托于国家,这种做法虽不违反不自证己罪原则,但若有其他情状介入秘密调查,额外妨害了被告人不说出自己犯行的自由,这种做法就是不合法的。BGHSt 44, 129 (133f.)。此处所涉及的基本不再是秘密的行为方式,而完全是实施不合法的强迫。只有当欺骗行为事实上为强迫的适用创造了条件,对被告人的欺骗才具有重要性。不过,按照这种对不自证己罪原则的理解,动用强迫获取证言乃是措施不合法的唯一根据。在对被告人进行类似讯问的问话却又不表明侦查意图的情况下,大审判庭认为属于"近似违反不自证己罪原则"的范畴,这一范畴并没有独立的适用领域,完全多余。

第一章　不自证己罪原则作为对卧底侦查的限制

问的问话中单纯套取自证己罪信息的,尚不构成强迫(至少在没有其他为强迫奠定基础的情状介入情况下),因此根据大审判庭主张的对不自证己罪原则的解释,禁止卧底侦查人员实施有争议的行为,这一做法无法得到合乎逻辑的证立。换言之,与第三刑事审判庭的评估相反,关键极有可能在于,不自证己罪原则是像大审判庭所认为的那样,纯粹与强迫有关,还是像欧洲人权法院所主张的那样,要在更广泛的意义上加以理解?①

五

因此,如果第三刑事审判庭要求,针对已经援引证言自由的被告人,卧底侦查人员不得在类似讯问的问话中利用信任关系套取自证己罪的表述,那么,第三刑事审判庭就基本上接受了欧洲人权法院对不自证己罪原则的宽泛理解。但是,第三刑事审判庭现在如何说明这一立场的合理性?它在判决理由中论述道,如果被告人向侦查机关表示希望保持沉默,那么免于自证己罪原则为其提供的一般

---

①　与大审判庭过分限制不自证己罪原则的保护领域相比,部分文献赞同欧洲人权法院的判决,认为要适当扩展该原则的保护领域。Eidam, Die strafprozessuale Selbstbelastungsfreiheit am Beginn des 21. Jahrhunderts, 2007, S. 65ff.; Gaede, StV 2003, 260. 然而,仔细观察判决理由可以发现一定程度的不清晰之处。虽然欧洲人权法院从一开始就在事实上明确表示,要在更广泛的、包括禁止一些欺骗行为的意义上理解不自证己罪原则。但它后来却将关于侵害沉默权的具体认定建立在如下情形之上:被告人没有自发地向线人透露己罪的信息,只是由于持续不断的问话,才提供了相关信息。其间,虽然被告人没有遭到任何直接强迫,但却可能由于羁押情境和警方讯问的压迫感而产生心理压力,从而限制了自白自由。欧洲人权法院在其理由陈述中不断诉诸与强迫相关的方面,但却并未阐明与欺骗相关的标准应当是什么。Esser, JR 2004, 105.

保护就会通过这种方式得到加强,即刑事追诉机关原则上必须尊重被告人不希望作证的决定。不过,该论证的前提却迄今仍被大审判庭否认又不给出否定的理由:不自证己罪原则不仅保护被告人不被强迫,还要提供对被告人决定自由的一般化保护。这一前提的实质根据和最终出路仍然晦暗不明。①

不过,这并不意味着第三刑事审判庭的立场错了,其悬而未决的证立漏洞肯定可以填补。应当简要研究一下公开讯问,即刑事追诉机关以可识别的方式面对被告人。免于自证己罪在此意味着什么? 显而易见,被告人应该可以自由决定,向侦查机关透露哪些信息,不透露哪些信息。一言以蔽之,它保护的是被告人在沟通方面的自主决定权。② 不过,对沟通自主决定权的威胁,不仅可能来自强迫措施,而且可能来自刑事审问技巧。这些技巧的最终目的在于,审问者通过精心准备的问题和深究,将被告人逼入绝地,让他觉得否认犯罪指控和中断沟通再无任何意义,自白有罪是唯一有意义的选项。因此,为了保障其沟通自主决定权,就必须让被告人有机会事先决定是否愿意参与这场谈话。一定要让他可以说"不"。

但是,倘若卧底侦查人员隐瞒自己的真实身份,然后利用对方的信任进行等同于讯问的问话,就切实剥夺了被告人的决定自由。通过与获得信任地位相关的问话技巧,卧底侦查人员基本上能够像

---

① 欧洲人权法院给出的理由是,安插卧底人员会实际妨害被告人的作证自由。EGMR StV 2003, 257 (259)。但是,这种规避论证却隐含地以需要证立的观点为前提,因为只有当沉默权不仅保护被告人不被强迫,还要保护他不受欺骗时,才存在对沉默权的真正保护。Jäger, Beweisverwertung und Beweisverwertungsverbote im Strafprozess, 2003, S. 165; Weßlau, ZStW 110 (1998), 10(11).

② Pawlik, GA 1998, 385.

公开讯问中的审问人员一样成功地让被告人走投无路。然而,与正式审问不同,被告人并不知道在他身上会发生什么,因此就无法通过援引沉默权及时摆脱问话者的影响。相反,如果卧底侦查人员已经故意通过他的问题将被告人逼入死角,那么从被问话者的角度看,简单地退出这场沟通往往为时已晚。如果一方面宣称不自证己罪原则是为了保护被告人的沟通自主决定权,也保护他有权拒绝参与受审问技巧主导的谈话的自由,而另一方面由于侦查措施的秘密性,被告人无法有效行使这一自由,就必须防止卧底侦查人员进行等同于讯问的问话。虽然不自证己罪原则不会阻止按照"你可以告诉我"这种方式进行的简单问话,这种好奇心是日常现象,被告人可以用通常的沟通手段来应付,比如说"这跟你有什么关系",[①]但是,不自证己罪原则一定会排除卧底侦查人员对被告人的系统性审问,因为日常沟通惯例此时此地已不再有效。

六

也可以基于上述理由回答另一个问题:与之前的欧洲人权法院一样,第三刑事审判庭也只对被告人已向刑事追诉机关主张其作证自由的案件作出过明确裁决。而各个判决都尚未解决的问题是,即使被告人还没有向刑事追诉机关主张沉默权,是否也应禁止等同于讯问的问话?根据上述理由,这种区分对于不自证己罪原则的效力并无作用。对于秘密妨害被告人的决定自由,即决定是否参与受审

---

① Ellbogen, Kriminalistik, 2006, 547.

问方法主导的谈话而言,无论被告人是否已经向侦查机关示意享有沉默权,都无关紧要。危险始终存在。①

七

而根据第三刑事审判庭的区分处理方案,在被告人没有受到卧底侦查人员等同于讯问的问话,而是主动透露自证有罪的信息时,就不应算作违反不自证己罪原则。② 不过,第三刑事审判庭有责任在此给出可靠的理由。倘若第三刑事审判庭认为,欺骗行为并不会以相关方式影响不自证己罪原则,因为法律关于使用卧底侦查人员的规定已经涵盖了这种方式,那么它就没有看到不自证己罪原则乃是附丽于宪法的,③简单的刑事诉讼法规定当然无法确定该原则的范围。④ 尽管如此,还是要从结论上支持第三刑事审判庭的解决方案。申言之,与等同于讯问的问话情形不同,被告人的沟通自主决定权并未在此受到侵害。他亲自决定参与谈话,平等参与了对话过程,因此就要对判决所产生的后果负责。如果一个人自愿向公

---

① Esser, JR 2004, 106; Gaede, StV 2003, 260; Roxin, NStZ 1997, 20.

② Fezer, NStZ 1996, 290; Renzikowski, JZ 1997, 717;其他观点参见 Bernsmann, StV 1997, 118.

③ 不自证己罪原则在宪法中的具体定位,参见 Bosch, Aspekte des nemo-tenetur-Prinzips aus verfassungsrechtlicher und strafprozessualer Sicht, 1998, S. 27ff.; Böse, GA 2002, 98; Rogall, in: Rudolphi u.a. (Hrsg.), Systematischer Kommentar zur Strafprozeßordnung und zum Gerichtsverfassungsgesetz, 6. Aufl., 46. Lieferung, Stand: September 1998, Vor §133 Rn.132.

④ Fezer, NStZ 1996, 290; Jäger, Beweisverwertung und Beweisverwertungsverbote im Strafprozess, 2003, S. 173.

众发布信息,就要承担这些信息不被如愿使用的风险。倘若被告人误以为某个私人值得信任,并将自证己罪的事实告诉他,而这个人后来却成为证人,把被告人告诉他的犯罪事实作为证言说了出去,那么被告人就不能援引对其沟通自主决定权的保护,这是没有争议的。不过,从结构上讲,与之相应的情况是,被告人由于个人误判,将自证己罪的信息自愿透露给卧底侦查人员。关于谈话对象品性的认识错误,比如对值得信任程度的误判,属于说出信息者的自我责任范围。

八

对于将不自证己罪原则理解为不纯粹与强迫相关的观点而言,人们最常提出一种反对意见,而通过这种区分处理的解决方案,就可以化解这个反对意见的力道。这个反对意见认为,对不自证己罪原则作扩大解释会在实践中导致卧底侦查普遍不合法,从而使德国《刑事诉讼法》第110a条及以下条款成为一纸具文。[1] 如上所述,从一些简单的法律规则中推导不出任何宪法原则的界限。根据本章所支持的观点,对于卧底侦查人员而言,他们肯定拥有充分的侦查可能性,[2]可以毫不费力地在被告人的周边行动、秘密询问证人、对物品进行勘验、在必要的时候保全证据等。他们也完全可

---

[1] Ellbogen, Kriminalistik 2006, 547; Verrel, Die Selbstbelastungsfreiheit im Strafverfahren, 2001, S. 162ff.

[2] Eidam, Die strafprozessuale Selbstbelastungsfreiheit am Beginn des 21. Jahrhunderts, 2007, S. 106ff.

以与被告人取得联系,获取被告人的信任,让被告人愿意主动向他们透露自证己罪的信息,只是不允许在卧底行动中进行任何等同于讯问的问话。这是对秘密行为方式的限制,决不是普遍禁止卧底侦查。

九

如需得出一个结论,那完全可以说第三刑事审判庭的判决在不自证己罪原则范围的讨论中取得了令人欣喜的进展。大审判庭的"窃听案"判决将不自证己罪原则理解得过于狭窄,实际已遭放弃。第三刑事审判庭正确指出,如果卧底侦查人员不断逼迫被告人提供证言,并在类似讯问的问话中套取被告人关于犯罪事实的表述,就违反了不自证己罪原则。然而,这不仅要适用于被告人已经对刑事追诉机关行使沉默权之后,还要适用于被告人援引其作证自由之前。

第二章
从德国宪法和人权看刑事诉讼中的协商*

一、引言

判决协议或德国《刑事诉讼法》所称之协商在德国刑法实践中已经是一个现实的存在,尤其是在错综复杂的经济刑事诉讼领域。在主要是"毒品刑法"和"性刑法"等其他领域,协商也在不断增加。协商通常存在于这种情况,即被告人表示愿意自白,以缩短诉讼进程,作为回报,得到显著减轻处罚的保证。保守估计,在全部刑事判决中,目前至少有20%–25%都以各种协议为基础,[1]有学者估测的比率甚至要高得多。[2]

然而,关于判决协议的合法性,学者们却一直有激烈争论。由于很长时间都未受法律规制,判决协议最初只是秘密进行,后来才

---

* Die Verständigung im Strafverfahren im Lichte des deutschen Verfassungsrechts und der Menschenrechte, in: Bachana Jishkariani/Martin Waßmer(Hrsg.). *Strafrecht und Menschenrechte*. Tagungsband Deutsch-Georgischer Rechtsdialog. Tbilisi 2019, S. 227-239.

[1] Schünemann, NJW 1989, 1885, 1886.

[2] Dahs, NStZ 1988, 153; Hettinger, JZ 2011, 292; Schöch, Urteilsabsprachen in der Strafrechtspraxis, 2007, S. 238; Schünemann/Hauer, AnwBL 2006, 439.

渐趋公开,争论也随之更加激烈。① 德国联邦最高法院在 1997
年②和 2005 年③作出了两个里程碑式的判决,确认了判决协议在原
则上的合法性。2009 年,德国立法者确立了判决协议的法律基
础,④以确保该领域的法安定性。2013 年,德国联邦宪法法院认可
这一法律规则"目前合宪"。⑤ 欧洲人权法院也承认,判决协议原则
上与《欧洲人权公约》协调一致。⑥

  下文简要介绍德国刑事诉讼法中关于协商的法律规则,再概述
一下关于协议的基本立场,并在这一背景下将目光投向德国联邦宪
法法院的判决。其间同样会简要研究欧洲人权法院的判例。当
然,由于篇幅所限,只能探讨少数几个议题,主要讨论协商所面临的
困难。

二、协商的法律规则

  为了能将协商的法律规则正确归类,有必要对德国刑事诉讼作
一些简要说明。与美国不同,德国的刑事诉讼并没有被设计为对抗
制。在对抗制诉讼中,法院仅根据诉讼两造——公诉方和辩护
方——提供的证据作出裁决。相反,德国诉讼的核心是纠问主

---

① Hamm, FS Dahs, 2005, S. 267ff.; Schünemann, FS Heldrich, 2005, S. 1177ff.
② BGHSt 43, 195.
③ BGHSt 50, 40.
④ Gesetz zur Regelung der Verständigung im Strafverfahren vom 29.Juli 2009, BGBL I S. 2353.
⑤ BVerfGE 133, 168.
⑥ EGMR NJW 2015, 1745.

第二章 从德国宪法和人权看刑事诉讼中的协商

义,适用职权调查原则。在(主要)审判程序中,法院还必须独立于证据声请进行调查,以便发现真相。① 法院有义务借助可供使用的证据来研究和澄清实际发生的事实,这些证据包括证人、鉴定人、书证、勘验和被告人供述。② 因此,(主要)审判程序中的法官不只是监督诉讼规则得到遵守的裁判者,还是调查真相的核心参与者。

立法者试图将判决协议纳入这种纠问制诉讼之中。申言之,立法者放弃了这样一种做法,即在限制职权调查原则的情况下,将协商设计为独立的诉讼类型。③ 立法草案理由写道,要"以符合德国刑事诉讼传统原则的方式为协商设定规则"④。其中,德国《刑事诉讼法》第 257c 条是关于协商的核心条款。⑤ 除此之外,该法在其他

---

① Volk/Engländer, Grundkurs Strafprozessrecht, 9. Aufl. 2018, §18 Rn.15, §24 Rn.1ff.
② 从诉讼技术上说,被告人的应诉不是证据,但若将其用于证明,就可在广义上称为证据。
③ 比如德国联邦律师协会的刑法委员会提出的规则草案就支持这一观点。ZRP 2005, 235ff. 德国律师联合会的刑法委员会持反对立场。StraFo 2006, 89ff. 关于刑事诉讼共识思想的讨论,参见 Duttge ZStW 115 (2003), 539ff.; Hassemer, FS Hamm, 2008, S. 171ff.; Jahn, ZStW 118 (2006), 427ff.; Salditt, ZStW 115 (2003), 570ff.; Weßlau, Das Konsensprinzip im Strafverfahren, 2002; dies., StraFo 2007, 1ff.
④ BT-Drucks. 16/12310, S. 8.
⑤ 德国《刑事诉讼法》第 257c 条:(1)法院得在适当情况下,依据下列各款规定,与程序参与人就嗣后程序进行及结果进行协商。第 244 条第 2 款之规定不受影响。(2)协商对象仅限于下列内容,即能成为判决及其所属裁定内容之法律效果,以及在裁判基础之侦查审判程序中其他与程序相关处分及程序参与人之诉讼行为。任何协商均应包含自白。有罪宣告及保安处分不得为协商对象。(3)法院应告知协商所能包含之内容,同时亦得在对案件所有情况及综合量刑考虑进行自由评价后,提出刑罚上限及下限。程序参与人应有机会表示意见。当(狭义)被告人及检察官同意法院提议时,即达成协商合意。(4)若法律或事实上具有重要性之情况被忽略或新出现,且法院因此确信,先前承诺之刑罚范围不再与犯行或罪责相当时,则法院不受协商合意拘束。此同样适用于,当(狭义)被告人嗣后诉讼行为不符合法院做预测所根(转下页)

方面也有重要规定。① 总体而言,判决协议受详细的规则体系约束,全面简要却不完整的介绍如下:

(1)协商必须在言辞(主要)审判程序中达成。当然,协商允许在(主要)审判程序之外准备好(德国《刑事诉讼法》第 202a 条、第 212 条、第 257b 条)。

(2)相关的诉讼参与人——被告人、检察官、辩护人,必要时还有附带起诉人——都应参加讨论(德国《刑事诉讼法》第 257c 条第 1 款第 1 句、第 3 款第 3 句)。②

(3)被告人和检察官必须明确表达同意(德国《刑事诉讼法》第 257c 条第 3 款第 4 句)。③ 其间,被告人必须可以自由决定。换言之,不得强迫被告人同意,比如当他拒绝时就不得以不合理的重刑相威胁。辩护人或者附带起诉人的同意并非必要。

(4)有罪宣告,即对案件事实的法律评价,不是协商的对象(德国《刑事诉讼法》第 257c 条第 2 款第 3 句)。因此,虽然被告人满足了谋杀罪的成立条件,但还是达成协议:被告人自白就仅判处故意杀人罪而非谋杀罪。这种做法并不合法。④

(接上页)据之行为时。在上述情形中,(狭义)被告之自白不得使用。法院应尽速告知将背离先前承诺。(5)法院依第 4 款背离先前所承诺结果之要件及效果,应告知(狭义)被告人。

① 德国《刑事诉讼法》第 35a 条第 3 句、第 160b 条、第 202a 条、第 212 条、第 243 条第 4 款、第 257b 条、第 267 条第 3 款第 5 句、第 273 条第 1a 款、第 302 条第 1 款第 2 句。

② 但是,如果讨论共同被告人协商的可能性,那么被告人及其辩护人就无权在场。BGH StV 2014, 513.

③ 只有默示同意,不足以成立协商。BGH NStZ-RR 2017, 87.

④ 在情节特别严重或不太严重的杀人罪中,是否也适用于量刑幅度的置换,是存在争议的。基于类似的构成要件设计,支持适用的,参见 BVerfGE 133, 168, 210f.;反对适用的,参见 BGH NStZ 2017, 363, 365.

(5) 不得对具体刑罚进行协商。① 换言之，法院不得告知精确的刑罚，只允许提供量刑幅度的上限和下限（德国《刑事诉讼法》第257c 条第 3 款第 2 句），比如 3 年到 4 年自由刑。② 之后所判的刑罚必须与罪责相适应。

(6) 自白"应当"是协商的组成部分（德国《刑事诉讼法》第257c 条第 2 款第 2 句）。虽然这符合期望，在实践中也通常被要求，但不具有强制性。

(7) 职权调查原则，即依职权澄清事实真相的义务，不受影响（德国《刑事诉讼法》第 257c 条第 1 款第 2 句）。任何诉讼的缩短，都不得以牺牲调查真相为代价。因此，内容空洞的形式自白，例如仅仅表明对指控"没有异议"，并不构成任何充分的判决基础。

(8) 存在全面的透明义务和记载义务。属于这些义务的，包括在（主要）审判程序中说明，是否在审判程序之外举行了关于判决协议的预备谈话（德国《刑事诉讼法》第 243 条第 4 款第 1 句），③以及在审判笔录中反映协商的重要过程和内容（德国《刑事诉讼法》第 273 条第 1a 款第 1 句）。④

---

① BGH NStZ 2011, 231.
② 争议之处在于法院可否只提到刑罚上限。德国联邦最高法院援引法律条文（第3 款第 2 句中的"刑罚上限和下限"以及第 4 款第 1 句中的"先前承诺之刑罚范围"）和立法材料正确地否定了这一点。BGH NStZ 2011, 648. 不过，缺少刑罚下限通常应该对被告人没有不利影响，因此可能没有理由提起法律审上诉之非难。但是，如果告知刑罚下限，被告人就不会同意协商，那么情况就会有所不同。BGH StV 2010, 75.
③ 没有进行任何协商谈判的情况也应当告知——负面告知义务。BVerfG NStZ 2014, 592.
④ 没有进行协商的也要记录在案——负面检验（德国《刑事诉讼法》第 1a 款第 3 句）。如果笔录对此只字未提，即其中既没有关于进行协商的信息，也没有关于未进行协商的信息，那么笔录就是矛盾的或者不完整的，会失去其证明力。

(9)可以使判决在法律救济期限届满前具有法律效力的"放弃法律救济"要被排除(德国《刑事诉讼法》第 302 条第 1 款第 2 句)。因此,在协商中不能对"放弃法律救济"进行商议。此外,在宣判时还必须明确告知被告人,尽管存在协商,他依然可以自由提起法律救济(德国《刑事诉讼法》第 35a 条第 3 句)。宣判后立即表示放弃法律救济的,无效。该做法是基于这样一种确信,即判决协议不能过快地从法律审上诉法院的审查中撤回,这符合法治国的诉讼利益。从人权角度看,这一规则当然不具有任何强制性。欧洲人权法院判决道,在协商的背景下放弃法律救济,并不是对法律救济权的恣意限制,不违反《欧洲人权公约:第 7 附加议定书》第 2 条。①

(10)审判法院但不是检察院②或被告人原则上受协商拘束(与德国《刑事诉讼法》第 257c 条第 4 款第 1 句结论相反)。例外是如果法律上或事实上的重要情状被忽略,或者有新情状出现,先前承诺的刑罚范围看上去不再与犯行和罪责相当,那么法院就例外地不受协商拘束(德国《刑事诉讼法》第 257c 条第 4 款第 1 句)。③ 例如,当情状表明犯行不再是轻罪而是重罪时,就应当肯定这一点。如果法院想摆脱协商拘束,就必须尽速告知将背离先前承诺(德国《刑事诉讼法》第 257c 条第 4 款第 4 项)。此外,在上述情形中,不

---

① EGMR NJW 2015, 1745.
② 检察院在达成协商后撤回同意的,当然不会取消对法院的拘束效果。BGH NStZ 2017, 373.
③ 法律不仅让新出现的情状成为取消拘束的理由,还让单纯被忽视的情状也成为取消拘束的理由,通过这一方式,法律让被告人必须为法院的"失误"负责。Murmann, ZIS 2009, 526, 538.

得使用被告人的自白(德国《刑事诉讼法》第4款第3句)。① 法院背离先前所承诺之要件及效果的,必须告知被告人(德国《刑事诉讼法》第5款)。② 如果没有及时告知,就构成德国《刑事诉讼法》第337条的法律审上诉理由,除非被告人即使得到了符合规定的告知,也会自白。③

三、判决协议的基本立场

正如开篇所述,判决协议在德国法政策的讨论中颇具争议。以要言之,在此可分为以下三种观点:批判性的观点;实用主义的观点;倒屣而迎的观点。

(1)批评性的观点。该观点原则上拒绝协商制度,其核心反对意见是,判决协议会破坏和掏空德国刑事诉讼的基本原则。④ 具体理由如下:

法院经常满足于被告人笼统的自白,放弃澄清完整的事实。法

---

① 但是根据主流观点,这种使用禁令不具有任何远距离影响,以至于在必要时可使用通过自白间接得来的证据。不过,如果可以根据其他证据认定被告人有罪,就应从有利于被告的角度,在减轻处罚的意义上考虑自白。BGHSt 42, 191, 194.

② 这种告知必须在被告人同意自白之前完成。仅在同意之后,马上自白之前进行告知,是不够的。参见 BVerfG NJW 2014, 3506.

③ BVerfGE 133, 168, 237f.; BVerfG NJW 2014, 3506. 德国联邦最高法院目前接受了这一判例。BGH NStZ 2013, 728; NStZ 2015, 358.

④ Beulke, Strafprozessrecht, 13. Aufl. 2016, Rn.394a; Roxin/Schünemann, Strafverfahrensrecht, 29. Aufl. 2017, § 17 Rn.19ff.; Stübinger, Das „idealisierte" Strafrecht, 2008, S. 559f; Eschelbach, HRRS 2008, 190; Fischer, NStZ 2007, 433; Hettinger, JZ 2011, 292; Rönnau, Die Absprache im Strafprozeß, 1990. S. 73ff.

院是根据案卷和起诉书形成确信,而不是像规定的那样根据符合规定的证据采信形成确信。

在司法程序中,无罪推定原则是不能被推翻的。而与疑利被告原则相反,任何可能的怀疑在此都有可能受到压制。

虽然协议是在(主要)审判程序中正式完成的,但关键性的合意却是在法庭之外的非正式谈话中预先达成的。在很多时候,甚至连所有的诉讼参与人都不参加这些实际的协商谈话,尤其是被告人经常在审判中缺席,辩护人只是事后才通知。

此外,被告人还面临自白的压力,甚至可能是虚假自白。

总体上会产生这样一种危险,即法院判处的刑罚过轻,与罪责不相适应,从而违反罪责原则。

(2)实用主义的观点。它原则上既不拒绝判决协议,也不热烈欢迎,在目前框架下,只是认为协议在司法经济学方面是不可避免的。① 在资源稀缺和诉讼泛滥的背景下,要是没有协商这一工具,就无法保障刑事司法系统的高效运行。② 这尤其适用于庞杂的经济刑事诉讼。从这个意义上说,禁止协议实践的尝试同样是毫无希望的,这种尝试最终只会导致协议再次"暗箱"操作,就像一开始那样。因此,最好是让判决协议公开透明,受到详细法律规则的约束。《协商法》也是以这一观点为基础的。此外,该观点还符合欧洲人权法院的立场。该院曾经指出,刑事诉

---

① Beulke, Strafprozessrecht, 13. Aufl. 2016, Rn.394; Hanack, StV 1987, 500, 502; LR-Kühne, stopp, 27. Aufl. 2016, Einl. Abschn. B Rn.40; Nestler-Tremel, DRiZ 1988, 288, 290; Radtke/Hohmann-Ambos/Ziehn, StPO, 2011, §257c Rn.2; Widmaier, StV 1986, 357.

② BGHSt 50, 40, 53f.

讼中的判决协议可以加快诉讼进程,减轻检察院、法院和辩护人的压力。如果使用得当,将是打击犯罪,尤其是腐败犯罪和有组织犯罪的有效手段。

(3)倒屣而迎的观点。对于该观点而言,诉讼的经济性只是次要考虑,它希望将判决协议置于更广袤的背景之下,可以用"司法民主化"这一标语来称呼。该观点相信,协商有助于使政府等级制度相对化,被告人及其辩护人可以平视法院和检察院。判决将在各方达成合意情况下作出,其中表达了对现代法律的程序性理解。[1] 不要为告别纠问准则摇首顿足,而是要扫榻相迎。真相不是客观持存之物,而是经过协商之事。

倒屣而迎的观点所描绘的这种判决协议的观念图景,无疑与现实相去甚远。[2] 德国联邦宪法法院在关于《协商法》合宪性的审判中委托了一项研究,[3]研究表明,至少在2013年,也就是宪法法院作出基本判决之前,法律的要求遭到很大程度的忽视。超过一半的法官更倾向于非正式的,从而是非法的"交易"。其间,诉讼参与人经常违反德国《刑事诉讼法》第257c条就有罪宣告进行谈判,或者就不允许成为协商对象的法律后果达成协议。至少在1/4的案件中,被告人的自白充其量只能得到部分证实。即便进行核验,也往往仅限于案卷对比,从证据法角度看,很成问题。超过50%的受访律师报告,他们的客户可能存在虚假自白。禁止放弃法律救济的规

---

[1] Lüderssen, FS Fezer, 2008, S. 531; Jahn, GA 2004, 272; Theile, NStZ 2012, 666.
[2] Engländer, in: Kempf u.a. (Hrsg.), Gemeinwohl im Wirtschaftsstrafrecht, 2013, S. 303, 310ff.
[3] Altenhain/Dietmeier/May, Die Praxis der Absprachen in Strafverfahren, 2013.

定遭到无礼的规避。在大多数情况下,大部分参与者都没意识到自己在做不法之事。

四、德国联邦宪法法院的判决

正如本章开篇所述,德国联邦宪法法院在 2013 年的基本判决中认为,《协商法》至少"目前"不违反宪法。其中,法院严格区分了被评价为合宪的法律规则和法律在很大程度上忽视的实践。宪法法院在此提到了严重的执行缺陷。不过,在法院看来,这一缺陷并不是法律规则方案的结构性瑕疵。①

德国联邦宪法法院从植根于宪法法治国原则的罪责原则中,推导出了查明客观真相的义务,即有义务调查和澄清案件事实是如何实际发生的。② 这意味着,只有当判决协议不违反客观真相原则时,才会得到宪法的允许。法律规则考虑到了这一点,德国《刑事诉讼法》第 257c 条明确规定,即使存在协商,职权调查原则和客观真相原则也继续有效。相反,在德国联邦宪法法院看来,所有旨在将协商改造为独立的诉讼类型,从而限制职权调查原则的建议,均不符合宪法。法院明确表示,尽可能调查客观真相的义务不属于立法者的处置范围。③

这会产生深远的影响:所有以牺牲调查真相为代价的缩短诉讼举措皆不被允许。法院不得简单依赖自白,而是要强制性地审查其

---

① BVerfGE 133, 168, 233ff.
② BVerfGE 133, 168, 199.
③ BVerfGE 133, 168, 226.

可信度。这种审查一般要通过(主要)审判程序中的证据采信来完成,①透明义务和记载义务会为此保驾护航。② 属于这些义务的,包括在(主要)审判程序中告知、是否在审判之外进行了关于判决协议的谈话,以及在审判笔录中反映协商的重要过程和内容。顺便一提,欧洲人权法院还要求,法院必须在公开审判中检验协商,使其透明化。③ 当然,欧洲人权法院设计的赋予立法者的裁量空间要比德国联邦宪法法院更宽。

尤其是对宪法法院要求的一贯遵守,无疑会导致这样一种结果,即对于刑事司法系统而言,判决协议所追求的减负效果相对较小。德国联邦宪法法院也充分意识到了这一点。而在它看来,符合宪法的设计要遵守罪责原则和从中推导出的客观真相原则,判决协议的实际适用范围受到明显限制,乃是这种设计不可避免的后果。问题自然在于,这样的实践在未来是否会符合法律要求。德国联邦宪法法院试图通过额外的预防和保障措施来确保这一点:

(1)宪法法院要求检察院拒绝同意违法协议,④并针对以此种协议为基础的判决提起法律救济。⑤

(2)宪法法院指出了与非法协议绑定在一起的刑事可罚性风险。例如,不正确记录没有达成协商这一事实的,可能会满足德国

---

① 批评意见参见 Beulke/Stoffer, JZ 2013, 662, 665.
② BVerfGE 133, 168, 214ff.
③ EGMR NJW 2015, 1745.
④ Volk/Engländer, Grundkurs Strafprozessrecht, 9. Aufl. 2018, § 30 Rn.9f.
⑤ BVerfGE 133, 168, 219ff.

《刑法》第348条公务员登载不实罪的构成要件。① 其威慑效果当然值得怀疑,因为刑事追诉机关迄今根本没有追诉过相应犯行。②

(3)将违反透明义务、告知义务和记载义务的行为升级为近似绝对的法律审上诉理由,或许更加有效。以要言之,按照德国法,违反诉讼规定并不会自动成为法律审上诉的理由,这种判决还必须以违反法律为基础。只有存在某些法律明确列举的违法行为,才能无可辩驳地推定这一点。另外,还必须列明依据。从这个意义上说,此处的违反诉讼规定并不是绝对的法律审上诉理由,而只是相对的法律审上诉理由。③ 不过,德国联邦宪法法院却认为,如果判决协议违反透明义务、告知义务和记载义务,比如在审判笔录中没有提及协议,那么且不论特殊的例外情形,通常就不能排除判决是基于这种违反义务的行为作出的。④ 因此,违反义务的行为在这里就几乎等同于绝对的法律审上诉理由,以至于在通常情况下应当从一开始就推翻这种判决。然而,这种笼统的说法却很难令人信服。可以用"对笔录的非难"这个例子来说明,人们可以提出异议,认为审判笔录在某一个特定点上是错误的。然而,这并不是法律审上诉

---

① BVerfGE 133, 168, 213f. 批评意见参见 Knauer, NStZ 2013, 433, 435; Stuckenberg, ZIS 2013, 212, 215. 库德里希指出,参与非法协议的法官可能具有德国《刑法》第339条枉法裁判罪的刑事可罚性。Kudlich, NStZ 2013, 379, 381. 详论参见 Globke, JR 2014, 9, 16ff. 特别是关于以"制裁程度差额"相威胁,强迫达成判决协议行为的刑事可罚性。Kubik, Die unzulässige Sanktionsschere, 2014, S. 169ff. 考虑设立一个新的刑法罪名,参见 Scheinfeld, ZJS 2013, 296, 301.

② 怀疑的观点参见 Beulke/Stoffer, JZ 2013, 662, 671f.

③ Volk/Engländer, Grundkurs Strafprozessrecht, 9. Aufl. 2018, § 36 Rn.17ff.

④ BVerfGE 133, 168, 223f. 批评意见参见 Kudlich, NStZ 2013, 379, 381; Stuckenberg, ZIS 2013, 212, 215; 怀疑的观点参见 Mosbacher, NZWiSt 2013, 201, 205f.; 赞同的观点参见 Knauer, NStZ 2013, 433, 436.

的理由,因为不正确的笔录并不会影响(之所以不会影响,是因为现实中笔录是在宣判之后才完成的)判决的内容,以至于判决不可能以错误的笔录为基础。从这个意义上说,如果德国联邦最高法院第二审判庭现在认为,违反德国《刑事诉讼法》第257c条第1a款的规定,没有将举行协商写在审判笔录中的情况,通常构成法律审的上诉理由,那么就必须予以反驳。①

(4)德国联邦宪法法院要为立法者设置监督义务。立法者必须密切关注事态发展,一旦执行缺陷的情况持续存在,就应当对保护机制进行改进,甚至决定修正判决协议的合法性。②

五、结论

本章并未讨论所有判决协议中出现的难点和问题,可以说还差得很远。至少有一个看上去不太大胆的预测:在未来很长一段时间内,实践和学术将集中研究协商问题。

---

① 不过,继德国联邦宪法法院之后,德国联邦最高法院第二刑事审判庭也提出这一观点。BGHSt 58, 310; 德国联邦最高法院第一刑事审判庭的观点再次与之相反。BGH NJW 2014, 1254.

② BVerfGE 133, 168, 2235f. 反对意见参见 Niemöller, StV 2013, 419, 423f.

译后记

2018年1月,寒假居住在杭州,经王钰老师引荐,我忐忑不安地将简历和研究计划发送到阿明·英格兰德教授的邮箱,希望能前往心心念念的德国慕尼黑大学求学,但又怕教授拒绝,难以成行。每日前往西湖散步,排解心中焦虑。未成想,仅仅几天之后,正走在西湖断桥上时,手机突然收到一封邮件,打开一看,正是英格兰德教授的回信:"我很欢迎您来慕尼黑大学读书,需要任何材料请随时与我联系。"顾不得淡妆浓抹总相宜的西湖,我立即赶回家中准备申请材料。经过一系列复杂手续,我于年中申请到教育部国家留学基金委员会的公派留学资格。2018年9月25日从北京飞抵慕尼黑,开启了人生迄今最开心、最美妙、最有收获的两年德国时光。

一、英格兰德教授

与英格兰德教授第一次见面是在他的教席办公室,位于慕尼黑路德维希大街29号,临街是两扇对开的古朴大门,进得门内,映入眼帘的是充满年代感的木质楼梯和雕刻唯美的铜质扶手。英教授的教席位于二楼,进入教席大门,是一条横在身前的走廊,两侧有很多独立的房间,教席的同学和工作人员分别在各自的屋内学习、办公,英教授就在其中一间较大的办公室里。

初见英教授时,我备感紧张,因为之前总有种刻板印象,觉得德国教授都不苟言笑,正襟危坐,但这一印象随即就打破了。英教授身材高挑,活力十足,笑容满面,和蔼可亲。他热情地让我坐下,还亲自为我沏了一杯咖啡。我用磕磕绊绊的德语跟他说自己德语不太好,恳请原谅,他立即表示完全不必在意。我大致向教授叙述了从北京到慕尼黑的旅程,对慕尼黑的初步印象和生活体验。英教授饶有兴趣地听完,始终面带微笑,时不时插几句话,表达关切和友好。

谈话最后,英教授问我:"那么,您这两年希望在我这里获得什么呢?"我思考片刻,回答道:"我想学到真正的德国刑法学,再就是希望能将您的著作译成中文,将您的思想传播到中国。"英教授听后说道:"翻译之事我全力支持,但是想学到真正的德国刑法学还是要靠您自己的努力。不过,我愿意给您提供两点建议:一是这两年不要再看您的母语文献,即便再难,也要坚持阅读德文文献;二是要时刻提醒自己,您未来是法学博士,而不止是刑法学博士,所以一定要多看哲学、法哲学和其他部门法的著作,否则不仅很难理解德国刑法学的真谛,也很难算得上合格的法学博士。"我遵循这一教导,开启了两年的德国学习生活。

同大部分德国教授一样,英教授带学生的风格属于绝对"放任"式,起码对我是如此。虽说会与英教授约时求教,但绝大部分时间都归我所有。平时做什么,去哪里,英教授从不过问。不仅如此,英教授还经常鼓励我去游历欧洲,告诉我书本和图书馆从来都不是人生的全部,既然万里求学,就要好好把握机会,多去一些地

译后记

方,尽可能感受欧陆风土人情,看一看真正的世界。英教授自己也践行这一理念,每年都游历世界,去非洲打猎,赴南美观光,甚至计划去佛得角。光是听一听这些地方,就令人心驰神往。

英教授温润如玉,不矜不伐,高风亮节,博闻强识,吸引一众学生。彼时,我是教席中唯一的东亚学生,英教授一直对我关爱有加。教席聚餐时,或许怕我在德国同学中局促尴尬,英教授每次都让我坐他旁边。与其他同学寒暄后,尽可能多地跟我聊天。德国同学也都对我极好,每次都让身处异国他乡的我备感温暖安适。记得有一次在地铁站被种族主义者谩骂,之后教席聚餐结束时,我留下来与一位德国女同学刷碗,在聊天中就随口谈及此事。本来我就是想找个话题,并没有太多意思,不料她立即要代表德国人向我道歉,并痛斥种族主义者,告诉我不要惧怕这种人。

还有一次教席组织郊游骑行活动,由于信息不对称,我去租了一辆用于城市通勤的自行车,而骑行路线却是高低起伏、坑洼不平的山路,全程竟有36公里。经常久坐的我,还没骑上三五公里,就开始掉队。由于不熟悉路线,一个人既疲于骑行,又担心迷路。正在踌躇不安之际,竟发现一位女同学停在前方路边,待我骑到近前,她或许是不想让我尴尬,就找了一个呆萌的理由掩盖她在等我的事实。她跟我说:"你顺着这条路往下骑,我这里突然有个电话要接,一会儿跟你汇合。"等我继续骑行一段路后,就见她飞快从后方赶来到我身旁,跟我说:"哎呀,不好意思,我又来了一个电话,你继续沿着这条路骑,我一会儿来找你。"再行得一段路,又见她飞快赶来,佯装气愤地说:"哎,我今天电话怎么这么多!你继续向前骑就行。"我当然知道她是为了不让我迷路,也不让我觉得丢脸才这样做，心中又愧疚又感恩。后来骑行道路贯穿森林，我那辆小车实在不堪重负，终以爆胎结束。修理无果，最后体面退出。英教授和教席同学们蜂拥送我到火车站，并亲切地说"下次有机会再一起。"英教授后来与我见面，每次都跟我调侃这件事。一个中国学生，郊游骑行爆胎，最后乘火车返回。

英教授酷爱喝茶，尤其是中国茶，每次与教授见面，他都要问我要不要一起喝茶。而作为热爱咖啡的我来说，经常跟教授说我能否喝一杯咖啡。每当听到这个请求，英教授都会一边帮我冲泡咖啡，一边问我："你作为一个中国人，为什么爱喝咖啡，不爱喝茶呢？"我也每次都回答道："在中国喝了太多茶，想在德国多喝点咖啡。"于是，我俩每次见面时，茶几上都会呈现出有趣的格局，作为德国人的英教授面前摆着一杯中国茶，而我面前则放着一杯德国咖啡，在中国茶和德国咖啡中间摆着的是德国苹果派，有时是蛋糕。由于经常和英教授聊到忘我，我面前的咖啡向来都没喝几口。为了表示礼貌，我总会在聊天结束时将凉透了的咖啡一饮而尽，英教授则会说："凉咖啡没啥好喝的，不要喝了。"后来我听说，这好像是一句德国谚语，用来形容无意义的事，也不知道真假。

回国前夕，我给英教授发邮件，希望再见一面，英教授爽快答应。最后一次见面并没有什么特殊之处，像往常一样，我们又天南地北聊了很多。但聊天渐入尾声之时，或许是彼此知道未来可能很长时间不会再见，双方渐入沉默。尤其是我，不觉间悲从中来，不知该说些什么。最后还是英教授率先打破沉默说："好，就这样吧，我们未来有机会再见，希望这一天早日到来。"于是我俩起身，肘部相抵以表握手。我问可否与他合影，教授欣然同意，并找来教席同学帮忙照相。离别时,我再次向英教授表达感恩,英教授点点头,微笑着,并未多说什么,一切尽在不言中。

离开教席,我拍着铜质扶手,沿着古朴的木楼梯往下走,感觉之前每次来这里,都是上楼的场景,而这次却是真的在下楼了,念及于此,不免酸楚。但不管怎么说,我是一个曾在世界法学圣地,在这个伟大教席学习过的人。在这个古老教席悠久的历史中,我是它的一员。

二、慕尼黑

一座壮美的城市。无数辉煌的历史,也是我在欧洲的故乡。市中心马利亚广场,人来人往,中央的台座上是一根十数米高的铜柱,顶端伫立着圣母马利亚金像。圣母用她慈祥坚定的目光,眺望远方,默默守护着慕尼黑。围绕马利亚广场的,是慕尼黑的老市政厅和老彼得教堂。老市政厅虽年代久远,满是岁月痕迹,但仍难掩其镂月裁云巧夺天工的精美。老彼得教堂是观光胜地,登上塔楼顶部,目力所及,远方皑皑白雪的阿尔卑斯山嵌在地平线上,仿佛有神明深居其间。走下塔楼,顺着广场大道,行数十米,便是圣母大教堂,两座绿色圆顶塔楼高耸,在蓝天映衬下,格外壮观。

反向前行,进入迷宫般曲折的小巷,凭感觉导航,行数十米,就是慕尼黑最著名的啤酒馆,百年前往事,都与这座啤酒馆有关。啤酒馆富丽堂皇,啤酒清冽可口,乐队伴奏,最喜欢二楼少女弹奏竖琴,转轴拨弦三两声,未成曲调先有情。疲乏劳累之时,点上一杯啤酒,吃上几口烤猪肘,耳畔竖琴曼妙,感心动耳。

从啤酒馆出来,返回马利亚广场,沿主路前行,不久便可到达发生过许多历史事件的音乐广场。广场有座开放式纪念堂,纪念着巴伐利亚历史上最伟大的国王。继续前行，就是慕尼黑大学，红顶白墙，残留"二战"弹孔。法学院图书馆等重要建筑，"二战"中曾遭炸毁，德国人用勤劳双手一块块砖恢复原貌。慕尼黑大学主楼外的半圆型小路名为"朔尔兄妹路"，用以纪念"二战"时慕尼黑"白玫瑰运动"中牺牲的英雄兄妹，他们反纳粹的壮举，是至暗时刻唯一的光。

法学院后面是辽阔的英国公园。如果以大学为起点，想走到另一头，大概三小时。英国公园美轮美奂，大气端庄，溪流草木，怡情悦性。和朋友偶尔在此野餐，酒足饭饱，躺在草地上，幕天席地，周围孩子嬉闹，青年苦读，老人散步，安逸无比，每入夜，草丛间无数萤火飞舞，放开纷扰，自由自在。

慕尼黑近郊美丽的宁芬堡，春天里欧式宫殿金碧辉煌，广场喷泉清澈，溪流倒映天空，洁白的天鹅或在岸边小憩，或游弋水中。静坐畅想，何等惬意！

慕尼黑远郊的施塔因贝格湖也是我最爱去的地方，湖边拍过一张照片，至今仍是我的微信头像。湖光潋滟，延至远方山间，那是令我神往而又未曾去过的地方，可能人生总有一个远方。巧者劳而知者忧，无能者无所求，饱食而遨游，泛若不系之舟。

印象最深的是我在慕尼黑的第一个住处，旁边有一个小教堂广场，与数条美轮美奂的大街相连。夏日午后，手握一杯咖啡坐在广场长椅上，仰望天空飘过的朵朵白云，思考白云苍狗的世间。街道静谧，偶尔几声鸟鸣。道路两旁树繁叶茂，荫蔽路人，阳光穿林打叶，落在面颊，闭上双眼，体验不可思议。入秋，树叶褪去充满活力的绿色，换上五彩斑斓的外衣，慕尼黑就进入了最美而又透着几分孤独的时节。徘徊于秋叶飘洒的无人街道，阵阵略显萧瑟的微风拂面,突然理解里尔克的《秋日》:"谁这时没有房屋,就不必建筑,谁这时孤独,就永远孤独,就醒着,读着,写着长信,在林荫道上来回,不安地游荡,当着落叶纷飞。"此中有真意,欲辨已忘言。

冬季最美妙的,当然是慕尼黑的圣诞市场了,巨大的圣诞树跟老市政厅差不多高,颇具年代感的小木屋鳞次栉比,一排排铺满整个马利亚广场。每个小木屋都是一个独立摊位,里面陈列着各种新奇什物,在灯光照耀下如梦似幻,仿佛来到哈利·波特的魔法世界。我最喜欢的是热红酒和火钳酒,特别是火钳酒。穿着中世纪服饰,芳泽无加、铅华弗御的德国小妹妹向瓦罐中倒入热红酒,在瓦罐边缘放一块方糖,将烈酒浇到方糖上,直至浸满整个糖块,覆盖红酒表面。之后,德国小妹妹一点火,酒体瞬间燃起烈焰,糖块也随着燃烧掉入酒中。待火焰熄灭,趁热喝上一口,在寒冷的冬夜,世上又出现一颗滚烫的心。

三、伙伴

飞往慕尼黑前夜,当年意气风发的我曾套用李文忠公青年时的《入都》,以明求学之志:"马足出群休恋栈,燕辞故垒更图新。遍交海内知名士,去访明兴有道人。"万万没想到,慕尼黑两年竟让我梦想成真,结识了许多朋友,无论学习还是生活,他们都给予我莫大帮助。

赴德前夕,我对慕尼黑一无所知,于是联系郑童师姐,问她能否到机场接我一下,童姐立即答应。我是德国时间早晨6点多落地,出得机场,童姐准时在机场外等我,全程带我办理各种手续,用母语般流利的德语帮我沟通所有事项,从早上帮我忙到傍晚,最后还把我送到住处,看我安顿好后方才离去。往后的岁月里,童姐也经常对我的学习生活给予各种关照。在我阅读、翻译德语文献遇到困难时，会倾尽全力帮助我；在我迷茫无助时，愿意深夜听我滔滔不绝的倾诉。离开德国前夕，童姐陪我逛了几个小时街，像往常一样聊了很多话题。真不知为何美好的时光总是匆匆而逝，好像几秒前她刚接我下飞机，可转眼就是离别。

唐志威不仅是我北大同级，亦是我推心置腹的好友。他带我去了很多城市，把我引荐给许多著名德国教授，领我吃了诸多美食，教会了我许多德语。每当天朗气清惠风和畅之时，我俩都会在街头找一家咖啡馆，一人点上一杯咖啡，坐在路边看着熙熙攘攘的人群，讨论各种话题。讨论最多的，当然还是法学。我们经常一聊就是一下午，话题遍及法哲学、刑法学或者德国法学家趣事。唐志威是一位"全能"的朋友，在我的认知里，他仿佛是一个无所不知、无所不晓的人，任何疑问都可以在他那里得到解决。除了学问好之外，他还是一个人缘极佳，社交能力极强的人，不管是德国人还是中国人，都能保持良好关系，所有人都很喜欢他，这让"社交恐惧"的我十分艳羡。现在回忆起来，唐志威构成了我德国岁月的一部分。后来我们共同回国参加博士论文答辩，一起在北大拍照留念，一起聚餐，就算在离别前的最后日子里，我们依旧到咖啡馆聊各种故事，探讨各种专业问题。如今，唐志威又返回慕尼黑大学，继续他在德国的求学问道之路，真不知何时才能重逢，再共饮一杯咖啡。

如果用一个词来形容我和申屠晓莉的友谊，或许只能用"莫逆之交"这个词。在德期间，我俩同住一栋宿舍楼，我住二层，她在三层。由于作息时间不同，我们早上分别行动，各自前往图书馆学习，深夜闭馆时再一同搭乘地铁返回。当年的学习状态真可谓爬罗剔抉、刮垢磨光、焚膏继晷、兀兀穷年,为了防止下午犯困,我每天中午只吃一小块高热量夹心面包,再配上一杯咖啡,然后在图书馆一坐就是六七个小时。待到晚饭时分,申屠和我才下楼吃一顿正餐。晚饭过后,我们继续回图书馆学习。慕尼黑大学法学院图书馆午夜闭馆,我们每次都要学到闭馆为止,直到管理员催我们离开。记得有一次,一位管理员实在烦躁,就拿出手机给仅剩我们二人的图书馆拍了一张照片,也许是要发到社交媒体上"骂"我们怎么还不走。我们有时为表歉意,就把从亚洲超市买来的东方神秘力量"辣条"送给这位管理员,她居然非常喜欢。

申屠的住处位于顶层,有一个宽敞的露台。晴朗的夏夜,几个朋友经常在她的露台烧烤、聊天、喝酒、游戏,有时到凌晨两三点才纷纷散去。疫情期间,图书馆闭馆,公共场所封闭,我俩只能在住处学习。当时我经常去她家蹭饭,共同看书,写论文,聊天。由于种种压力,我们偶尔不免焦虑、抑郁,虽说愁肠百结,却依然相互勉励,无论如何都要坚持下去。人生天地之间,若白驹之过隙,忽然而已,没有什么事情当真过不去。若实在苦闷,便拿出酒畅饮一番,古人今人若流水,共看明月皆如此。唯愿当歌对酒时,月光长照金樽里。回国之后,申屠从浙江大学法学院顺利取得博士学位,作为杭州人的她背井离乡,赴邻省高校任教。孤悬他乡,想必多有愁苦之时,可冬天来了,春天还会远吗?

徐正一是我的本科同学,我俩同是四川大学法学院 2010 级毕业生。当年我住在四层,他住在六层,虽然关系不错,但接触不多。2014 年毕业后,我回到北京继续求学,他留在成都一边工作一边学德语。由于德国学制不允许跨专业读研究生,他又志不在法学,便在拿到语言成绩后横下一心,重新从慕尼黑大学本科一年级读起,专业方向变更为传播学。与我不同,徐正一有很多"挣大钱"的事业,读书只是他人生的一小部分,所以学业从未给他造成真正的苦恼。他还烧得一手好菜,让我这个几乎以吃面包为生的人大饱口福。我到慕尼黑时,他已在德"混迹"多年,谁能想到,曾经的本科同学能在万里之外的慕尼黑相见,邂逅相逢,真是万里他乡遇故知,可谓三生有幸!最初几次见面中印象最深刻的一次,是徐正一在一个大雪天叫我去他家玩。我乘地铁到他家附近的站点,然后便开始艰难的跋涉,鹅毛大雪噼里啪啦糊在脸上,积雪深及小腿,好不容易才走到他家。上楼见面,徐正一给我做了一碗面,之后就开始了长达数日的"鬼混",聊天,打游戏,一边聊,一边输,不知东方之既白。

徐正一带我认识了许多慕尼黑各行各业的好友,都是后来经常一起玩耍的伙伴。毫不夸张地说,我在慕尼黑的圈子是他为我打开的。在徐正一的带领下,我们组团去过欧洲很多地方。正如英格兰德教授所言,旅行才能让人真正认识世界。又如陈丹青先生所说,眼界开了是件很"糟糕"的事情。柏林到处是"二战"遗迹,整个城市透着一股苍凉,似乎日夜流泪;罗马彰显出人类光辉的历史,追寻《罗马假日》中奥黛丽·赫本的足迹,幻想自己就是格里高利·派克,希望遇到一位逃出来的公主;布达佩斯多瑙河畔,听着《蓝色多瑙河》,朗诵裴多菲的《给爱德尔卡》:"姑娘,你可见过多瑙河?它从一个岛的中央流过;我说你那娇美的面容,轻轻荡漾着我的心波。绿色的落叶从岛旁,被卷入蓝色的水浪,我说你那希望的浓荫,悄悄撒在我的心上";布拉格的查理大桥上,伏尔塔瓦河从脚下流过,耳边响起斯美塔那的《我的祖国》第二乐章,脑中浮现出卡夫卡的文字:"你必须走完全程,你怎么也逃不掉的";在奥地利的维也纳、萨尔茨堡、哈尔施塔特,回忆茨威格《昨日的世界》所描述和感慨的一切:"早先,人只有一个躯体和一个灵魂,今天还得外加一本护照,不然,他就不能像人一样被对待。"

最可贵者,当属圣诞节到挪威的特罗姆瑟看极光,乘船去北冰洋看鲸鱼。我第一次坐船出海,晕船让我狼狈不堪,反观作为大连人的徐正一,则是傲立船头,随浪起舞,一副要与海洋决一死战的架势。极夜下的北冰洋波涛汹涌,海水泛黑,深不见底,登船时感觉船大得惊人,真到洋面上才发现船的渺小。"我认出这风暴而激动如大海!我要挣脱自身,独自置身于伟大的风暴中。一个人可以被毁灭,但不能被打败。"极光要在深夜追赶,能不能碰上纯靠运气,好在我们运气极佳,很快就追到了极光,那美丽妙不可言。而最让我激动的,则是漫天星斗,天地有大美而不言,九天之际,安放安属?隅限多有,谁知其数?一切都如此恒固有序,问世间怎会不存在永恒的自然法?星辰之下,方能理解康德的名言:"有两样东西,人们越是经常持久地对之凝神思索,它们就越是使内心充满常新而日增的惊奇和敬畏:我头上的星空和我心中的道德律。"这是无论如何都不可能在书斋中领悟的。

慕尼黑日常生活中,徐正一每周五都会邀请我们去他家做客,一起吃晚饭,一起看综艺,一起玩游戏。可以说,在紧张学习的日子里,每周五是我最期盼的时光。临近回国,租房合同到期,而我又因为疫情买不到回国机票。徐正一收留了我,让我在他的住处免费住了一个多月,而且把自己的床让给我,自己搬到另一个屋去住。

这一个多月构成了我在德国生活的独立单元,除了写毕业论文之外,就是和伙伴们一起玩耍。大家深夜一起喝酒,打牌,谈心,甚至半夜开车去施塔因贝格湖饮酒拍照。回程时还在高速路上"飙车",当真给我吓得够呛,但青春又怎能没有一场"飙车戏"呢?

买到回国机票后,徐正一帮我整理行李,和朋友们陪了我整整一夜。凌晨时分,朋友们开车将我送到慕尼黑火车站。我登上前往法兰克福机场的火车,开车前我站在车厢门口,朋友们分别上来与我拥抱告别。徐正一没有这么做,只是叮嘱我一些注意事项,但我知道他应该是最难过的那一个。列车缓缓驶离站台,朋友们依旧伫立。我心下难过,不忍回首,便拿出手机翻开朋友圈,看到徐正一发了一条状态,表达他的难过。我内心翻涌,强作平静,对面的德国姐姐似乎察觉到我的异样,便主动与我搭话,问我怎么回事,我说我今天坐飞机回国,朋友们送我,我很难过。她温暖地安慰我,祝我旅途顺利。若教眼底无离恨,不信人间有白头,临行涕零,不知所言。

很多朋友同样在全力支持我。感谢我的北大室友,大哥符天祺,没有他的鼓励和排忧解难,很多困难都无法度过。感谢我的好友林嘉珩,当年我俩去柏林游玩,结果路遇窃贼,无奈只能改变行程,去警察局报案,当真是一段有趣的往事。感谢我的北大同门好友汪萨日乃,她曾给过许多真正为我着想的建议,想一想她作为蒙古族姑娘自小纵马草原,会挽雕弓如满月的场景,连羊都不敢骑的我就羡慕不已。感谢我的北大同门好友徐成,当年我俩在宁芬堡散步,聊到用一个词来给自己定位,我当时说"承认",而他却说"自由"。现在想来,还是徐成更有道理,"承认"的本质无非是从属,可一个人最重要的应该是"守在自己身边"。感谢我的兄弟吴芃霆,当年他在微信中说要来德国看我,两天后果真从台北飞抵慕尼黑,与我在街头把酒问月。感谢我的好友刘心仪,在德国时,我俩曾在学术会议上有一面之缘,回国后才建立起深厚友谊。感谢我的好友马天成,在疫情最严峻的时刻,他从国内给我寄了很多防护用品,让我在德国可以安心出门。感谢我的好友刘楷悦,无论是日常生活还是学术研究,她都给予我诸多帮助。当然,还有很多德国和国内的朋友,在此无法一一讲述与你们的故事,真诚感谢你们。

四、家人

最要感恩与感谢的是我的父亲邓子滨、母亲张兵!

在我的成长过程中,父母给予我世上最无私的爱。在我不识字时,他们挑选名著读给我听。识字之后,父母虽从不强迫我读书,但却以身作则,只要在我身边,就手不释卷。孩子永远都在模仿父母的一言一行,既然父母在读书,我当然也要跟着一起读。潜移默化,养成读书习惯。人应当向更宽阔的精神文明世界进发,而人生无非是一部西绪福斯神话,每天将沉重的巨石推向山顶,每次快到达山顶时,巨石又滚回山下,如此往复,无休无止。"庐山烟雨浙江潮,未至千般恨不消。到得还来别无事,庐山烟雨浙江潮。"然而,人生的意义也正在于此,你努力推着这块巨石,决定今生一定要去看看世界。父母培养了我推动这块巨石的精神和追寻烟雨浪潮的勇气。山奔海立,沙起云行,风鸣树偃,幽谷大都,人物鱼鸟,一切可惊可愕之状,皆达之于心,才算真正人生。

少年时期,家里有个固定节目,每周共赏一部电影,这对我后来决心前往德国有着至深至重的影响。赴德前夕,我的德语并不是很好,面对陌生不免心生惶恐,也曾有长辈建议我出去体验一下即可,大可不必耗费两年。疑虑之下,突然想起小时候父母带我看的经典电影,托纳多雷的《天堂影院》。其中有经典的一幕,老放映师艾佛达在海边对青年多多说:"多多,离开这里,日复一日生活在这儿,你会以为这里就是世界中心,事情不会有任何改变,但如果你离开一两年后再回来,每件事都会改变。你必须离开这里一段时间,这不是什么台词,而是我的真心话,生活和电影不一样,生活难多了。离开这里去罗马吧,你如此年轻,世界是你的。"

是啊,离开这里,去慕尼黑吧!

邓卓行
2022 年 10 月 15 日,深夜北京